基礎から始める

海のルアー釣り入門

磯
堤防
サーフ

つり情報BOOKS

「堤防磯投げつり情報」編集部◎編

日東書院

CONTENTS

基礎から始める
海のルアー釣り入門

[color]

006 豊饒の海でルアーフィッシングを楽しもう！〜ルアーフィッシングのすすめ〜
008 海のルアー釣りで使われるルアーたち　ハードルアー編
010 海のルアー釣りで使われるルアーたち　ソフトルアー編
011 海のルアー釣りで使われるルアーたち　エギ編
012 四季のルアーターゲット図鑑　春
013 四季のルアーターゲット図鑑　夏
014 四季のルアーターゲット図鑑　秋
015 四季のルアーターゲット図鑑　冬
016 海のルアーフィッシング　ベイト図鑑
018 海のルアー釣りの危険な魚たち！

第1章 タックルの基礎知識 019

020 基本スタイル
022 ルアー釣りの基本装備
024 ロッドの選び方
028 リールの選び方
030 ラインの選び方
032 ラインの結び方
034 ラインシステム
036 ランディングツール
038 フック、リング、スナップ
040 ウエーディング・ギア
042 ベイトタックルについて

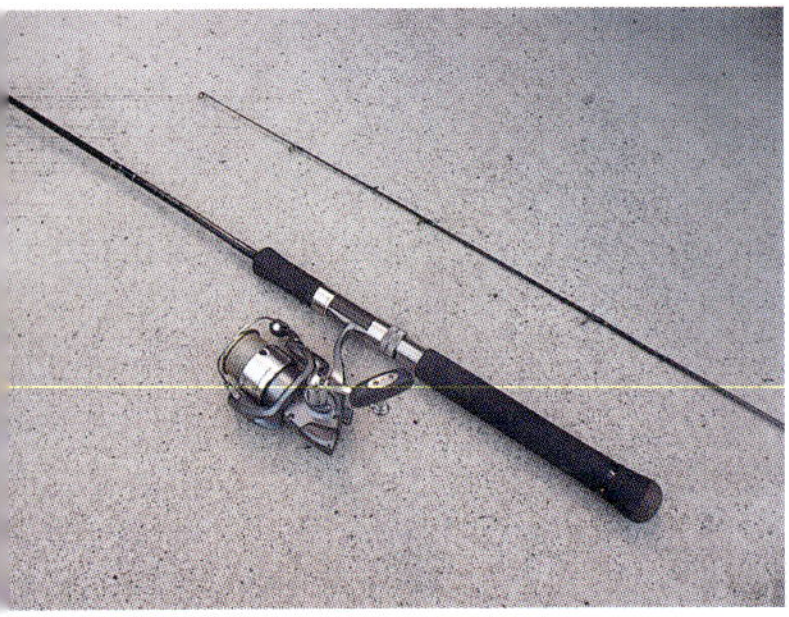

第2章 テクニックの基本 045

046 タックルセッティング
048 ワームリグのセッティング
050 キャスティング［1］
052 キャスティング［2］
054 ストレートリトリーブ
056 トゥイッチング
058 連続ショートトゥイッチ
060 リフト&フォール
062 ボトムバンピング
064 ドラッギング
066 フッキングのコツ

第3章 フィールドの基礎知識 069

070 魚が釣れる時合
072 潮回りについて
074 潮の干満について
076 フィールドの概要／磯
077 河口
078 ゴロタ浜
079 サーフ（砂浜海岸）
080 漁港
081 港湾

第4章 ターゲット別攻略法 083

084 シーバス
088 メバル
092 アイナメ
094 クジメ
096 キジハタ
098 カサゴ
100 ソイ
102 タケノコメバル
104 オニオコゼ
106 クロダイ
108 キチヌ
110 マダイ
112 ワカシ・イナダ
114 シオ（ショゴ）
116 アジ
118 サバ
120 タチウオ
122 サゴシ（サワラ）
124 メッキ
126 カマス
128 ダツ
130 サヨリ
132 ヒラメ
134 マゴチ
136 シログチ
138 ニベ・コイチ
140 シロギス
142 マハゼ
144 アナハゼ
146 キュウセン
148 ササノハベラ
150 エソ
152 ボラ
154 アオリイカ
158 コウイカ類
162 スルメイカ
164 ベイカ
166 マダコ
168 イイダコ
170 テナガダコ

［column］

044 単位について
068 レインギアについて
082 渡船利用について

172 海のルアーフィッシングのルールとマナー
174 海のルアーフィッシング用語解説

ルアーフィッシングのすすめ

LURE FISHING

豊饒の海でルアーフィッシングを楽しもう！

ルアーは擬似餌である。本物のエサではないから、魚には見向きもされないことがある。魚を釣るだけなら、なんといってもエサ釣りのほうが簡単だ。でもルアーで釣る快感は、また別にある。

ルアーフィッシングは、フィッシュイーターと呼ばれる魚たちの生態を調べ、それらが捕食する場所、捕食する小魚の泳ぎ方を真似ることから始まる。

プラスチックや金属片を、エサとなる小魚のごとく泳がせることができれば、本能をむき出しにしてルアーに襲いかかってくる。

この、ヒットさせたときの達成感、ドキドキ感は、ルアー釣りならではのものだろう。

海のルアーフィッシングは、まだ歴史が浅い。しかしその先には、大いなる可能性が広がる。

テクニックやタックルも進化するだろうし、新たなターゲットがクローズアッ

プされることもあるだろう。
豊饒の海が続く限り、海のルアーフィッシングの楽しみは永遠に続く。

hard lure

海のルアー釣りで使われるルアーたち

ハードルアー編

大物釣りに欠かせないのがハードルアー。リアルなボディフォルムと小魚そっくりに泳ぐスイミングアクションが特徴だ

▶ポッパー

※写真はヤマリア・ポップクイーン

ロッドを強くあおると、水面上でポップ音と水しぶきを上げる

▶ペンシルベイト

※写真はティムコ・レッドペッパー

ロッドをシャクると、水面上でダートしながら首を振る

▶スプラッシャー

※写真はデュエル・アイルマグネットSB

急激に強く引くと、水しぶきを上げて首を左右に振る

▶リップレスミノー

※写真はデュエル・アイルマグネットDB

ローリングアクションのシャロー系ミノー。強く引くとダートする

▶フローティングミノー

※写真はダイワ・ショアラインシャイナーR50

通常は水面に浮くが、リトリーブすると水面下に潜りながら泳ぐ

▶ダイビングミノー

※写真はジャクソン・リーベイト90

ロングリップで深く潜るミノー。ボトムにコンタクトさせてもよい

▶シャッド

※写真はメガバス・フラップスラップSW柊

ボディが扁平なミノーで、小刻みに震えるアクションを見せる

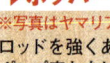

▶シンキングミノー

※写真はラパラ・ラパラCD－7

カウントダウンで水中に沈めて、引き始めると小魚のように泳ぐ

▶バイブレーション

※写真はエフテック・Dフラット

水中に沈むタイプで、リトリーブするとボディを小刻みに震わせる

▶シンキングペンシル

※写真はジップベイツ・スライドスイムミノー85

水中に沈むタイプで引き始めると、ユラユラと左右にボディを振る

▶ジョイントベイト

※写真はエバーグリーン・シードライブ

水中に沈むタイプで、スローに引くとS字軌道を描いて泳ぐ

▶ジグミノー

※写真はバスデイ・バードック95

ジグの遠投力とミノーのウォブリング＆ローリングアクションを備える

▶ソルトラバージグ

※写真はバスデイ・忍キャス20g

ボトムでのズル引きや中層をスローリトリーブで使用する

▶スプーン

※写真はジャクソン・スプーンコンプリート

ソルト用のヘビーウエイトスプーン。スローに引くとユラユラと泳ぐ

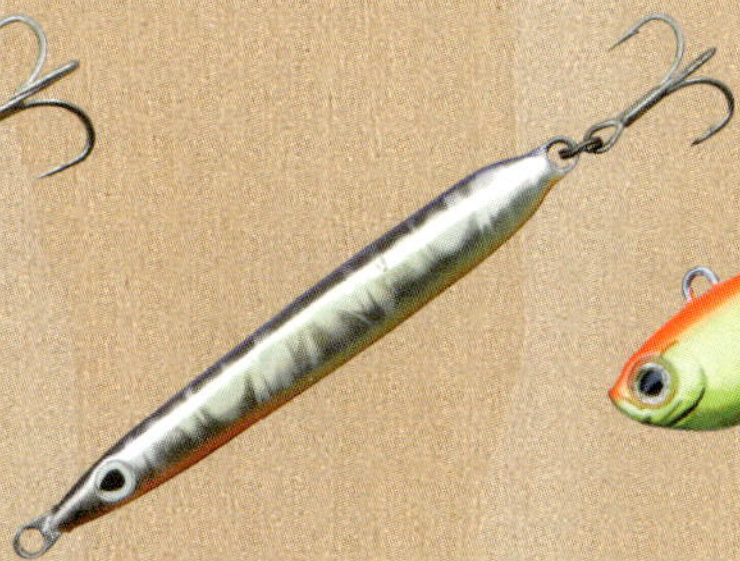

▶メタルジグ

※写真はカルティバ・撃投ジグエアロ

飛距離が出るうえに、まっすぐ引くだけでもユラユラと泳ぐ

▶ブレードベイト

※写真はヤマリア・スピンシャイナー

ブレードの回転によるバイブレーションとフラッシングでアピール

soft lure

海のルアー釣りで使われるルアーたち

ソフトルアー編

軟質のプラスチック素材で作られるソフトルアー。ナチュラルな動きで根魚や小型回遊魚を誘う

▶シャッドテール

※写真はエコギア・グラスミノーM

テールがプルプルと震えるアクション。ターゲットが多彩な万能タイプ

▶カーリーテール

※写真はゲーリーインターナショナル・2インチグラブ

カールしたテールが水流になびく。アピール度が強く根魚に有効

▶ピンテール

※写真はダイワ・ビームスティック

テールが微細に震える。メバルやアジなどに効果的

▶ホッグ

※写真はエコギア・バグアンツ3インチ

テールやレッグ、ヒゲなどがそれぞれに動く。多彩なアクションで根魚を誘う

▶シュリンプ

※写真はゲーリーインターナショナル・3インチシュリンプ

ヒゲの長さと繊細なアクションが特徴。根魚やクロダイに有効

▶クラブ

※写真はエコギア・タンクS

カニ型ソフトルアー。根魚やクロダイにとっては一口サイズで食いやすい？

⇨ワームリグの色いろ⇦

❶スモールジグヘッドリグ

❷ジグヘッドリグ

❸テキサスリグ

❹ノーシンカーリグ

❺ジョイントリグ

❶メバル、カサゴ、アジなど小型狙いに使用する。メインは1～3グラム
❷7～28グラムまでのダブルフックタイプは、シーバスやヒラメ、タチウオに使用
❸中通しオモリは7グラム前後。オフセットフックを使用し、根魚狙いでの根掛かりを軽減する
❹オモリを使わず、オフセットフックのみを装着。自然に泳がせてシーバスなどを狙う
❺シンカーにフックを装着してワームをセット。クロダイや根魚狙いに使用する

egi

海のルアー釣りで使われるルアーたち

エギ

エギは日本の伝統漁具であるが、近年ルアー的なアクションやカラーを備え、現代流に進化した。イカ全般やタコ狙いにも有効だ

1
2
3
4
5
6
7
①4号/デュエル・アオリーQ
②3.5号/デュエル・アオリーQエース
③3号/デュエル・アオリーQ
④2.5号/FINA・乱舞レボリューション
⑤2号/ヤマリア・エギスッテ
⑥1.7号/ヤマリア・エギスッテ
⑦超小型/カンジインターナショナル・クリックスアンダー2

【解説】 上の写真は、一般的にエギと呼ばれるアオリイカ用のノーマルタイプ。ラインに結びつけるだけで使用できる。4号は春の大型アオリイカ用、3.5号は最も汎用性がありシーズンを通して使用可能。3～2.5号は秋のアオリイカの数釣りやヤリイカ釣りに最適だ。2号はスルメイカ狙いに適しており、1.7号以下のものはヒイカやベイカなどの小型種を狙うときに使用する

コウイカ用のエギもある

スミイカ、モンゴウイカ、シリヤケイカなどのコウイカ類を狙う場合、上のノーマルタイプのエギを使用することも多いが、太くて短い足にもフッキングさせやすいコウイカ専用のエギも市販されている

▶ヤマリア・コウイカスッテ

シンカー外付けタイプで、ラインに結んでそのまま使える。フックが広がっているのが特徴

▶ヨーヅリ・ウルトラスッテ

シンカー内蔵タイプで水中に漂う。胴つき仕掛けの枝バリに1～2個セットする

egi

Lure target

四季のルアーターゲット図鑑

春
SPRING

春は水温の上昇とともに様ざまな大型ターゲットが接岸。海のルアー釣りシーズンの幕開けだ！

↑クロダイ
スズキ目タイ科

小魚、ゴカイ、海藻、甲殻類と何でも食べる雑食性。沿岸の浅場にも回遊してくるが夜のほうが釣りやすい。釣期は春〜秋

→サワラ
スズキ目サバ科

最大では1メートルを超える肉食魚。接岸中は表層を回遊し、小魚を追い回す。歯が非常に鋭利なので注意。釣期は春〜初冬まで

↑スズキ
スズキ目スズキ科

シーバスの愛称で知られる超人気ターゲット。おもに小魚を捕食し、最大では1メートルを超える。釣期は春〜秋だが、冬でも狙える

↑ボラ
ボラ目ボラ科

運河や河口などの流れ込みに多く集まる。プランクトンや浮遊有機物を食べるためルアーでは釣りにくいが、好奇心からルアーを口にする。最大では80センチほど。釣期は春

↑ヒラメ
カレイ目ヒラメ科

砂地の海底に生息するが、エサの小魚が通ると数メートルもジャンプして捕食する。最大では1メートルほどになる。釣期は春〜初冬まで

↑シロギス
スズキ目キス科

きれいな砂地底のサーフに生息し、ゴカイ類や小型甲殻類を捕食する。最大では30センチを超える。近年注目され始めたニューターゲット。釣期は春〜秋

→アオリイカ
ツツイカ目ヤリイカ科

春に生まれて翌春に産卵。一年で生涯を終える。最大では4キロを超えるが、2キロで超大型。小魚や甲殻類を捕食する。釣期は春と秋

→コウイカ
コウイカ目コウイカ科

胴体に石灰質の甲を持つため、コウイカと呼ばれる。ほかにモンゴウイカやシリヤケイカも甲を持つ。足は太く短い。関東ではスミイカとも。釣期は春と秋

→テナガダコ
八腕形目マダコ科

手足が異様に長いが、身は軟らかく美味。晩春のころ、産卵のために浅場にやってくる。釣期は春

→スルメイカ
ツツイカ目アカイカ科

胴が細長く、スペード型のエンペラが特徴。春までは沿岸部の浅場を回遊するが、夏以降は外海の深場に出ていく。釣期は春

↑キチヌ

スズキ目タイ科

クロダイの近縁種。胸ビレから腹ビレ、尾ビレにかけて黄色味を帯びる。最大で50センチほどになり、汽水域にも入る。釣期は初夏～秋

↑オニオコゼ

カサゴ目オニオコゼ科

最大で30センチほど。ふだんは沖合の深場にいるが、産卵期には浅場にも姿を見せる。岩礁帯が絡む藻場などに潜み、甲殻類などを捕食する。釣期は初夏から秋

↑キジハタ

スズキ目ハタ科

最大で60センチほどとハタ類の中では小型の部類。岩礁帯に潜み、甲殻類や小魚を主食とする。釣期は初夏から秋口にかけて

↑マゴチ

カサゴ目コチ科

砂地底に生息し、シロギスやハゼなどを捕食する肉食魚。最大では70センチを超える。釣期は初夏から秋だが、夏の高水温にも強い

↑ダツ

ダツ目ダツ科

口はクチバシのように突出し、ノコギリ状の歯を持つ。おもに表層を回遊し、小魚を捕食する。80センチクラスも珍しくない。釣期は初夏～秋

↑マダイ

スズキ目タイ科

最大では1メートルにもなる。砂地と岩礁帯が絡む海域を好み、小魚や甲殻類を捕食する。今やルアーの超人気ターゲット。釣期は初夏～晩秋

↑キュウセン

スズキ目ベラ科

砂礫底に生息。ゴカイや小型甲殻類を捕食する。夜は砂に潜って眠るので日中に狙う。最大で30センチほどになる。釣期は初夏～秋

↑ニベ

スズキ目ニベ科

シログチよりも潮通しがよいエリアに生息。夜行性だが、濁りがあれば日中でも狙える。最大で40センチを超える。釣期は初夏～秋

↑シログチ

スズキ目ニベ科

内湾性が強く、砂泥地底に生息。おもに夜活動するが、日中でも深場や濁りがある所で狙える。最大で40センチほどになる。釣果は初夏～秋

→エソ

ヒメ目エソ科

砂地底に生息し、シロギスやカタクチイワシなどの小魚を捕食する。ルアーへの反応はよい。最大で60センチを超える。釣期は初夏～秋

→ササノハベラ

スズキ目ベラ科

岩礁帯や周辺の砂礫底に生息。おちょぼ口だが、好奇心が旺盛でルアーへの反応がよい。最大で25センチほど。釣期は初夏～秋

SUMMER

夏

海のルアー釣りは、基本的に春と秋が好期だが、高水温に強い魚は夏でも活発にルアーを追ってくる

四季のルアーターゲット図鑑

Lure target

Lure target

四季のルアーターゲット図鑑

秋 AUTUMN

数かずの回遊魚が接岸し、岸から狙えるターゲットも多くなる。海のルアー釣りのトップシーズンといえるだろう

↑アジ

スズキ目アジ科

ルアーで狙うアジは25〜35センチサイズ。最大では50センチほどになる。夜行性が強いが、回遊があれば日中でも狙える。釣期は初夏と秋

↑カンパチ

スズキ目アジ科

外洋では1.5メートルクラスが生息するが、岸から一般的に狙えるのはシオ、ショゴと呼ばれる30〜50センチ級。釣期は春〜初冬

↑ワラサ・イナダ

スズキ目アジ科

ワカシ、イナダ、ワラサ、ブリと、成長するにしたがって呼び名が変わる出世魚。関西では40〜60センチクラスをハマチと呼ぶ。最大で1メートル近くなる。釣期は春〜初冬

↑ギンガメアジ

スズキ目アジ科

南海に生息するヒラアジ類の幼魚の総称をメッキと呼ぶ。日本に回遊するメッキの中ではギンガメアジが多数。本州では30センチ級が最大クラス。釣期は秋〜初冬

↑タチウオ

スズキ目タチウオ科

日中は深場に潜むが、夕方から夜になるとエサの小魚を追って、岸近くの表層に浮上する。最大で1.3メートルほどになる。釣期は秋〜初冬

↑マサバ

スズキ目サバ科

イワシなどを追って群れで回遊する。大型は海底近くを回遊するが、基本は表層〜中層を狙う。最大で50センチほどになる。釣期は初夏と秋

➡サヨリ

ダツ目サヨリ科

プランクトンや小型甲殻類を主食とするが、表層を回遊し、動くものに反応するのでルアーでも狙うことが可能。最大で40センチ。釣期は秋

➡カマス

スズキ目カマス科

日本ではヤマトカマスとアカカマスが狙える。最大で35センチほどになり、エサの小魚を追って表層を回遊する。釣期は初夏と秋

➡マダコ

八腕形目マダコ科

岩礁帯や堤防、敷石の隙間などの穴に潜む。夜行性だが、日中でも甲殻類や貝類などのエサを取る。最大では2キロ超にもなる。釣期は夏〜秋

↑マハゼ

スズキ目ハゼ科

河川の河口部や内湾の砂泥地に生息。ゴカイや小型甲殻類を捕食するが、好奇心が強くルアーへの反応もよい。最大で25センチ。釣期は秋

↑クジメ

カサゴ目アイナメ科

アイナメの近縁種で、尾ビレが扇形になっていることで区別できる。アイナメよりも温暖な海域に生息。最大で30センチほど。釣期は初冬～春

↑アイナメ

カサゴ目アイナメ科

沿岸の岩礁帯や藻場に生息。甲殻類、ゴカイ、小魚を主食とし、最大では50センチを超える。釣期は初冬～春

↑メバル

カサゴ目フサカサゴ科

小型甲殻類や小魚を捕食する。岩礁帯や藻場を好み、初冬のころに接岸する。最大で35センチほどになる。釣期は初冬～春

↑タケノコメバル

カサゴ目フサカサゴ科

メバルの名がついているが、別名ベッコウゾイというソイに近い種類。岩礁帯に生息し、甲殻類や小魚を捕食する。最大では40センチを超える。釣期は初冬～春

↑クロソイ

カサゴ目フサカサゴ科

クロソイのほか、ムラソイなどがターゲット。沿岸の岩礁帯や藻場に生息。最大では40センチを超える。釣期は初冬～春

↑カサゴ

カサゴ目フサカサゴ科

沿岸の岩礁帯や藻場に生息。卵胎生で、冬の終わりに仔魚を産む。甲殻類や小魚を捕食する。最大で35センチ。釣期は初冬～春

←アナハゼ

カサゴ目カジカ科

沿岸の岩礁帯や藻場に生息。底棲魚だが、好奇心が強く表層までルアーを追うことも。最大で25センチ。釣期は地域によるがほぼ周年

↑イイダコ

八腕形目マダコ科

手のひらサイズの小型種のタコで、冬の産卵に備えて秋口から浅場で活発に二枚貝などのエサを取る。釣期は秋～冬

←ベイカ

ツツイカ目ヤリイカ科

岡山の干潟、九州有明海に生息する小型種のイカ。胴長8～9センチ。その他、ジンドウイカ、ヒイカ（通称。小型のケンサキイカ）も小イカ狙いのターゲット。いずれも酷似しているので見分けがつきにくい

WINTER

冬

回遊型のターゲットは少なくなるが、代わって定着性の強い根魚と呼ばれる魚たちが産卵のために岸近くにやってくる

四季の Lure target ルアーターゲット図鑑

小魚から甲殻類、イカ、多毛類まで。エサとなる生き物は多種多彩！

海のルアーフィッシング

ベイト図鑑

ルアーで釣れる魚たちがふだん食べているエサを知っておくのは、
とても重要なこと。ルアー選びの大きなヒントとなるからだ。

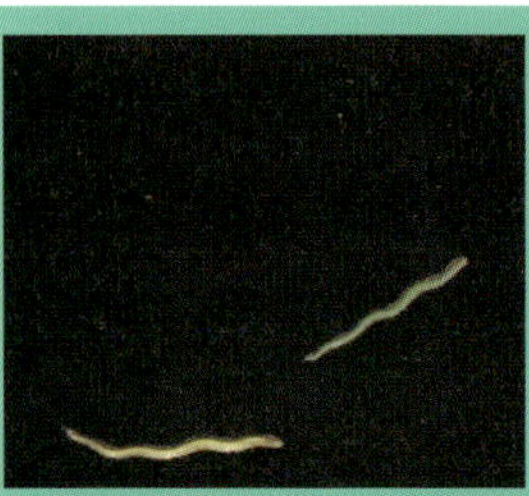

ゴカイ

春、産卵のために土中から出てきて浮遊しているとき（バチ抜けという）がチャンス。シーバス、ボラ、メバルなどのエサとなる

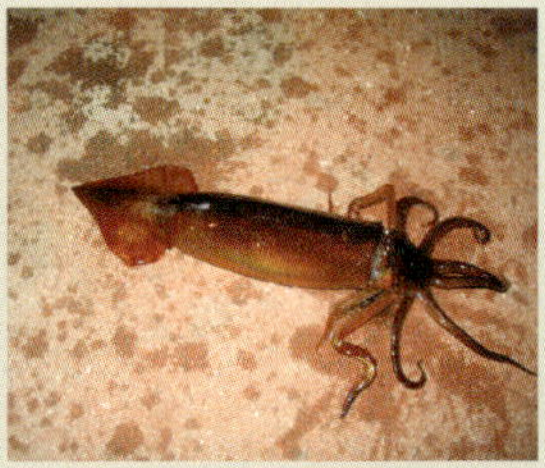

スルメイカ

胴長20センチまでは内海にいるためシーバスのエサとなる。胴長2～3センチの幼生はメバルやクロダイも好む

アユ

河川河口部で見られる春の溯上アユと、秋の落ちアユは、河口シーバスの好エサとなっている。秋の増水時はチャンスとなる

イワガニ

干潟や磯の波打ち際から石の周りに潜む甲羅の硬いカニ。堤防の壁面にも見られ、クロダイやハタ類のエサとなる

アナジャコ

潮間帯に巣穴を掘って生息している甲殻類。ヤドカリの仲間だが、殻が軟らかく、シーバスやクロダイのエサになっている

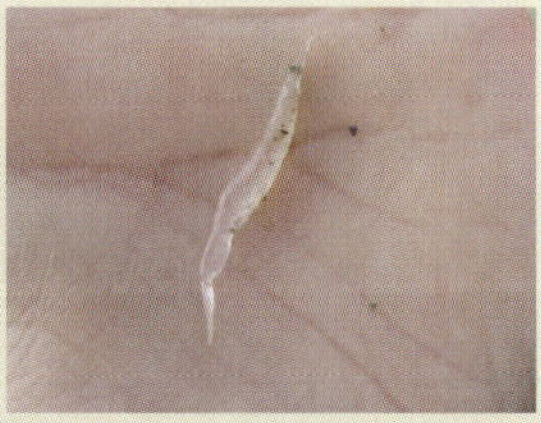

アミ

全長2センチ。日本沿岸に自然に繁殖しており、あらゆる魚の大好物。ただし､魚がアミに着いたら、ほかのエサ（ルアー）には見向きもしなくなる

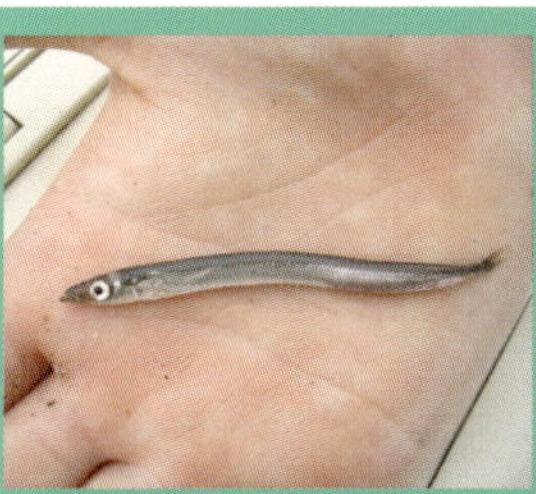

イカナゴ

冬に生まれた稚魚は、春には3〜4センチとなり、初夏のころまでシーバスやメバルのエサとなる（盛夏は砂に潜って夏眠する）

サヨリ

夏から秋にかけて、群れで接岸する。シーバスや青物の好エサとなり、表層で捕食する姿（ライズ）も見られる

カタクチイワシ

大きな群れで秋に接岸。全長8〜10センチくらいで、シーバスや回遊魚の群れを引き連れる。根魚のエサになることもある

サバ

大きくなると遊泳力が高まるので、エサとなるのは遊泳力の弱い20センチくらいまで。シーバスや青物のエサとなる

サッパ

初夏から秋口にかけて全長15センチクラスが接岸。沖では深場を回遊するため、深場に潜む夏シーバスのエサとなる

アジ

アジは小型回遊魚ながら、日中は水深の深い所を回遊。シーバスや青物のエサとなる。朝夕や夜には表層に浮くこともある

フナ

河川の増水時は上流から淡水の小魚が流れてくる。ほかにはニゴイ、オイカワ、ブルーギルなども河口シーバスのエサとなる

コノシロ

大型シーバスが好むエサ。25センチくらいまでのサイズがエサとなる。内湾や河口域を回遊。2〜3センチの仔魚は港湾部で見られる

イナッ子

ボラの幼魚。河口や運河などに多く見られる。小は3センチくらいから大は30センチくらいまでがシーバスのエサとなる

海のルアー釣りの 危険な魚たち!

DANGER

ルアーで釣れる魚に限らないけれど、海には毒を持つ魚や歯が鋭い魚も多い。危険魚に対する予備知識は持っておきたいものだ

➡ハオコゼ

カサゴ目ハオコゼ科

体長10センチほどで、浅海の藻場に生息。メバル釣りの外道で釣れてくる。背ビレのトゲに毒があるので素手で触れないようにしよう

⬆アカエイ

エイ目アカエイ科

干潟にウエーディングすると踏みつける恐れがある。尻尾の付け根に毒を持った大きなトゲを持つ。刺されると大ケガをしてしまう

➡オニオコゼ

カサゴ目オニオコゼ科

最大で30センチを超える高級魚。ただし、背ビレのトゲに毒を持つ。キープするときは、先に背ビレをカットしておこう

⬆タチウオ

スズキ目タチウオ科

カミソリのような鋭利な歯を持つ。軽く触れるだけで出血間違いなし。フックを外すときはプライヤーを用意しておこう

⬆クサフグ

フグ目フグ科

全長20センチまでの小型のフグだが、猛毒を持つ。決して食べないこと。また、歯が非常に強靭なので指を近づけないように

⬆サワラ

スズキ目サバ科

太いナイロンラインでもスパスパと噛み切る鋭利な歯を持つ。素手でフックを外すのは厳禁だ

⬆ゴンズイ

ナマズ目ゴンズイ科

夜の投げ釣りで釣れるが、ルアー釣りでもナマズ顔を見たら注意しよう。背ビレと胸ビレに毒を持つ。決して触れないことだ

SALTWATER LURE fishing

第1章

タックルの基礎知識

海のルアー釣りは、まだ歴史が浅い。
毎年のように新しいターゲット、新しいテクニックが登場し、
それに伴い、新製品が開発されてきた。
しかし、タックルに関する基本装備は従来の
ルアーフィッシングのそれと変わらない。
基本知識の習得は、最も大切なファーストステップとなるだろう

基本スタイル

海のルアー釣りでは釣り歩くことが基本。機動性を重視しよう！

安全、かつ動きやすい服装で

ルアー釣りに限らず、海の釣りは危険が伴う。第一に考えなくてはならないのが安全性。それから、動きやすさや機動性を考えよう。

ルアー釣りでは、基本的に数多くのポイントを釣り歩くために、持ち歩くタックルは1セットがベター。釣りをしながら移動するので、ルアーや小物類はポケットやバッグに収納し、両手は空けておくのが絶対条件だ。

まず、安全面で準備しておきたいのがライフジャケット。落水しても浮力体が体を水面上に出してくれるので、救出してもらうための時間が稼げる。

今では、ライフジャケットといっても、様ざまなタイプが用途別にそろっているので、適材適所で選べば、安全かつ快適な釣りが約束される。

●浮力材入りライフジャケット

ベスト型で、胸と背中に浮力材が入っている。多少動きが制約されるが、パンクしないので、磯釣りなどに用いられる。また、何度落水しても使い続けられるのもありがたい。

●自動膨張式ライフジャケット（ベストタイプ）

落水すると自動的にセンサーが水を感知し、ボンベがエアを送って浮き輪状の浮力体が出てくる。通常は薄くて動きやすいので、堤防釣りなどには最適だ。ただし、一度膨らむとボンベを交換する必要があり、ハリが刺さるとパンクするので注意が必要。

●自動膨張式ライフジャケット（ベルトタイプ）

自動膨張式の腰に巻くタイプ。ベスト

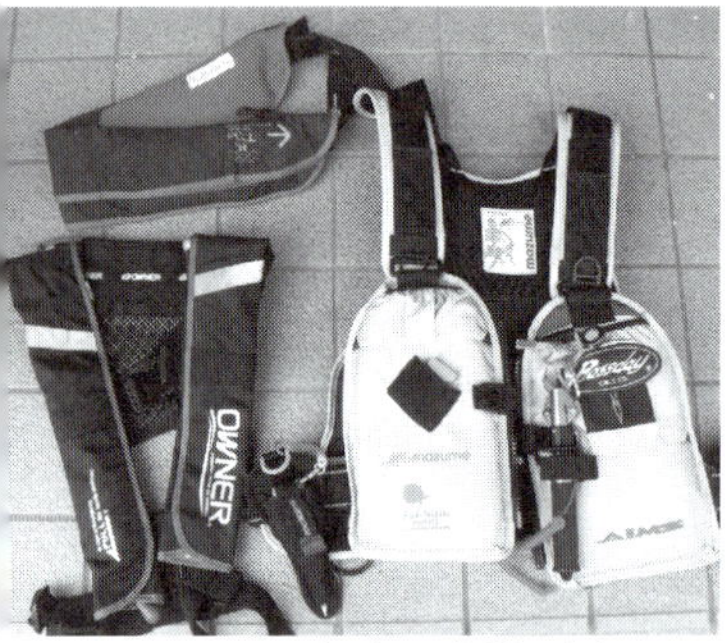

▲ライフジャケット各種。左上：ベルトタイプの自動膨張式。左下：ベストタイプの自動膨張式。右：浮力材入りライフジャケット

◀帽子と偏光グラスは必需品。帽子は熱射病の予防、偏光グラスは光の乱反射をカットするので水中が見えやすくなり、紫外線も防いでくれる（ハリ先からの保護にもなる）

▶左がブーツタイプ、中がフェルトピン・シューズ、右がスパイク・シューズ。釣り場によって使い分けたい

海のルアー釣りスタイル

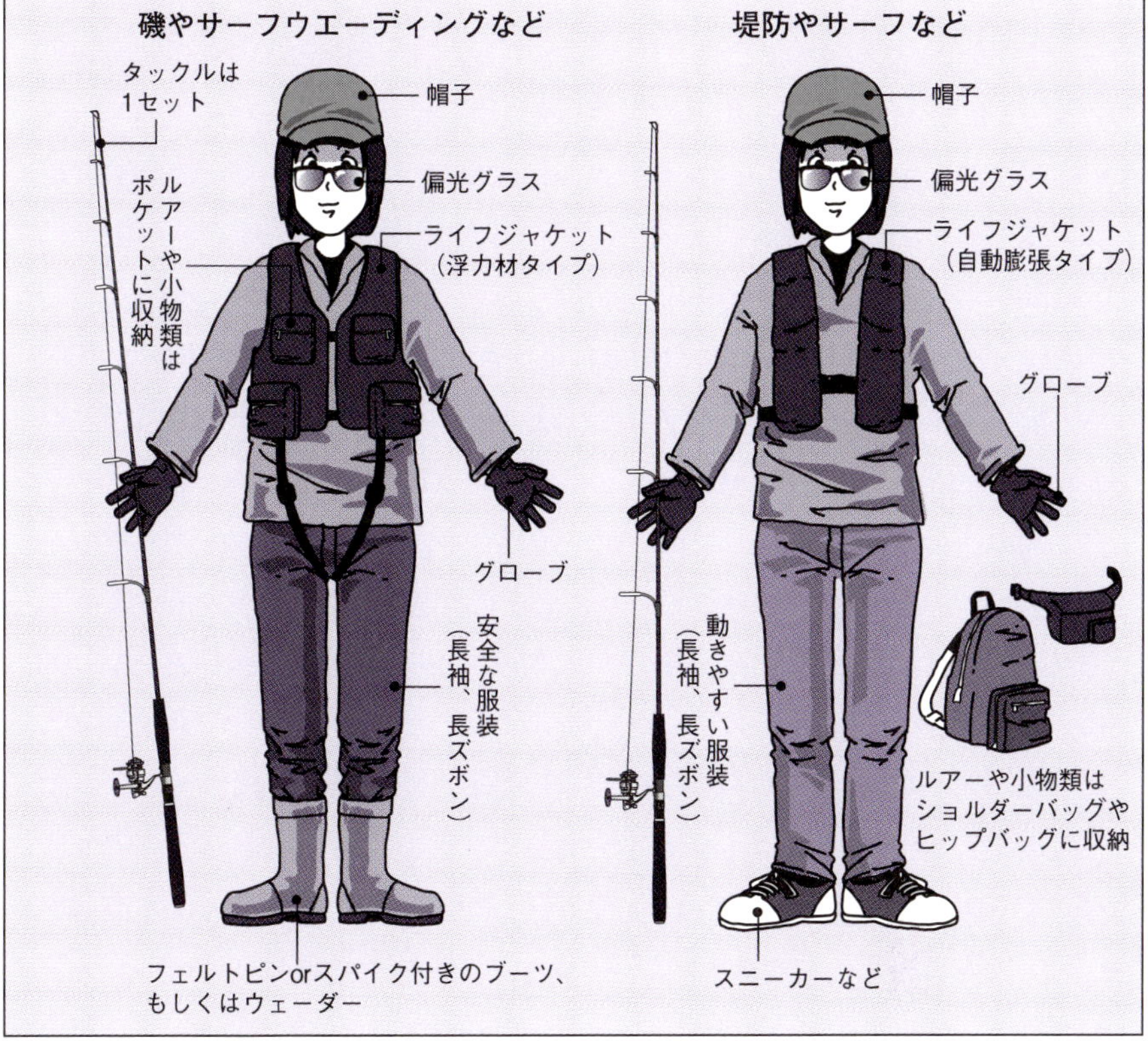

タイプと同様に水を感知すると自動的に浮き輪状に膨らむ。ポケット付きのベストと併用したい場合や、堤防や砂浜などで、さらに身軽に釣りたいときに使える。

快適に釣るための足回り

ルアー釣りのスタイルの中で、最も気を配りたいのが足回り。大げさになっても困るし、軽装すぎては危険が伴う。形態的にはウエーダー（胴長靴）、ブーツ、シューズの3種類がメインに使用される。

ウエーダーは、上級者が磯へ渡るときやサーフに立ち込む（膝くらいまで）場合に使用する。ブーツを履いていれば、波打ち際を歩く際、少しくらい波がかかっても大丈夫なので、ビギナーはここからスタート。シューズタイプは夏の暑いときで、水際まで近寄らない場合に快適だ。堤防ならスニーカーでもいい。

なお、どれを使用するにしても、必ずソール部分を確認しておくこと。堤防やサーフならゴム底でもよいが、濡れた敷き石の上や磯を歩くときは、フェルトピンもしくはスパイク付きのものを使う。

ルアー釣りの基本装備

海のルアー釣りでは、ジャンルは違っても基本装備は同じものである

常にそろえておきたい基本装備

海のルアー釣りには様ざまなジャンルが存在するが、何をターゲットにするにせよ、基本的な装備は同じものが多い。ここで紹介するのはその最大公約数的なもの。ジャンル別に必要なものは、相応のタックルとルアーくらいなものだろう。ちなみに装備類はライフベストのポケット、もしくは両手を空けておけるようなショルダーバッグやヒップバッグに収納しておこう。

●ルアー&ルアーボックス

ターゲット別、釣り場別にルアーを小分けにしておくと便利。ルアーボックスは、ルアーよりもポケットのサイズに合わせるようにすると収納効率が高い。

●スペアリーダー

ショックリーダーは傷が入ったらすぐに交換するので、ラインスプールごとに持ち運ぶ。

●ラインカッター

ラインカッターは頻繁に使用するので、ピンオンリールなどに装着しておくと便利。

●キャッチングツール

フックを外すときにしっかりと魚をホールドできる。アゴの力が強いタイ類や、トゲの鋭い魚にも有効だ。

●スプリットリングプライヤー

スプリットリングを開ける作業だけでなく、フックを外すときにも使用する。

●小型ライト

夜やマヅメの時間帯が絡む釣りでは必ず用意しておこう。

●フィッシンググローブ

グリップ力が高まるのでロッドやリールハンドルを握る手に力を入れやすい。また磯では手をすりむきやすいので、ケガの防止にもなる。

●スナップ

あれば便利な装備品

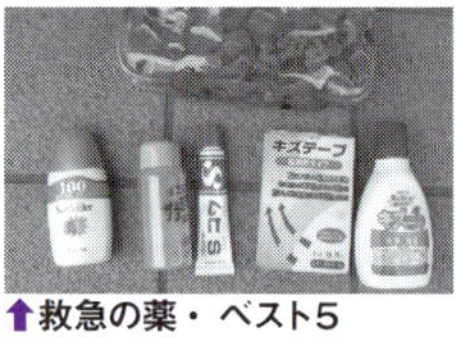

⬆救急の薬・ベスト5
左から、日焼け止めクリーム、虫除けリキッド、虫さされ軟膏、傷絆創膏、消毒液。これだけでもかなり助かる

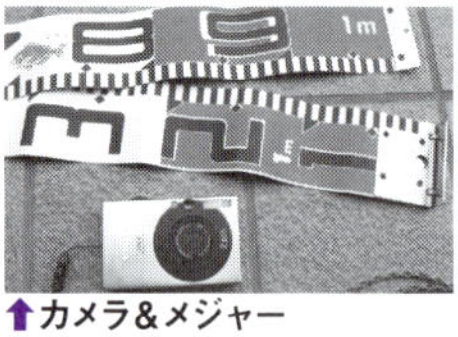

⬆カメラ&メジャー
記録を残したいなら、撮影用の大型メジャーとデジカメも用意しておこう

⬅クーラーボックス
魚を持ち帰って食べるのならクーラーボックスは必需品。夏は食料や飲料水の保冷にも活躍する

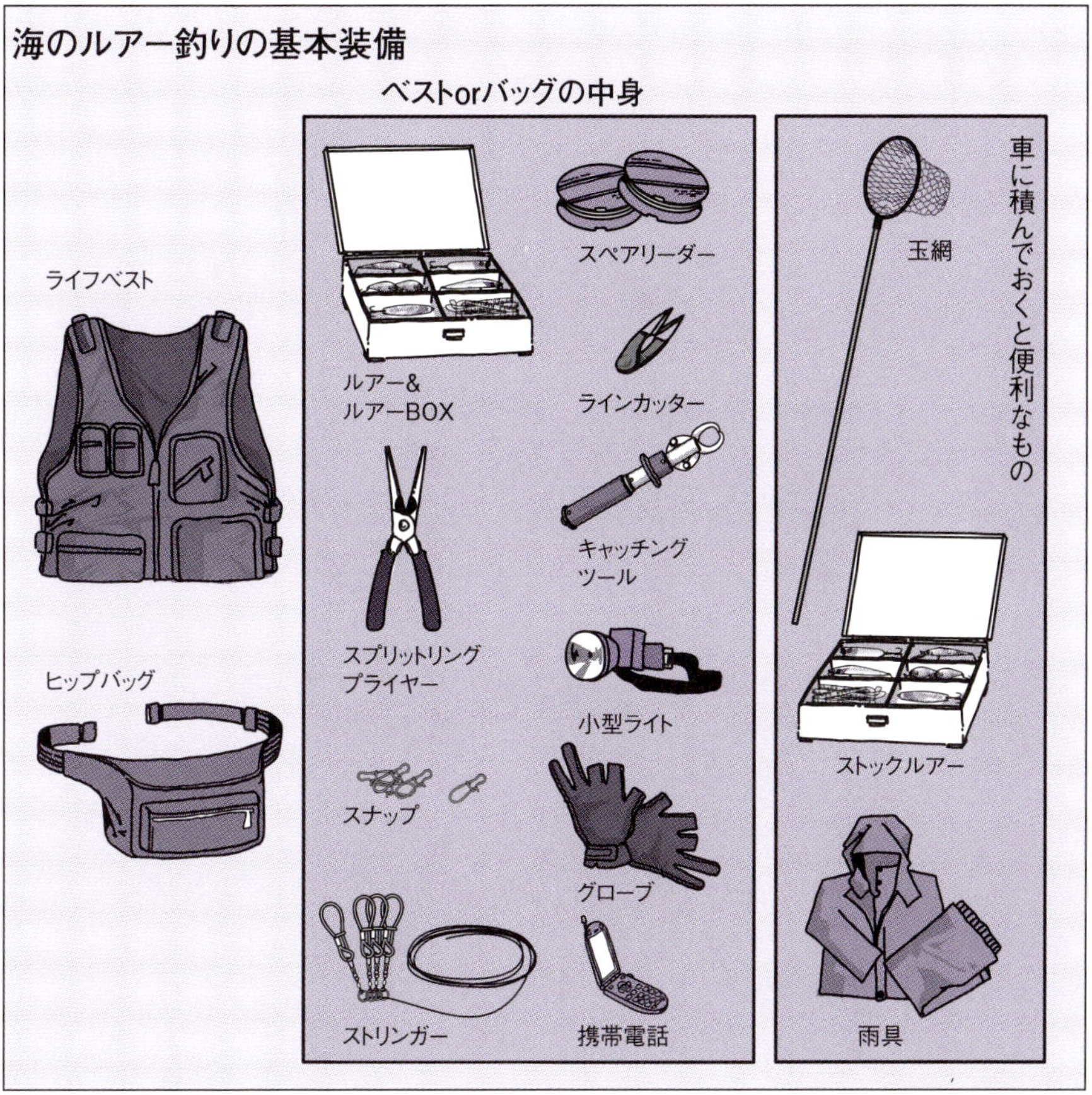
海のルアー釣りの基本装備
ベストorバッグの中身
車に積んでおくと便利なもの
ライフベスト
ヒップバッグ
ルアー&
ルアーBOX
スペアリーダー
ラインカッター
キャッチング
ツール
スプリットリング
プライヤー
小型ライト
スナップ
グローブ
ストリンガー
携帯電話
玉網
ストックルアー
雨具

スナップは小さいけれど実用性は高い。小物ケースに入れておこう。

●ストリンガー

魚のエラにフックハンガーを通して、海中へ。釣りを終えるまで魚を生かしておける。

●携帯電話

情報交換のみならず、緊急時の連絡のためにも必要。できれば防水タイプのものが安心だ。

その他、車に積んでおくと便利な装備

●玉網

足場が高い所で大型魚を狙う場合の必需品。

●ストックルアー

小型ボックスだけでは足りないときに、ポイント、ターゲット別のルアーも準備しておきたい。

●雨具

天気予報が晴れでも、必ず雨具を積み込んでおこう。急に気温が下がったときにウインドブレーカー代わりにもなる。

ロッドの選び方

ルアーロッドといっても種類は豊富。ターゲットに応じた使い分けが必要だ！

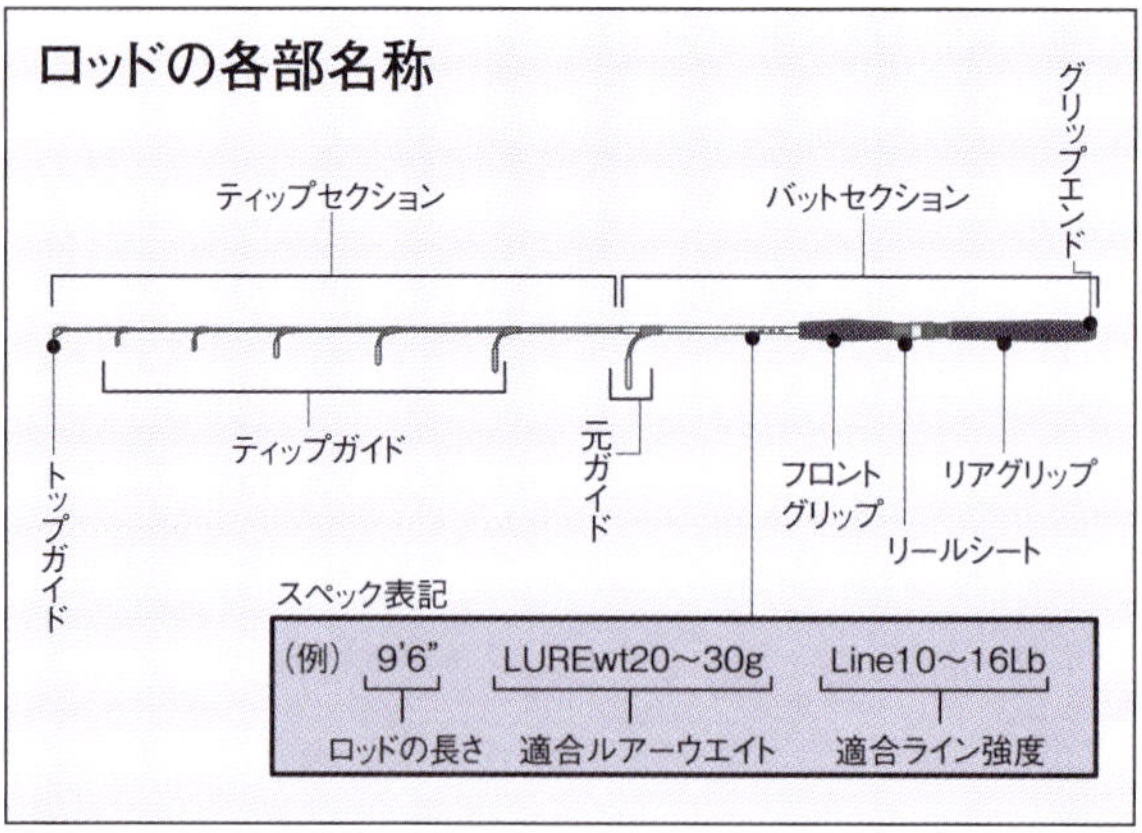
ロッドの各部名称
ティップセクション
バットセクション
グリップエンド
ティップガイド
元ガイド
トップガイド
フロントグリップ
リアグリップ
リールシート
スペック表記
（例）　9'6"　LUREwt20〜30g　Line10〜16Lb
ロッドの長さ
適合ルアーウエイト
適合ライン強度

スピニングタックルとベイトタックル

バスフィッシングではベイトタックルが主流だが、海のルアー釣りではスピニングタックルがメインに使われる。その理由としては、軽量ルアーがキャストしやすいこと。夜釣りであってもトラブルが起こりにくいという点が挙げられる。

ベイトタックルの強みはパワーがあることなのだが、近年は海のルアー釣りがブームとなり、パワータイプのスピニングタックルの開発が急がれた。そのため、今ではスピニングタックルでも余裕で大型魚と渡り合えるようになった。もはや、スピニングタックルのみでもまったく問題がなくなったといっていいだろう。

▲左がベイトタックル、右がスピニングタックル。海のルアーではスピニングタックルがメインに使われる

並継ぎロッドと振出しロッド

投げ竿と同様に、ルアーロッドでも並継ぎと振出しがある。並継ぎロッドのメリットは、パワーを持たせやすいということ。ガイド周りのトラブルがほとんどないこと。ロッドアクションがバラエティーに富んでいることだ。

振出しロッドのメリットは、コンパクトに収納できるということに尽きる。ただし最近の振出しロッドはパワーも十分にあるから、非力さはまったく感じない。車以外の交通機関を使って釣行する場合は重宝するだろう。

ロッドの長さの表記

ロッドの長さはft（フィート）とin（インチ）で表される。1フィートは30・48センチで、1インチは約2・54センチだ。つまり、1フィートは12インチということになる。

たとえば、9フィート6インチなら、正確には、289・56センチということになる。ただ、実際は計算しにくいので、1フィート＝30センチ、1インチ＝2.5センチと考えれば、ロッドの長さもイメージしやすい。

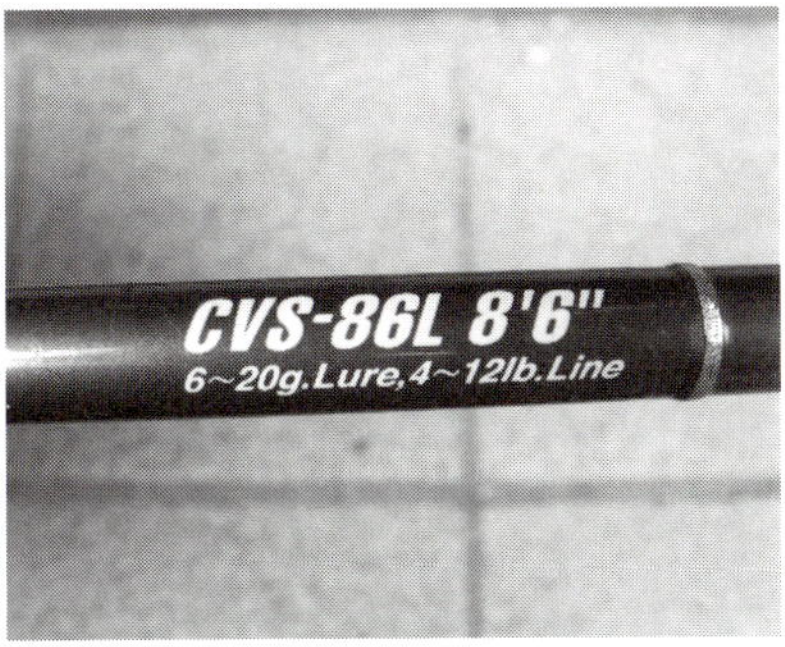

▲ロッドに表記されたロッドスペック。この場合、8フィート6インチのライトアクション、適合ルアーウエイトは6～20グラム、適合ライン強度は4～12ポンドということだ

▼シーバスロッドのパワーアクション（例）

表記	アクション	ルアーウエイト（MAX）	用途
L	ライト	～20g	スモールルアーやワームなど繊細な釣りに
ML	ミディアムライト	～30g	シーバスゲームでは最も汎用性が高い。多くのルアーが使える
M	ミディアム	35～40g	シーバスロッドとしてはハードタイプ。大型シーバスや磯のヒラスズキを狙うロッド
MH	ミディアムヘビー	40～50g	メタルジグによる青物狙いのショアジギングも兼ねる
H	ヘビー	～60g	シーバスロッドというより青物用のライトショアジギングロッド

適合ルアーウエイトの表記

適合ルアーウエイトは、○グラム～○グラム、もしくは○オンス～○オンスと表記される（1オンス＝28・35グラム）。

具体的に例を挙げると「20～30g」と表記されていれば「20～30グラムのルアーをキャストするのに適しており、20グラム以下のルアーは投げられるけれど投げにくい。30グラム以上のルアーは、投げるとロッドが破損する可能性がありますよ」ということだ。

適合ライン強度の表記

ナイロンラインの場合は、lb（ポンドテスト）、PEラインの場合は号数で、適合ライン強度が表記されている。

たとえば、「10～16lb」と表記されていれば「10ポンド未満の強度のラインは、無理にヤリトリするとラインが切れる可能性がある。16ポンドより強い強度のラインを使うと、無理にヤリトリするとロッドが破損する可能性がありますよ」ということだ。

パワーアクションとテーパーアクション

ルアーロッドのアクション（調子）を表す場合、2つの種類がある。ひとつはヘビーアクション（Hと表記）、ミディアムアクション（Mと表記）、ライトアクション（Lと表記）などのパワー表記。これはメーカー間で統一されているものではないので、一つのメーカー内でロッドを比べる場合の目安程度に考えよう。

もうひとつ、重要なのがロッドの曲がりのバランス。先だけ曲がるのがエキストラファストテーパーアクション。順に、ファスト、レギュラー、スローと、徐々にロッドがしなるときの支点がバット部分に寄ってくる。これは、どれがいいというものではなく、合わせをしっかり決めたいならファストテーパー、乗りをよくしたいなら、スローテーパーアクションがよい。

▼ターゲット別ロッドスペックの例

ターゲット	アクション	ルアーウエイト	使用ルアー	魚種
青物用	9ft6in ～ 10ftのショアジグロッド	40～80g	メタルジグ、ポッパー、ペンシルベイトなど	ワラサ・イナダ、ショゴ（カンパチ）など
シーバス用	7ft6in ～ 9ft6in のシーバスロッド	14～35g	ミノー、バイブレーション、メタルジグ、トップウオータープラグ、ワームなど	シーバス、イナダ、ショゴ、クロダイ、タチウオ、ヒラメ、マゴチなど
根魚&小型回遊魚用	7ft ～ 7ft 6inのバスロッド	5～14g	ミノー、メタルジグ、ジグヘッドワーム、テキサスリグワームなど	カサゴ、ソイ、メッキ、カマスなど
メバル用	7ft ～ 8ft のメバルロッド	0.5～5g	メタルジグ、ジグヘッドワームなど	メバル、カサゴ、ソイ、シロギス、ハゼ、メッキ、アジなど

ロッドのテーパーアクション

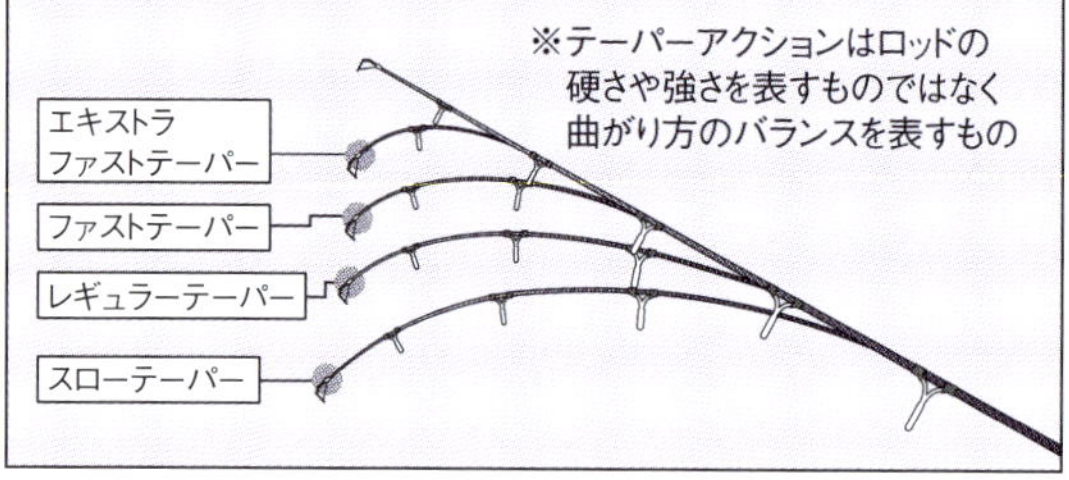
※テーパーアクションはロッドの硬さや強さを表すものではなく曲がり方のバランスを表すもの
エキストラファストテーパー
ファストテーパー
レギュラーテーパー
スローテーパー

ターゲット別のロッド選択

ロッドの選択は基本的に好みの問題なのだが、このターゲットにはこのくらいのロッドが使いやすい、という目安を紹介しておこう（別表参照）。

●青物用

40～70センチクラスのワラサやイナダ、ショゴ（カンパチの若魚）を40グラム以上のメタルジグやトップウォータープラグで狙う場合のロッド。いわゆるショアジグロッドというもので、ルアーウエイトがMAX80グラムくらいのものが初心者でも扱いやすい。大型魚用というよりも、ヘビーウエイトルアーをキャストし、しっかりシャクってアクションをつけるためのロッドである。

●シーバス用

シーバス以外にもクロダイ、タチウオ、ヒラメ、マゴチなど、シーバスロッドで狙えるターゲットは非常に多い。ジ

▶ロッドの選び方

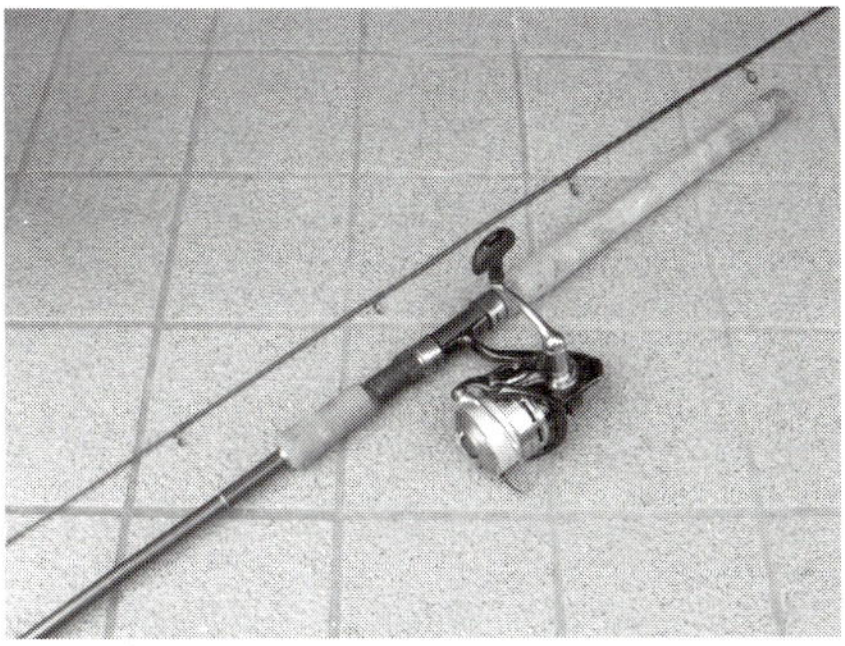

↑シーバス用
9フィート前後のシーバスロッドには、ダイワ2500番〜シマノ4000番のリールがマッチ。ラインはナイロン12ポンド、PE1.2号を使う

↑青物用
10フィートまでのショアジグロッドには、ダイワ3500〜シマノ8000番のリールがマッチ。ラインはPE2〜3号を使用する

↑メバル用
7〜8フィートのメバルロッドには、ダイワ、シマノの2000番のリールがマッチ。ラインはフロロカーボン3ポンドを使用する

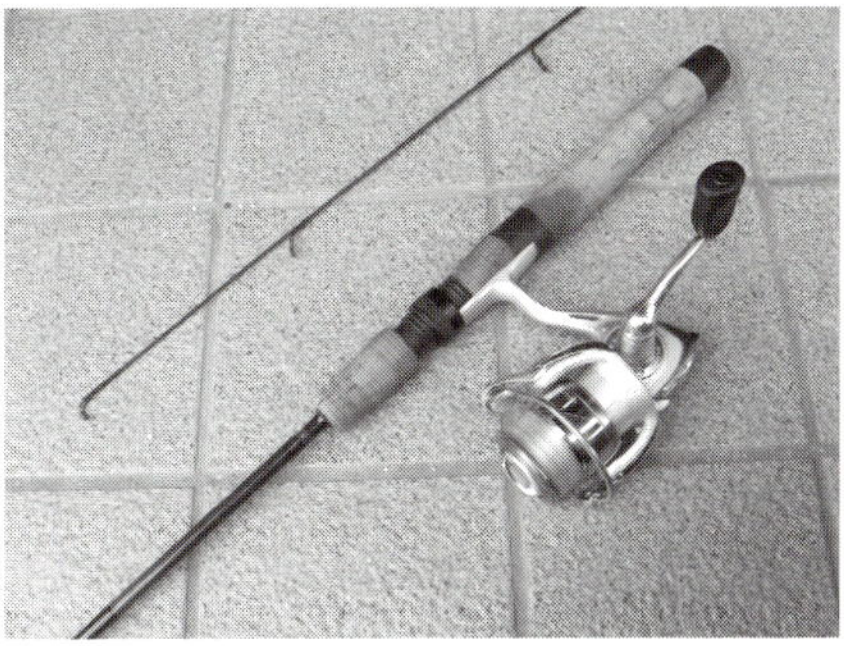

↑根魚&小型回遊魚用
7フィート前後のバスロッドには、ダイワ2000番〜シマノ2500番のリールがマッチ。ラインはナイロン6〜8ポンドを使用

グのウエイトを落とせば、イナダなどの中型青物も狙うことができる。

さらに、使用できるルアーの種類も多く、適合ルアーウエイトの範囲内ならあらゆるルアーをキャストすることができるだろう。ターゲットにこだわらないなら、最初の1本にはオススメだ。

●根魚&小型回遊魚用

カサゴやソイなどの30センチまでの根魚やメッキ、カマスなどの小型回遊魚を狙う場合、海用ルアーロッドでは、ハードタイプのメバルロッドや根魚ロッドがこれに当たるが、バス用のスピニングロッドでも十分に使える。小型のミノーやメタルジグ、7グラムまでのワームリグをキャストするのに適している。

●メバル用

一般的なメバルロッドは1グラム以下の軽量ルアーをキャストできるので、小物狙いに関しては、まさに万能ロッドといえるだろう。とくにメバルゲームに関しては、このロッドなしには語れない。その他、根魚全般からアジ、シロギスやハゼ、メッキ狙いにも使用可能だ。

リールの選び方

リールはロッドとのバランスを考えて組み合わせよう

リールはルアー専用機種が望ましい

海のルアー釣りでは、リールはスピニングタイプのものから選ぶのが一般的だ。さらにその中からルアー用のものを選ぶのが望ましい。

リールそのものには「ルアー用」とは明記されていないが、各メーカーのホームページやカタログにはジャンル別、ターゲット別にリールが紹介されているので、それらを参考にするとよいだろう。

さて、ルアー専用機種をおすすめする理由は、糸ヨレが少なくハンドルの回転がスムーズで、ドラグ調整の幅が広いから。しかも最近は海水をかぶってもボディ内に入りにくい構造になっているので、少々のことでは錆びつかないのもうれしいところ。

さらに、価格帯的にも近年は低価格リールの高性能化が際立ってきている。１万円以下のリールでも、前述した条件に当てはまるなら、ルアー釣りにも十分使えるものがあるはずだ。

リールは、ターゲットやロッドに応じた大きさがある

さて、リールの大きさについてだが、基本はロッドとのバランスを取ること。リールは大きすぎると重くなって感度が鈍るし、逆に小さすぎるとラインに巻きグセがつきやすくライントラブルの原因になる。リールの大きさをロッドや使用するルアー、ターゲットに合わせることが非常に大事な点である。

ちなみに、リールの品番に大きさそのものの表記はないのだが、リールの品名の最後につく○○番という数値で大体判断できる。

これはラインの糸巻き量を表しているもので、メーカー間によって違いがあるため、すべてを一律に比べるわけにはいかないが、基本的に番手の数値が大きくなるほど、リールも大きくなると考えてよいだろう（※ただし、シマノリールの２０００番と２５００番は同じボディサイズ。スプールの糸巻き量が違うだけという場合もある。ダイワも同様に、同じボディに糸巻き量の違うスプールを装着できるようになっている）。

●ダイワリールの場合

ダイワの場合は、海のルアー釣りでは、もっぱら２０００〜４０００番が使われる。

（ダイワ２０００番）メバルやアジ、根魚、メッキなどのライトゲーム用。

▶リールの選び方

リール各部の名称と機能

➡リールフット
ロッドのリールシートに固定する部分
➡ストッパーレバー（クラッチ）
通常はONの状態にして使用する。OFFにするとローターを逆回転させることができる
➡スプール
巻き取ったラインを収納するところ
長めのものは楽な力で巻き取れる。左右へ付け替えも可能
➡ハンドルノブ
ハンドルを回すとき、指でつかむ部分。大きなものほど力を入れやすい
➡ラインローラー
巻き取り時にラインをあてがうところ。ローラーが回転することによって、糸ヨレを防止する
➡ドラグノブ
ノブを締めると、スプールのドラグ機能が「締まる＝スプールが逆転しない」方向に向かう。ノブを緩めると、ストッパーがONでもスプールだけが逆転する
ラインのストッパー。ここを回転させてラインをスプールに巻き取る

（ダイワ2500番）エギングやクロダイ、シーバスのライトタックル用。

（ダイワ3000番）タチウオ、小型青物、シーバス全般用。

（ダイワ3500番）大型シーバスや中型青物狙いのライトショアジギング用。

（ダイワ4000番）大型青物狙いのショアジギング用。

●シマノリールの場合

シマノの場合は、1000～8000番まで使われる。

（シマノC2000番＝1000番ボディ）メバル、アジなどライトゲーム用。

（シマノ2000・2500番）メバル、アジ、クロダイ、エギング、シーバスライトゲーム用。

（シマノ3000・4000番）シーバス全般とライトショアジギング用。

（シマノ5000番）メタルジグをメインに使用する中型青物狙いのライトショアジギング用。

（シマノ8000番）メタルジグをメインに使用する大型青物狙いのショアジギング用。

ラインの選び方

ラインは使用ルアーに応じて使い分けよう！

ラインは素材によって使い分ける

ルアー釣りに使われているライン（道糸）はおもに3種類。ナイロンラインとフロロカーボンライン、そしてPEラインだ。それぞれの特徴を理解して使い分けるといい。

ナイロンラインは最もトラブルの少ないラインだ。伸びがあるためバラシも少なく、リールへの馴染みもよいから、扱いやすさは一番。さらに比重が水に近いため、軽快にルアーを操ることができる。あらゆるターゲットに適応するので、ビギナーが最初にリールに巻くならナイロンラインがいいだろう。

なお、小型魚狙いや軽量ルアーをキャストする場合は、リーダーを接続しないほうがルアーのアクションもよく、魚の食いもよい。

フロロカーボンラインは、伸びが少ないために感度がよく、摩擦にも強いからメバルやカサゴなど細号柄のラインを使う根魚狙いに多用されている。

ただ太い号柄のもので軽量ルアーをキャストしていると、糸ヨレが原因でライントラブルを起こしやすいため、使用する場合は、1号以下の細号柄ライン限定したほうがいい。

最後に、現在大流行のPEラインは、伸びがほとんどないので超高感度。遠くのルアーにもしっかりとロッドアクションを伝えることができる。ショアからのジギングにおいては、PEライン抜きには語れない。

さらに、ナイロンラインが約3号で12ポンド強力なのに対し、PEラインだと約1号で12ポンドの強さがある。同じ強

▼ナイロン、フロロカーボン、PEライン比較表

	ナイロン	フロロカーボン	PE
比重	1.14	1.78	0.97
吸水性	あり	なし	なし
柔軟性	しなやか	硬い	非常に軟らかい
伸び	あり	ややあり	ほとんどなし
引張強力	強い	ナイロンより劣る	ナイロンの約3倍強い
結節強力	強い	ナイロンより劣る	弱い
摩擦強力	フロロカーボンより劣る	強い	弱い

▲ラインは素材によって特性が変わる。TPOに応じて使い分けたい（左から、ナイロン、PE、フロロカーボンライン）

▶ラインの選び方

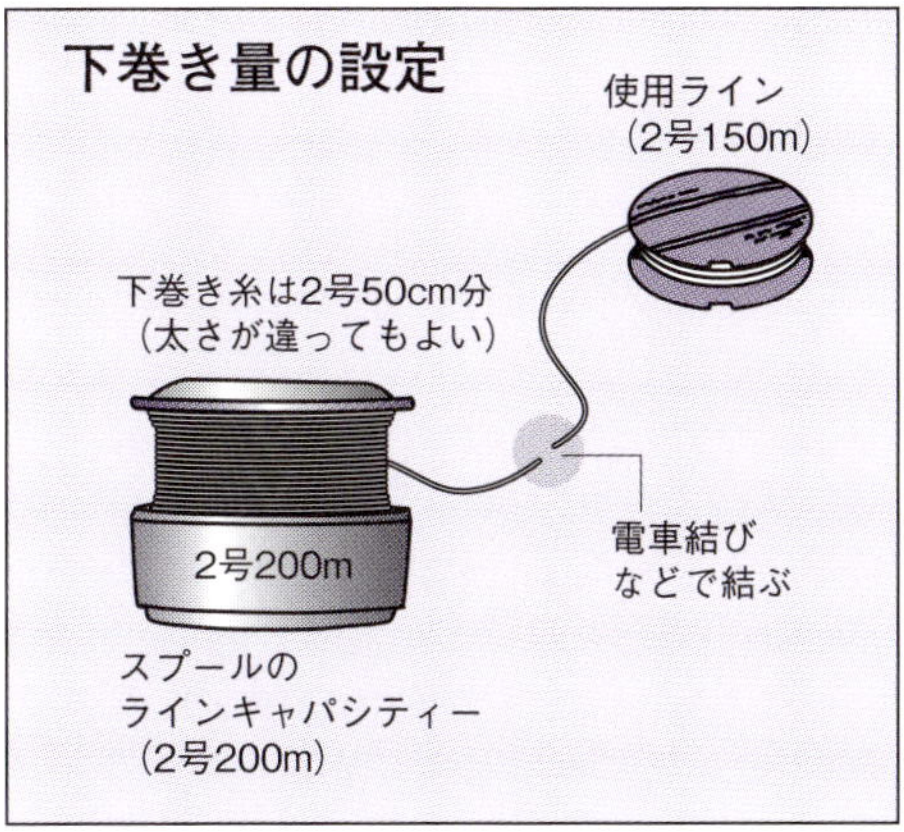

▲ラインはスプールの9分目まで巻き込んでおこう

度なら、ほかのラインよりも細いラインを使うことができるので、遠投力をアップさせるにはもってこいといえるだろう。

ただ、PEラインはリーダーとの結びが難しく、慣れないとライントラブルも起きやすいので、ルアー釣りそのものに慣れてから使うのがいいだろう。

ラインはスプールの9分目まで巻いておく

次にラインの巻き方についてだが、リールのスプールにはラインキャパシティー（糸巻き量のマックス）が表記されているので、ラインキャパシティーの範囲内で、最低限必要な長さのラインを巻き込んでおく。

ただし、一般的に使用するラインの量よりリールのラインキャパシティーのほうが大きいため、実際に使用したいラインの下に、底上げのラインを巻いておくことになる。これを「下巻き」というのだが、このラインは古くなって捨てようとしていたものでよく、素材は使用するラインと異なるものでも問題ない。

この下巻き分と使用ラインを接続して、トータルでラインキャパシティーの9分目まで巻き込んでおくと理想的。スプールエッジいっぱいまで巻き込むと、ライントラブルを起こしやすいし、ラインキャパシティーの7～8分目までだと飛距離が落ちる。

まずは「ラインキャパシティー」から「使用ライン」を差し引いて、下巻き量を決定し、先に下巻きをしておこう。それから使用ラインを接続すれば、大体スプールエッジいっぱいまで巻き込める。

▼ターゲット別ラインの使い分け

素材	ラインの特性を生かしたカテゴリー	ライン強度（太さ）
ナイロン	シーバス、ライトゲーム全般	6～10lb
	メバル、アジのワーミング	3lb
フロロカーボン	メバル、アジのワーミング	2～3lb
	カサゴ、ソイのワーミング	4～5lb
	メッキ、カマスのミノーイング	4～5lb
PE	アオリイカのエギング	0.6～1号
	青物のショアジギング	1.5～3号
	シーバス全般	1～2号

ラインの結び方

ラインの結びは必須課題。脱ビギナーの第一ステップだ

スプールにラインを結ぶユニノット。下巻きとメインラインなど、同じ素材のライン同士の結びはブラッドノット。ルアー（スナップ）とラインの接続はクリンチノット。さらに強力なダブルクリンチノットは最初に覚えておこう。

スプールへの接続

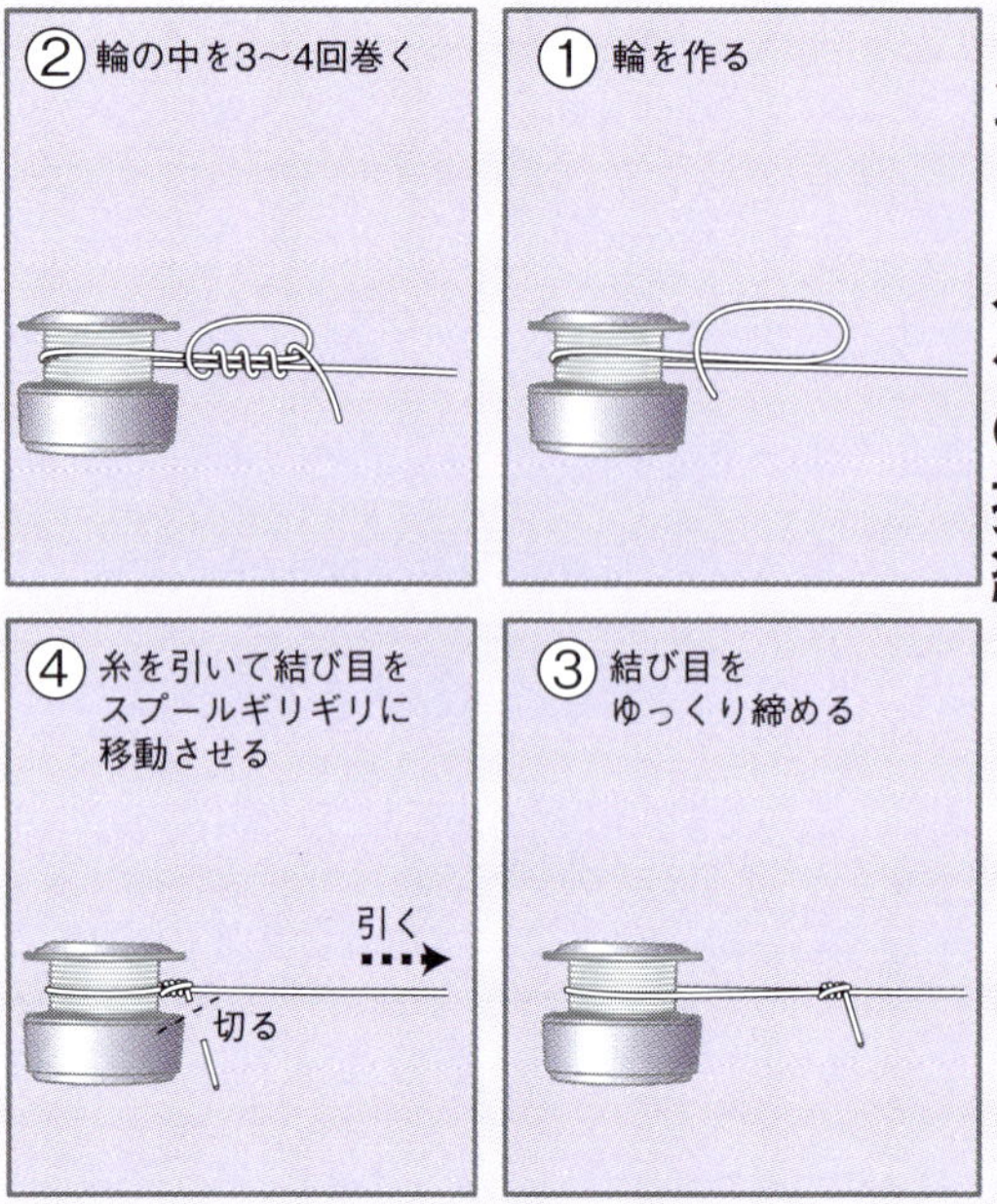
① 輪を作る
② 輪の中を3〜4回巻く
③ 結び目をゆっくり締める
④ 糸を引いて結び目をスプールギリギリに移動させる
引く
切る

ブラッド・ノット（ライン同士を結ぶ）

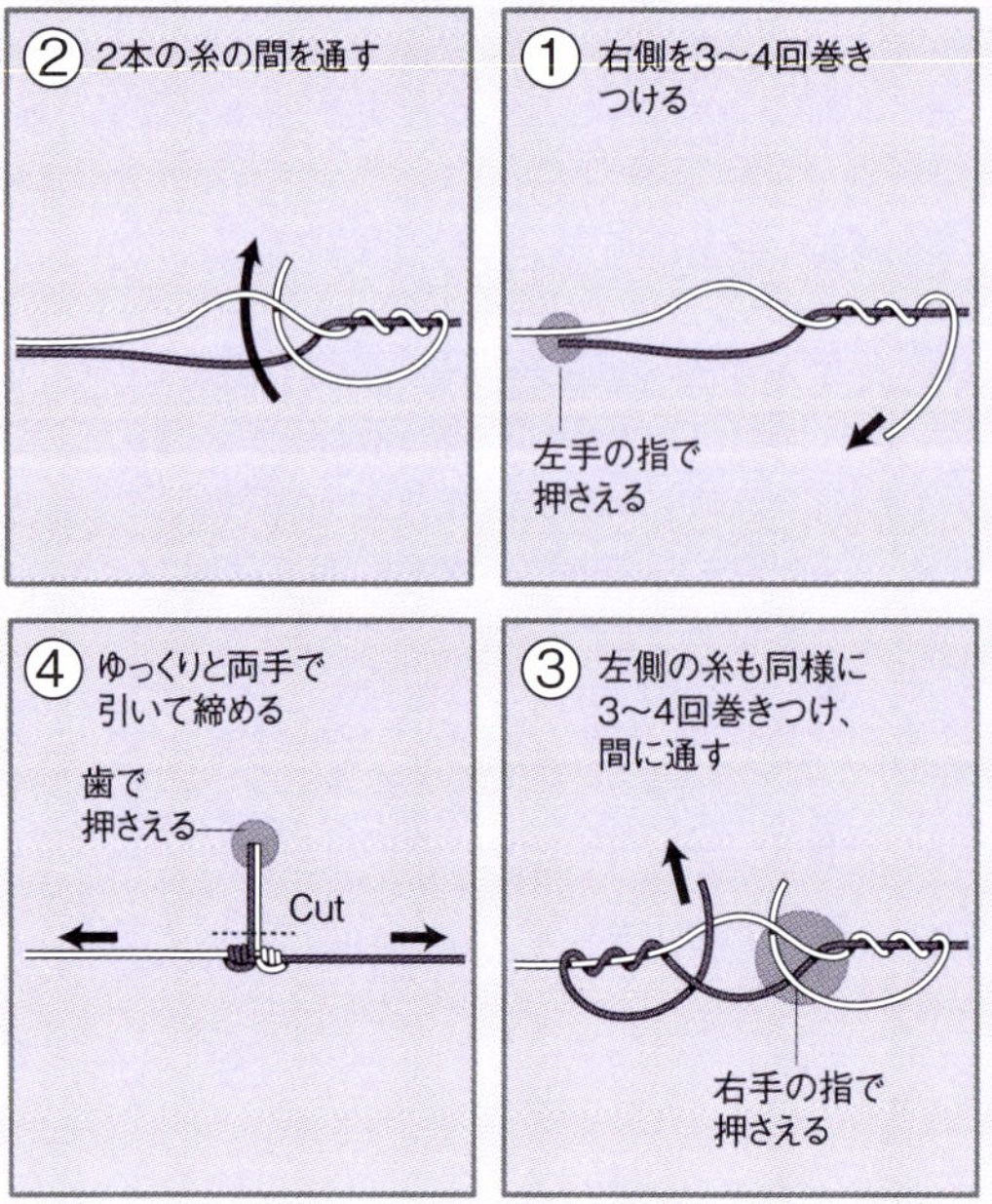
① 右側を3〜4回巻きつける
左手の指で押さえる
② 2本の糸の間を通す
③ 左側の糸も同様に3〜4回巻きつけ、間に通す
右手の指で押さえる
④ ゆっくりと両手で引いて締める
歯で押さえる
Cut

▶ラインの結び方

クリンチノット（ルアーとの結び）

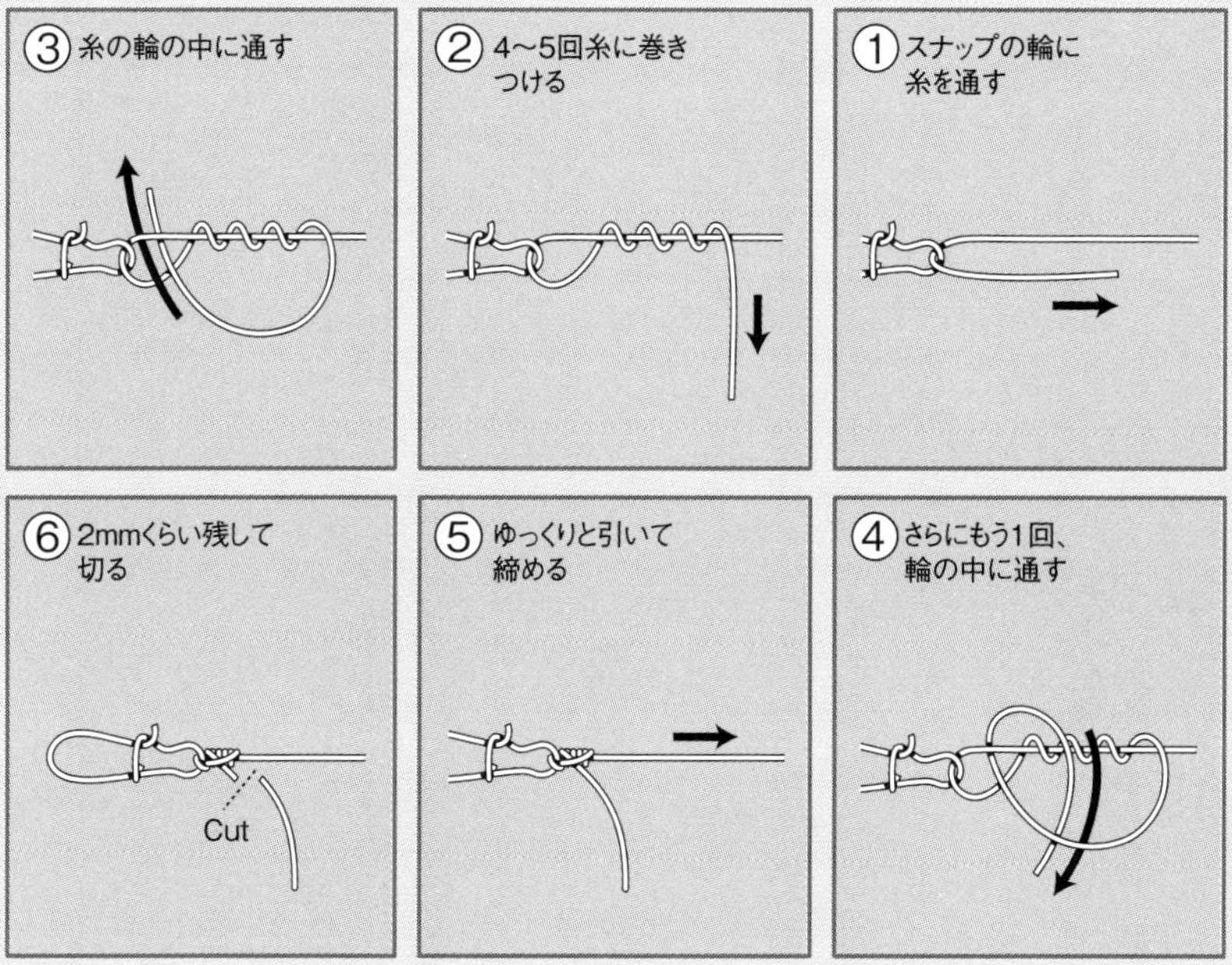
①スナップの輪に糸を通す
②4～5回糸に巻きつける
③糸の輪の中に通す
④さらにもう1回、輪の中に通す
⑤ゆっくりと引いて締める
⑥2mmくらい残して切る
Cut

ダブルクリンチ・ノット

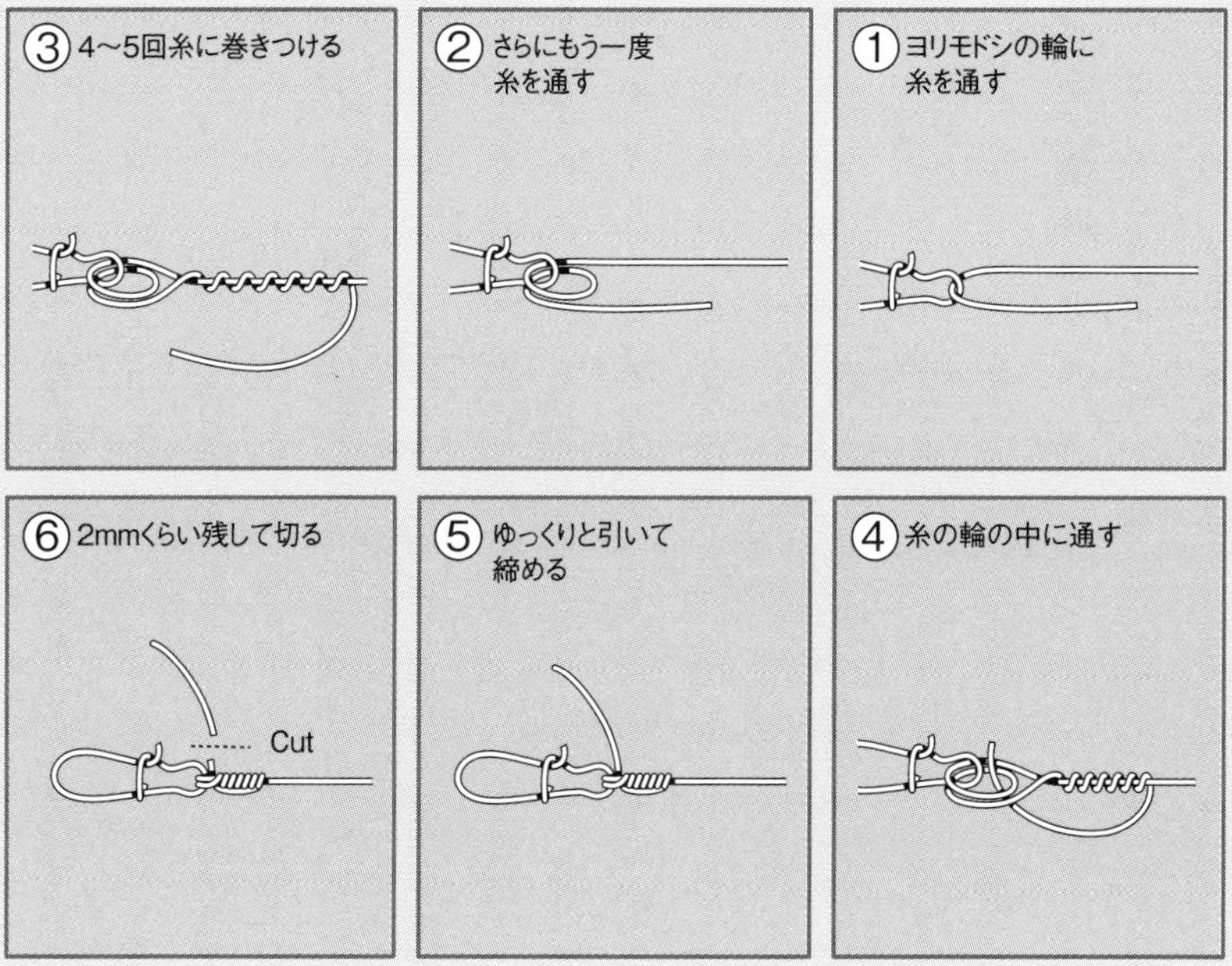
①ヨリモドシの輪に糸を通す
②さらにもう一度糸を通す
③4～5回糸に巻きつける
④糸の輪の中に通す
⑤ゆっくりと引いて締める
⑥2mmくらい残して切る
Cut

ラインシステム

ショックリーダーを接続することで大型魚ともファイトできる！

ラインにはリーダーを接続するのが一般的だ

ルアー釣りにおけるラインシステムとは、メインラインにショックリーダー（先糸）を接続することを指す。根ズレや口ズレなどによってラインが切られないようにするため、ラインの先に太い先糸を結びつけるのである。

基本的に、30センチ以下の小型魚にはリーダーは不必要だが、ルアーを丸飲みする魚や歯の鋭い魚を狙うときはもちろん、海底に岩礁帯があるような場所では、リーダーがあればラインブレイクでバラすことが少なくなる。

リーダーに使用する糸は、一般的に摩擦強度に優れたフロロカーボンが用いられるが、フローティング系のルアーを使用する場合は、ナイロンを用いるとルアーのアクションが損なわれない。

リーダーの長さの基本は、ターゲットとする魚の最大長以上。シーバスの場合なら、1～1.5メートルといったところだろうか。長すぎると太い先糸の影響が大きく、短すぎると根ズレ対策にならないので、ほどほどの長さにしておきたい。

リーダーとメインラインの接続は、ナイロン同士やナイロンライン＋フロロカーボンリーダーならブラッドノットでもよいが、ＰＥラインとフロロカーボンリーダーなら電車結びを用いる。また、リーダーを結ばなくても、二本ヨリにするだけでも効果がある。

▲専用のショックリーダーには、ナイロンとフロロカーボンがある。細号柄はフロロカーボンハリスでもよい

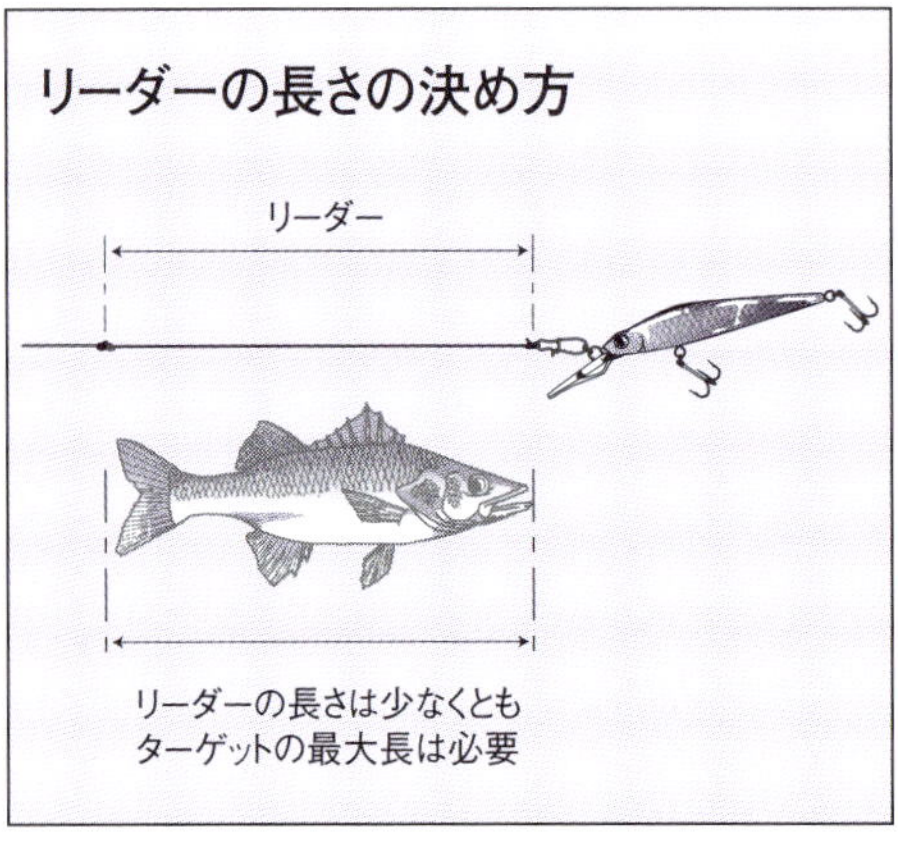

▶ラインシステム

電車結び

①片方の先端に輪を作る

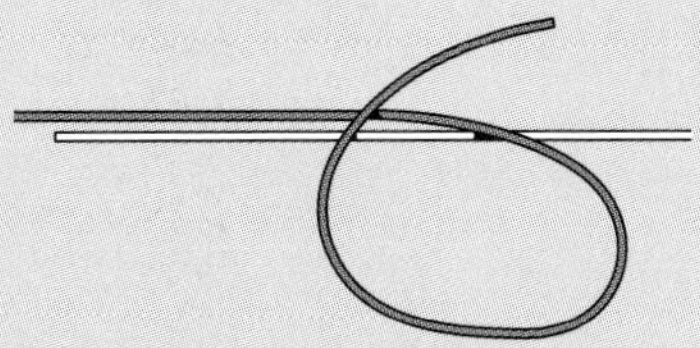

②輪の中に4〜5回糸を巻き込んで、締める

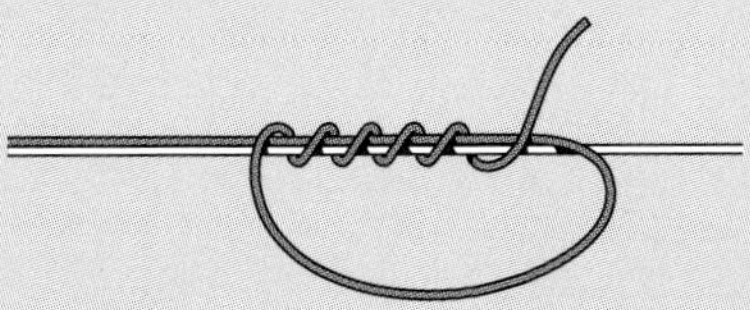

③もう一端も同様に締め込み、
ゆっくり両端を引っぱる

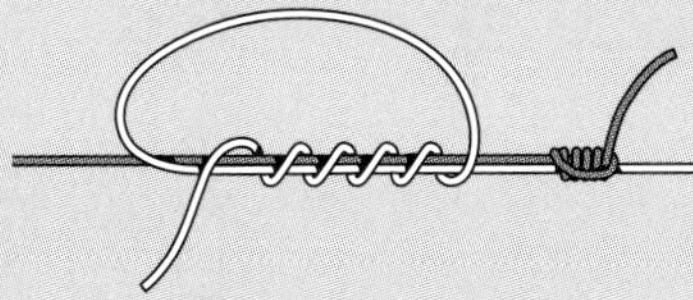

④2つの結び目が合わさったらしっかり締め、
余った糸を切る

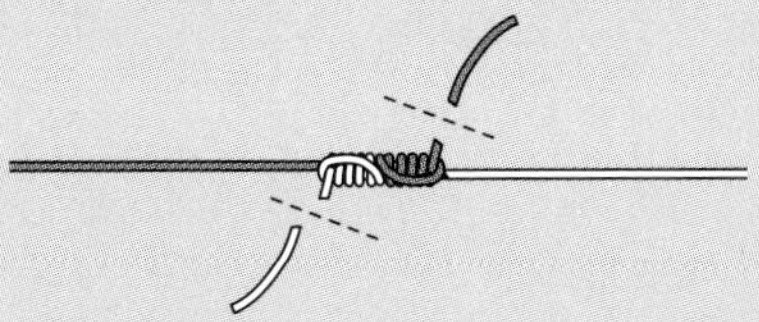

二本ヨリ

①二本ヨリの長さ分のチチワを8の字
結びで作る

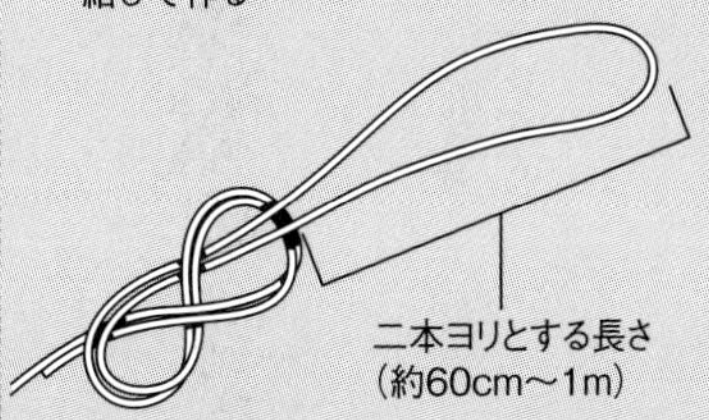

②チチワの先端をカット

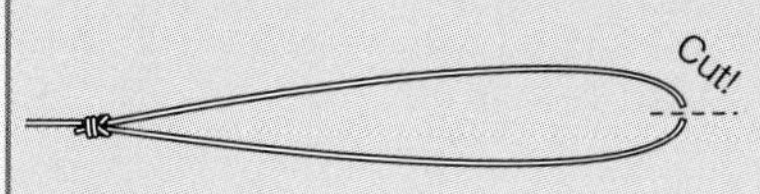

③ラインの両端を親指と人差し指で
挟み同じ方向にねじる

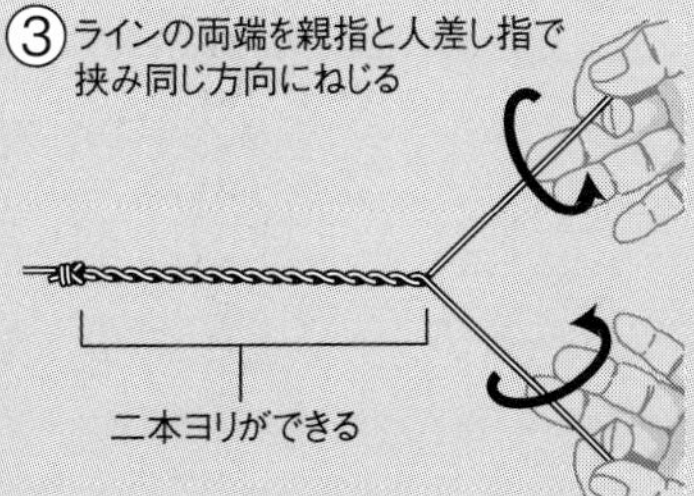

④ラインの端まで二本ヨリができたら止め結び。
一本のラインと考えて、スナップに結びつける

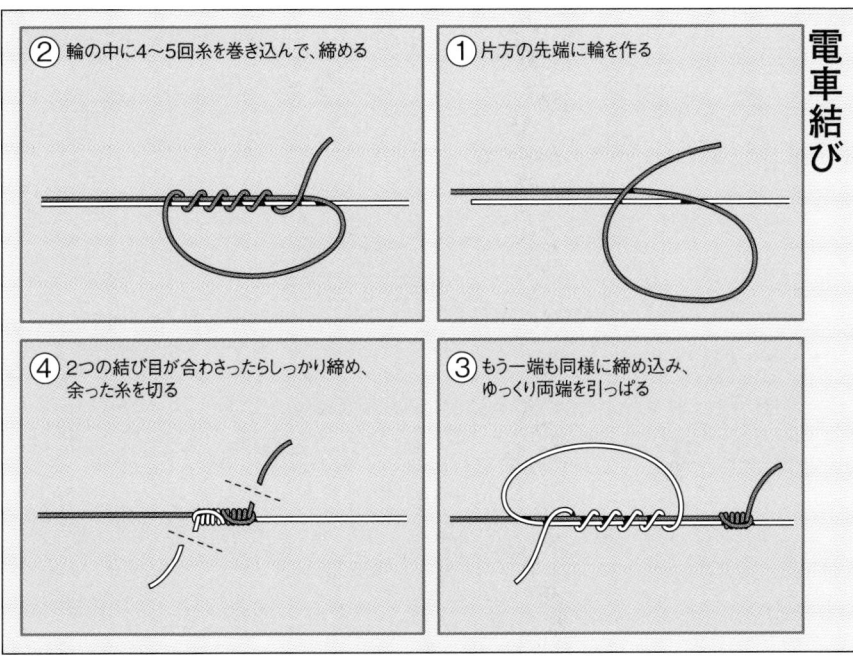

キャッチングツール

別名フィッシュグリップ。魚をしっかりつかむためのアイテムだ

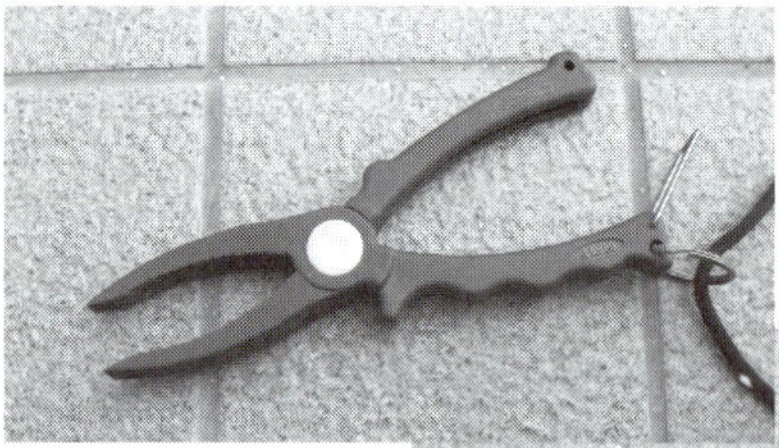

◀ラパラのフィッシュホルダー。軽量で安価。シーバスなどの大きな口を挟むように使用する

▶フィッシュグリップの定番ボガグリップ。強力タイプで、シーバスやクロダイなどの大型魚にも対応する

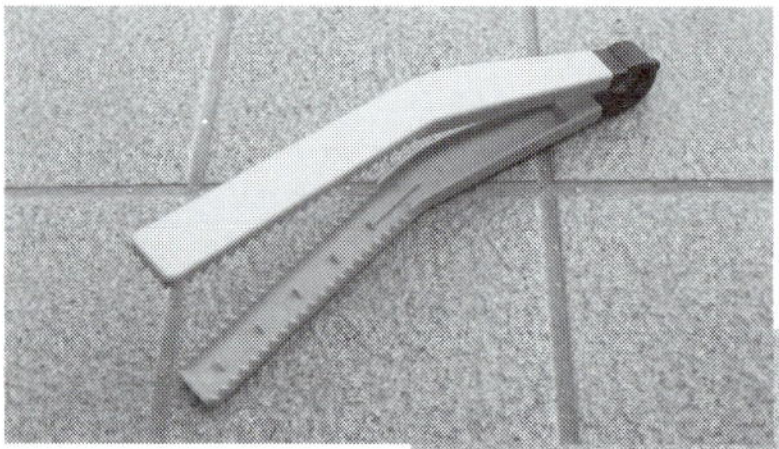

◀プラスチック製の魚バサミ。アジやメバルなどの小物に使いやすい

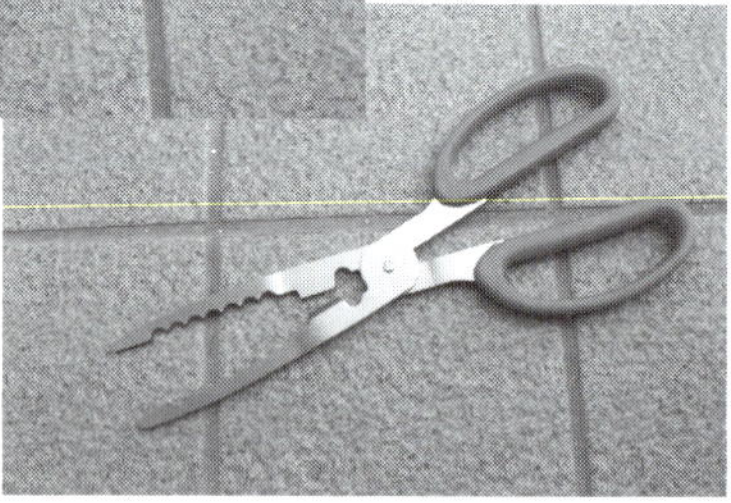

▶金属製のタチウオバサミ。魚体を挟むようにして使用する

ケガの防止に役立つキャッチングツール

魚には鋭い歯があったりトゲがあったり、さらには毒があったりするものがいる。ルアー釣りでも、一番ケガをしやすいのは魚を釣り上げたあと、魚を押さえつけてフックを外すとき。とくに初心者は十分な注意が必要だ

　このとき、魚をしっかりホールドすることができるのがキャッチングツール。魚の口をフック状のペンチでがっちりホールドするものや、ハサミ状のもので魚体を挟んだりするものがある。

　シーバスやクロダイ、タチウオ、アジ、メバル、カサゴと大型魚から小物まで、それぞれに対応するキャッチングツールが市販されているので、一度試されてはどうだろうか。

　もちろんなくても釣りはできるが、あれば安全にフックを外すことができる。さらにボガグリップタイプのものは、魚の口に届きさえすれば、それ自体がランディングツールにもなる。

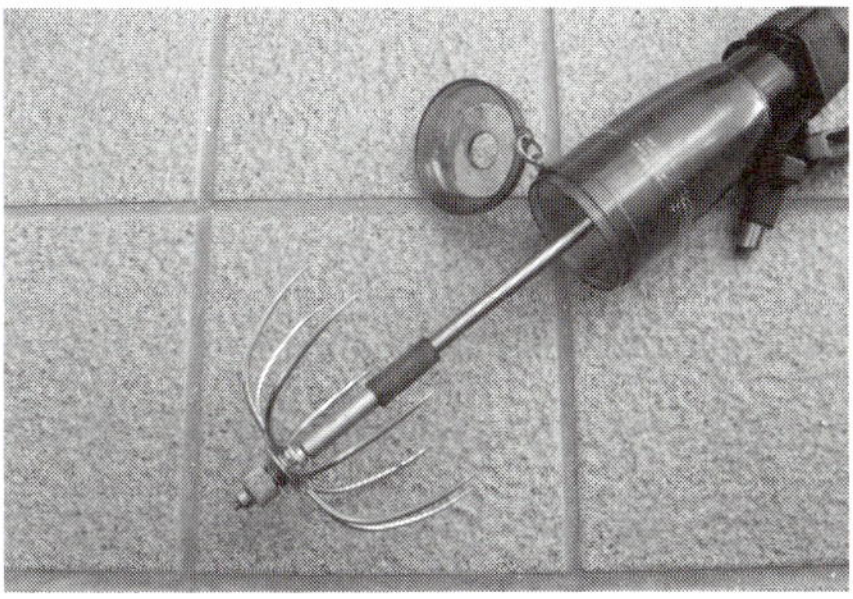

▲イカ用ギャフ。柄の長さは3〜5メートルまで。釣り場に合わせて使い勝手のよいものを選ぼう

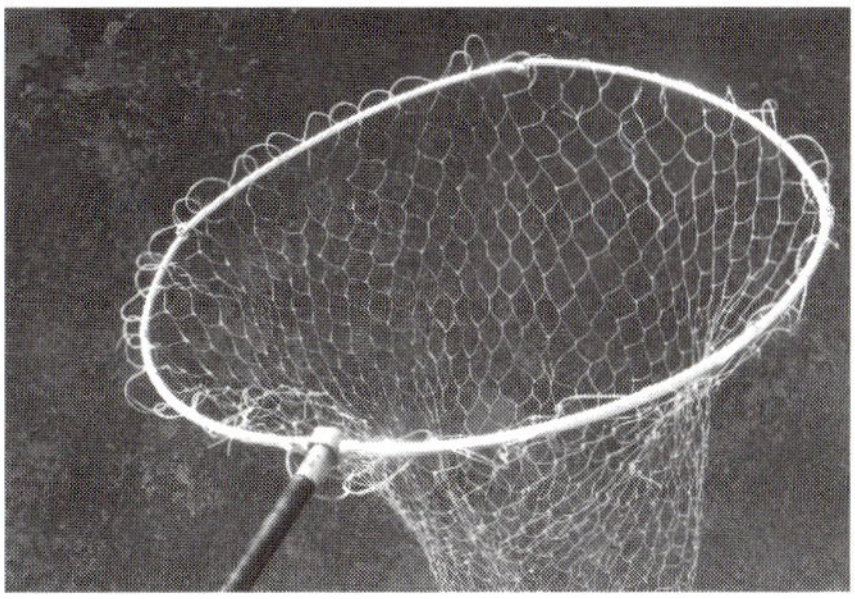

▲玉網は磯釣り用のものが汎用性が高い。直径は60センチくらいあれば大体の魚は取り込める

▲足場の高い堤防で60センチクラスがヒットしたら、まず引き抜くことは不可能だ。玉網は用意しておこう

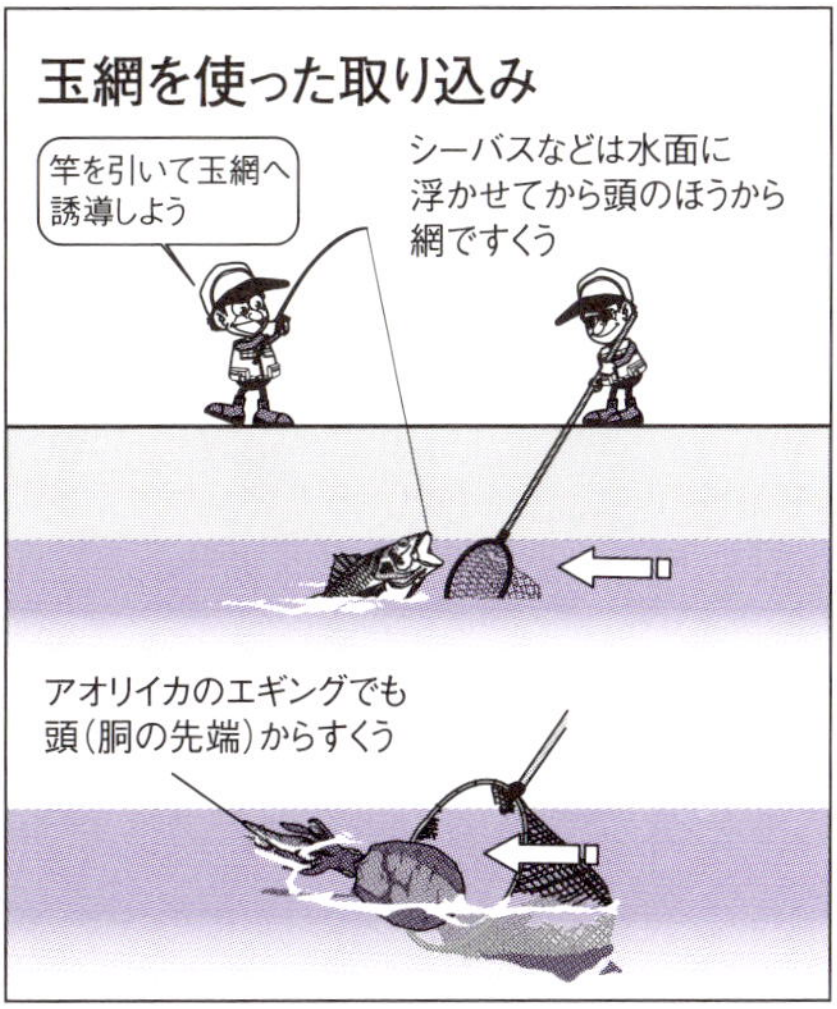
玉網を使った取り込み
竿を引いて玉網へ誘導しよう
シーバスなどは水面に浮かせてから頭のほうから網ですくう
アオリイカのエギングでも頭（胴の先端）からすくう

ランディングには、玉網がベスト!

シーバスの場合、水面に手が届けば、ボガグリップなどでランディング（取り込み）することは可能だが、堤防など足場の高い所で大型魚を掛けた場合は玉網が必要になる。釣具店を覗くと様ざまなランディングツールが販売されているが、玉網なら魚種を問わないし、足場が高くても問題ない。いろいろな釣り場に行くなら玉網はぜひとも必要だ。

サイズは、磯釣り用の玉網が汎用性があり、玉枠の直径が60センチ、玉の柄の長さが5.4メートルなら、大体の釣り場に対応できるし、80センチクラスのシーバスも取り込める。

またアオリイカなどエギングオンリーで使用する場合は、携帯性に優れたギャフを使うのもよいだろう。ギャフを使用する場合は、下から上に向かって引っ掛けるのだが、頭（胴の先端）のほうに掛けるようにすると、ロウトが下を向くのでスミをかけられにくくなる。

フック、リング、スナップ

ルアーを取り巻く小物類は、信頼のおけるものを使うことが大事！

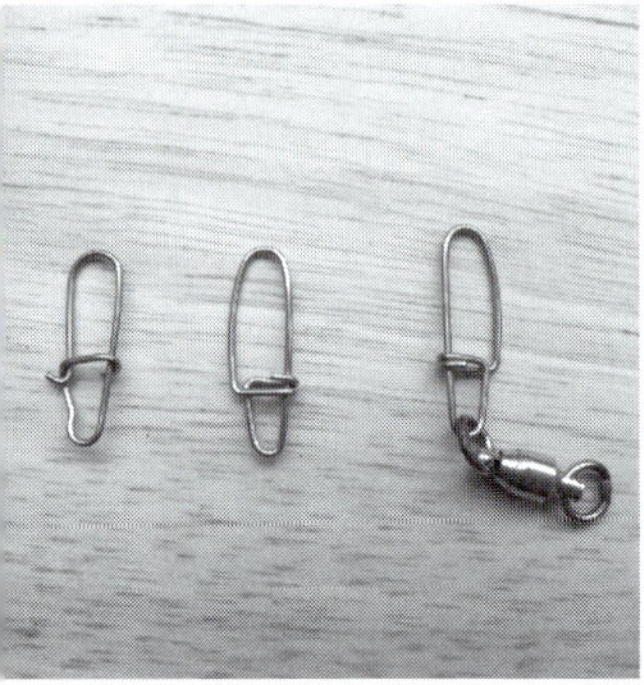

▲左からノーマルタイプ、高強度のクロスロックタイプ、ローリングスイベル付きのタイプ

▼トリプルフックのほかにダブルフックやシングルフックもある

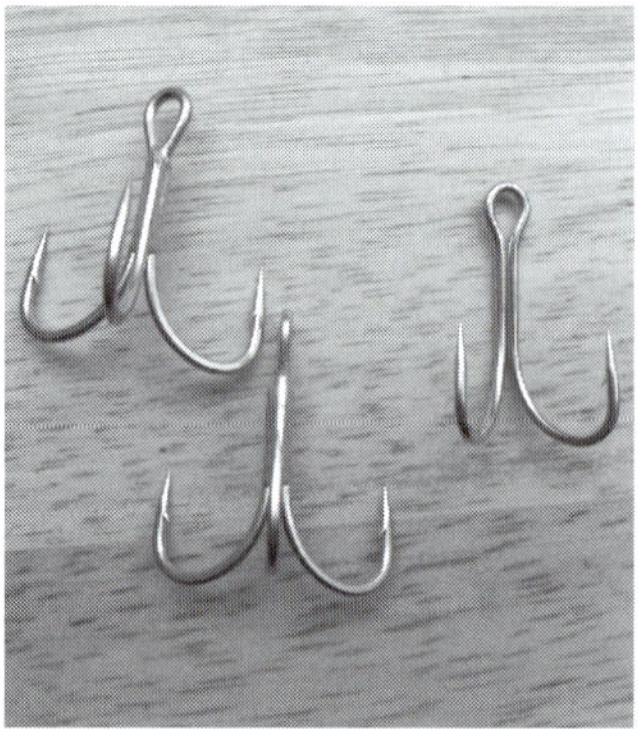

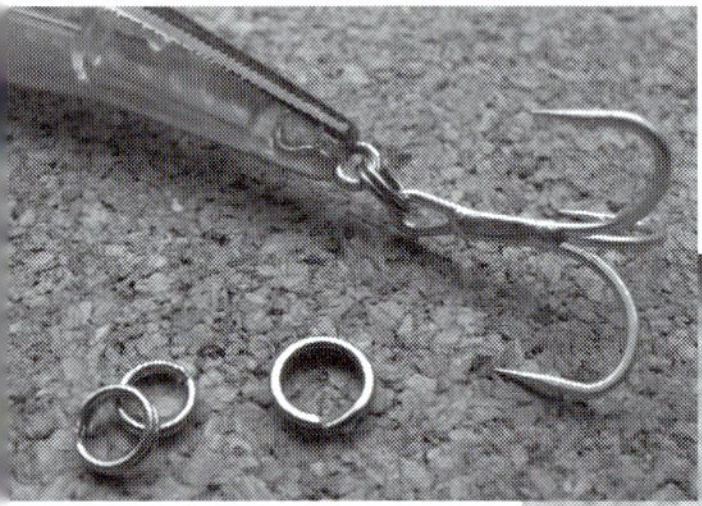

◀スプリットリングは、ルアーとフックの結合やルアーとラインを接続する際に使われている

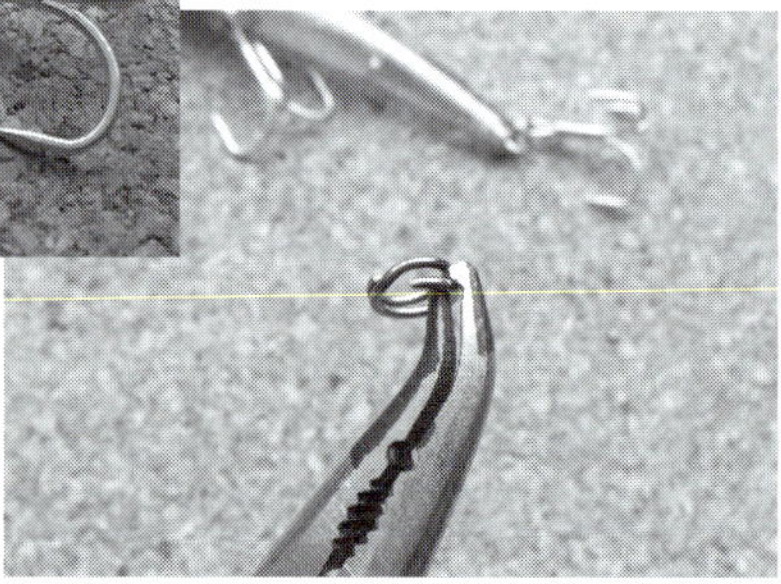

▶スプリットリングは専用のスプリットリングプライヤーで開く（爪で開くとケガをすることもある）

フックやスプリットリングは、傷んだらすぐに交換しよう

市販されているルアーには、最初からフック、スプリットリングが接続されており、ラインを結べば、即使用できるようになっている。

基本的に錆びにくいフックが使われているが、それでも何度か使用したら錆びるし（毎回、真水で洗うとよいのだが）、何度か魚を掛けるとハリ先も鈍る。スペアフックやスプリットリングはそれぞれ単品で市販されているので、傷んだら交換すればよい。

ただし、最初にセッティングされているフックやリングにサイズを合わせることが肝心だ。

これは、最初のセッティングが最もルアーがよく泳ぐように設定されているからで、大きなフックに変えると泳ぎが緩慢になったり、小さなフックに変えるとフッキング率が下がったりすることがある。スプリットリングについても同様で、バランスを崩さないことが大切だ。

フック、リング、スナップ

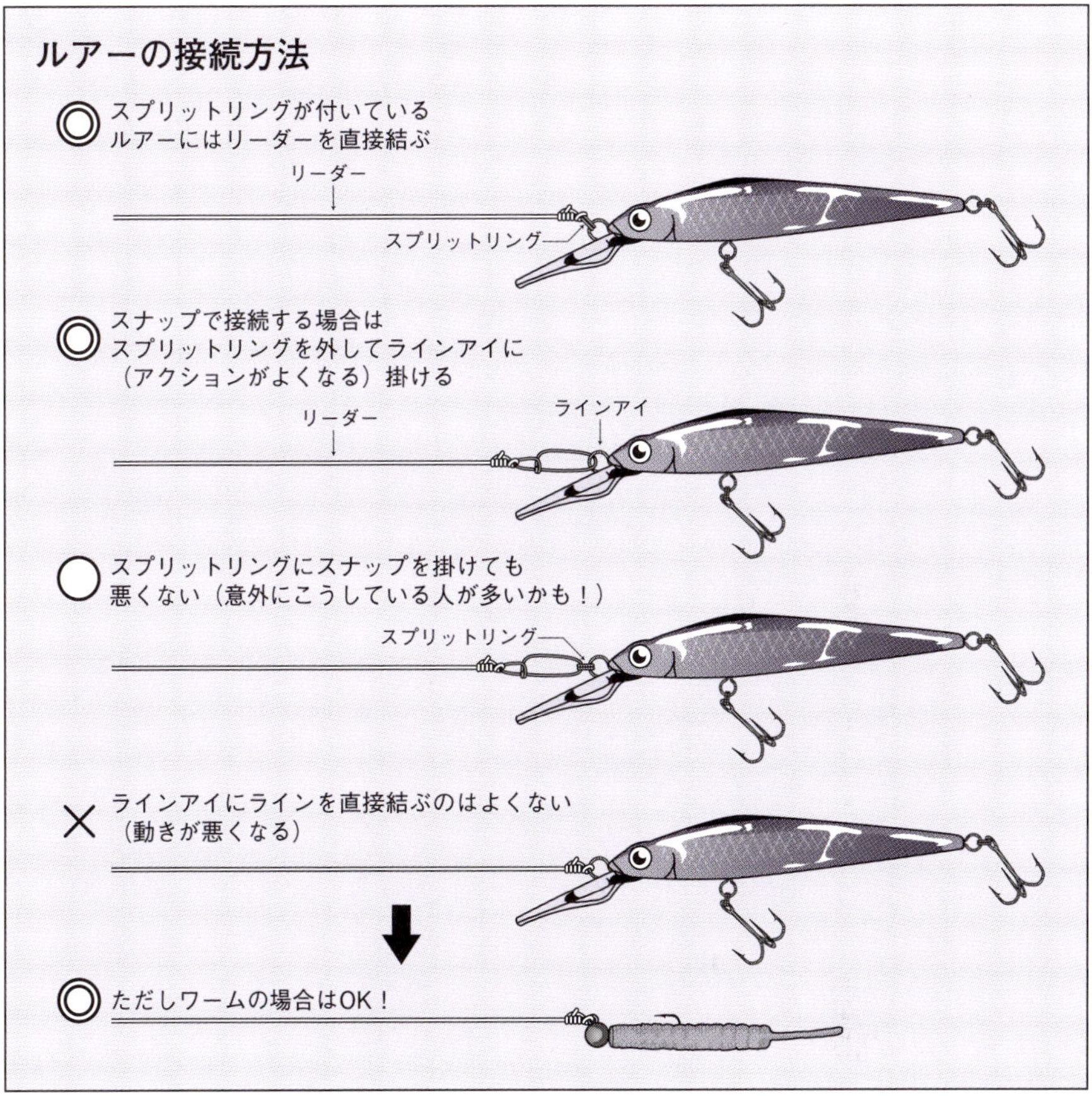
ルアーの接続方法
◎ スプリットリングが付いている
ルアーにはリーダーを直接結ぶ
リーダー
スプリットリング
◎ スナップで接続する場合は
スプリットリングを外してラインアイに
（アクションがよくなる）掛ける
リーダー
ラインアイ
○ スプリットリングにスナップを掛けても
悪くない（意外にこうしている人が多いかも！）
スプリットリング
× ラインアイにラインを直接結ぶのはよくない
（動きが悪くなる）
◎ ただしワームの場合はOK！

スナップは頑強なものを

ライン（リーダー）にスナップを結んでおくと、ルアーの交換が非常にスムーズになる。そのため上級者でも多くの人がスナップを使用する。エギングでも、エギの動きがよくなるしリーダーも傷みにくいから、メリットばかりといっていいだろう。

ただ問題は、長く使っていると金属疲労を起こして、魚とのファイト中にスナップが開いてしまうことがある。とくに大型のシーバスやヒラメ、青物とファイトするときは要注意だ。もちろん小型魚とのヤリトリでも起こりうることなので、万全を期すために、あまり小さなスナップは使わず、また長期間使い続けないようにすることだ。

基本的にはスナップのみでよいが、メタルジグなど回転するルアーにはローリングスイベル付きのものがおすすめだ。サイズは、シーバスには＃1.5～2、メバルやアジには＃1サイズ、エギには＃1.5がマッチする。

ウエーディング・ギア

キャリアを積めばウエーディングゲームも楽しめる

▲ナイトゲームは慣れたポイントで行うこと。そして、よりいっそうの注意が必要だ

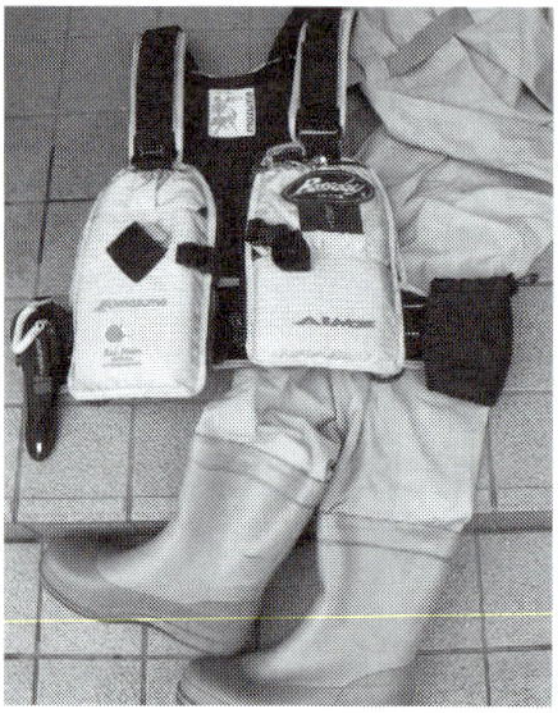

▲ウエーダーは、夏は薄手のナイロンもしくはゴアテックス素材がおすすめ。冬はネオプレーン素材のものが保温性に優れる（秋〜春にも最適）

▼ウエーダー使用時は必ずライフジャケットを着用しよう

ウエーディングに必要なもの

ウエーディングとは、ウエーダーを履き水の中に立ち込んで釣ることをいう。遠浅サーフに立ち込んでのヒラメ狙いであったり、干潟サーフや河口で立ち込んでシーバスを狙ったりするのがそれだ。初心者には危険が伴うのでおすすめできないが、キャリアを積んでスキルアップしたらマニアックな世界を覗いてみるのも悪くない。

ウエーディングに必要なものは、タックル以外にウエーダーとライフジャケットだ。この2つは必ずセットで考えよう。水深が浅くても、転倒したときにはウエーダーが浮いてしまって頭部が沈む（脚の部分に空気が入っているため、浮いてしまう）ことがあるからだ。

その他、エイに刺されないためのエイガードや、海底に這うエイや障害物を察知するためのウエーディングステッキなるものも市販されている。

また、危険防止の意味からも携帯電話も持参しよう。

▶ウエーディング・ギア

ウエーディングにおける歩行時の注意点

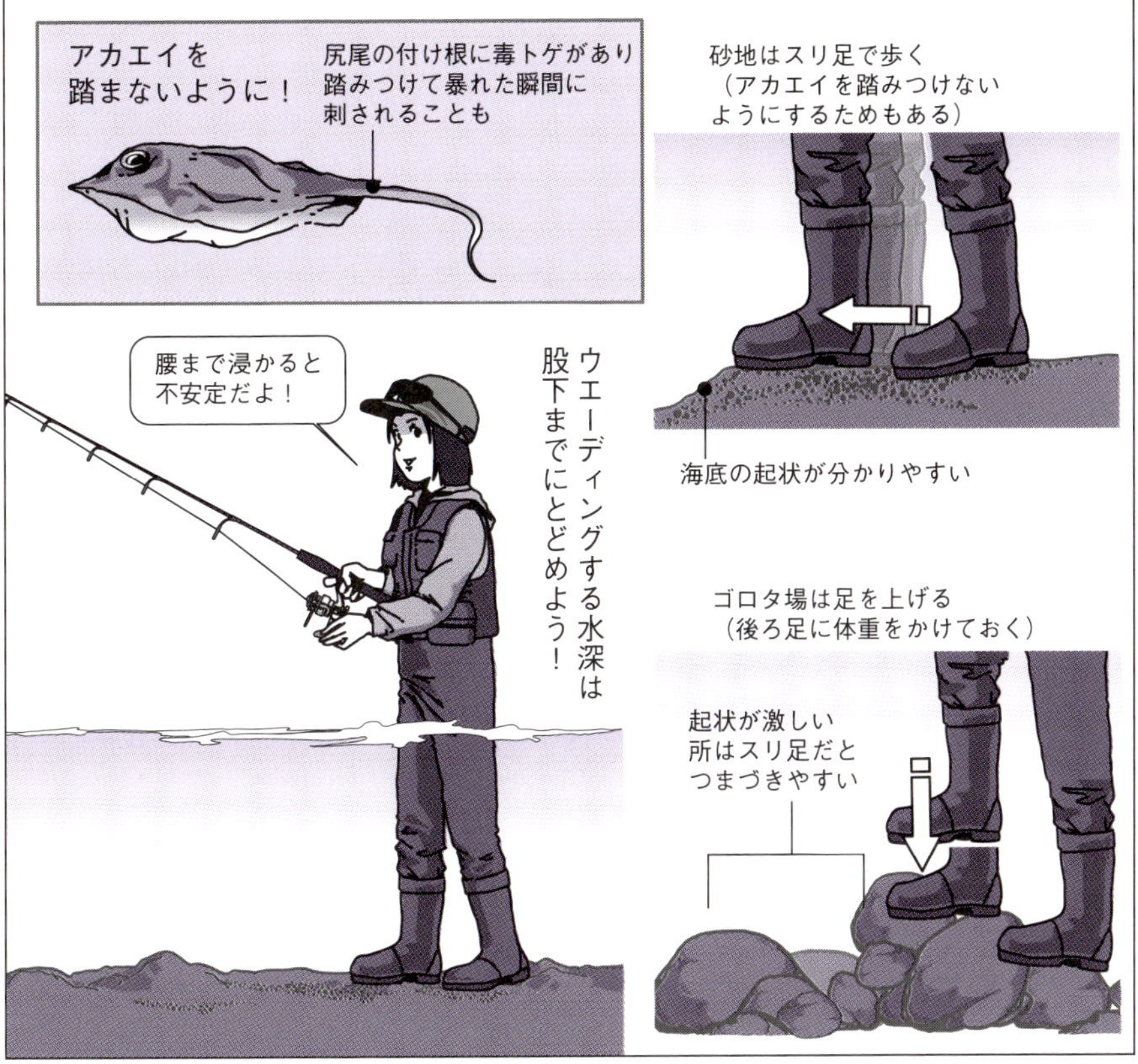
アカエイを
踏まないように！
尻尾の付け根に毒トゲがあり
踏みつけて暴れた瞬間に
刺されることも
砂地はスリ足で歩く
（アカエイを踏みつけない
ようにするためもある）
海底の起状が分かりやすい
腰まで浸かると
不安定だよ！
ウエーディングする水深は
股下までにとどめよう！
ゴロタ場は足を上げる
（後ろ足に体重をかけておく）
起状が激しい
所はスリ足だと
つまづきやすい

ウエーディングの注意点

●潮位を把握すること

今から潮位はどのように変化するのか。上げてくるのか、下げていくのか。また潮流の向きや速さも調べておこう。

●海底の状況はチェックしておく

夜釣りでいきなりウエーディングするのは自殺行為。明るいうちにウエーディングが可能どうかチェックしておこう。

●アカエイに注意！

干潟に多いのがアカエイだ。踏んでしまうと、登山ナイフのようなトゲで刺されて大ケガしてしまう。

●単独行動は避ける

ちょっとしたぬかるみにはまるだけでも一人では身動きが取れなくなる。必ず複数人で釣行するべし。

●ウエーディングは水深が股下までの所に限定しよう

慣れた人は腰まで浸かっている人もいるが、基本的には水深が股下までの所としたい。腰まで浸かると水中で非常に不安定になるからだ。

ベイトタックルについて

ベイトタックルの魅力はパワー。大型シーバスだって楽勝だ！

▲ソルト用ベイトロッドとバス用ベイトリールの組み合わせもOKだ

ベイトタックルのメリットとデメリット

岸からの海のルアー釣りにおいては、基本的にほとんどの場合、スピニングタックルでまかなえる。それなのにベイトタックルで楽しんでいる人が少なからずいるのは、ベイトタックルのメリットにはほかに代え難いものがあるからだ。

まずベイトタックルのメリットについてだが、何よりもパワーが強いことが挙げられる。これはリールの構造上の問題で、スプールを回転させてダイレクトにラインを巻き上げる方式にはスピニングリールはかなわない。

強いライン（ラインブレイクを心配しないでよいくらいのライン）を使った場合、その圧倒的な巻き上げパワーに驚かされることだろう。

またスプールを逆回転させてキャストするため、ラインの太さが飛距離に反映されにくい。

スピニングリールの場合、太いラインを使うとスプールエッジに当たって飛距離は大きくダウンするのだが、ベイトリールの場合は、ラインに干渉するものがないから太いラインでもスムーズなキャストが可能なのだ。

ただ、デメリットもある。操作に慣れないとバックラッシュというライントラブルが起きやすい。バックラッシュというのは、キャスト時に放出されるラインを、スプールの逆回転が追い越してしまったときに、スプール上でラインが絡みついてしまう現象だ。

これがナイロンラインならほどくことも可能だが、PEラインがバックラッシュするとほどけなくなることが多い。やはり慣れるまでは、どうしても二の足を踏んでしまうタックルなのである。

▶ベイトタックルについて

▲ベイトタックルは、使い込むほどに頼りになるタックルといえるだろう

▲デリケートなリトリーブアクションは、ベイトリールの得意とするところ

▲ベイトタックルならば、このクラスでも安心してヤリトリができる

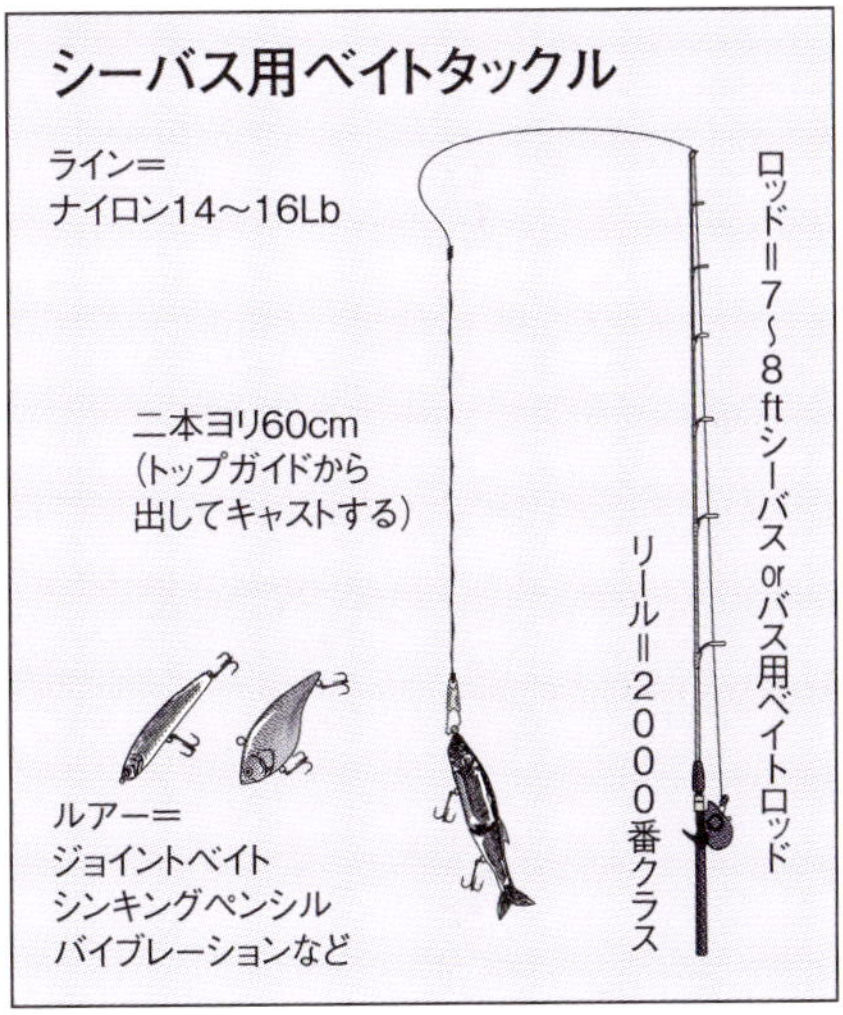
シーバス用ベイトタックル
ライン＝
ナイロン14〜16Lb
ロッド＝7〜8ftシーバス or バス用ベイトロッド
リール＝2000番クラス
二本ヨリ60cm
（トップガイドから
出してキャストする）
ルアー＝
ジョイントベイト
シンキングペンシル
バイブレーションなど

相性がよいのはシーバスゲーム

だが、このベイトタックルのメリットを考慮すると、やはりシーバスゲームとの相性がよいと再認識させられる。

シーバスゲームでは強度の高いラインが必要だが同時に飛距離も必要なことが多く、スピニングタックルではある程度細いラインを使わなくてはならず強度面での妥協をせざるを得なかった。ところがベイトタックルを使用すれば、ラインの強度面（太さ）でも妥協せずにすむのである。

大型のジョイントベイトや空気抵抗が小さいシンキングペンシル、バイブレーションを使うことで、太いラインでも十分な飛距離が得られるはずだし、大型シーバスが掛かっても安心してヤリトリができる。

現在、マニアの間でベイトタックルによるランカーハンティングがブームになりつつあるのも、うなずけるというものだ。

COLUMN 01

単位について

ルアーフィッシングのタックル、ルアーには様ざまな単位が出てくる。
長さを表す ft（フィート）、in（インチ）、
重さを表す oz（オンス）、lb（ポンド）などなど……。ここに簡単に記しておこう

単位換算表

- 1in = 2.54cm
- 1ft = 12in = 30.48cm
- 1yd = 3ft = 91.44cm
- 1lb = 16oz = 453.6g

PEライン lb（ポンド）→号（参考号柄）

lb	号
10	0.6
12	0.8
16	1
20	1.2

lb	号
25	1.5
30	2
40	2.5
50	3

ナイロンライン lb（ポンド）→号→mm（ミリ）

lb	号	標準直径
2	0.6	0.128
3	0.8	0.148
4	1	0.165
5	1.2	0.185
6	1.5	0.205
8	2	0.235
10	2.5	0.260
12	3	0.285

lb	号	標準直径
14	3.5	0.310
16	4	0.330
20	5	0.370
22	6	0.405
25	7	0.435
30	8	0.470
35	10	0.520
40	12	0.570

重さ oz（オンス）→g（グラム）→号（匁）

oz	g	号
1/16	1.77	0.47
1/8	3.54	0.94
3/16	5.32	1.42
1/4	7.09	1.89
5/16	8.86	2.36
3/8	10.63	2.83
7/16	12.40	3.31
1/2	14.17	3.78
9/16	15.95	4.25
5/8	17.72	4.72

oz	g	号
11/16	19.49	5.20
3/4	21.26	5.67
13/16	23.03	6.14
7/8	24.81	6.61
15/16	26.58	7.09
1	28.35	7.56
2	56.70	15.12
3	85.05	22.68
4	113.40	30.23
5	141.75	37.79

第2章

テクニックの基本

ルアーフィッシングは、基本的に投げて巻くだけ。
それだけで魚がヒットすることもある。
だが、ちょっとした基本テクニックを身につけておけば、
魚が食い渋ったときや思いもよらぬ状況変化にも対応できる。
基本はしっかり習得しておこう

タックルセッティング

気ははやるだろうけれど、タックルセッティングは慎重に行おう！

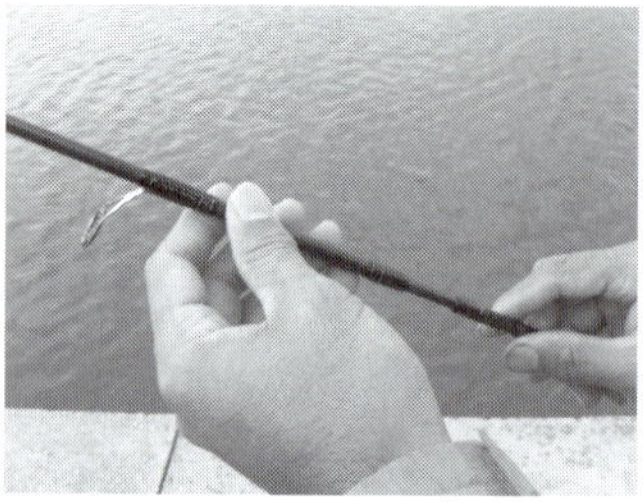

❶ロッドを継ぐ

❷ガイド位置を確認

❸リールをセットする

❹ラインをガイドに通す

ポイントに着いたら タックルを準備する

釣り場では気がはやるものだが、タックルセッティングは慎重に。もしガイドにラインが通っていなかったりしたら、キャスト時に破損する恐れもあるのだ。

❶ロッドを継ぐ

最初からきつく締め込まないこと。ロッドを継ぐときに、継ぎ目の所に手を添えるとロッドの破損を防げる。

❷ガイド位置を確認

ガイドがまっすぐになっているのを確認して、それから最終的にロッドをしっかりと締め込む。少しでも弛みがあると、キャスト時にロッドが折れることもある。

❸リールをセットする

リールをリールシートに添わせて、スクリューナットをしっかりと締め込む。リールがガタつかなければＯＫだ。

❹ラインをガイドに通す

リールのベイルを起こし、ラインをフリーにして、元ガイドからトップガイドに向かってラインを通していく。ガイドをひとつでも通し忘れるとロッドが破損する危険がある。

❺ラインにルアーを接続する

ラインがトップガイドまで通ったら、ラインの先端（もしくはリーダーの先端）にルアーをセットする。

❻試し投げをしよう

タックルのセッティングが整ったら、一度本番前に軽く試し投げをしておく。万が一、セッティングに不備があっても、軽いキャストならタックルの破損は免れるからだ。

❻試し投げをする

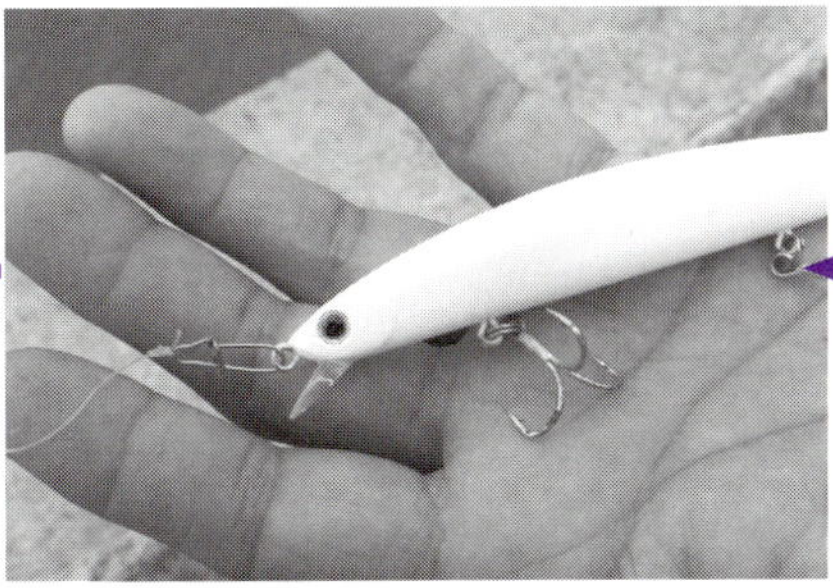

❺ラインにルアーを接続する

ドラグの調整

「ゆっくりドラグが滑るように」

ベイルを倒した状態で、ラインをゆっくり引き出す。ラインが切れる前にドラグが効いて、ゆっくりとラインが滑り出すくらいに調整する。ただし、PEラインは非常に強いので、手を切らないように注意しよう。

ドラグの強さは、ドラグノブを回して調整する。時計回りに締め込むと、ドラグが効いてラインが出ないようになり、逆回りでは少しの力でスプールが逆回転してラインが引き出される。

ドラグを調整しておくことで、不意に大物がヒットしても、ラインは切られる前に引き出されてブレイクを防ぐことができるわけだ。

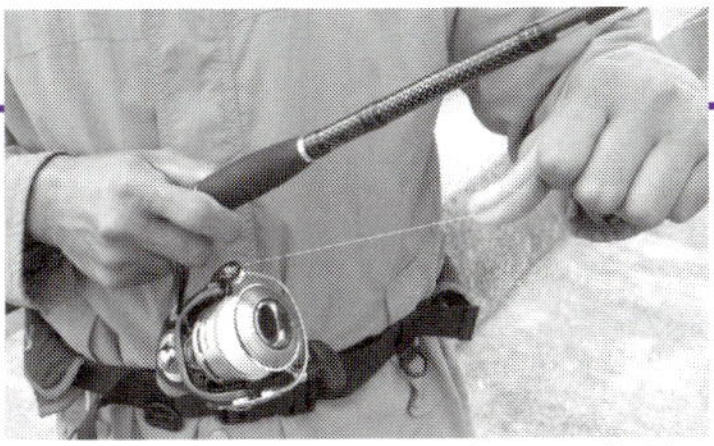

⬆ラインは手で引き出して、最適なドラグの強さを体で覚えよう

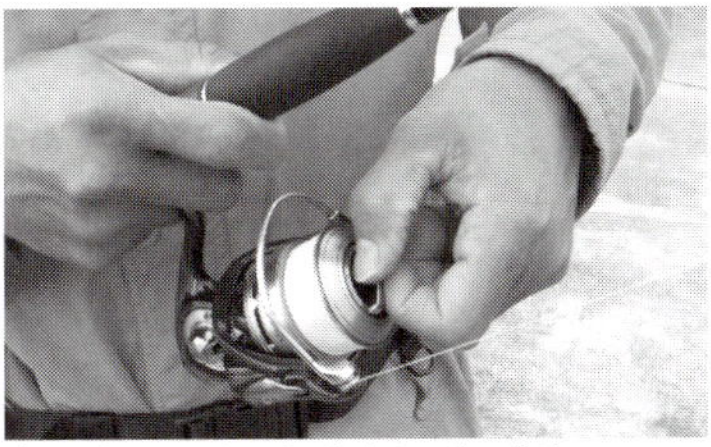

⬆スプールの上のネジがドラグノブだ

ルアーのチューニング

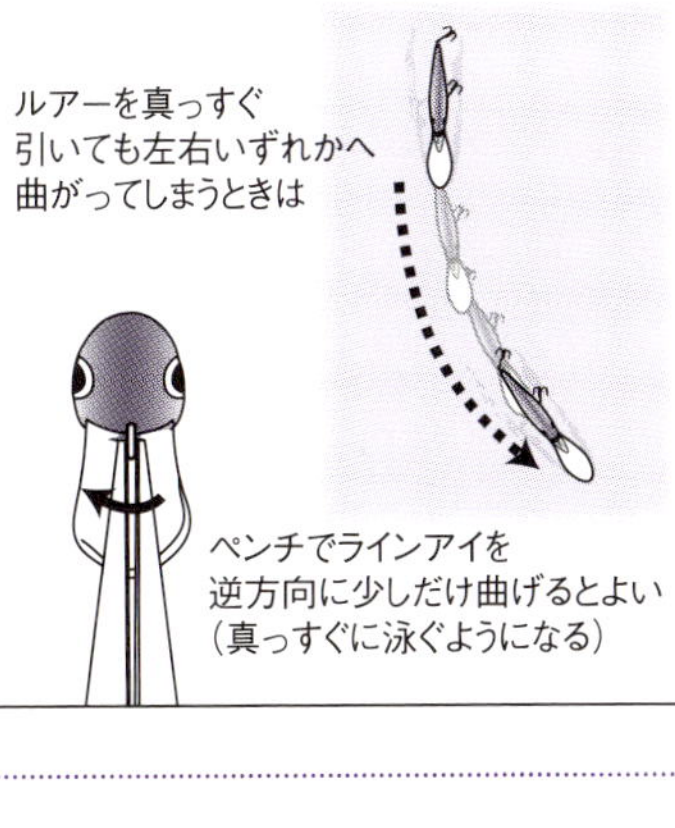
ルアーを真っすぐ
引いても左右いずれかへ
曲がってしまうときは
ペンチでラインアイを
逆方向に少しだけ曲げるとよい
（真っすぐに泳ぐようになる）

ワームリグのセッティング

リグとは仕掛けの意。ターゲットにマッチしたワームリグを知ろう

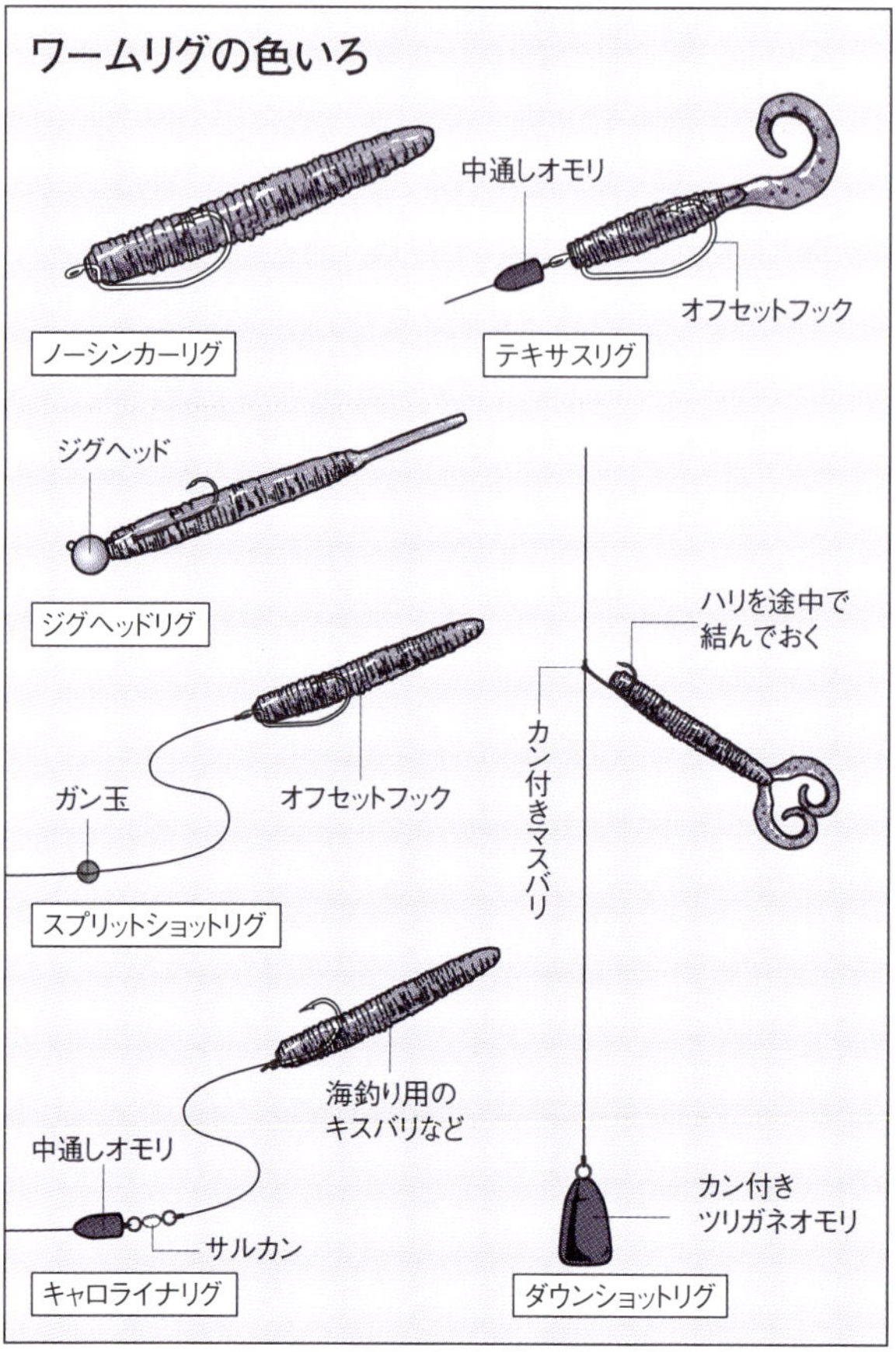
ワームリグの色いろ
中通しオモリ
オフセットフック
ノーシンカーリグ
テキサスリグ
ジグヘッド
ジグヘッドリグ
ハリを途中で結んでおく
カン付きマスバリ
ガン玉
オフセットフック
スプリットショットリグ
海釣り用のキスバリなど
中通しオモリ
サルカン
カン付きツリガネオモリ
キャロライナリグ
ダウンショットリグ

海で使われるワームリグの色いろ

海で使用するルアーの中で、ワーム（ソフトルアー）の存在は大きく、リグの形態も様ざまだ。まずはターゲット別にワームリグの基本形を知っておこう。

●ノーシンカーリグ

フックのみを使用し、水中で自然に泳がせることができる。表層向きのリグで、シーバス狙いに使用する。

●ジグヘッドリグ

オモリとフックが一体化したものをジグヘッドと呼ぶ。メバル、アジ、カサゴ、シーバス、タチウオ、クロダイなど、表層から底層までオールマイティーに使用できる。

●スプリットショットリグ

ガン玉などをフックから離してセットする。シンカーが重くても、ワームは自然に泳ぐ。メバルやアジなどに有効。

●キャロライナリグ

中通しオモリを用いた遊動式の1本バリ仕掛け。魚が食いついても、オモリの

▶ワームリグのセッティング

オフセットフックのセッテング

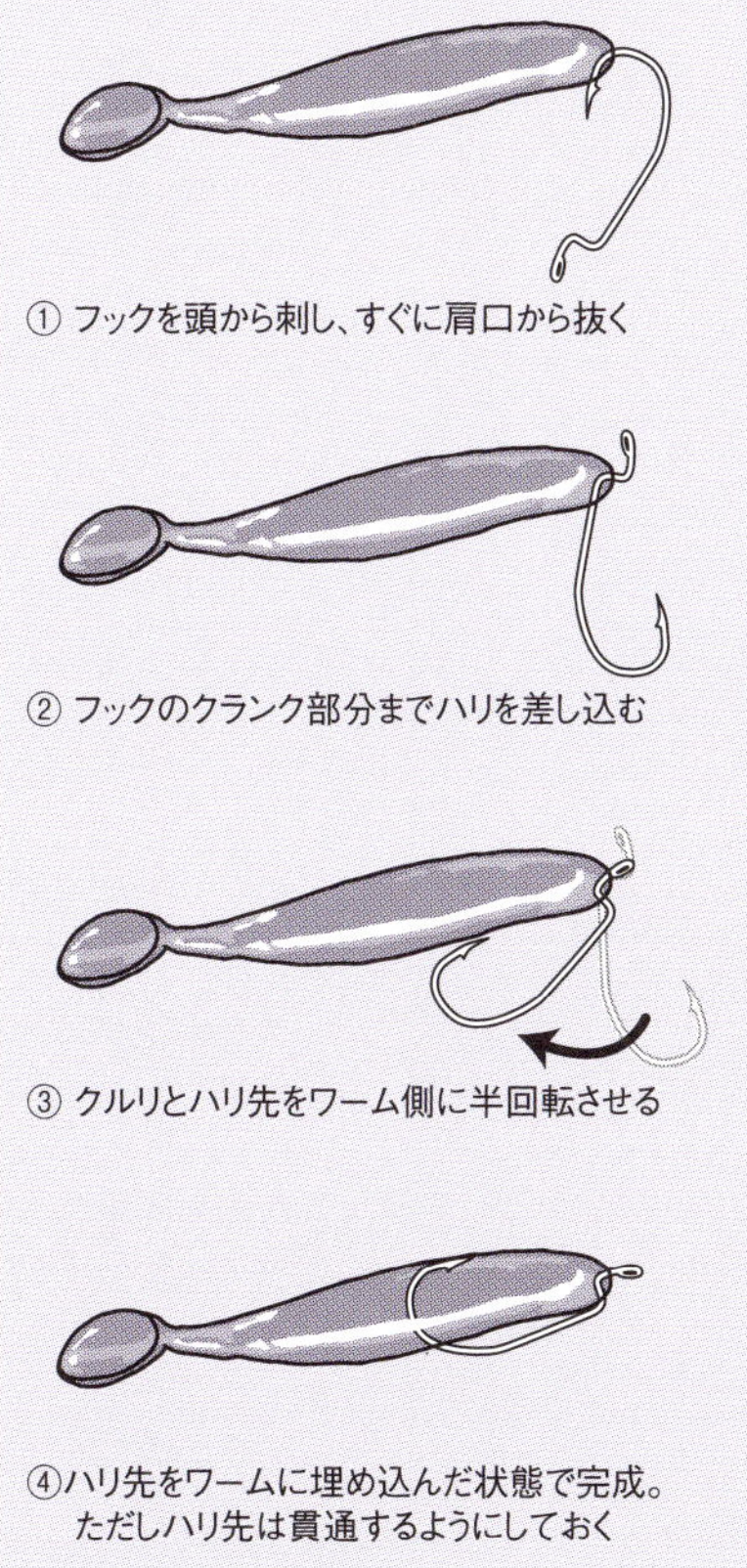
① フックを頭から刺し、すぐに肩口から抜く
② フックのクランク部分までハリを差し込む
③ クルリとハリ先をワーム側に半回転させる
④ハリ先をワームに埋め込んだ状態で完成。
ただしハリ先は貫通するようにしておく

ジグヘッドとワームのセッテング

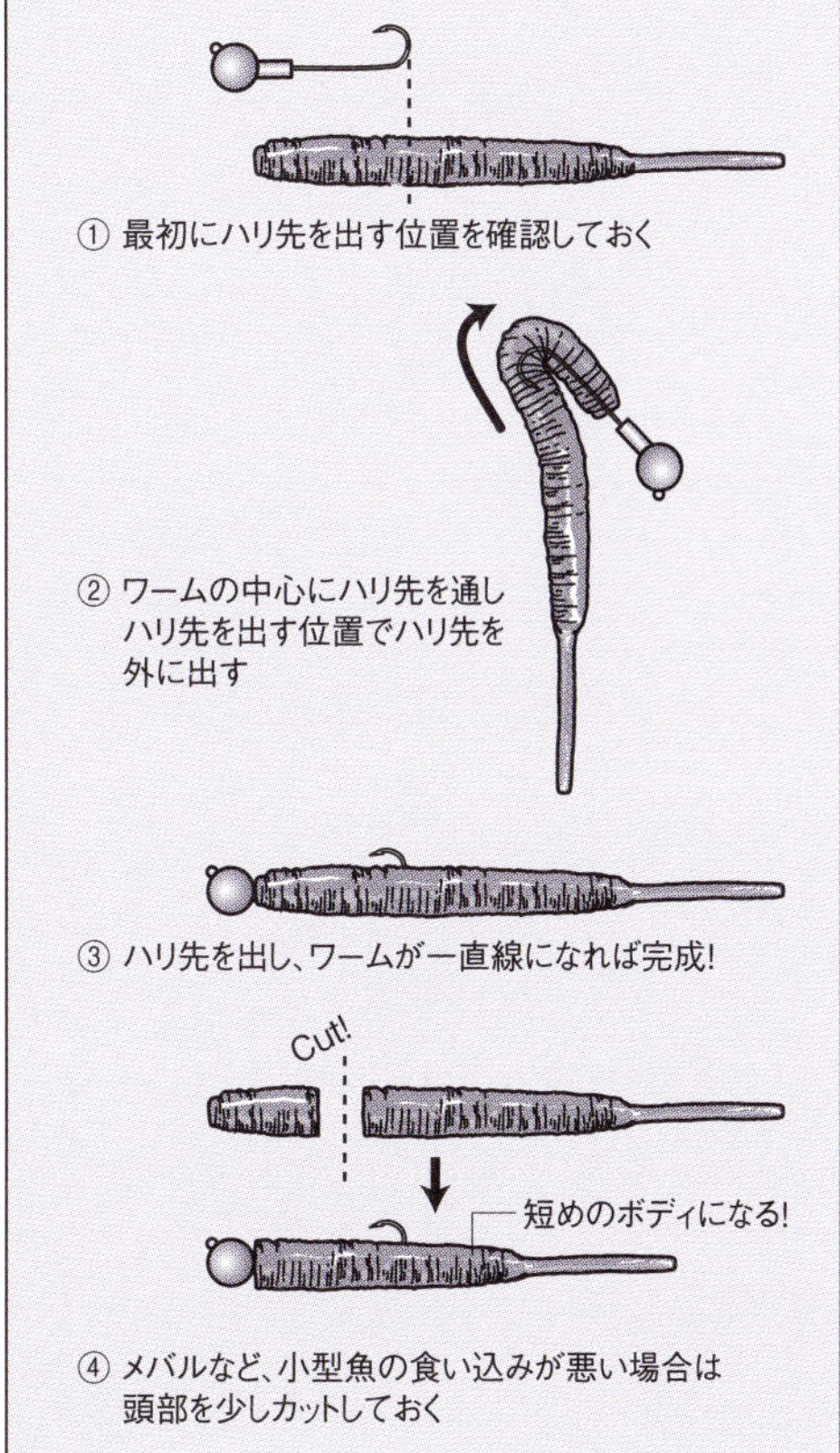
① 最初にハリ先を出す位置を確認しておく
② ワームの中心にハリ先を通し
ハリ先を出す位置でハリ先を
外に出す
③ ハリ先を出し、ワームが一直線になれば完成!
Cut!
短めのボディになる!
④ メバルなど、小型魚の食い込みが悪い場合は
頭部を少しカットしておく

重さを直接感じないので食い込みがよい。シロギスやハゼなどに効果的。

●テキサスリグ

中通しオモリを通し、オフセットフックにラインを結ぶ。根掛かりが少なく、岩礁帯での根魚狙いに使用される。

●ダウンショットリグ

リーダーの途中にマスバリなどを結びつけ、先端にオモリをセットする。オモリが底に着いても、ワームを浮かせていられる。メバルやカサゴ狙いに使用する。

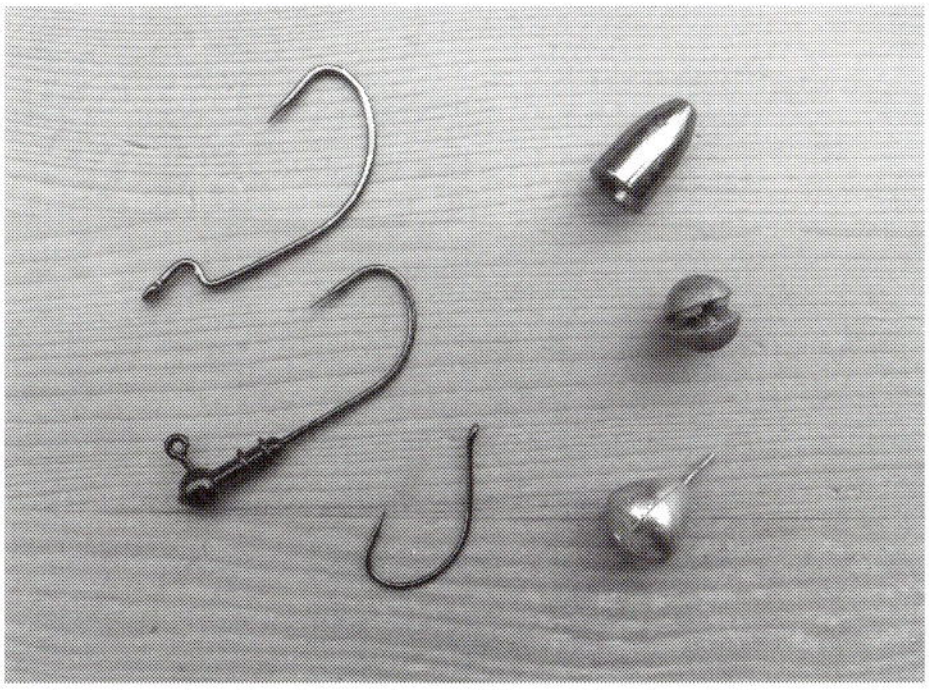

▲左から、オフセットフック、ジグヘッド、カン付きマスバリ、バレットシンカー（中通しオモリ）、ガン玉、カン付きツリガネオモリ

キャスティング【1】

シーバスロッドなど、ダブルハンドロッドのキャスティング方法

ダブルハンドキャスト

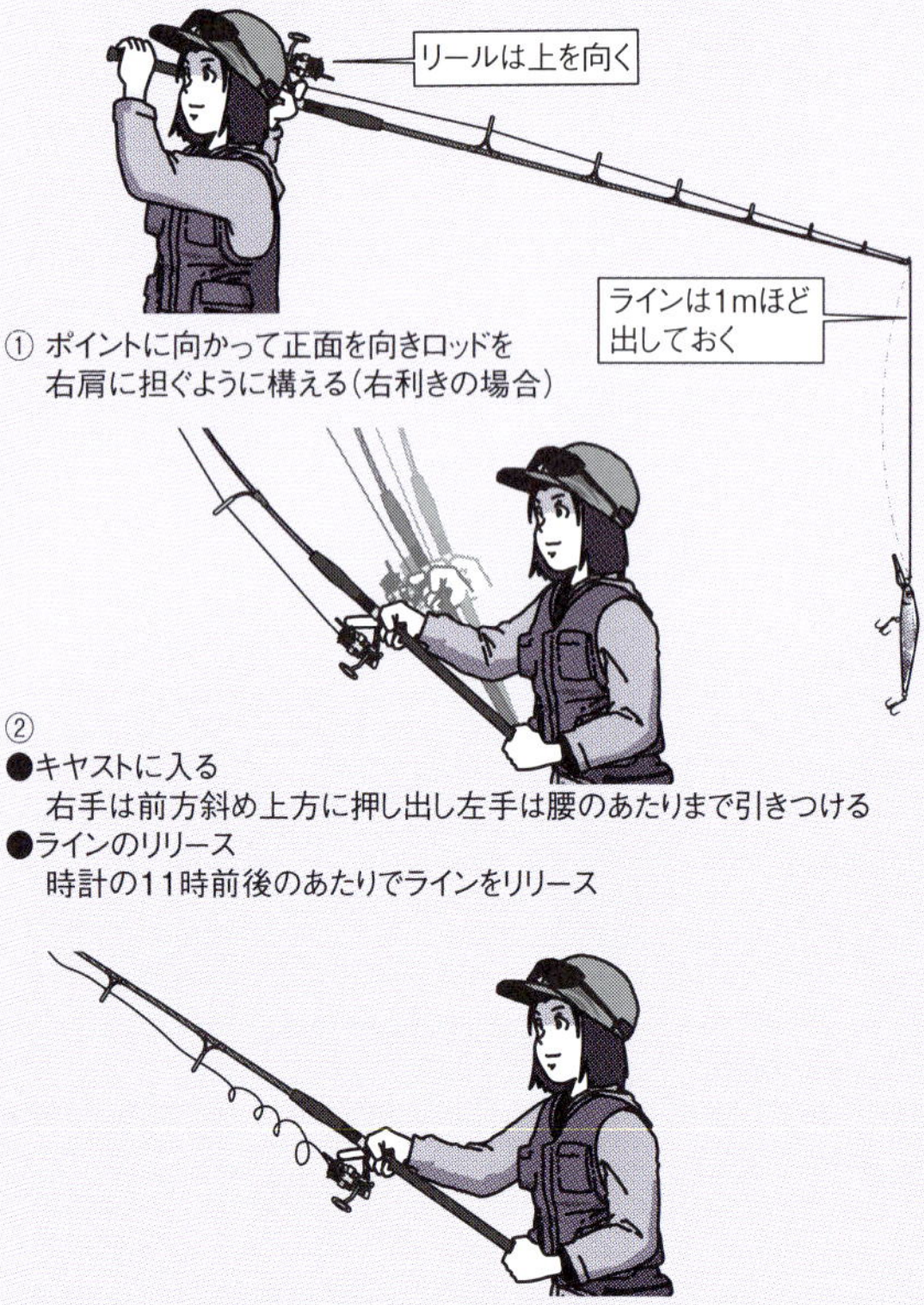
リールは上を向く
ラインは1mほど出しておく

① ポイントに向かって正面を向きロッドを右肩に担ぐように構える（右利きの場合）

②
●キャストに入る
右手は前方斜め上方に押し出し左手は腰のあたりまで引きつける
●ラインのリリース
時計の11時前後のあたりでラインをリリース

③ フィニッシュは斜め45度でロッドをピタッと止める

基本は肩越しからのオーバースロー

オーバースロー、スリークォータースロー、サイドスローなど、キャスティングの方法は色いろあるけれど、ダブルハンドロッド（両手を使ってキャストするロッド）で最初にマスターしたい基本のキャスティングは、肩越しからのオーバーヘッドキャスト。いわゆるオーバースローだ。

頭の上からの完全なオーバースローでは、窮屈だし飛距離が出にくい。スリークォータースローでは、キャストは楽だがコントロールがつきにくい。極端にいえば、この肩越しからのオーバースローだけでもまったく問題はないだろう。

【1】最初の構えは、ポイントに対して正面を向く。ルアーを50センチから1メートルくらい垂らしておいて（地面には着けない）、ロッドを右肩に担ぐようにして構える（右利きの場合）。

【2】キャストに入るときは、ロッドを縦に振るように意識して、右手を正面に

▶キャスティング【1】

キャスト前の操作

⬆利き手でロッドをしっかりホールドしたら、ベイルを起こしてロッドを振りかぶる

⬆ベイルを起こす前に、ラインを人差し指に掛ける

⬆リールを握る手は、このようにして、リールフットを中指と薬指で挟む

キャスト後の操作

⬆ルアーが着水したら、ベイルを戻して、リトリーブアクションの動作に入る

⬆ルアーが着水する直前にスプールを手で軽く押さえて、ルアーを静かに着水させる

⬆ルアーが着水するまでベイルを起こしたままラインを放出させる

押し出しながら、左手は腰の位置に引きつける。右手の人差し指に掛けたラインを放すのは、竿が時計の11時前後の位置。飛んでいくルアーの軌道がフライ気味なら、ラインを放すタイミングが早すぎる。ライナー気味ならラインを放すのが遅いと考えよう。

【3】フィニッシュは、斜め45度のあたりでロッドをピタリと止める。ルアーの着水直前にラインを手で押さえてスローダウン。ベイルを戻して、リトリーブアクションの動作に入る。

▲釣り場では、8〜9割の力でキャストするとトラブルが起こりにくい

キャスティング【2】

ライトゲーム用のシングルハンドロッドのキャスティング方法

軽量ルアーはシングルハンドロッドでキャスト

シーバスやタチウオ、クロダイ、アオリイカのエギングなどで使用するロッドはダブルハンドロッドが基本だが、軽量ルアーで狙うメバルやアジ、メッキやカマスなどではシングルハンドロッドを使用する。

シングルハンドロッドはグリップが短いのが特徴で、片手でキャストするためのロッドである。具体的にはメバルロッドやアジロッド、バス用スピニングなどだ。シーバスロッドなどでシングルハンドキャストをすると手首を傷めるので、決して無理はしないこと。

【1】ロッドからルアーを40～60センチほど垂らして、ポイントに対して正面を向く。

【2】ロッドを持つ手の人差し指にラインを掛けて、ベイルを起こす。肩の力を抜き、肘を曲げたまま、まっすぐ後ろにロッドを振り上げる。

【3】肘と手首のスナップを効かせ、ロッドの反発力を活かして、ロッドを前方に振り出す。

【4】ルアーの重みがロッドにかかり、ロッドが自分の顔よりも前にきたところで人差し指に掛けていたラインを放す（時計では11時の位置）。

【5】フィニッシュは、ロッドを斜め前方45度でピタリと止める。ルアーが着水したら、ベイルを戻してリトリーブアクションの動作に入る。

なお、ロッドの握り方は、ダブルハンドロッドのリールを握る手と同じ。リールフットを利き手の中指と薬指で挟むようにする。

▲上半身は動かさず、腕から先だけでキャストする

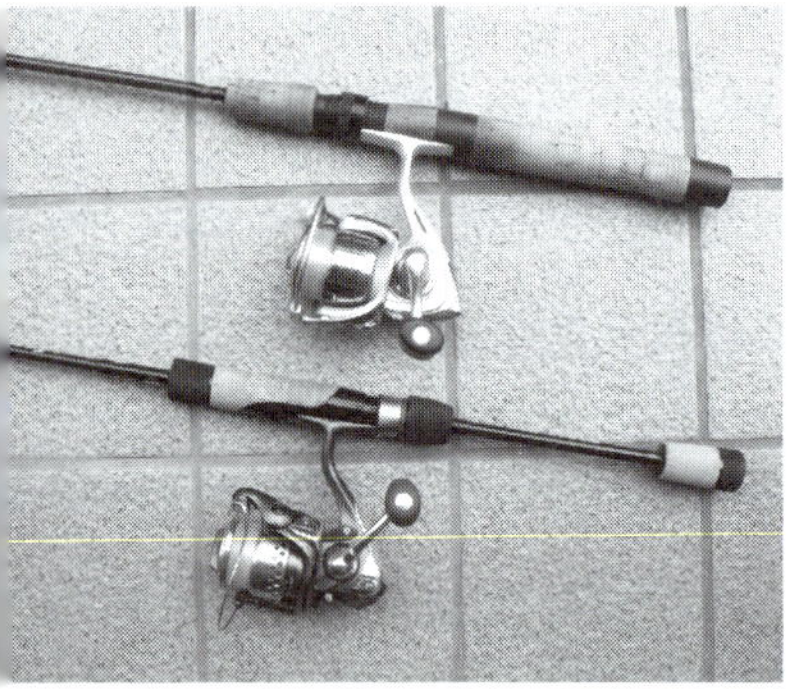

▲上がシングルハンドロッド。下はセミダブル風のメバルロッドだが、シングルハンドでキャストする

▶キャスティング【2】

シングルハンドキャスト

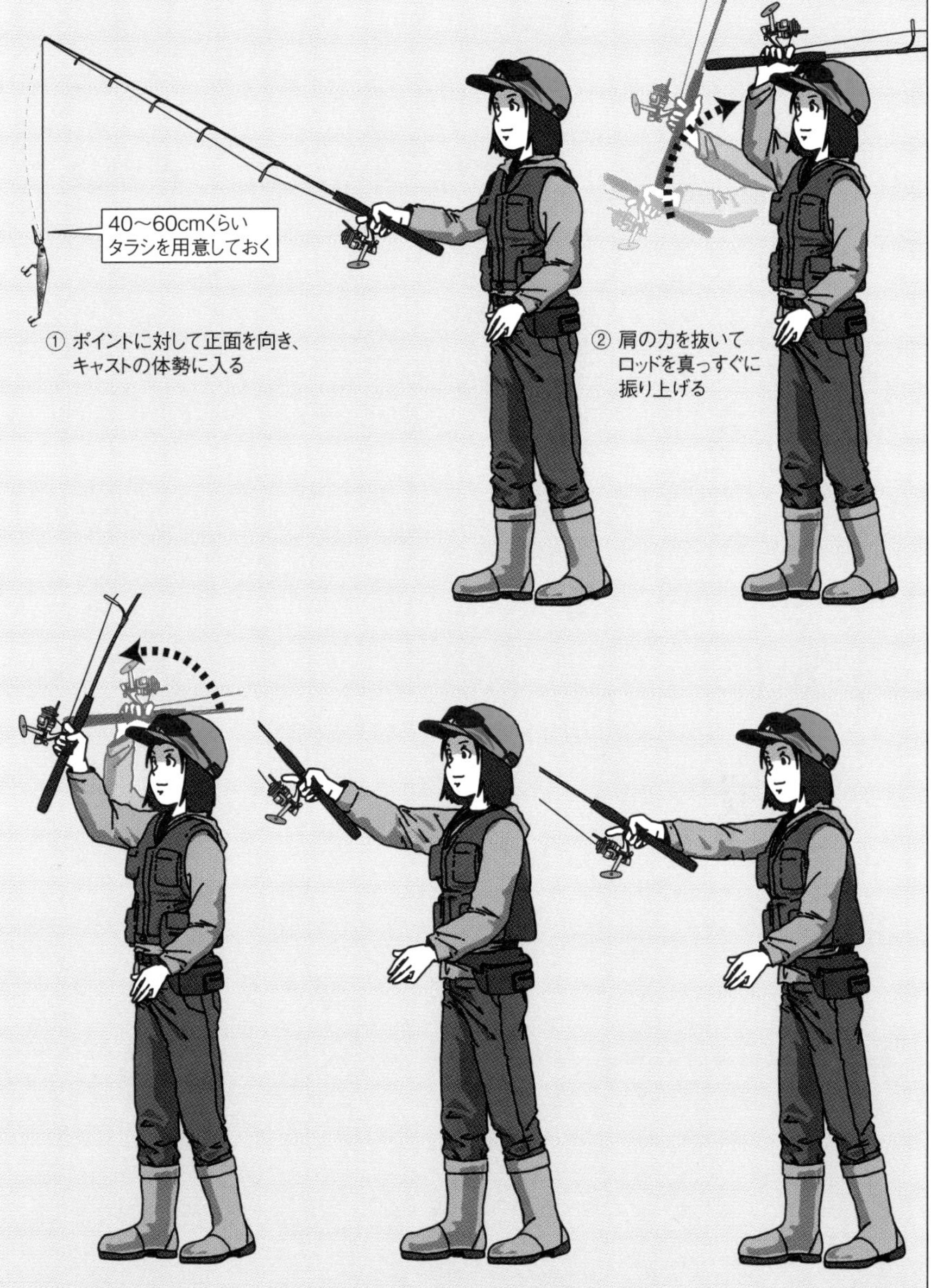
40〜60cmくらい
タラシを用意しておく
① ポイントに対して正面を向き、
キャストの体勢に入る
② 肩の力を抜いて
ロッドを真っすぐに
振り上げる
③ ロッドの弾力を
利用しスナップを利かす
④ 時計の11時前後の位置で
ラインを押さえていた指を離す
④ フィニッシュでロッドを止める

ストレートリトリーブ

あらゆるルアーにマッチする最も重要なリトリーブアクションだ

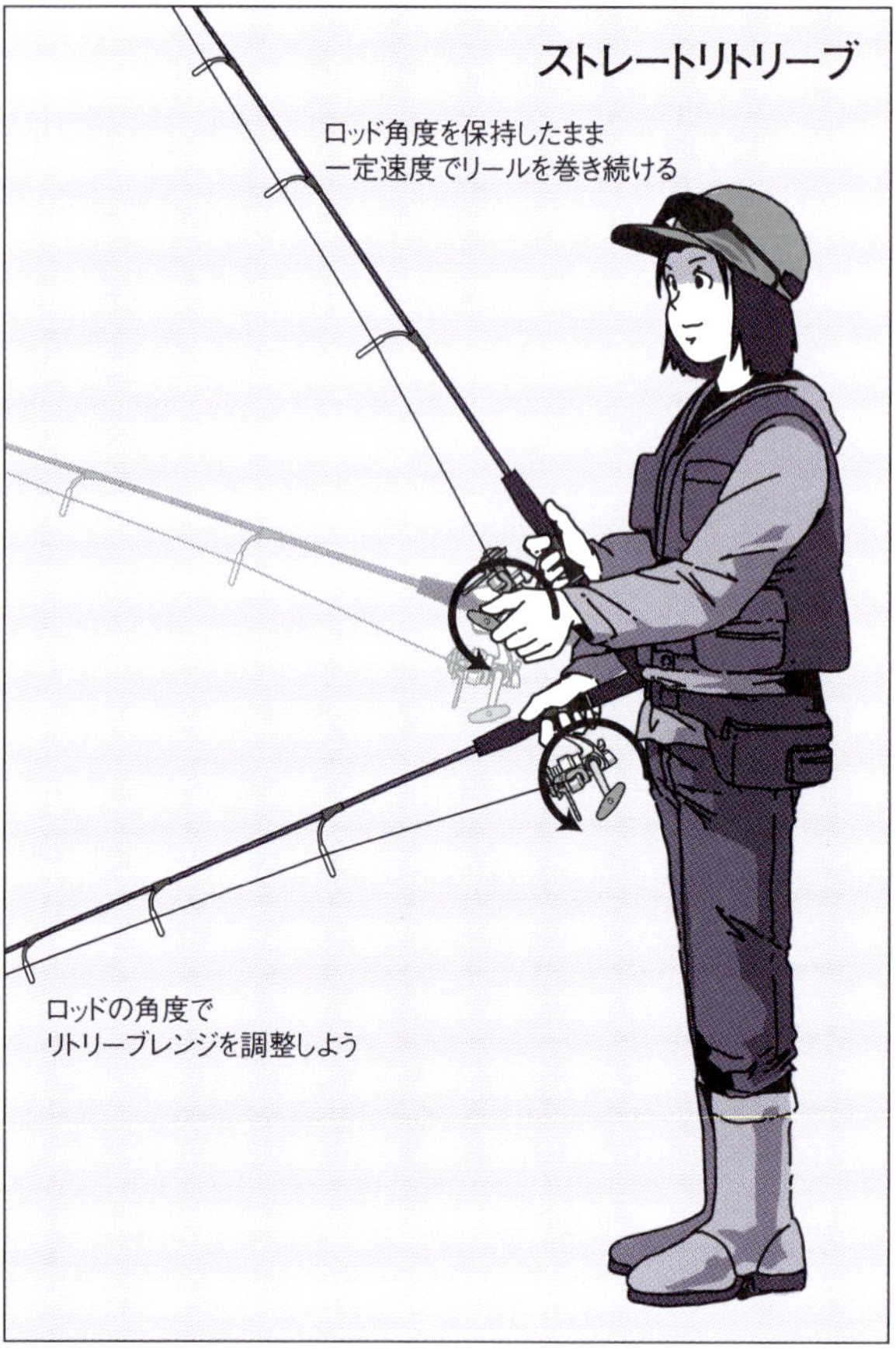
ストレートリトリーブ
ロッド角度を保持したまま
一定速度でリールを巻き続ける
ロッドの角度で
リトリーブレンジを調整しよう

すべてのルアー、ターゲットにマッチする

　ストレートリトリーブはその名のとおり、まっすぐに一定速度で引いてくるリトリーブテクニックだ。バリエーションとしては表層、中層、底層とルアーの泳層を変化させる場合と、高速、中速、低速とリトリーブスピードに変化をつける方法がある。

　対応ルアーは、基本的にすべてのルアーといっていいだろう。ルアー個々の持ち味をストレートにアピールできる、最も基本的で、最もよく釣れるテクニックだから、自信を持って行えるよう必ずマスターしておきたい。

　ターゲットに関しては、ほとんどの魚に効果的である。ただしターゲットに合わせたスピード設定が重要だ。たとえば、ナイトゲームならばスロースピードがよく、日中ならミディアムスピード。また、青物などの動体視力に優れた高速回遊魚を狙う場合には、高速スピードでリトリーブしなければ、ルアーを見破ら

▶ストレートリトリーブ

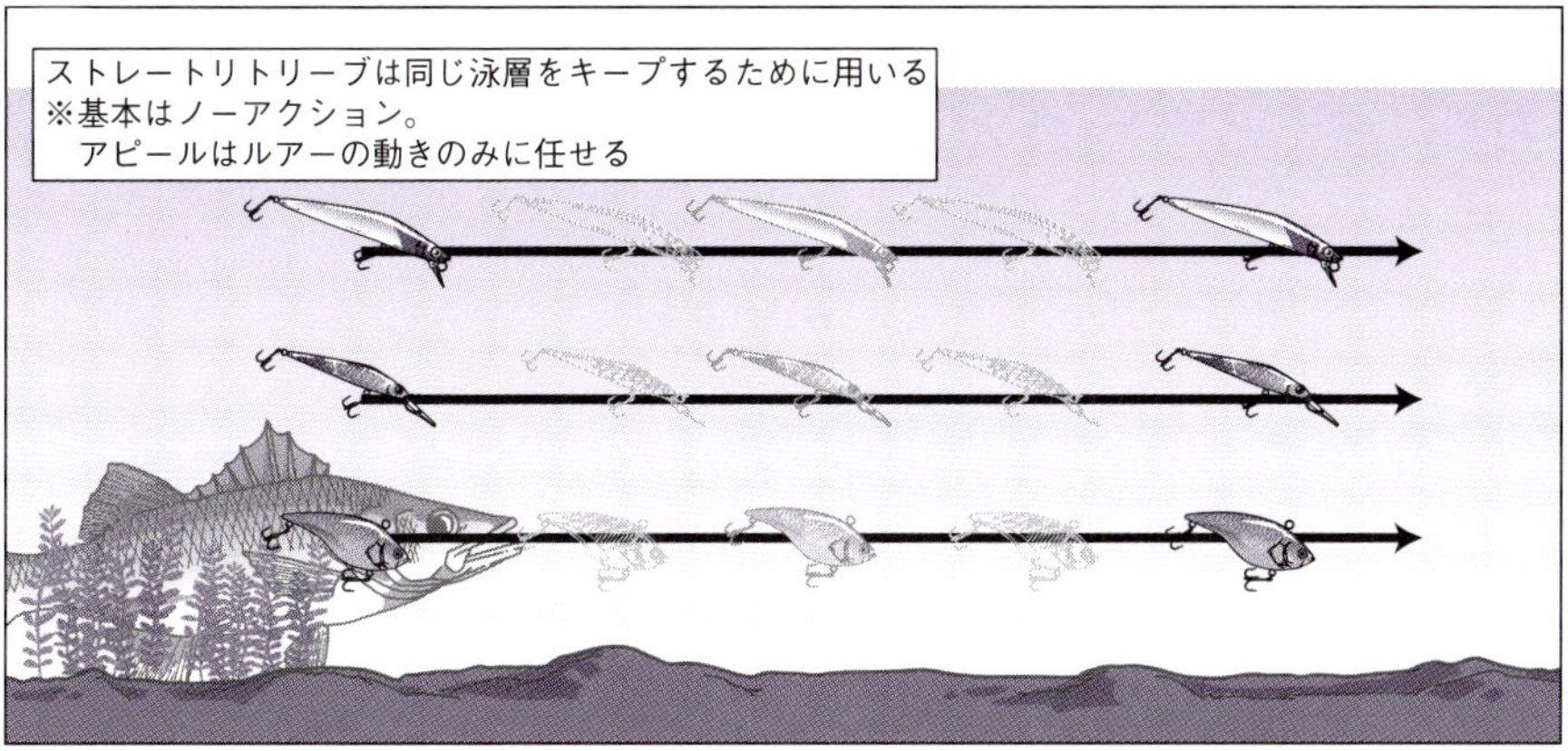
ストレートリトリーブは同じ泳層をキープするために用いる
※基本はノーアクション。
アピールはルアーの動きのみに任せる

▲ストレートリトリーブは、ロッドを動かさずリーリングのみで行う

▼ターゲット別適正スピード

（低速）スローリトリーブ	夜のシーバス、クロダイ、メバル、アジ、タチウオなどの中層魚
（中速）ミディアムリトリーブ	日中のシーバス、ヒラメ、メバル、アジなど、スローでは見切られるときに
（高速）ファストリトリーブ	イナダ、カンパチ、サバ、ソウダガツオ、メッキなどの青物、回遊魚

れてしまう。

コツは、一定速度をキープすること

ストレートリトリーブは最も簡単なように見えて、実はヒット率に差がつく重要なテクニック。魚をヒットさせるコツは、自分がどの泳層（表層〜底層）を泳がせているか、どのスピードで泳がせているかを認識し、常にターゲットの反応を探る努力をすることだ。

ターゲットが目の前にいるのにヒットに結びつかないのは、何かが正解ではないということだ。

さらに重要なコツとしては、ロッドティップの高さを固定し、一定速度をキープすること。言い換えれば、最初に決めたリトリーブレンジ（泳層）を一定に保つということである。

スピードに変化をつけたほうがルアーに生命感があるように思えるが、あえて変化をつけないリトリーブのほうが、ターゲットが違和感を抱かずにルアーにアタックしてくれるものだ。

トゥイッチング

ロッドをシャクって、ルアーにイレギュラーなアクションをつける

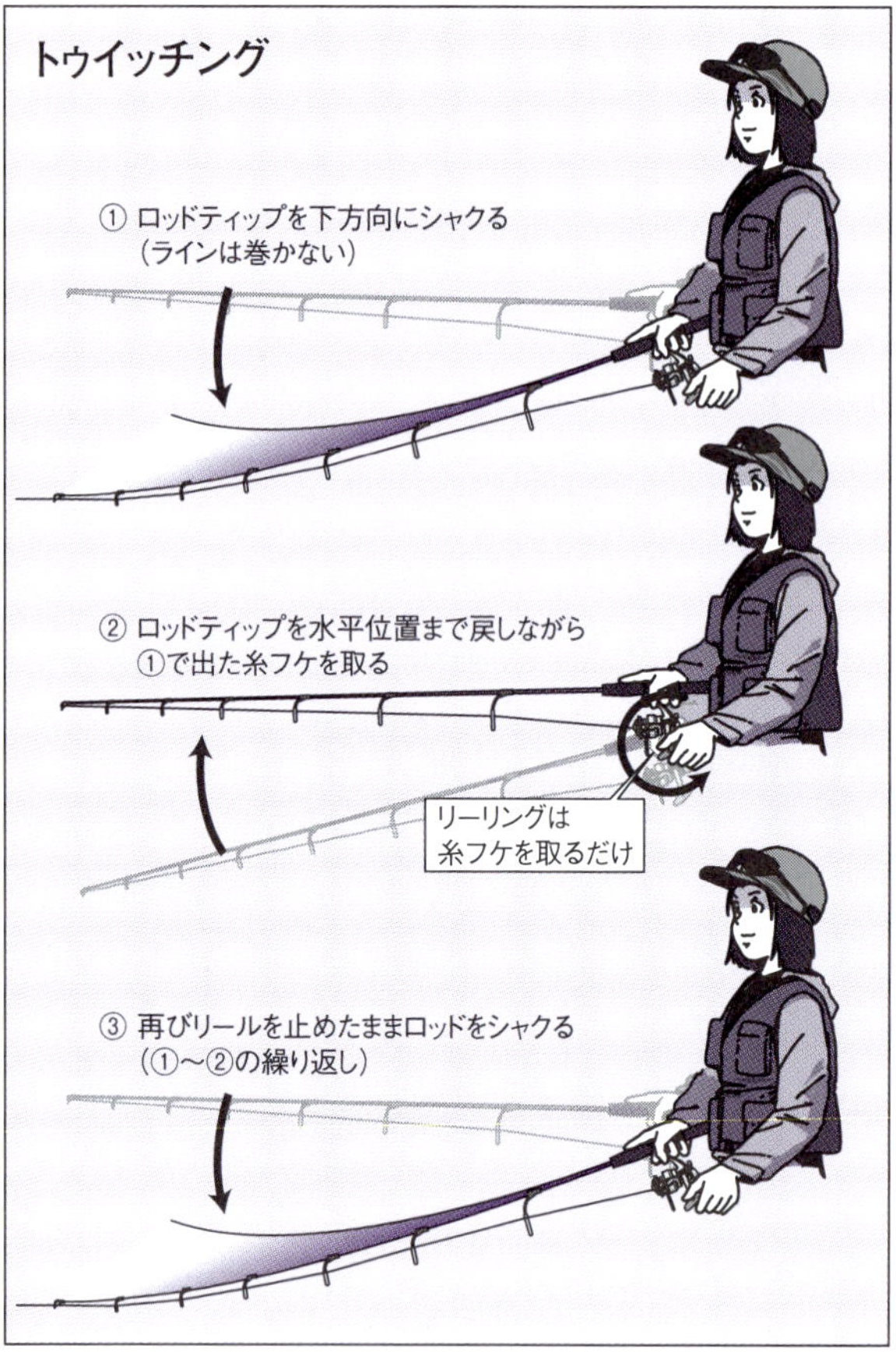
トゥイッチング
① ロッドティップを下方向にシャクる
(ラインは巻かない)
② ロッドティップを水平位置まで戻しながら
①で出た糸フケを取る
リーリングは
糸フケを取るだけ
③ 再びリールを止めたままロッドをシャクる
(①～②の繰り返し)

急激なスピード変化が、不規則なアクションを生み出す

トゥイッチングとは、ビュンッとルアーを急激に動かして、ピタッと止めるテクニック。ルアーに急激なスピードを与えることによって、ルアーは本来のアクションではなく、イレギュラーなダートアクションを見せる。しかも、ビュンと動いたルアーがその直後にピタッと止まるから、ターゲットは思わずアタックしてしまうというわけだ。

　これはスローなアクションを見切ってしまったターゲットに効果的で、急激な動きが、パニック状態で逃げ惑う小魚を演出。活性の低いターゲットさえもその気にさせてしまうアクションだ。

　ターゲットはシーバスや青物、小型回遊魚などで、動体視力に優れた魚を相手にするには欠かせないテクニックといえるだろう。

　対応ルアーは各種ミノーやシンキングペンシルなどだが、ポッパーも同様にアクションさせるといい。

▶トゥイッチング

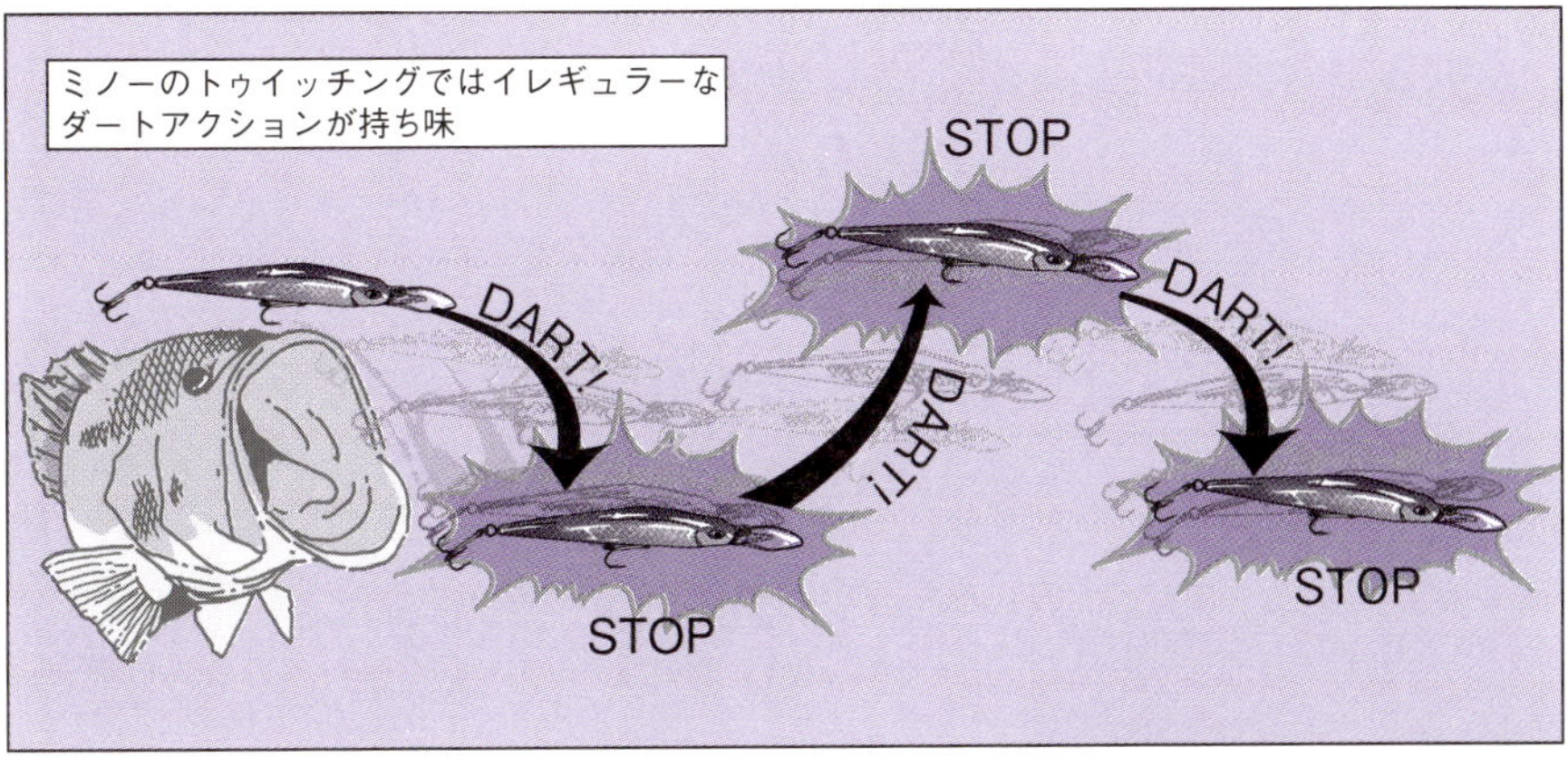
ミノーのトゥイッチングではイレギュラーなダートアクションが持ち味
STOP
DART!
DART!
STOP
DART!
STOP

▲シャクるときは、ロッドティップを水面に向けてビュンッとシャクる

▲ロッドは水平、もしくは下向きに構える

▶日中のみならず、ライトアップエリアなら夜でも有効なテクニックだ

シャクリ幅やスピードに変化をつけよう

トゥイッチングは、基本的にロッド操作で行なう。水平に構えたロッドをビュンッと下方向にシャクるのだ。上方向だとルアーが浮き上がりやすく、レンジをキープできないばかりか、表層でアクションさせるとルアーが水面上に飛び出てしまうことがある。

ロッドをシャクるときはリーリングはしないこと。ロッドをシャクったあとに、ラインが弛んだ分だけリーリングでラインを回収する（ロッドを水平位置に戻しながらリーリング）。

この動作を、1ストローク中に何回か繰り返すわけだが、このテクニックのポイントは、ターゲットの種類や活性の度合によって、シャクリ幅やシャクリのスピード、シャクリとシャクリの〝間〟に変化をつけること。激しいシャクリがよいときもあれば、ソフトなシャクリがよいこともあるので、色いろ試しながら探ることだ。

連続ショートトゥイッチ

ルアーをストップさせたら見破られる場合の高速アクション

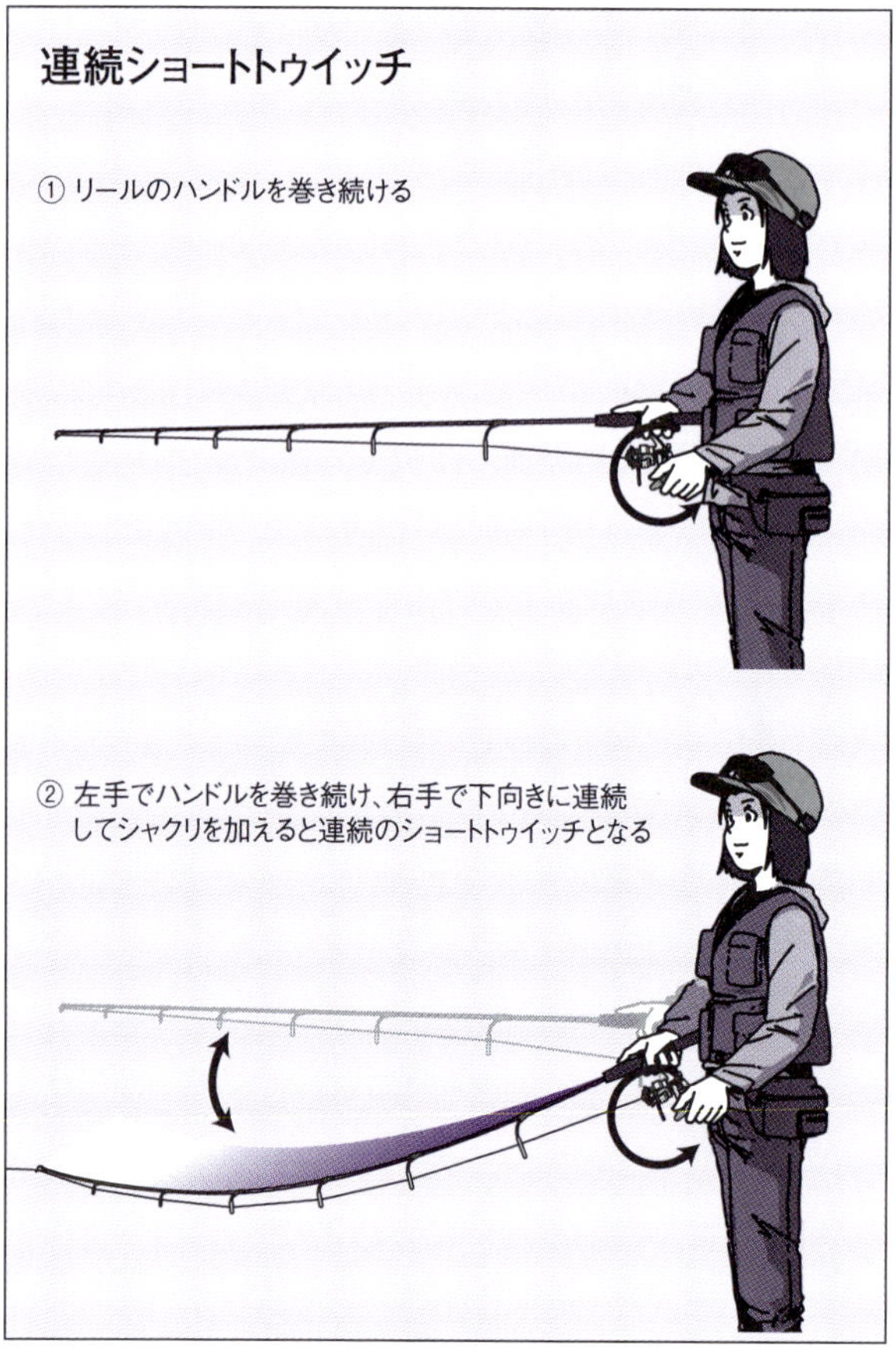
連続ショートトゥイッチ
① リールのハンドルを巻き続ける
② 左手でハンドルを巻き続け、右手で下向きに連続してシャクリを加えると連続のショートトゥイッチとなる

高速回遊魚には、高速アクションで!

ショートトゥイッチとは、ロッドの振り幅（シャクリ幅）を短くして、トゥイッチングすることである。ルアーのダート幅も狭くなり、魚にとっては捕えやすくなるが、見切られやすいという欠点もある。しかしそれを連続で行うことで、ルアーを見破られにくくすることができる。それが連続のショートトゥイッチである。

これは止まっているルアーや、スローに動かすルアーに反応が悪いターゲットを狙うときに用いるテクニックで、非常に高速かつ激しいアクションだ。

そのため効果的なターゲットは、メッキや青物などの高速回遊魚。日中のシーバス狙いにもよいだろう。高速回遊魚には、やはりノンストップの高速アクションが有効なのである。

適応ルアーはミノーやメタルジグ、ペンシルベイトなど。高速で動かしてもアクションが乱れないルアーがよい。

▶連続ショートトゥイッチ

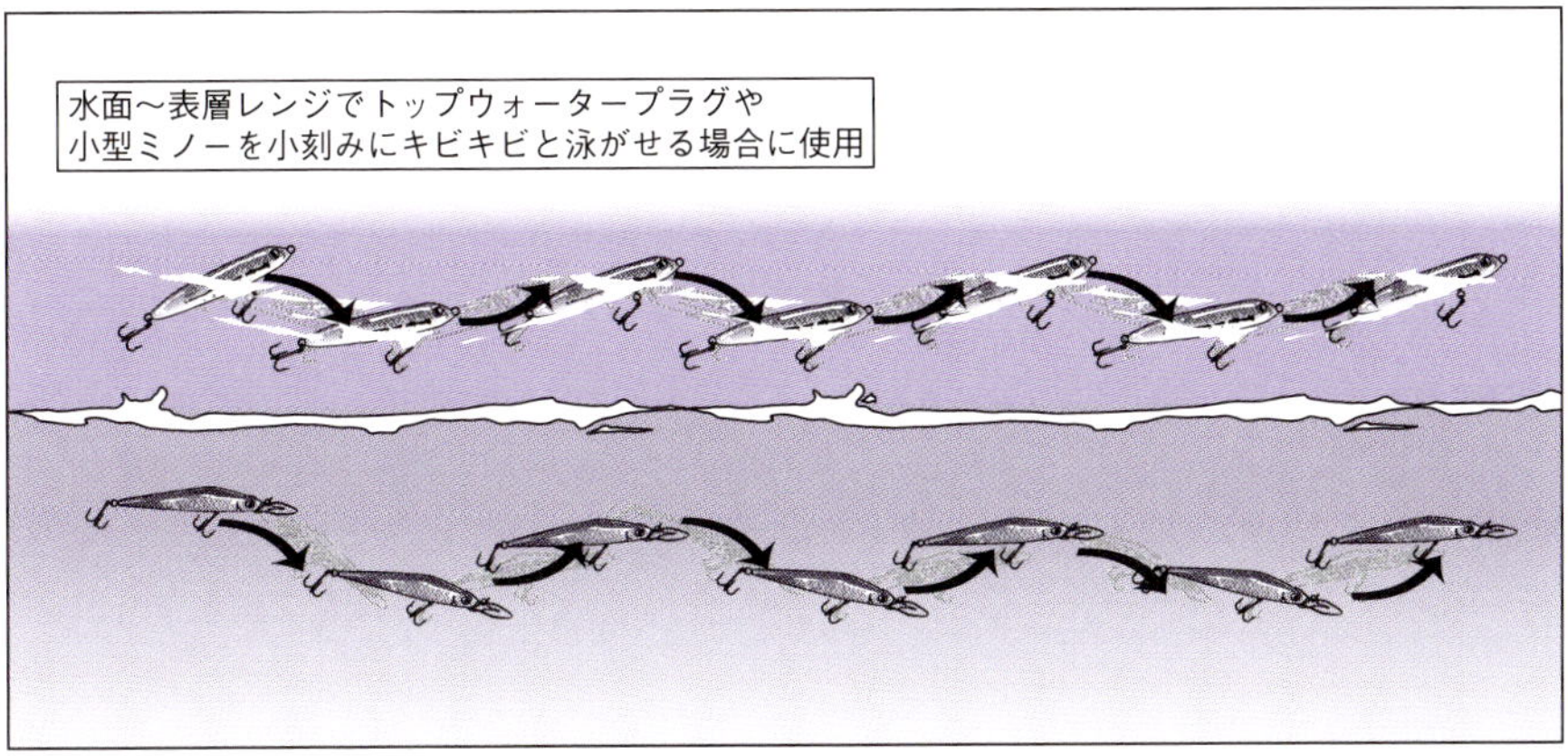
水面～表層レンジでトップウォータープラグや
小型ミノーを小刻みにキビキビと泳がせる場合に使用

▲ロッドアクションは手首を返すくらいで十分だ

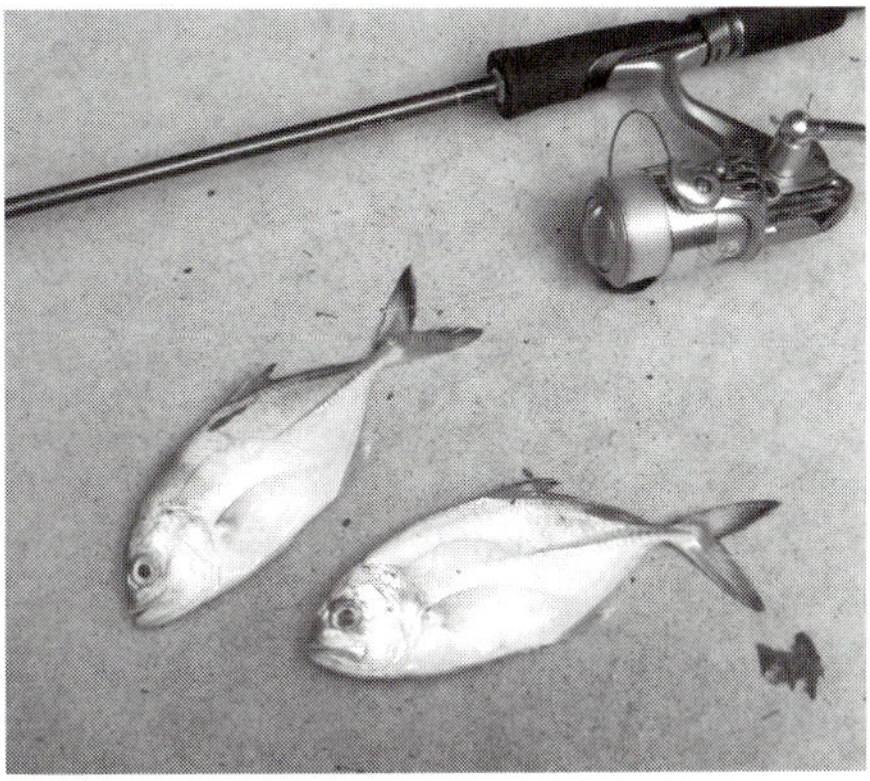
▲メッキなどの高速回遊魚には、非常に有効なテクニックだ

リーリングはノンストップで！

連続ショートトゥイッチは、動体視力のよい高速回遊魚を狙う場合のテクニック。それゆえ重要なポイントとしては、決してルアーを止めないようにすることだ。ルアーを止めると、追尾してきた魚までソッポを向いてしまうのだ。

具体的な方法としては、まず左手でリールのハンドルを巻き続ける（利き腕が右の場合）。その上で、ロッドを持つ右手で連続でシャクリを入れ続ける。これを同時に行う。

キャストしてからルアーが手元に戻ってくるまで、この動作を延々と繰り返す。狙うポイントだけで、というのではなく、ずっと続けることで魚がルアーを追尾するようになるのだ。

ただ、このテクニックはアピールが強過ぎるために、最初の1～2投は非常に魚の反応がよいが、その後は魚がスレてしまって反応が極端に悪くなるので、最終手段として用いるのがよいだろう。

リフト&フォール

縦のアクションで、ターゲットの本能を刺激する!

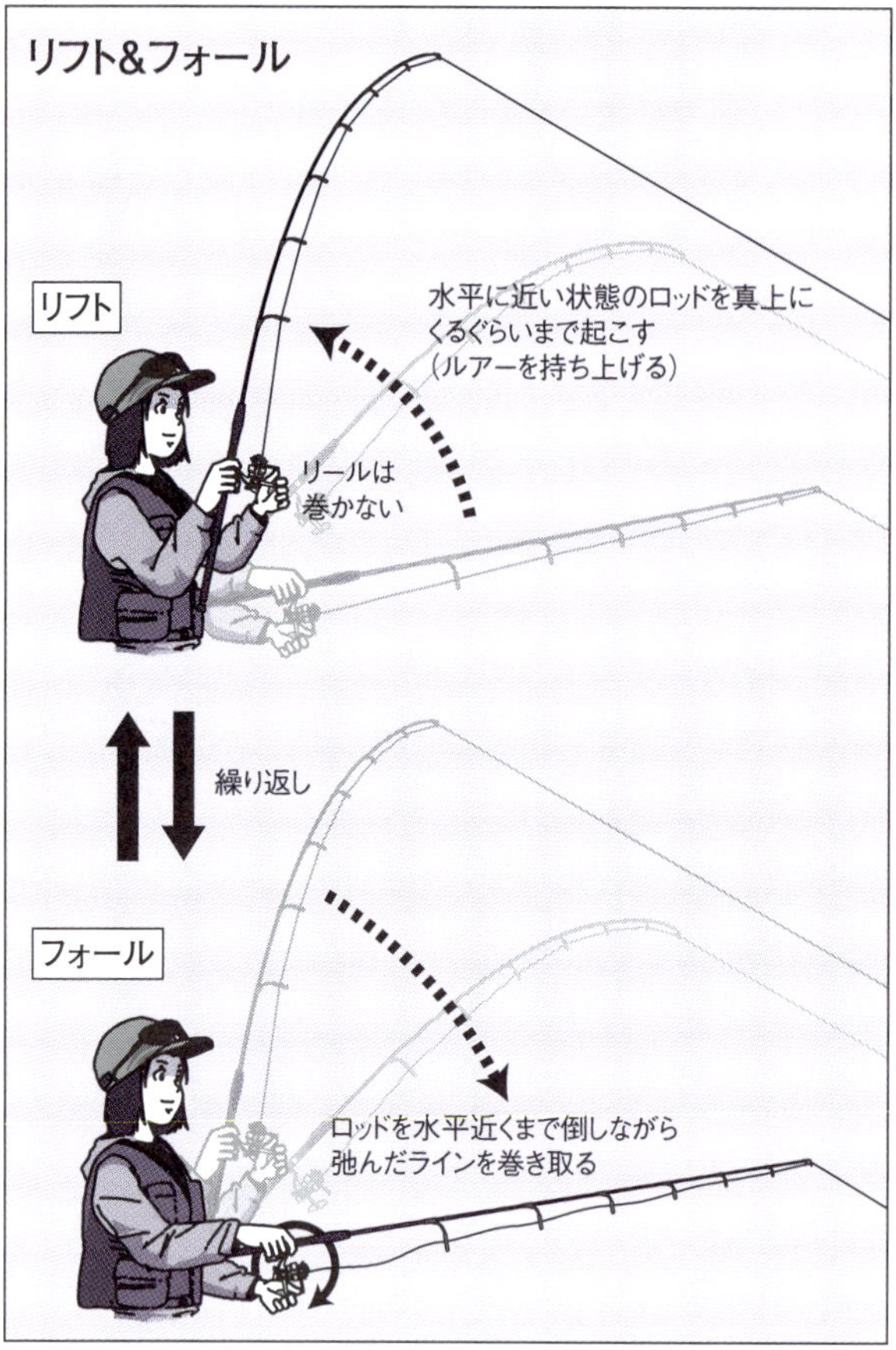
リフト&フォール
リフト
水平に近い状態のロッドを真上にくるぐらいまで起こす
(ルアーを持ち上げる)
リールは巻かない
繰り返し
フォール
ロッドを水平近くまで倒しながら弛んだラインを巻き取る

魚は視界から消えかかるものに強い反応を示す

リフト&フォールを直訳すると、「持ち上げて、落とす」という意味になる。つまり、ロッド操作でルアーを持ち上げたなら、今度はアクションを止めて、ルアーを沈み込ませるというテクニックだ。

したがって、使用するルアーは放っておくと水中で沈むシンキングタイプのルアーを使うことが前提となる。さらに、リフトするときに、水の抵抗を受けすぎずに、規則的なアクションをするものがよい。

具体的には、バイブレーションやメタルジグ、テールスピンジグ、ワームのジグヘッドリグやテキサスリグなどだ。

魚は、自分の視界から消えかかるものに非常に強い執着心を見せる。そこでルアーを、ターゲットの視界よりも上に浮かせたり、下に沈めたりして魚の就餌欲をあおるのだ。

リフト&フォールは青物やシーバス、

▶リフト&フォール

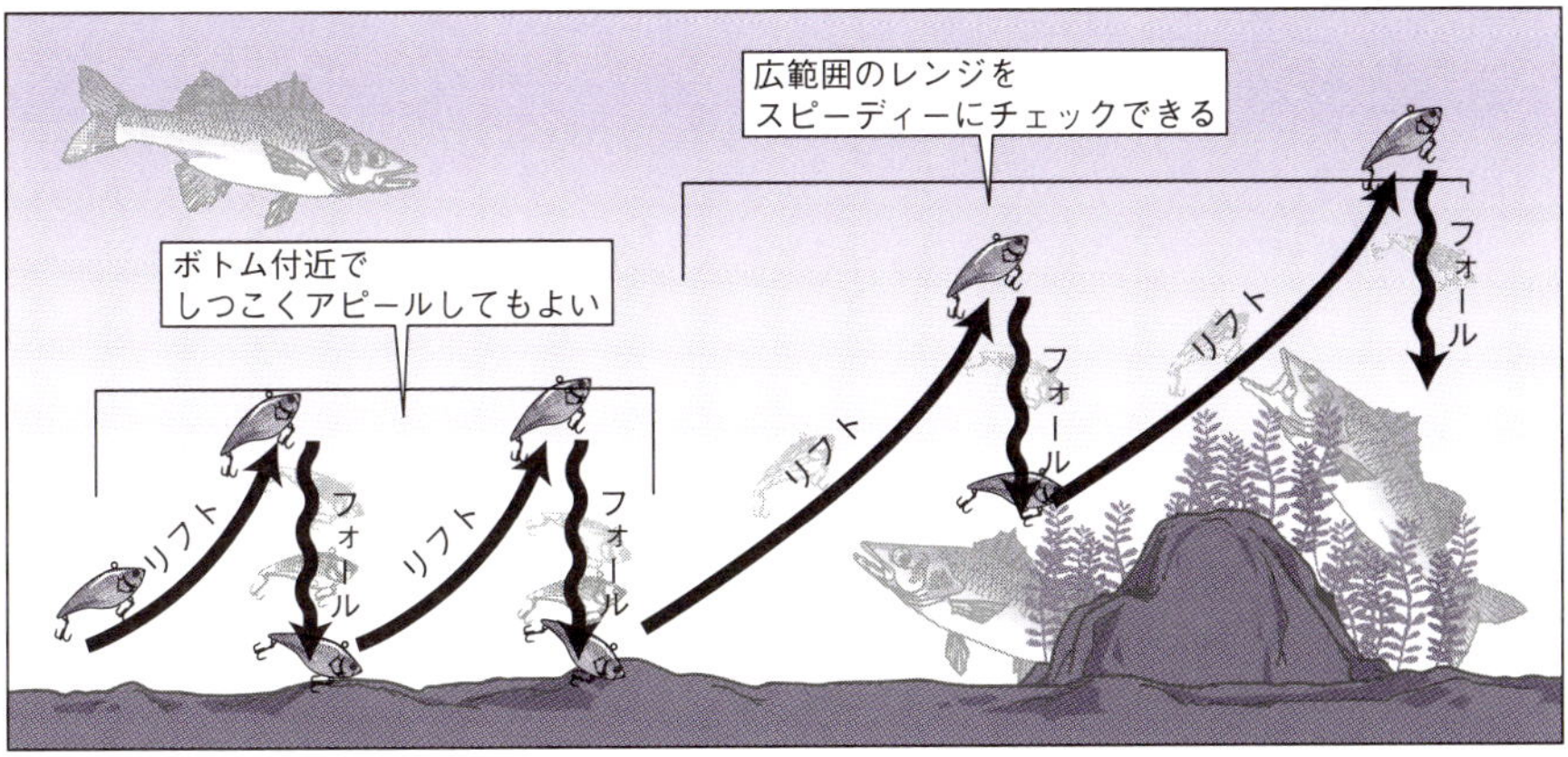
広範囲のレンジを
スピーディーにチェックできる
ボトム付近で
しつこくアピールしてもよい
リフト
フォール
リフト
フォール
リフト
フォール
リフト
フォール

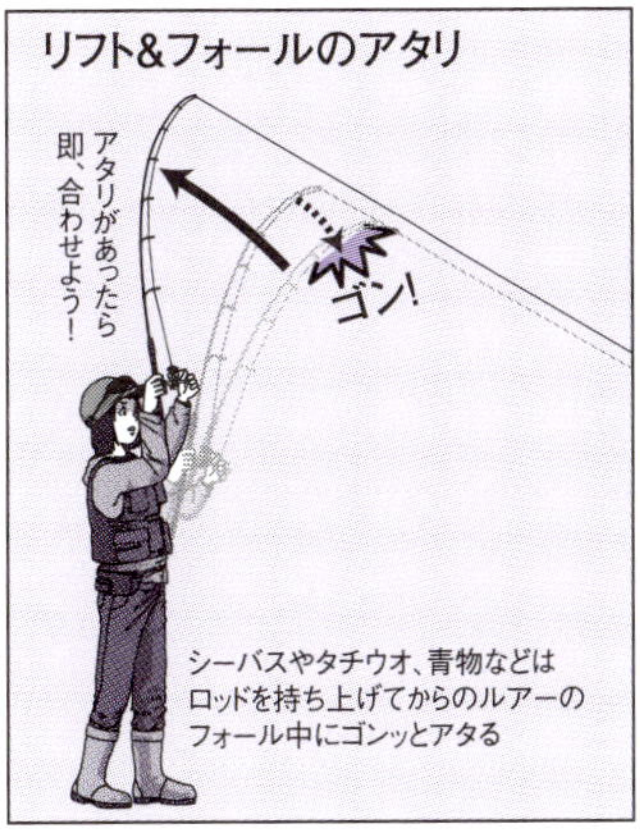
リフト&フォールのアタリ
アタリがあったら
即、合わせよう！
ゴン！
シーバスやタチウオ、青物などは
ロッドを持ち上げてからのルアーの
フォール中にゴンッとアタる

◀ロッドは水平近く、もしくは斜め上方45度くらいに構える

▶リフトは、ロッドを力強く真上まで持ち上げる

根魚、ヒラメやタイの仲間にも、非常に有効なテクニックである。

アタリはフォール中に集中する

魚は、本能的に上から落ちてくるものに強い興味を示す。そのため、リフト&フォールのアクションにおいても、アタリはルアーのフォール中に集中する。リフトで誘って、フォールで食わせるというイメージだ。

具体的な操作方法としては、ロッドをグイッと上方向にあおるようにして、ルアーを強く持ち上げる。このときは、リールは巻かない。

次にロッドが真上まできたら、ひと呼吸おいてから、引き上げたラインを巻き取りながら、ロッドを水平近くまで倒していく。これを連続して繰り返す。

中層魚の場合、アタリが出るのはロッドが真上まできた、その直後だ。

またヒラメや根魚狙いでは、これを海底で行う。海底から持ち上げたら、再び海底に着底させるが、このときもフォール中にアタリが出る。

ボトムバンピング

ソフトルアーで根魚を狙うための定番テクニック！

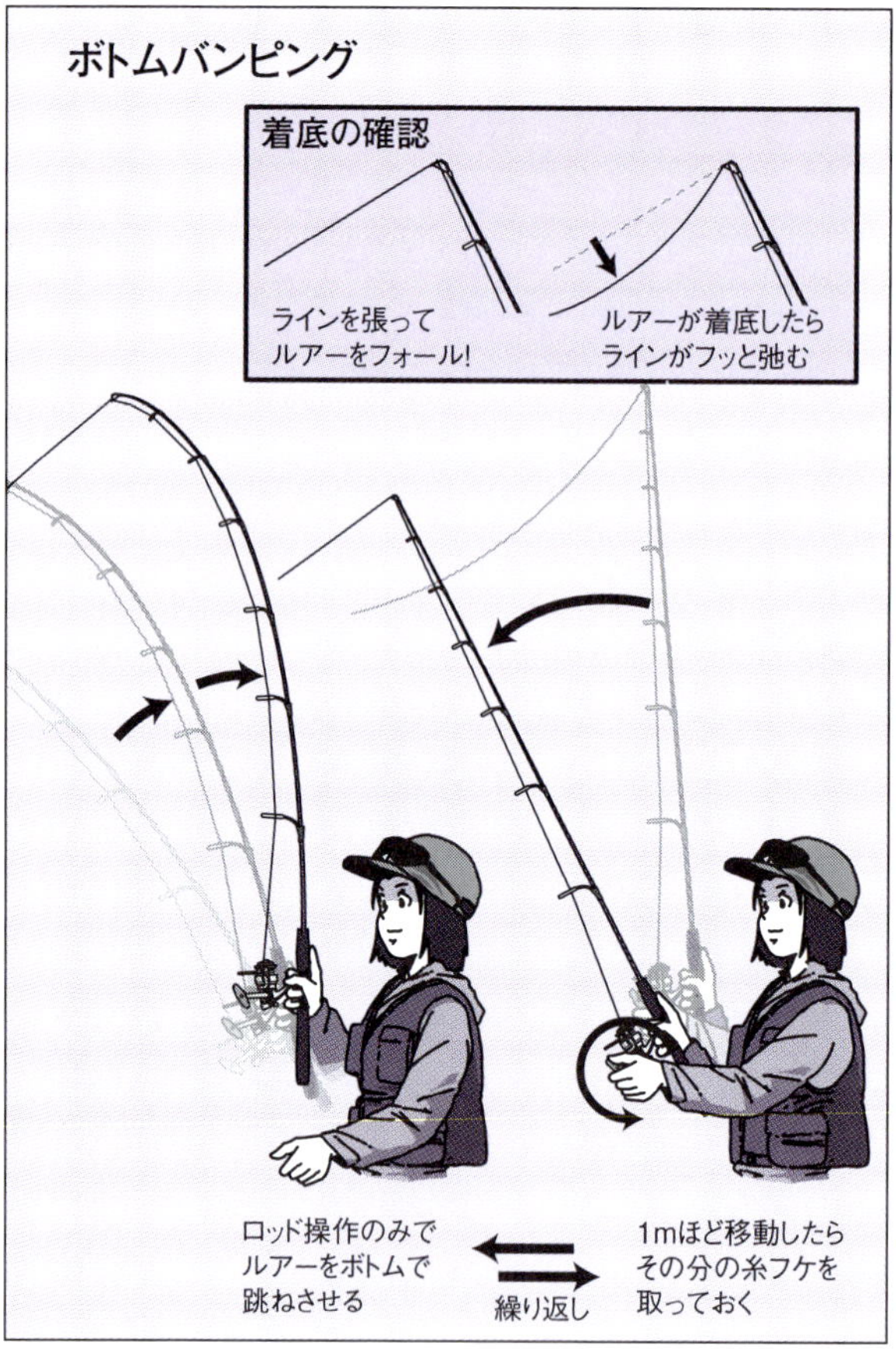
ボトムバンピング
着底の確認
ラインを張って
ルアーをフォール!
ルアーが着底したら
ラインがフッと弛む
ロッド操作のみで
ルアーをボトムで
跳ねさせる
繰り返し
1mほど移動したら
その分の糸フケを
取っておく

海底にルアーを這わせて根魚を狙う

ボトムバンピングとは、ボトム（海底）でルアーを跳ねさせること。根掛かりの少ないソフトルアーで行う。トリプルフックのハードルアーを使うと根掛かりばかりで釣りにならないからだ。

ソフトルアーの中でもボトムバンピングに適しているのは、ジグヘッドリグやテキサスリグである。シンカーとワームが接近しているリグのほうが、ワームをしっかりアクションさせられるのだ。

ターゲットはカサゴ、ソイ、キジハタなどの根魚と呼ばれる底棲魚。これらはおもに岩礁帯や藻場を生息地としているから、海底を引きずるよりも、大きく跳ねさせたほうが強くアピールでき、非常に効果的なのだ。

また垂直な護岸では、真下に落とし込んでボトムで跳ねさせる方法もある。ロッドを上下にシャクり続けながら、横に歩いて移動して、広範囲のポイントを探るわけだ。

▶ボトムバンピング

岩礁帯や藻場など海底の起伏があるポイントでは
ルアーを跳ねさせてアピールする
キャスト後、着底させる
着底直後に
アタリが出やすい

▼テキサスリグのボトムバンピングにヒットしたカサゴ

▲水深がある護岸では、真下に落とし込んで跳ねさせる方法もある

決してルアーをボトムから離さないこと

ここでは、キャストしてからのボトムバンピングを紹介する。まず最初に、キャストしたなら、確実にルアーを着底させる。ここからボトムバンピングのスタートだ。ルアーを跳ねさせるのは、ロッド操作で行う。ロッドを上方に1～2回大きくあおり、ルアーを海底から数十センチ跳ね上げる。

次にリールを巻いてラインの弛みを取り、再びロッドでルアーを跳ねさせる。これの繰り返し。なお、ラインの弛みを取る間は、ルアーは2～3秒ほど止めておけばよい。実は、このときに最も多くアタリが出るからだ。ルアーの動きを完全に止めては生命感がなくなるが、動かしすぎても根魚はワームを追いきれない。この2～3秒が魚に口を使わせるいい間合いになる。このテクニックで最も重要な点は、ルアーをボトムから浮き上がらせないこと。根魚は海底でエサを取るということを覚えておこう。

ドラッギング

流れ川や急潮流エリアで、ルアーを流して釣るテクニック

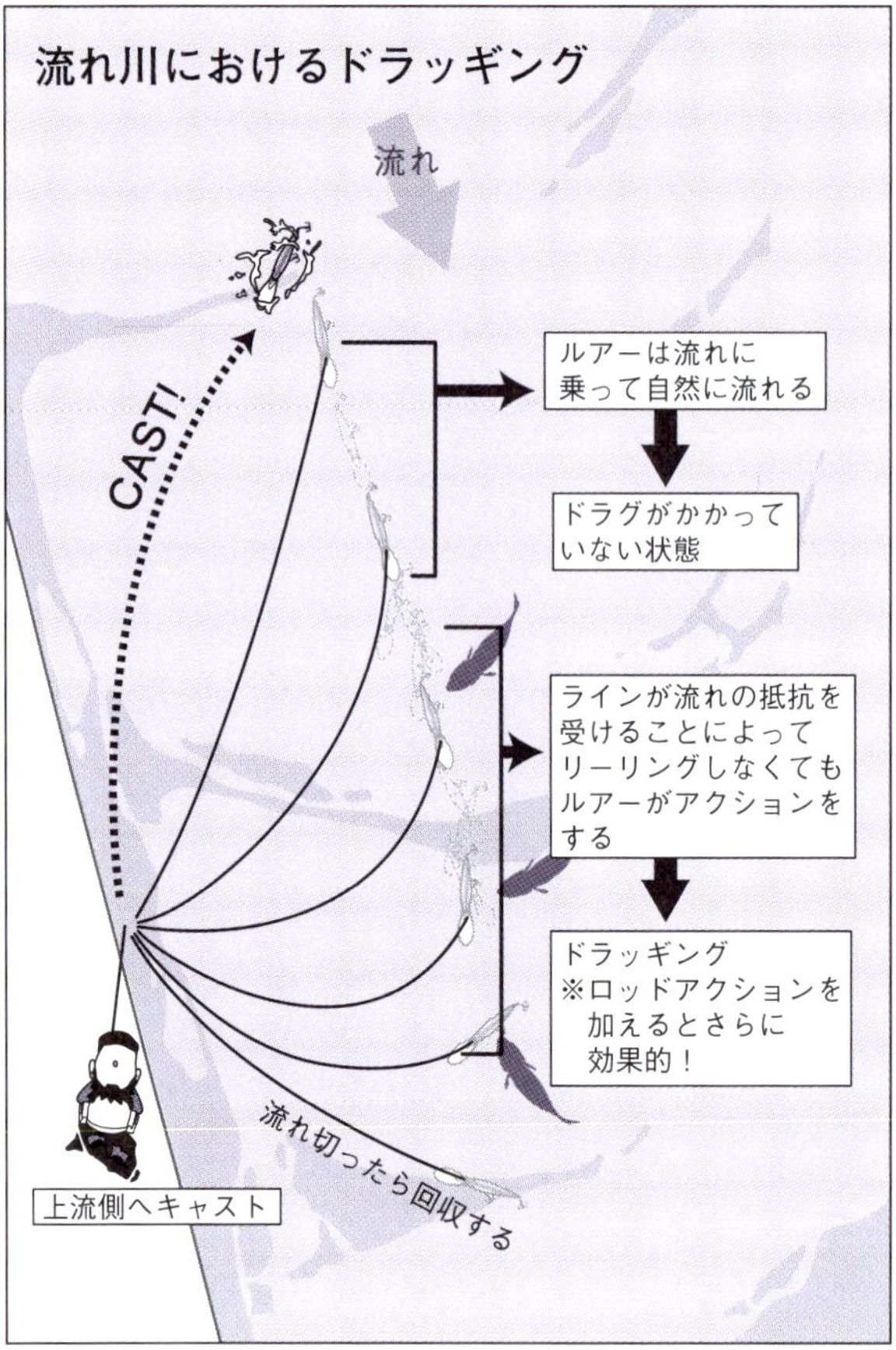
流れ川におけるドラッギング
流れ
CAST!
ルアーは流れに
乗って自然に流れる
ドラッグがかかって
いない状態
ラインが流れの抵抗を
受けることによって
リーリングしなくても
ルアーがアクションを
する
ドラッギング
※ロッドアクションを
加えるとさらに
効果的！
流れ切ったら回収する
上流側へキャスト

自然に流して、ナチュラルにアピール

ドラッギングとは、流れ川や急潮流エリアなどでルアーを自然に流してシーバスなどを誘うテクニックだ。使用するルアーは、バイブレーションやシンキングペンシル、フローティングミノーなど。

流れ川などでは基本的に流れの上手に向かってキャストするのだが、これは少しでも広範囲を探るためだ。ただ実際は、上流から正面あたりに来るまでは、ルアーは流れにもまれてアタリは出にくい状態にある。

最もアタリが出るのは、ルアーが正面から下流に向かって流れていくときだ。このときは、ラインが引っ張られるから、リトリーブせずともルアーは多少なりともアクションをしてくれる。あくまでナチュラルに流すのがドラッギングの真骨頂なのである。逆に、このときにリトリーブしてしまっては、リトリーブスピードが速くなりすぎてアタリが出にくくなる。

▶ドラッギング

▼流れ川では、流芯付近がポイントになることが多い

▲流れ川では、流れを味方につけること。臆せず、ルアーを流してみることだ

▲急潮流エリアにおいて、シンキングペンシルにヒットしたシーバス

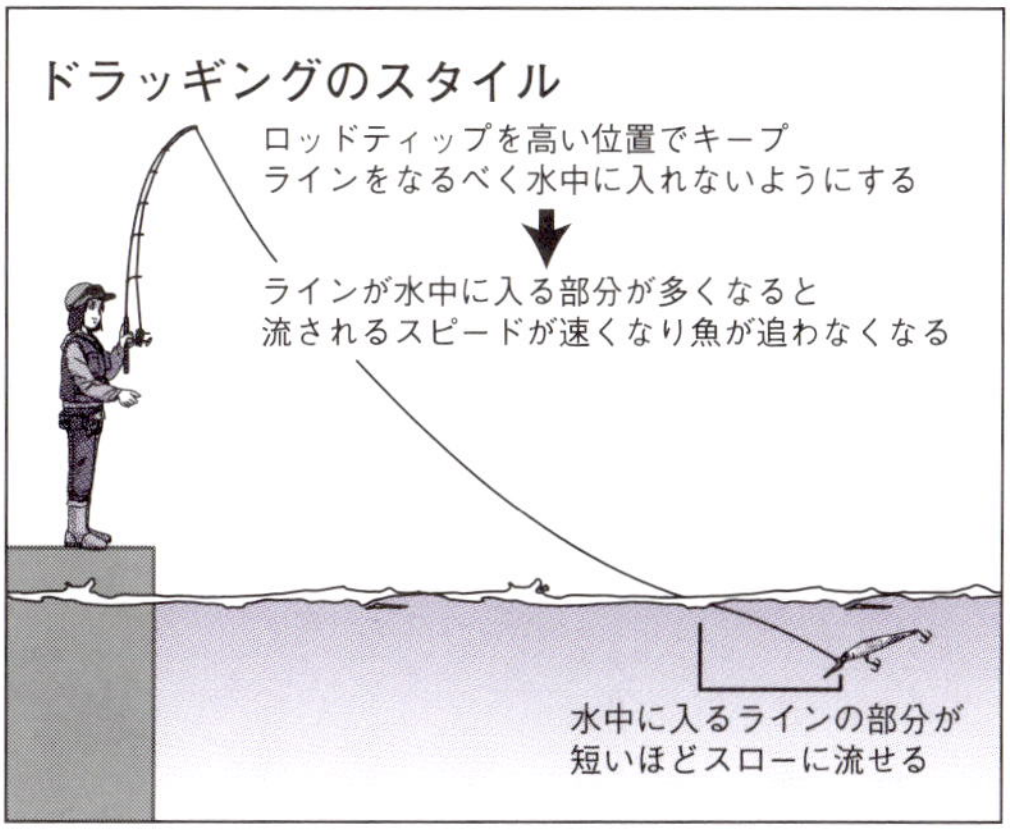
ドラッギングのスタイル
ロッドティップを高い位置でキープ
ラインをなるべく水中に入れないようにする
ラインが水中に入る部分が多くなると
流されるスピードが速くなり魚が追わなくなる
水中に入るラインの部分が
短いほどスローに流せる

軽くアクションをつけると、さらに効果的

ドラッギングは流れの上流側、もしくは潮上にルアーをキャストする。ルアーが正面に流されてくるまでは、ラインの弛みを取るためのリーリングを行う。

ルアーが正面を横切り始めるころから、徐々にラインが流れに引かれて、リーリングしなくても張り気味状態となる。流れが緩やかならここからスローリトリーブを始めてもよいが、流れが速い場合は、そのまま流れに任せてルアーを流す。食いのよいときなら、ここでアタリが出ることもある。

ここでロッド操作のみによるアクションをつけると、いっそう効果的だ。ロッドを軽くシャクってやるだけでもよいし、リフト&フォールをさせてもよい。

さらにルアーが下流に進んだら、リトリーブを始めて回収する。これは流れ川のシーバスゲームだけでなく、エギングやメバルのワーミングでも有効だ。

フッキングのコツ

テクニック編の最後は、フッキング率を高める合わせ方について

ハードルアー使用時
ゴン!
① ハードルアーのリトリーブ中のアタリは手元に「ゴン!」と衝撃が伝わる
ゴン!
② アタリを感じたら即フッキング後方に大きくロッドをあおる
※ロッドを下向きに構えていてもロッドティップは上方にあおって合わせる

ハードルアーのフッキング

水中を引くハードルアーの場合、アタリは手元に「ゴン」と衝撃が伝わる。このときは大体において口の中にルアーが入っていることが多く、アタリを感じたら即座に合わせるのが基本だ。

合わせ方は強く、大きくロッドを上方にあおる。強くないとフッキングしないというのではなく、フックを口元にしっかりと貫通させるためと考えよう。

ただし、ポッパーやペンシルベイトなどのトップウォータープラグの場合は、水面が割れてもすぐには合わせないこと。ルアーを捉えにくいためか、最初からルアーが口の中に入っていることは、あまりないからだ。

水面が割れても、あるいはロッドにガツンときても、アクションを続けることが肝心で、ルアーが口の中に収まったら、ロッドに魚の荷重がかかる。そこで合わせるのがベストタイミングだ。早合わせすると、空振りしたときにそれで終わってしまう。

フッキングのコツ

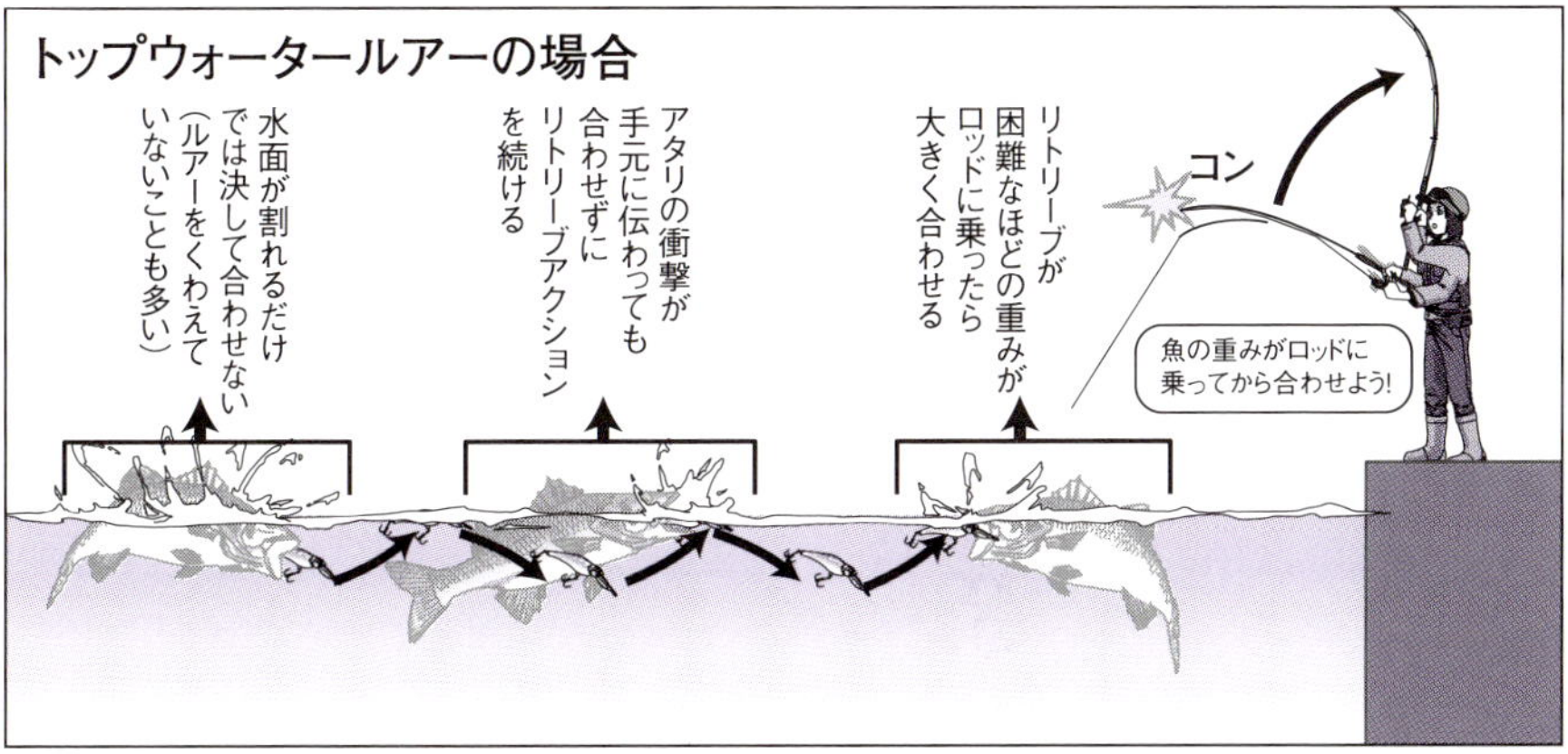
トップウォータールアーの場合
水面が割れるだけでは決して合わせない（ルアーをくわえていないことも多い）
アタリの衝撃が手元に伝わっても合わせずにリトリーブアクションを続ける
リトリーブが困難なほどの重みがロッドに乗ったら大きく合わせる
コン
魚の重みがロッドに乗ってから合わせよう!

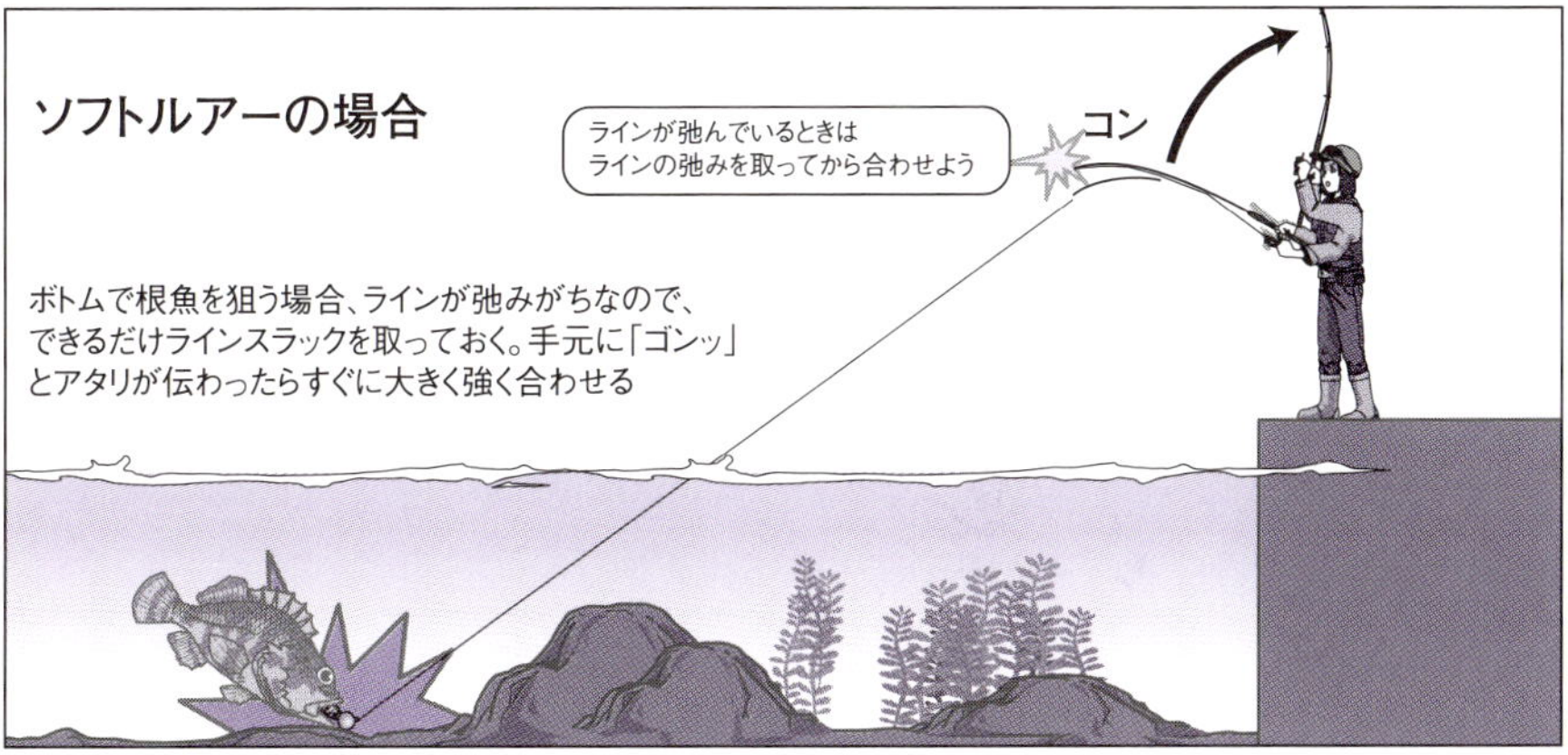
ソフトルアーの場合
ラインが弛んでいるときはラインの弛みを取ってから合わせよう
コン
ボトムで根魚を狙う場合、ラインが弛みがちなので、できるだけラインスラックを取っておく。手元に「ゴンッ」とアタリが伝わったらすぐに大きく強く合わせる

ソフトルアーのフッキング

ソフトルアーの場合も2パターン。まず、メバルやアジなどの中層魚を軽量ジグヘッドリグで狙う場合。これらの魚は、ワームの尻尾にじゃれついたり、フックに掛からない小型サイズのものは、コツコツとアタリだけを出す。フッキングしないものはいくら合わせてもフッキングしないから、こんなときはアタリがあってもそのまま巻き続け、魚の重みがロッドに乗り切ってから、大きくゆっくりと合わせる。

また、テキサスリグやジグヘッドリグなどのボトムフィッシングにおいては、口の大きなカサゴやソイ、キジハタなどがおもなターゲット。アタリが出たときにはすでにワームは口の中に入っていると考え、即座に、強く、大きく合わせるのが基本だ。ジグヘッドリグならまだしも、オフセットフックを使用しているテキサスリグなどでは、強めのロッドでかなりしっかり合わせないと、フックは刺さらない。

レインギアについて

**雨の中でも、釣れるときには釣りはしたいもの。
しっかりしたレインギアを正しく着用すれば、快適に釣りをすることができる**

ライフジャケットは、レインギアの上に着用する

雨の日は釣りをしないという人はともかく、雨の中でも釣りをしたいという人には、しっかりしたレインギアを購入することをおすすめする。高価なロッドを何本もそろえるよりも、信頼できるひとつのレインギアがあればどれだけ快適な釣りが約束されるだろうか。

夏用に薄めのもの。冬用に防寒を兼ねたものがあればベスト。防寒着の上からはレインギアは着にくいものだから、冬は防寒防水タイプのものがよい。

またレインギアは基本的に一番最後に着用するが、ライフジャケットも同時に着用する場合は、レインギアの上からライフジャケットを着用しよう。とくに自動膨張式のものは、外に浮き袋が広がるので、雨の日でも一番上に着用する。

ちなみに、自動膨張式のライフジャケットは雨の日に勝手に膨らまないかと心配しがちだが、浸水したり、下から水が入らない限りは膨らまない構造になっている。上方向からの雨水は、中に入りにくいようになっているのだ。

なお足回りは、ズボンをブーツの中に入れ、ブーツの上からレインギアを降ろす。ブーツの中にレインギアを入れると、雨水が伝って、ブーツの中まで雨が侵入してしまう。またフードの下に帽子を被っておくと、雨が直接顔に当たりにくくなる。

雨の日のスタイル

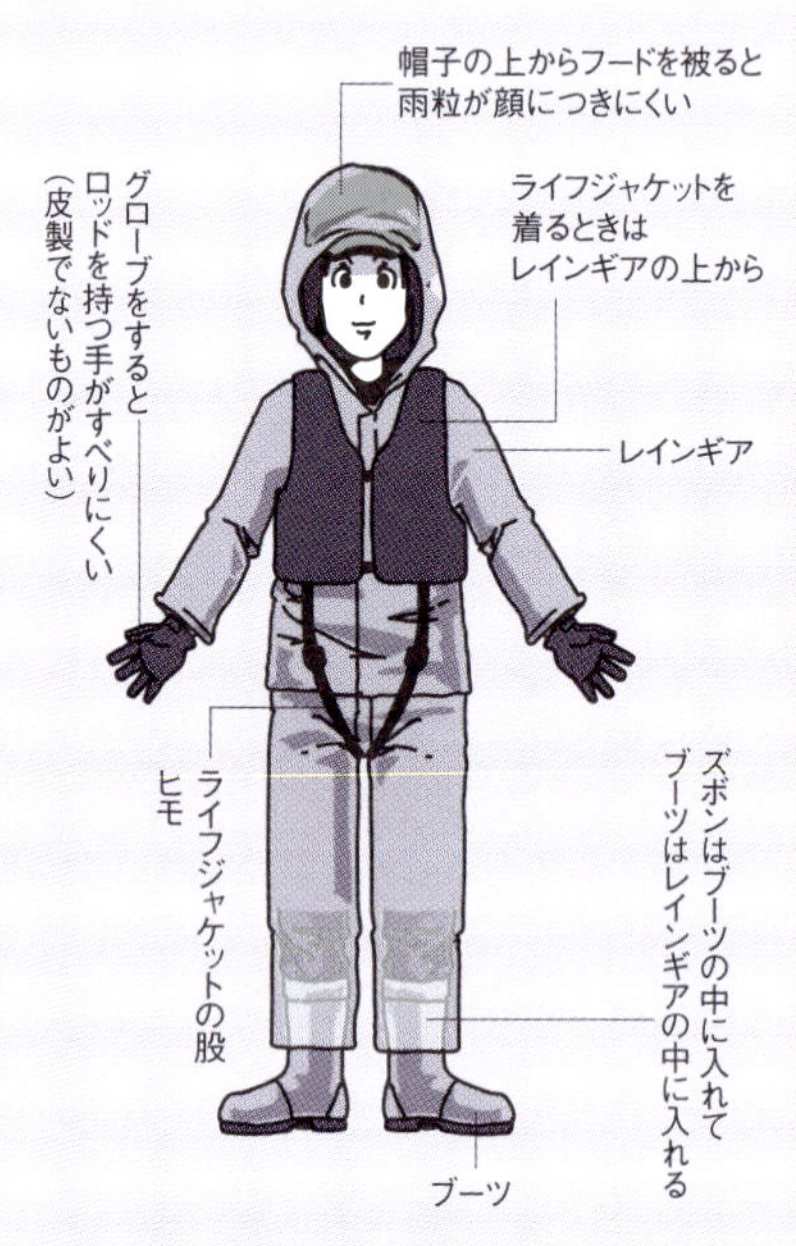
帽子の上からフードを被ると雨粒が顔につきにくい
ライフジャケットを着るときはレインギアの上から
グローブをするとロッドを持つ手がすべりにくい（皮製でないものがよい）
レインギア
ライフジャケットの股ヒモ
ズボンはブーツの中に入れてブーツはレインギアの中に入れる
ブーツ

▲足回りはブーツが基本だが、薄手のウエーダーを履くルアーマンも多い（レインギアは上だけ着用）

第3章

フィールドの基礎知識

海は様ざまな自然現象が取り巻いている。
ルアーやターゲットのことを知る前に、
海やフィールドについても知っておこう

魚が釣れる時合

一日のうちでも、魚がよく釣れるときがある。それを時合という

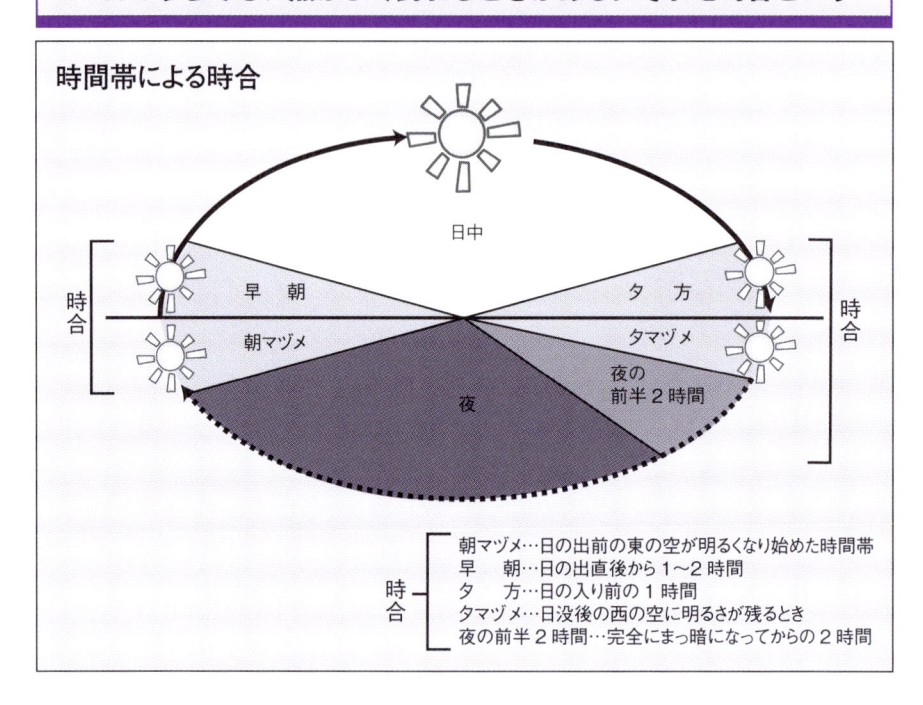

時間帯による時合

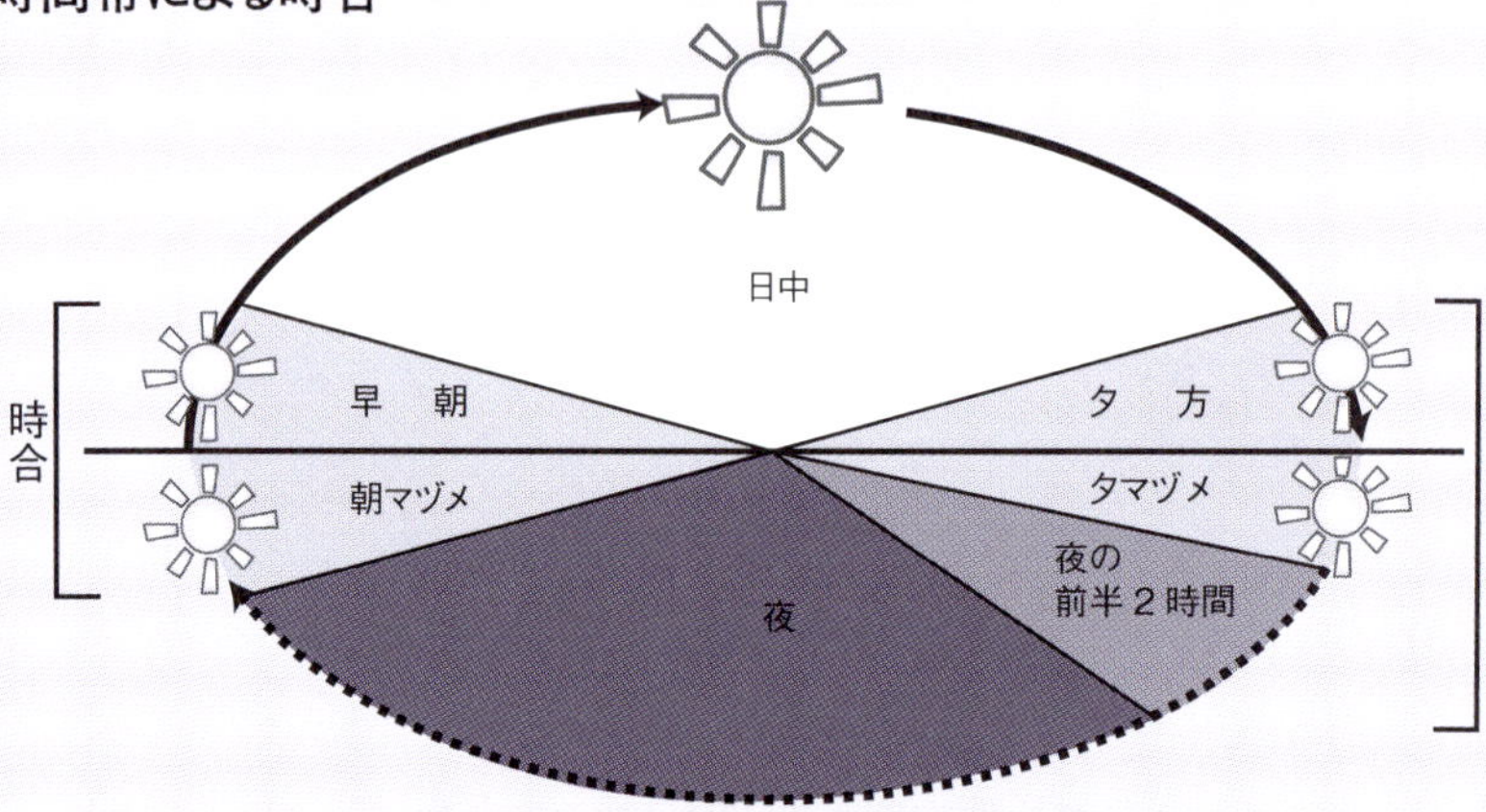

時合
- 朝マヅメ…日の出前の東の空が明るくなり始めた時間帯
- 早　朝…日の出直後から１〜２時間
- 夕　方…日の入り前の１時間
- タマヅメ…日没後の西の空に明るさが残るとき
- 夜の前半２時間…完全にまっ暗になってからの２時間

時間帯による時合

時合の到来は、自然現象がおもな要因となるから、基本的に規則性のあるものではない。しかし魚の習性によって、ある程度は予測できるものだ。

とくに時間帯における時合は、水中光量の多少に関わってくるから、大体、普遍的なものと考えられる。

昼行性の魚（青物など）の場合は、早朝と夕方に時合がやってくることが多く、夜行性の魚（メバルやシーバスなど）の場合は、タマヅメから完全に暗くなってからの2時間、そして朝マヅメが時合となる。

これらの時間は、いわゆる薄明かりと呼ばれる時間帯だ。まず、プランクトンの浮上とともに、フィッシュイーターのエサとなる小魚が表層に浮き出すという理由がひとつ。

そして水中光量の少なさが、フィッシュイーターの警戒心を解くからともいわれている。

▶魚が釣れる時合

時合 その1
（魚が警戒心を解くとき）
風による濁りや波立ちが
水面に映る人間や鳥など
外敵の気配を消すとき
浅場へも入り込んでくる!
時合 その2
（夜に活発になる魚の場合）
曇天や夜間など太陽が隠れて
水中光量が減少するとき
表層へ浮上して
活発にエサを追う!

▼マヅメの時間帯は、シーバスなどが水面で小魚を追い回すこともある

▲流れ川では、雨後の増水時に時合がやってくる。濁りとともに、上流のベイトフィッシュが流されてくるからだ

自然条件による時合

時間帯以外に魚の警戒心を解く要因が、いくつかの自然条件によるものだ。たとえば天候。日中の場合なら、晴天時よりも曇天や雨天のほうが、多くの魚で食いがよくなる。この場合も、水中光量が減少するからで、魚の警戒心が薄らぐためだと考えられる。

次に挙げられるのが風。風による波立ちは水中光量を減少させるだけでなく、水面上の人間や鳥などの天敵の気配を消してくれる。さらに水中の溶存酸素量を増やすから、魚の活性も高くなる。

また風向きや地形の条件によっては、フィッシュイーターのエサとなる小型魚を1カ所に密集させることもあり、こうなるとヒットポイントも明確になる。

なお、波立ちによる濁りも度が過ぎるとよくないが、ささ濁り程度なら水中光量の減少とともに、魚の活性はさらに高まると考えられる。

潮回りについて

潮回りは、2週間で1サイクル。満月は月に一度やってくる

潮回りのパターン

14日で1サイクル（1〜14）

1	2	3	4	5	6	7	8	9	10	11	12	13	14	15	16	17	18	～	27	28
大潮	大潮	大潮	大潮	中潮	中潮	中潮	小潮	小潮	小潮	長潮	若潮	中潮	中潮	大潮	大潮	大潮	大潮	～	中潮	中潮
新月							上弦の月							満月						

1〜4：潮の干満の高低差が大きい

5〜7：潮の干満の高低差が大潮と小潮の中間

8〜10：潮の干満の高低差が小さい

11：潮の干満の変化に時間がかかる

12：潮が再び大きく動き出す

15：新月は2週間かけて満月になる

大潮小潮って、どんなとき？

潮回りとは、その日がどういった潮の動きをするのか、大潮や中潮、小潮といった呼び方で表すものだ。仮に、1日目が大潮だったとすると、大潮＝4日、中潮＝3日、小潮＝3日、長潮＝1日、若潮＝1日、中潮＝2日と続き、全14日で1サイクルとなる。15日目からは、再び大潮からスタートする（別表参照）。

大潮とは、潮の干満の潮位差が大きい日であり、小潮は潮位差が小さい日、長潮は、干満の推移に時間がかかり、若潮は、再び潮が大きくなっていく最初の日ということだ。

ちなみに満月は大潮の日となり、次の大潮（2週間後）で新月となる。つまり、満月から月が欠けて、再び満月となるには4週間かかるということだ。

よく、満月の大潮のときに生物の産卵が行われるが、これは潮がよく動くため、卵を広く拡散させられるからだ。

▶潮回りについて

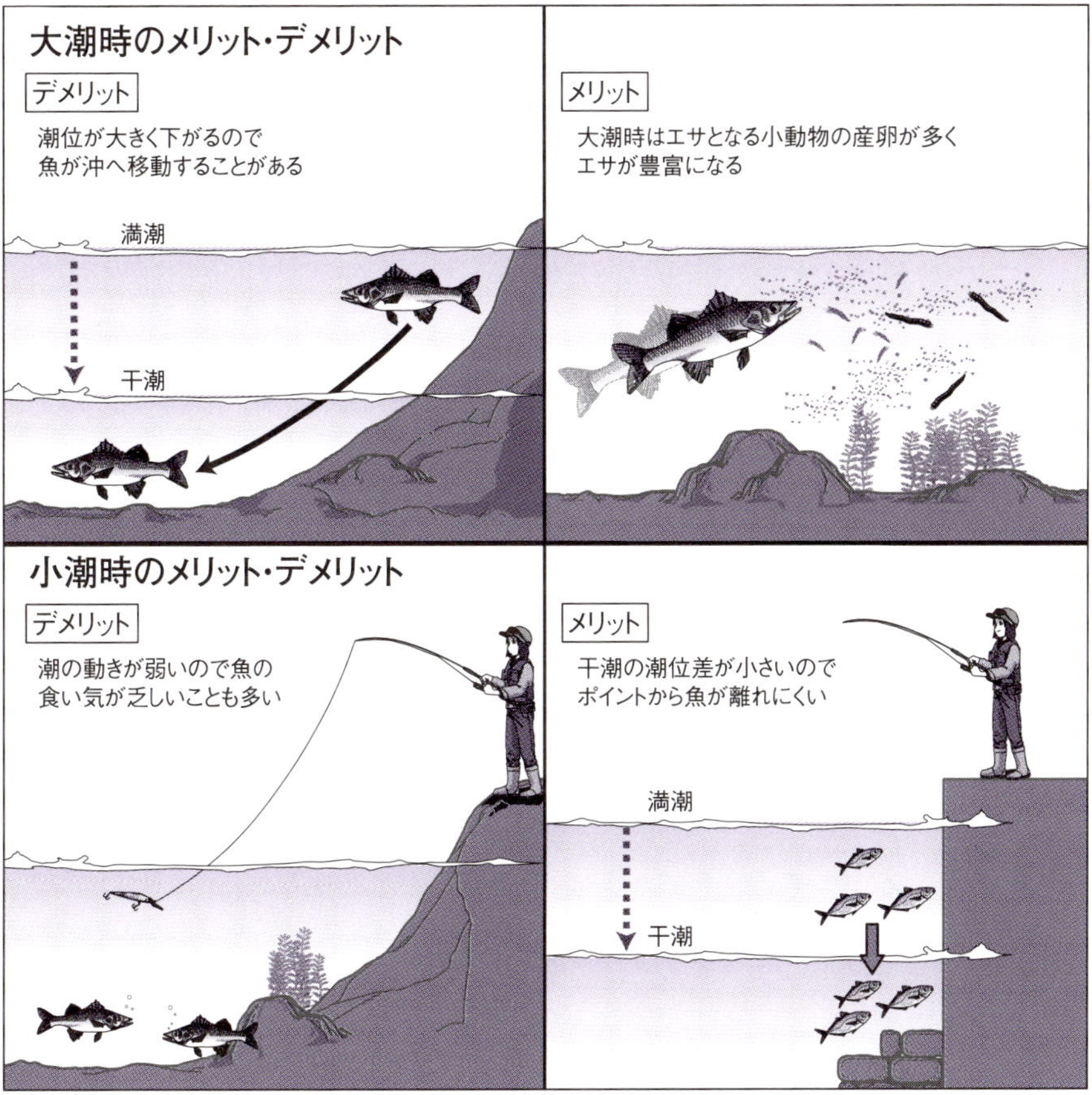
大潮時のメリット・デメリット
デメリット
潮位が大きく下がるので
魚が沖へ移動することがある
満潮
干潮
メリット
大潮時はエサとなる小動物の産卵が多く
エサが豊富になる
小潮時のメリット・デメリット
デメリット
潮の動きが弱いので魚の
食い気が乏しいことも多い
メリット
干潮の潮位差が小さいので
ポイントから魚が離れにくい
満潮
干潮

大潮、小潮のメリット・デメリット

大潮の日は、干満の潮位差が大きいから、潮の動きがよくなる日でもある。このときのメリットとしては、生物の産卵が行われることが多く、ルアーターゲットの活性が高くなり、活発にエサを追うようになる。

逆にデメリットとしては、干潮時に潮位が大きく下がるので、岸近くの魚が沖に出ていくことがある。

小潮の日は、干満の潮位差が小さいから、潮が動きにくい。魚の活性も低く、食い気に乏しくなるというデメリットが生じる。しかし、干潮時に潮位が下がりにくいということは、岸近くに寄っている魚が大きく移動しないというメリットもある。

ただ、実際には、どの潮がよいと一概にいえるものではなく、フィールドによって大潮回りの日がよい場所もあれば、小潮の日がよい場所もある。それは自分で探すべきことだろう。

潮の干満について

同一地点でも、潮の動きによって、潮位が高くなるときと低くなるときがある

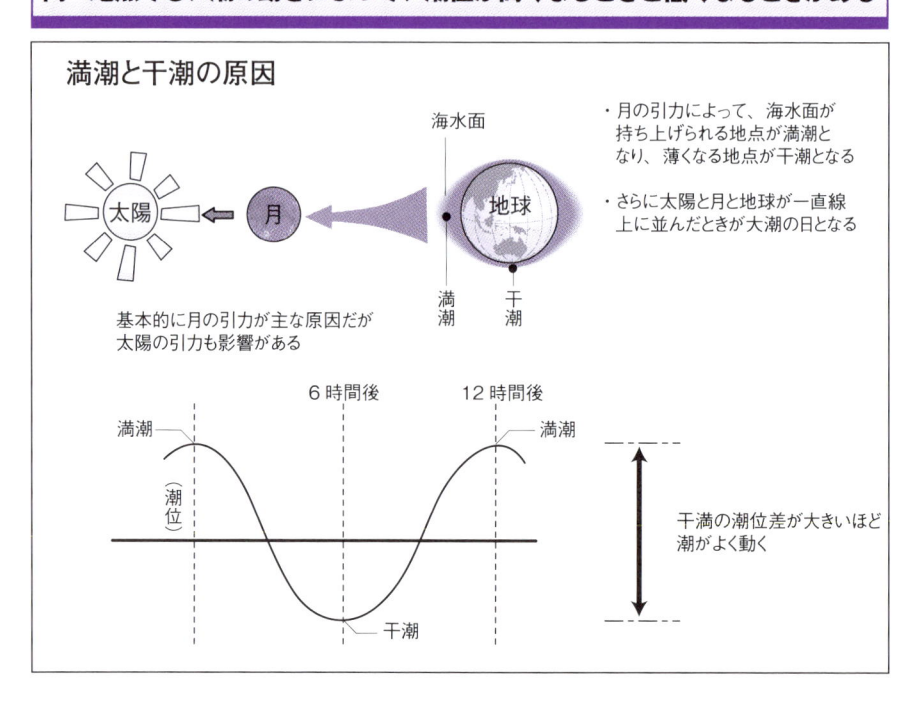

満潮と干潮の原因

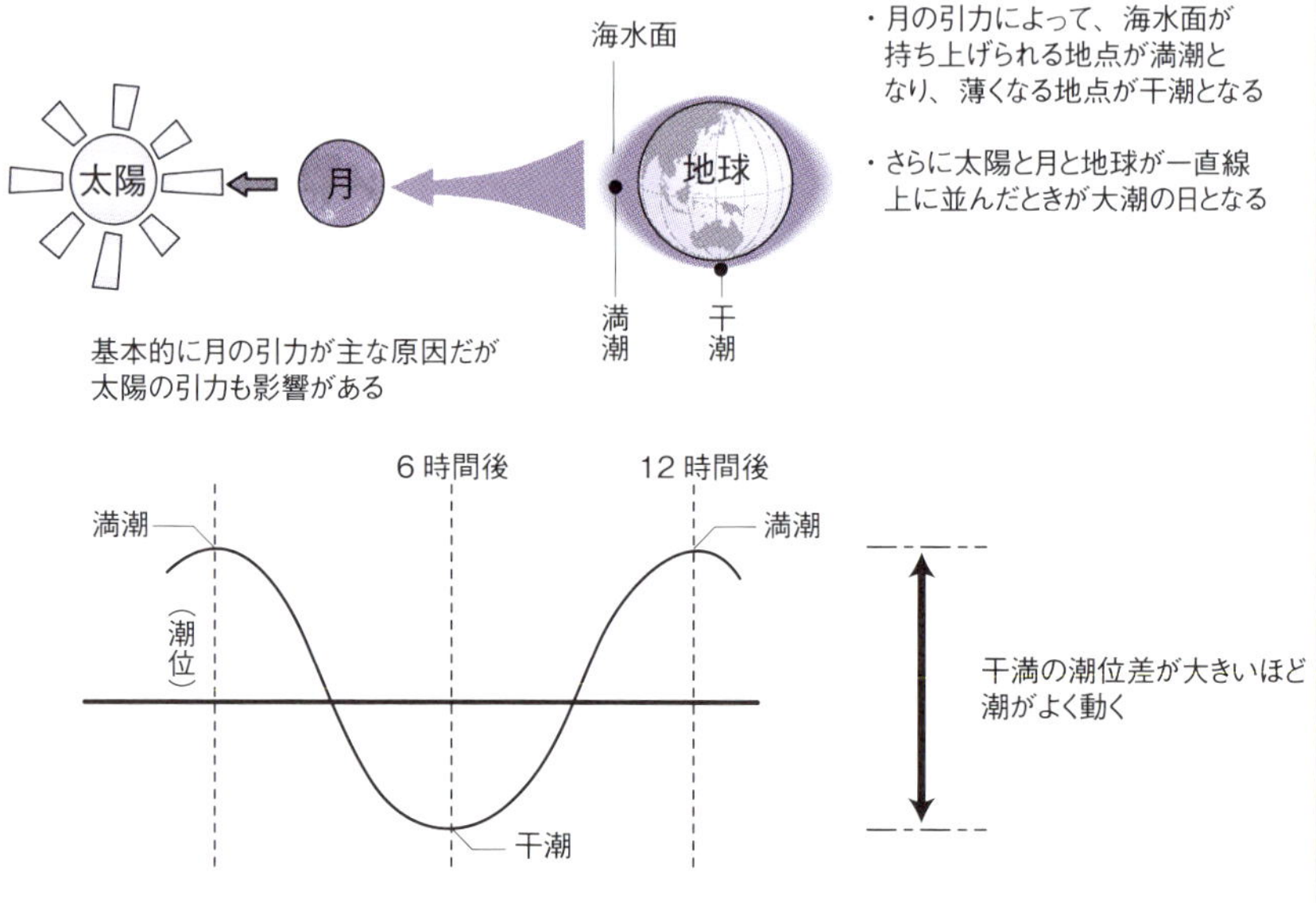
海水面
太陽
月
地球
満潮
干潮
・月の引力によって、海水面が持ち上げられる地点が満潮となり、薄くなる地点が干潮となる
・さらに太陽と月と地球が一直線上に並んだときが大潮の日となる
基本的に月の引力が主な原因だが太陽の引力も影響がある
6時間後
12時間後
満潮
満潮
（潮位）
干潮
干満の潮位差が大きいほど潮がよく動く

満潮と干潮が起きる理由

潮の動きにより、同一地点で最も潮位が高くなるときを満潮、最も低くなるときを干潮という。

潮位が変化する理由には、月の引力が最も大きく影響している。イラストにあるように、月の引力によって地球の海水面が持ち上げられた地点（その反対側も含む）が満潮となり、薄くなる地点が干潮となる。

これには月の引力のみならず、太陽の引力の影響もあり、太陽、月、地球が一直線上に並んだときに大きく海水面が持ち上げられるため、干満の潮位差が最も大きい大潮の日となる。

満潮と干潮は一日2回ずつ。約6時間ごとに交互にやってくる。潮位表は、イラストにあるようなグラフで表されることが多いが、この満潮と干潮の潮位差が大きい日ほど、潮がよく動くということでもある。

潮の干満について

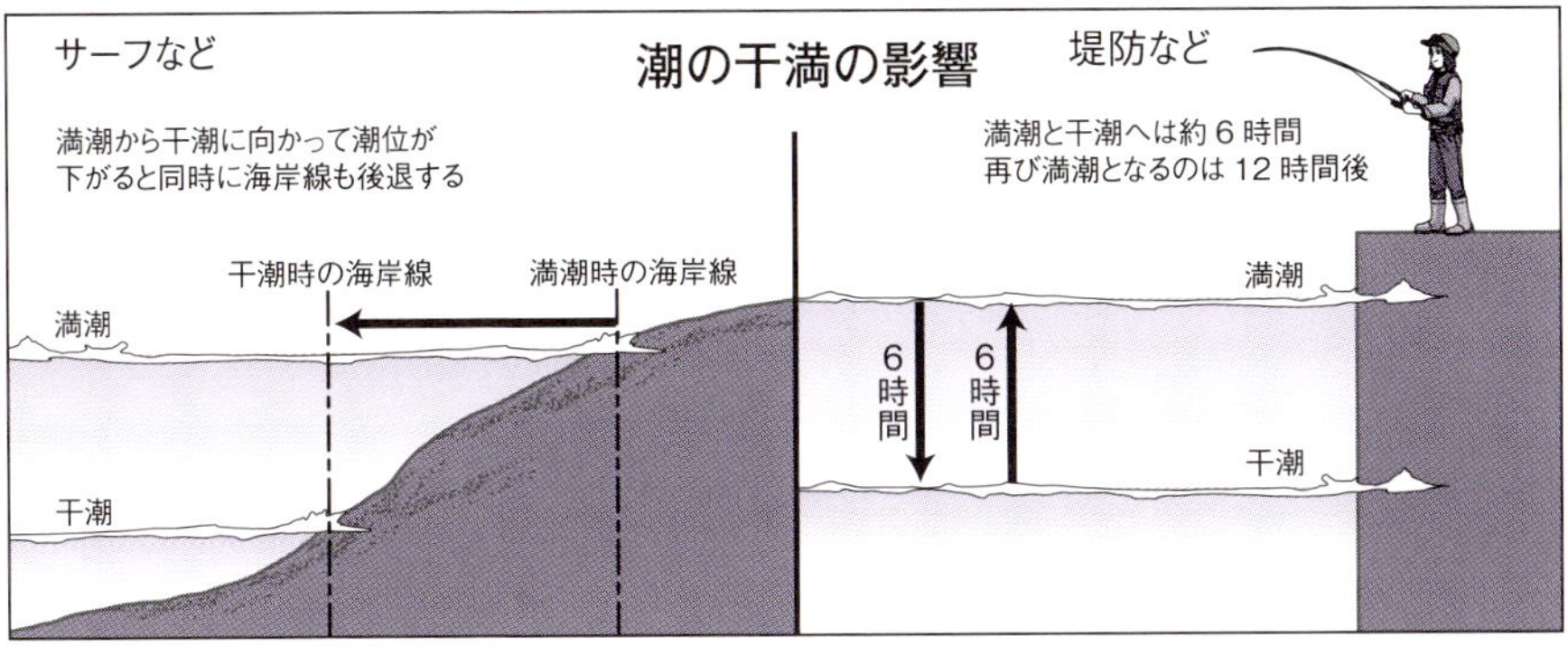
潮の干満の影響
サーフなど
満潮から干潮に向かって潮位が
下がると同時に海岸線も後退する
干潮時の海岸線
満潮時の海岸線
満潮
干潮
堤防など
満潮と干潮へは約6時間
再び満潮となるのは12時間後
6時間
6時間
満潮
干潮

▲干潮時に干潟が露呈する所でも、満潮時にはポイントになることも
◀潮位が上がると、石畳の隙間に根魚が入り込んでくる

満潮時と干潮時の海の変化

満潮時と干潮時の海の変化（潮位差）は、一般的には見た目で確認できる。垂直な護岸では、お風呂の水が増減するように海面の高さが上下するし、遠浅のサーフでは、潮位が下がるとともに海岸線が数メートルから数十メートルも後退する。

ただし、この潮の干満の潮位差は、地域によっても大きく異なる。たとえば大潮の日を取っても、日本海側が数十センチしかないときもあるのに、瀬戸内海最奥部では4メートルを超えるときもある。また、同一地点の大潮の日だけを取っても干潮、満潮の潮位は異なる。

さらには、風向きや気圧によっても潮位は変化する。気圧が下がると、1ヘクトパスカルにつき、約1センチも海面が上昇するといわれている。潮時表には、一年間毎日の干潮、満潮時刻、潮位が記されているが、これは参考程度にとどめたい。

basic knowledge of fishing field

フィールドの概要

ルアー釣りができるフィールドは多種多彩。
ここでは6つのロケーションを紹介しよう

磯　河口　ゴロタ浜　サーフ　漁港　港湾

磯

磯とは、海面上に露呈している岩礁帯のフィールドだ。陸地沿いの地かたの磯もあれば、岸から離れて浮かぶ沖磯もある。

沖磯と地磯

磯場は大きく分けて、沖磯と地磯がある。いずれも上級者向きのフィールドだ。沖磯は周囲を海に囲まれているから潮通しがよく、潮の流れ方も複雑だ。居着きの魚だけでなく、回遊魚のコンタクトも多いから、魚種も多彩で好釣り場が多い。基本的には、地元の渡船業者を利用して渡礁する。

地磯は、陸続きでありながらも、沖磯さながらに切り立った岩礁帯の所もある。基本的には、岸から悪路をたどってアプローチすることが多いが、渡船が入るポイントもある。地磯でも、潮通しのよい所では大型青物の回遊もあり、魚種も豊富で期待できる。

なお、磯場ではライフジャケットと磯用のスパイクブーツを着用するのがルールである。

▲沖磯。岩場だけの所もあれば、このような無人島にある岩礁帯の場合もある

▲地磯。地かたに続く磯といっても、危険度は沖磯と同じだ

河口

河口とは、河川が海に合流する汽水域の部分。海に続けば塩分濃度も上がるが、上流域ではほぼ淡水になっていることもある。

汽水を好むターゲットも多い

河口エリアは、汽水域といって海水と淡水が交じり合う所。したがって、雨後の増水時は淡水に近くなり、雨が少ないと塩分濃度が高くなる。

どちらにしても、河川から流れてくる水は豊富な栄養分を持ち、汽水を好む魚だけでなく、ふだん海水域にいる魚でさえも、エサを食いに河口部に入ってくることがある。

ちなみに汽水を好む魚というのは、キチヌ、シーバス、ハゼといったところだが、河口部は春以降、アユやシラウオの溯上があったり、イナッ子が入り込んでくる。

さらには、雨後の増水時には上流からフナなど淡水系のベイトフィッシュが流下してくるので、これらをエサとするシーバスに関しては、一級ポイントといえるだろう。

ほかのターゲットとしては、ヒラメやマゴチ、クロダイやダツなども狙える。カタクチイワシなどのベイトフィッシュが接岸していれば青物が回遊するエリアもある。

おもなポイントとなるのは、潮止め堰堤であったり、河口に架かる橋の橋脚周り、河口にできるサンドバー、干潟サーフなど。水流に変化がつく所はすべてポイントになる可能性がある。

注意したいのは雨後の増水時。確かにシーバスなどの食いはよくなるが、同時に危険と隣合わせでもある。くれぐれも安全には注意しよう。

▲河川河口部といっても規模は様ざま。規模の大小は気にせずに狙ってみよう

▲春になると河口はにわかににぎやかになる。稚アユ、シラウオ、イナッ子、ツナシ（コノシロの仔魚）などが溯上を始めるのだ（写真は、3月のシラウオ漁）

▲潮止め堰堤の下流は一級ポイント。夏でもシーバスの気配が濃厚だ

▲河口の干潟サーフはハゼやシロギス、キチヌが姿を見せる

ゴロタ浜

ゴロタ浜とは丸いゴロタ石が敷き詰められた海岸のことだが、岩盤の崩れや敷石が散らばった浜も見逃せない。

ゴロタ浜は身近にもある

本来ゴロタ浜とは、波にもまれて丸くなったゴロタ石が敷き詰められた海岸のこと。おもに外海や潮通しのよいエリアに見られるが、内海の干潟エリアにある岩盤の崩れたゴロタ石や、敷石の散らばったゴロタ浜も見逃せない。

▲干潟のゴロタ浜はシーバスやクロダイの好ポイントだ

外海にあるゴロタ浜の特徴は、海底に岩礁帯が点在している可能性が高いということ。これは目に見えない部分だから、ルアーを通して岩礁帯の位置を特定することで、自分だけの穴場スポットを見つけ出すこともできる。

またこういったゴロタ石があるエリアでは、潮の流れが多少悪くても、潮の干満によっても石の間を通る海水が浜の砂を巻き上げるので、微生物やカニやエビなどの小型甲殻類の格好の棲み家になっている。さらには、これらをエサとするシーバスやクロダイ、根魚が居着いている可能性があるので、ぜひとも狙ってみたいフィールドだ。

▼アオサが着く所はエサも豊富だが、ルアーに掛かるとアタリが遠のく。海底からルアーを離してリトリーブすることが重要だ

▲これは、人工的に石が敷かれた所だが、満潮時にはシーバスが着く

サーフ（砂浜海岸）

砂地底のきれいなサーフは、砂物と呼ばれるヒラメ、マゴチ、さらには小型回遊魚やシーバスの好フィールドだ。

サーフは回遊魚も狙える

本来サーフ（surf）は波の意だが、釣りでは砂浜のことをいうことが多い。きれいな砂地底のサーフは、初夏になるとシロギスなどが接岸。それに伴い秋から初冬のころまで、ヒラメやマゴチが姿を見せるようになる。

また潮通しのよいエリアではカタクチイワシの回遊も多く、これらが大型アジやイナダ、サバなどの回遊魚、シーバスを引き連れてくることも多い。サーフといっても、根魚以外の魚種は意外に豊富なのである。

とはいえ、延々と同じような砂浜が続くエリアでポイントを特定するのは難しい。基本的には広く釣り歩いてポイントを探ることが、ヒット率のアップにつながると覚えてほしい。

ただ、ポイント探しのヒントもあることはある。たとえば、波打ち際が深くなっている所や沖で波頭が崩れる所。海岸線が突き出ている所や奥まっている所。深い所でも浅い所でもよいから、ほかのエリアと水深が違ったり、地形が変化する所は、一度はルアーを通してチェックしておきたい。

また、鳥山やベイトボール（カタクチイワシの群れなど）、潮目などを注意して探しながら釣り歩くのもよいだろう。こういったものが見つかれば、シーバスや回遊魚がライズしている光景が見られることもある。うまく見つかれば、ライズを待って狙い撃ちする方法もある。

▲サーフはタイミングさえ合えば、豊富な魚種と巡り会える

▲潮通しのよい島しょ部に渡れば、サーフのポテンシャルもさらにアップする

▲内湾の干潟サーフは、ハゼやクロダイの好ポイント。足場も安全だ

▲波打ち際から深くなっている所は好ポイントだが、足をすくわれる危険性もある。決して立ち込まないようにしよう

漁港

漁港は漁業施設だが、マナーを守れば釣りは可能だ。小型魚にとっては安全な棲み家であるし、回遊魚のコンタクトポイントにもなる。

漁港は入門者のお助けフィールドだ

漁港では堤防や港内護岸など人工的に造られた部分で釣ることになるから、まずは駐車も含めて、漁業従事者の迷惑にならないように心がけること。マナーを守って釣れば、豊富な魚種、魚影が入門者にも数多くのアタリを味わわせてくれることだろう。

　とくに漁港がクローズアップされるのは、アタリの少ない冬の時期。ここには冬に強い根魚が入り込んでいるから、メバル、カサゴ、ソイとナイトゲームのターゲットにはこと欠かない。とりわけ夜の常夜灯下はメバルの一級ポイントだ。初心者がファーストヒットを得るには、これ以上のポイントはないだろう。

　また春以降のハイシーズンには、カタクチイワシなどのベイトフィッシュも入ってくるから、漁港外側のみならず、内側でもシーバスや小型回遊魚を狙うことができる。カマス、メッキ、アジなどは回遊魚だが、漁港に入ってきたものはしばらく居着くことが多い。

▲規模の大きな漁港は、シーバスなど大型魚の実績も多い

◀堤防は足下から水深があるので、足下が根魚の好ポイントとなっている

▶常夜灯下は、メバルやアジの好ポイントとなる

▲これは、沖堤防と呼ばれる岸から離れた所にある堤防。魚影が濃い所は釣り場として渡船で渡れることも多い

港湾

ベイエリアとも呼ばれる港湾部は、船舶の停泊地や寄港地、海に隣接する工場の外壁部分が釣り場になる。

港湾部は一年中が好期！

港湾部は、埋立地、埠頭、船の発着場、船溜まり、荷揚げ場、貯木場、工場の敷地外壁部分など、様ざまなロケーションが入り交じっている所。いずれもルアー釣りの好ポイントになり得る所で、都心部では手軽に狙える好フィールドとなっている。

いずれのポイントに関しても共通していえることは、護岸整備されているので足場がよく、足下から水深があるということ。釣りやすい反面、落水すると這い上がれないので、ライフジャケットの着用と複数人での行動が望ましい。

また工場エリアでは、地熱の高さから水温がほかよりも高く、シーバスやクロダイなど真冬でも深場に落ちず、居着いている個体も多い。回遊魚のコンタクトも頻繁にあり、多くの根魚が居着いているポイントもある。魚影の濃さに関しては、最も安定しているフィールドといえるだろう。

季節的な狙い方としては、冬は根魚、春～夏にかけてはシーバスやクロダイ、秋には回遊魚狙いがおもしろい。シーバスに限っていうなら、実際には一年中狙うことも可能だ。

ただ残念なことに、テロ対策により大きな港湾部は立入禁止区域が一気に増えた。ここ何年かで釣りができなくなったポイントも多い。くれぐれも立入禁止区域に入らないこと。

▲港湾部は、複雑な施設とストラクチャーが絡み合うフィールドだ

▲橋の橋脚部分もまた好ポイントのひとつになっている

▲冬は根魚狙いに徹するのもよい。意外な穴場ポイントが見つかるかも

▲よく見られるのが工場の排水門。ここからの流れにシーバスがよく着いている

渡船利用について

**沖堤防や沖磯に渡るには渡船を利用する。
利用する際に守るべきルールについて**

予約の確認は忘れずに

渡船の利用については、スタイルとしては予約制が基本だが、乗合船方式のところでは、出船時刻に船着き場に行けば飛び込みで乗れるところもある。

ただそうしたところでも、システムをしっかり理解するまでは、前日までに予約、もしくは確認の電話を入れておこう。なお、渡船業者は朝が早いので、夜の電話は午後8時までが鉄則だ。

▲船への乗り降りは十分に注意すること。船が磯、もしくは堤防にしっかり固定されてから移動する

また遅刻するときは、必ず連絡を入れておく。自分たちのグループだけのチャーターなら別だが、乗合船の場合は、間に合わなければ先に出船してもらうのがルールだ。

船長の指示は絶対だ！

乗船のルールとしては、必ずライフジャケットを着用すること。堤防ならスニーカーでもよいが、磯なら磯グツ（スパイクブーツ）が必要だ。また緊急時のために、渡船店の電話番号を登録した携帯電話も持ち込もう。

初心者の場合は、必ず慣れた人と同行すること。天候の急変によっては、臨機応変な行動を取る必要もあるからだ。

最後に、船の上では船長の指示は絶対に守ること。自分勝手な行動は、周囲さえも危険に巻き込むものと心得よう。

渡礁時は船を前進させて
磯や堤防へ、舳先を押し付けて
密着させてくれる
（このときに渡る）

第4章

ターゲット別攻略法

海には多くのルアーターゲットが存在する。
すでに人気の高い魚種から希少な魚、これまでルアーで釣れることが
知られていなかった魚まで。
海にはまだまだ多くの楽しみが残っているぞ

磯　河口　ゴロタ浜　サーフ　漁港　港湾

【01】

シーバス

ソルトの人気No.1ターゲット。最大では1メートルを超える大型フィッシュイーター

磯　河口　ゴロタ浜　サーフ　漁港　港湾

シーバスのシーズナルパターン

シーバスは、季節によって釣れるエリアは変わるが、基本的には一年中狙えるターゲットだ。しかし実際に最も釣りやすい時期を考えた場合、やはりエサを求めて浅場へ入り込んでくる春と秋に最盛期を迎えるといってよいだろう。

シーバスは一年を通して、ある程度決まった回遊行動を行う。これは産卵行動を中心に回遊する「産卵回遊」というものだが、シーズンを通じての動きがパターン化されているため「シーズナルパターン」とも呼ばれている。

このシーバスの動きをあらかじめ知っておくことで、それをマイポイントに当てはめることができれば、一年中シーバスを追い続けることができるのだ。

シーバスの産卵は冬で、産卵を終えたものから体力を回復するためにエサを求めて浅場にやってくる。このときのシーバスは回遊している小魚を追い回すというよりも、楽にエサが取れる河口などに上がってくることが多い。上流から流れ落ちてくる小魚をあてにするものもいれば、稚アユのような春に遡上を始める小魚を狙うものもいる。つまり、追い回さなくてもエサのほうから近づいてくれるエリアを好む傾向が強いのだ。

この時期が大体2月くらいからで、早春の釣りは河口エリアからスタートするといっていいだろう。

▲【サーフ】カタクチイワシなどのベイトフィッシュがいれば、シーバスが入り込んでいる確率も高い

▲【河川河口部】シーバスのエサ場。春から秋にかけての一級ポイントだ

▼【港湾】埠頭や埋立地などの港湾部は水深があるため、一年中、シーバスの気配がある所

▼【磯】完全装備で渡船で渡る。マヅメ時に夢のような釣りができることもある

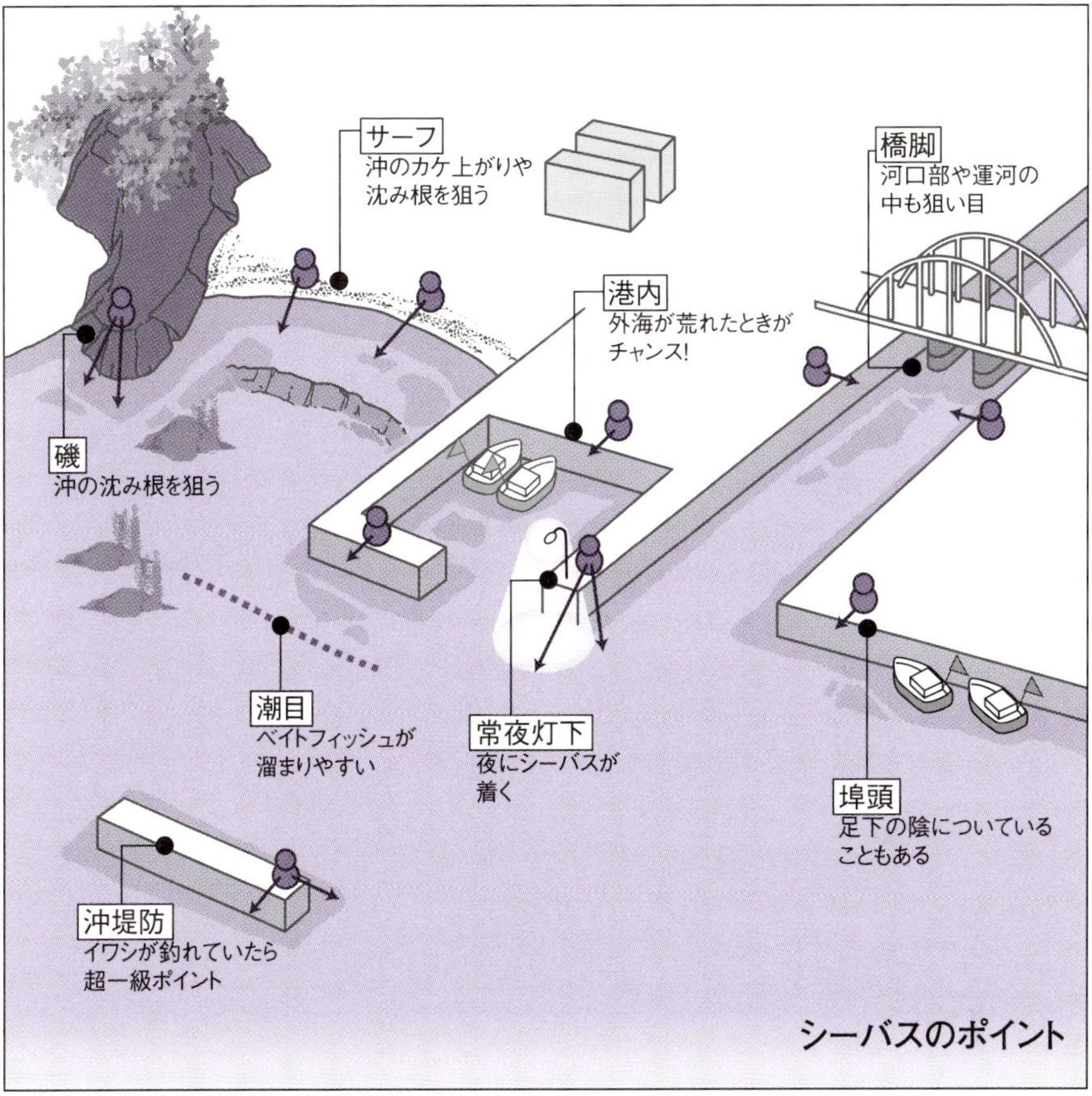
サーフ
沖のカケ上がりや
沈み根を狙う
橋脚
河口部や運河の
中も狙い目
港内
外海が荒れたときが
チャンス!
磯
沖の沈み根を狙う
潮目
ベイトフィッシュが
溜まりやすい
常夜灯下
夜にシーバスが
着く
埠頭
足下の陰についている
こともある
沖堤防
イワシが釣れていたら
超一級ポイント

シーバスのポイント

ベストシーズンは3月以降から

そして、徐々に体力を回復したシーバスは春に最盛期を迎える。このころには河口のみならず、サーフや磯、沖堤防などにも姿を見せるようになる。カタクチイワシやイナッ子、コノシロ、アミ、バチ、アナジャコなど、ありとあらゆるエサを口にする。

高水温期の夏は、水温が上がりにくい深場や、潮通しのよい島しょ部、水中の溶存酸素が多い河川内などに集結。全体的に見ると、一時期、釣りづらい状態となる。

ただ、シーバスそのものは活発にエサを取っているので、魚影さえ確認できればヒットはさせやすい。

そして秋になると再びシーバスは広範囲に回遊を始め、この時期に接岸するイワシやサヨリなどの回遊小魚を活発に追うようになる。これが秋の爆釣シーズンであり、大体12月ごろまで活性の高いシーバスを相手にすることができる。

専用のシーバスタックルがベスト

　最初にシーバスタックルを選ぶ場合、使用ルアーに対して力負けしないものを選ぶこと。使用ルアーの重さに対してロッドが軟らかすぎると、フルキャストしたときに破損する恐れがあるからだ。

　ロッドは取り回しの快適な8～9フィートの長さで、30グラムまでのルアーに耐えられるくらいのものを選んでおくと、多くのシチュエーションに対応できるはずだ。

　リールサイズは、スプール径が大きいルアー用スピニングリールの2500～3000番クラスが適している。

　ラインはナイロン、PEなどが使われるが、最初はトラブルの少ないナイロンラインがオススメだ。10ポンド(約2.5号)強力のものなら、内湾で狙える70センチオーバーまで対応できる。これに根ズレに強いフロロカーボン4号をリーダーとして結び付ければ万全だ。

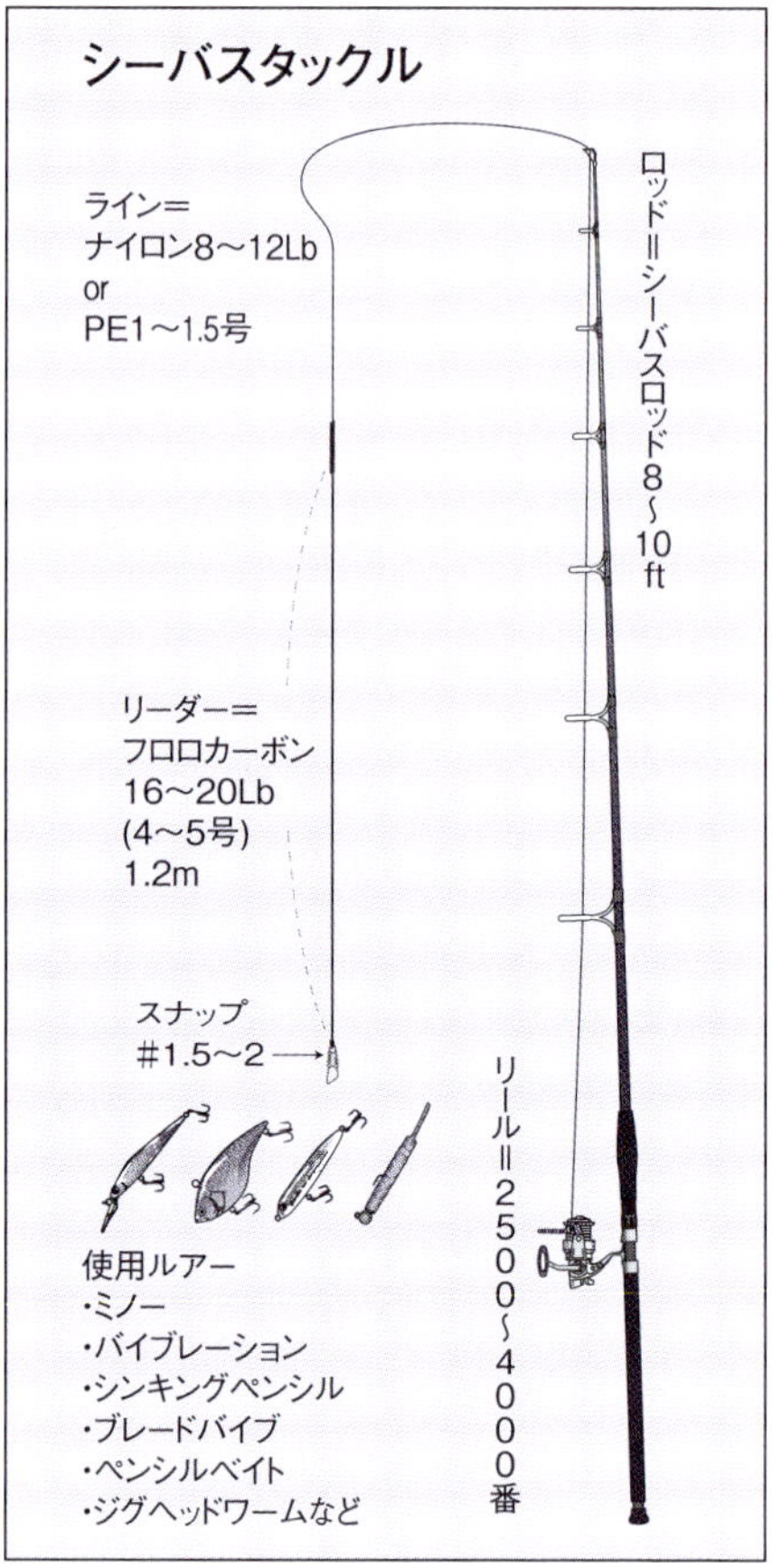

シーバスタックル
ライン＝
ナイロン8～12Lb
or
PE1～1.5号
ロッド＝シーバスロッド8～10ft
リーダー＝
フロロカーボン
16～20Lb
(4～5号)
1.2m
スナップ
#1.5～2
リール＝2500～4000番
使用ルアー
・ミノー
・バイブレーション
・シンキングペンシル
・ブレードバイブ
・ペンシルベイト
・ジグヘッドワームなど

〈おもなシーバスルアー〉 左上から、ペンシルベイト、フローティングミノー、シンキングペンシル、ジグヘッドワーム、バイブレーション、ブレードバイブ

▼エリア別シーバスタックル

エリア	ロッド	リール	ライン	使用ルアー
漁港、港湾	7ft6in ～ 8ft6in/ ルアーウエイト7 ～ 20g	2500 番	ナイロン 8 ～ 10lb、PE 1 号	シンキングミノー 7 ～ 9cm、バイブレーション、ブレードバイブ、ジグヘッドワームなど
サーフ、河口	8ft6in ～ 9ft6in/ ルアーウエイト 14 ～ 30g	3000 番	ナイロン 10 ～ 12lb、PE 1.2 号	フローティングミノー 11 ～ 13cm、バイブレーション、シンキングペンシル、メタルジグ 28g など
磯	9ft6in ～ 10ft/ ルアーウエイト 20 ～ 40g	3000 ～ 4000 番	ナイロン 12lb、PE 1.5 号	フローティングミノー 13cm、シンキングペンシル、ペンシルベイトなど

狙う層に合わせて、ルアーを使い分けよう

シーバス用のルアーには様ざまなタイプがあり、一概にどれが釣れるとはいいにくい。それは、シチュエーション別に効果が異なるからだ。

ルアー選びの基準としては、まず、泳層別に使い分けること。水面で狙うならトップウォータープラグ、表層ならフローティングミノー、中層ならシンキングミノーやシンキングペンシル、ジグヘッドワームなど。深場を攻めるなら沈みの速い、バイブレーションやブレードバイブなどが効果的だ。

その次に、シーバスの活性（元気度）にルアーを合わせること。活性が高い場合は大きなアクション、派手なカラーのものが有効で、逆に活性が低い場合はおとなしめのアクション、地味なカラーが有効になることが多い。

アクションに関しても同様で、活性が高い場合はトゥイッチングなどのメリハリのある派手なアクションが効果的だし、活性が低い場合はストレートリトリーブやリフト&フォールなど、動きの鈍いシーバスにも追いつけるようなアクションが重要になる。

なおシーバスは、朝夕や夜に活発にエサを取るといわれているが、ベイトフィッシュの存在があれば、日中でも十分に狙って釣ることが可能だ。

ただしストレートリトリーブの場合、夜はできる限りスローがよく、日中に狙う場合はやや速めに巻くことがルアーを見破られないコツだ。

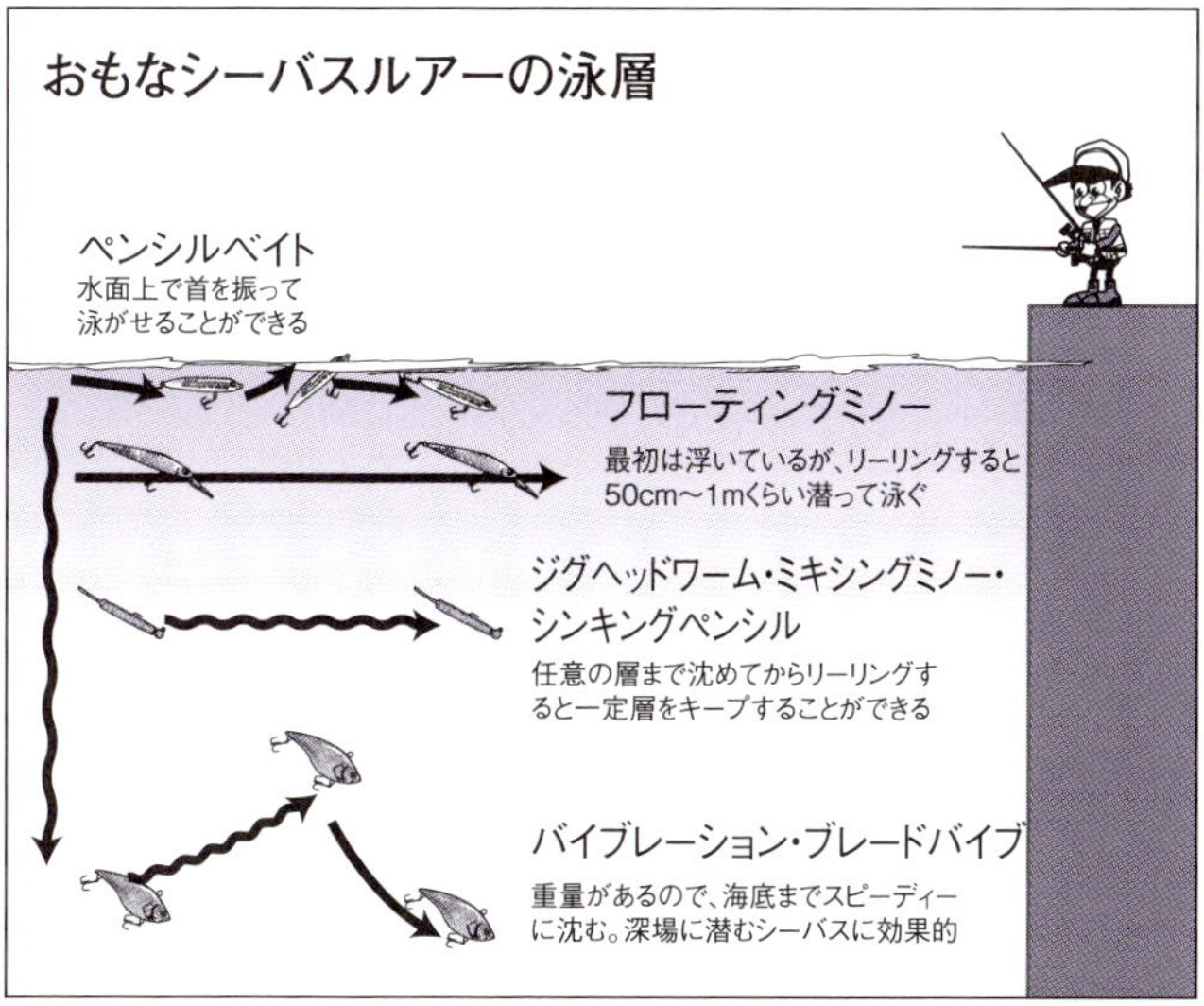
おもなシーバスルアーの泳層
ペンシルベイト
水面上で首を振って
泳がせることができる
フローティングミノー
最初は浮いているが、リーリングすると
50cm〜1mくらい潜って泳ぐ
ジグヘッドワーム・ミキシングミノー・
シンキングペンシル
任意の層まで沈めてからリーリングす
ると一定層をキープすることができる
バイブレーション・ブレードバイブ
重量があるので、海底までスピーディー
に沈む。深場に潜むシーバスに効果的

▲玉網は磯用の枠の大きなものが使いやすい

▲足場が高い場所での取り込みには玉網を使用する。まずは足下で弱らせること

SALTWATER

TARGET

【02】

メバル

誰でも手軽に楽しめる
ソルトルアーの入門魚。
プラッギングゲームも楽しめる！

磯　ゴロタ浜　漁港　港湾

冬から春がベストシーズンだ

メバルは産卵のために接岸する冬から春にかけてが、数型ともに期待できるベストシーズンだ。これは全国的に共通しているが、地域やポイントによっては一年中釣ることも可能である。

冬～春にかけては、漁港や港湾部、磯などの一般的なメバルポイントで釣れるが、夏でも潮通しのよいエリアにある藻場や岩礁帯には、深場に落ちないメバルが居着いている。

水温が安定している梅雨の時期には最盛期並みに食いが立つことから、梅雨メバルという言葉もあるくらいで、冬から春、続いて初夏のころまでは十分に楽しめるようだ。

なおメバルは夜行性なので、時合は基本的にマヅメを含めた夜になる。日中は表層へはなかなか出てこないものだが、潮通しのよいエリアでは日中でも狙って釣ることが可能だ。

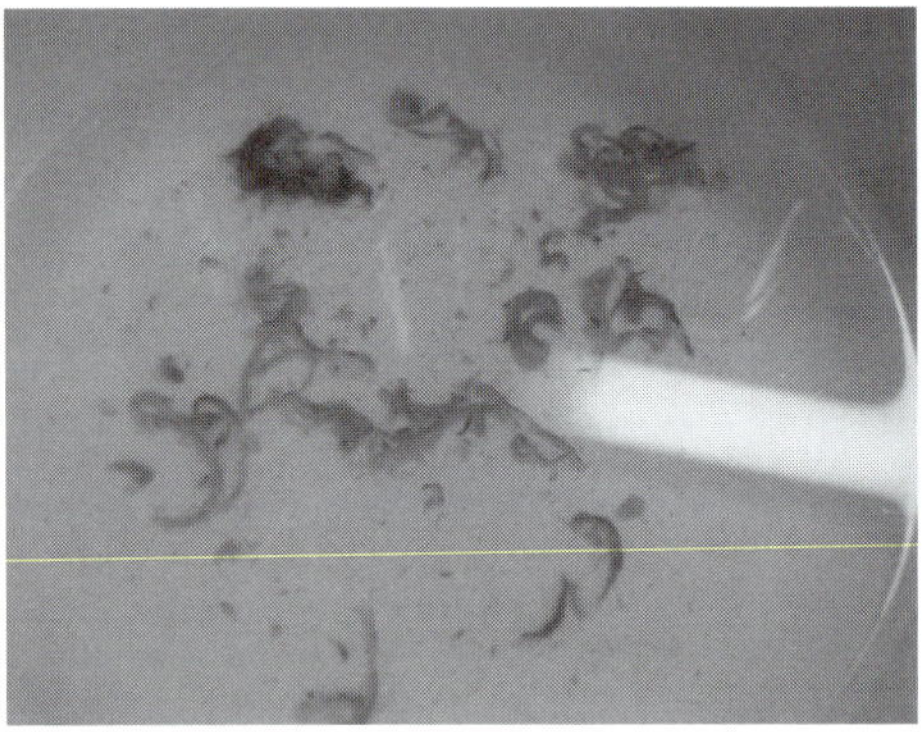

▲夏メバルの胃の内容物をポンプで吸い出してみたら、藻に着く虫とアミが出てきた

▲エリアによっては、夏でもメバルを狙って釣ることができる

▲大型を狙うのなら磯がよい。朝夕のマヅメに時合がやってくる

▲ベストシーズンは冬。防寒対策を忘れずに

▲漁港の常夜灯下は、数釣りの定番ポイント

堤防のメバルポイント
明暗の境い目
常夜灯下
堤防の陰
藻場
岩礁帯
捨て石の上

▲日中に狙うなら、潮通しのよい水道筋などが狙い目だ

潮通し、岩礁帯、藻場がキーポイント

磯や漁港などは魚影も濃くて釣りやすい好ポイントだ。だが、それらがどこでもよく釣れるというわけではない。よく釣れるポイントには共通した点があるのだ。まず潮通しがよいこと。さらに身を潜めながらエサを取ることができる岩礁帯や藻場があること。

こういった条件を備えている磯や漁港があれば、間違いなく一級ポイントとなるだろう。逆にいえば、これらの条件さえ備えていればサーフだって好ポイントになりえるのだ。

ちなみに、メバルは根魚の仲間だが、実際は中層魚である。活性が低いときに海底の障害物に身を寄せているだけで、活発にエサを取るとき（マヅメから夜にかけて）は、水面近くの表層まで浮き上がる。

また灯りに集まるエサを食べるために常夜灯の下にも集まってくる。

メバルタックル

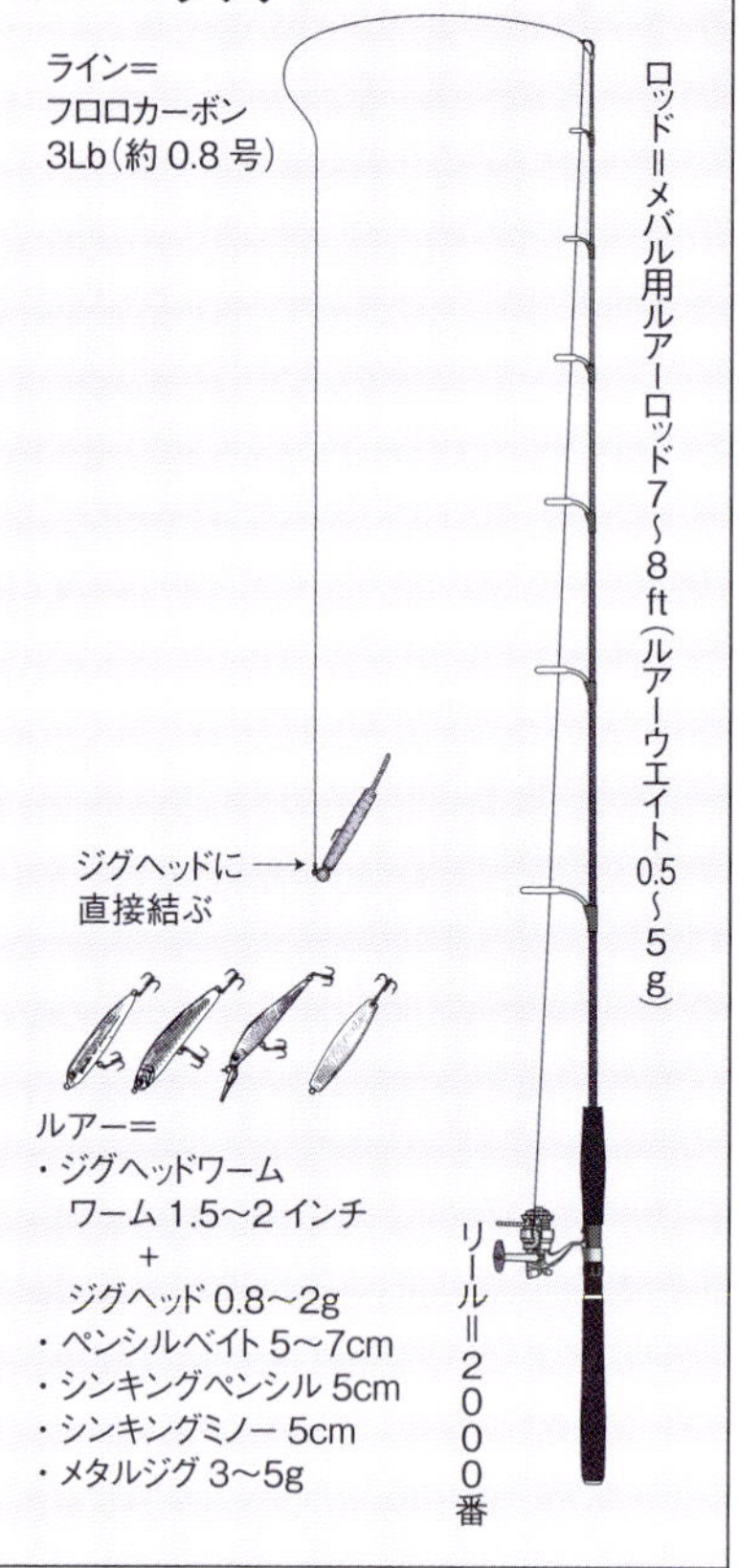
ライン＝
フロロカーボン
3Lb（約 0.8 号）
ロッド＝メバル用ルアーロッド7〜8ft（ルアーウエイト0.5〜5g）
ジグヘッドに
直接結ぶ
ルアー＝
・ジグヘッドワーム
ワーム 1.5〜2 インチ
＋
ジグヘッド 0.8〜2g
・ペンシルベイト 5〜7cm
・シンキングペンシル 5cm
・シンキングミノー 5cm
・メタルジグ 3〜5g
リール＝2000番

▲代表的なジグヘッドワーム。左からピンテールワーム、シャッドテールワーム、カーリーテールワーム

▲メバル用ハードルアー。左からペンシルベイト、シンキングミノー、シンキングペンシル、メタルジグ

▲メバルロッドはティップが極端に軟らかいのが特徴。これで軽量ルアーをキャストできる

現在は、メバル専用タックルが充実している

専用のメバルロッドの場合、使用ルアーの適応範囲が0.5〜5グラムといった超軽量ウエイトが基準になっている。これはメバル用のメインルアーがこのくらいの軽さのものばかりだからだ。ウエイト設定がこれより重めのものは、25センチ以上をターゲットにした大型狙いのロッドと考えればよいだろう。

リールに関しても、ローギアタイプなどメバル専用をうたったものがあるが、入門当初は従来のルアー用のものでも十分だ。2000番クラスの大きさのものにフロロカーボンラインの2〜3ポンド（約0.6〜0.8号）を50〜75メートルも巻いておけばよい。

ただしフロロカーボンラインは、感度が高いがクセがつきやすいので、入門者の場合は感度を若干殺しても、しなやかなナイロンラインのほうがライントラブルもなく使いやすいかもしれない。

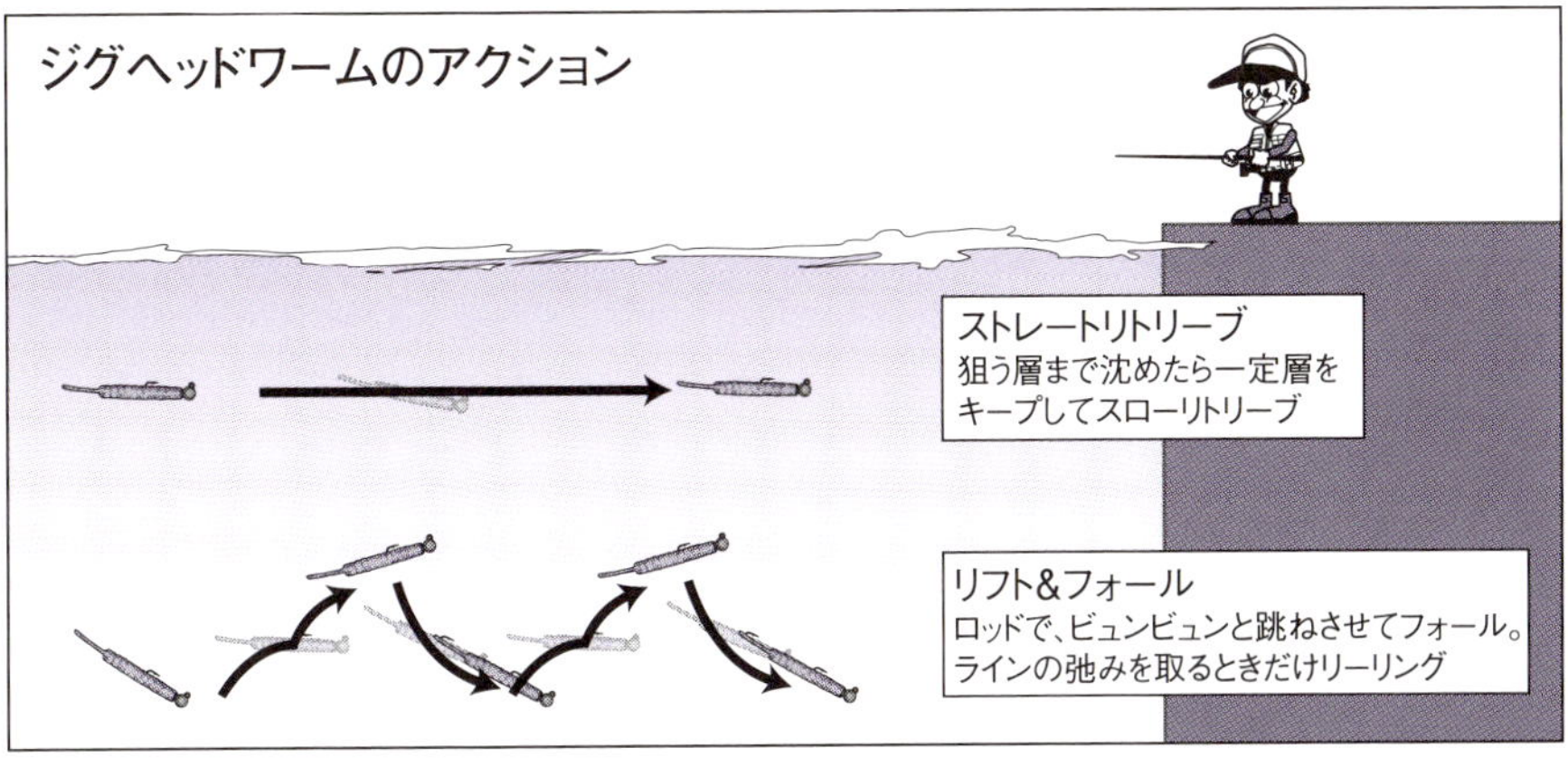
ジグヘッドワームのアクション
ストレートリトリーブ
狙う層まで沈めたら一定層をキープしてスローリトリーブ
リフト&フォール
ロッドで、ビュンビュンと跳ねさせてフォール。ラインの弛みを取るときだけリーリング

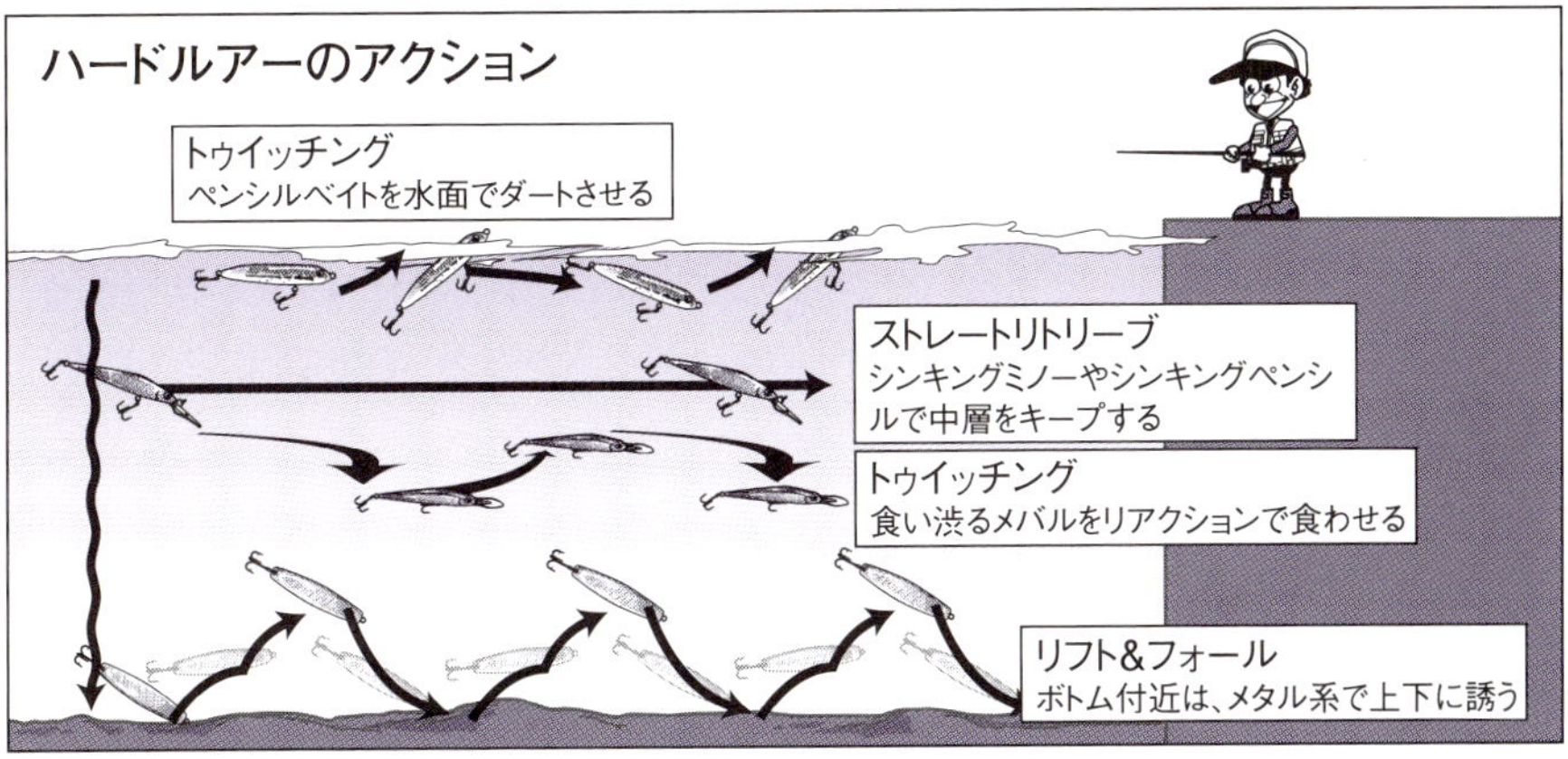
ハードルアーのアクション
トゥイッチング
ペンシルベイトを水面でダートさせる
ストレートリトリーブ
シンキングミノーやシンキングペンシルで中層をキープする
トゥイッチング
食い渋るメバルをリアクションで食わせる
リフト&フォール
ボトム付近は、メタル系で上下に誘う

ワームはオールマイティー、ハードルアーでサイズアップ

ワームはナチュラルなアクションが持ち味。アタリも多く、数釣りルアーの代表格といえるだろう。表層狙いには軽量（0.9〜2g）のジグヘッドリグを使用する。効果的なアクションは表層〜底層においてのスローリトリーブ。食い気が乏しいときにリフト&フォールが効果的。いずれの場合も、メバルの泳層を探し出すことがヒット率アップにつながる。

プラグは小魚を食べている大型メバルに効果的なルアー。ライズがあるならペンシルベイト。それ以外ならシンキングミノーやシンキングペンシルを選ぶとよい。基本アクションはスローリトリーブ。もしくは竿先でチョンチョンと小刻みにシャクリを入れるのもよい。

メタルジグは遠投力と沈みの速さが持ち味。表層をスローリトリーブしてもよいけれど、一度海底まで沈めてシャクっては落とし込むのも効果的だ。

【03】

アイナメ

30センチ超えはビール瓶にたとえて、ポン（ビール瓶は１本２本と数えるから）級と呼んでもらえるのだ

磯　ゴロタ浜　漁港　港湾

アイナメは真冬の好ターゲットだ

アイナメといえば、ひと昔前は手軽に狙えてよく釣れるファミリーフィッシングの好ターゲットだったが、最近は全国的に魚影がめっきり薄くなったようで、エサで釣るのさえも簡単ではなくなってきている。ましてやルアーでは、そうそう簡単には姿を見せてくれないのが実際のところだ。

しかしアイナメが着くポイントというのは年によってコロコロと変わるものではないから、ポイントが特定できるのなら、そこをたんねんに探ってみたい。

▲堤防などでは足下狙いがセオリーだ

ちなみにアイナメのポイントは、磯や砂地底に沈み根が点在するような場所、もしくは堤防や護岸の捨て石周辺だ。海底の岩礁帯や海藻に寄り添っているのが常である。

大型なら磯に期待したいが、20～30センチのアベレージサイズなら、漁港の堤防やゴロタ海岸などでも十分狙って釣ることは可能だ。身近なポイントでもポン級クラスが期待できる。

なお産卵期は冬のころだから、ルアー釣りのシーズンは晩秋から春にかけて。晩秋はまさに乗っ込みシーズンであり、深場から上がってきたタイミングを狙う。冬～春は、産卵後に体力を回復したアイナメが深場に落ちる前に荒食いする好期といえるだろう。

アイナメは夜に釣れることもあるけれど、基本的に昼行性だから時合は日中。ほどほどに水深があるポイント（水深3メートル以上）が狙い目だ。

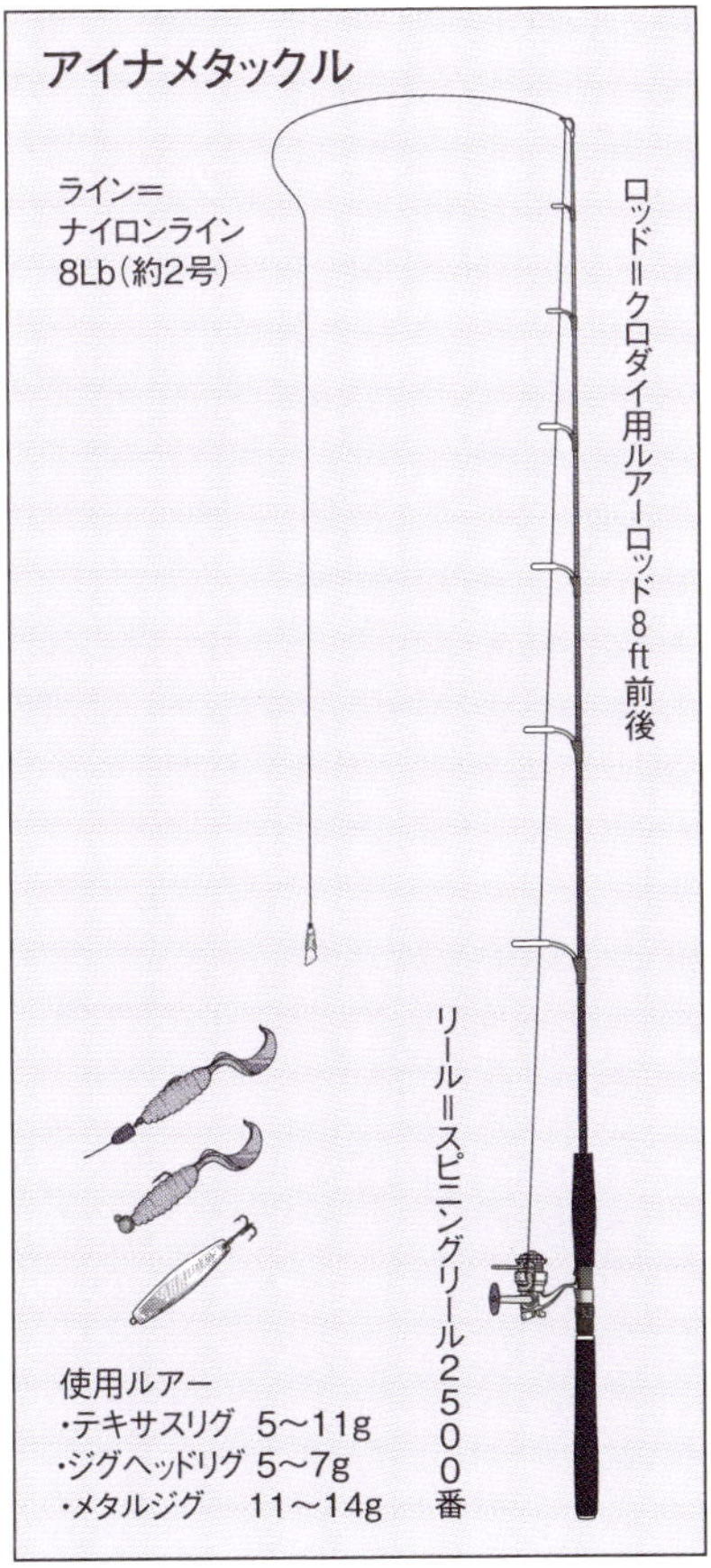
アイナメタックル
ライン＝
ナイロンライン
8Lb（約2号）
ロッド＝クロダイ用ルアーロッド8ft前後
リール＝スピニングリール2500番
使用ルアー
・テキサスリグ 5〜11g
・ジグヘッドリグ 5〜7g
・メタルジグ 11〜14g

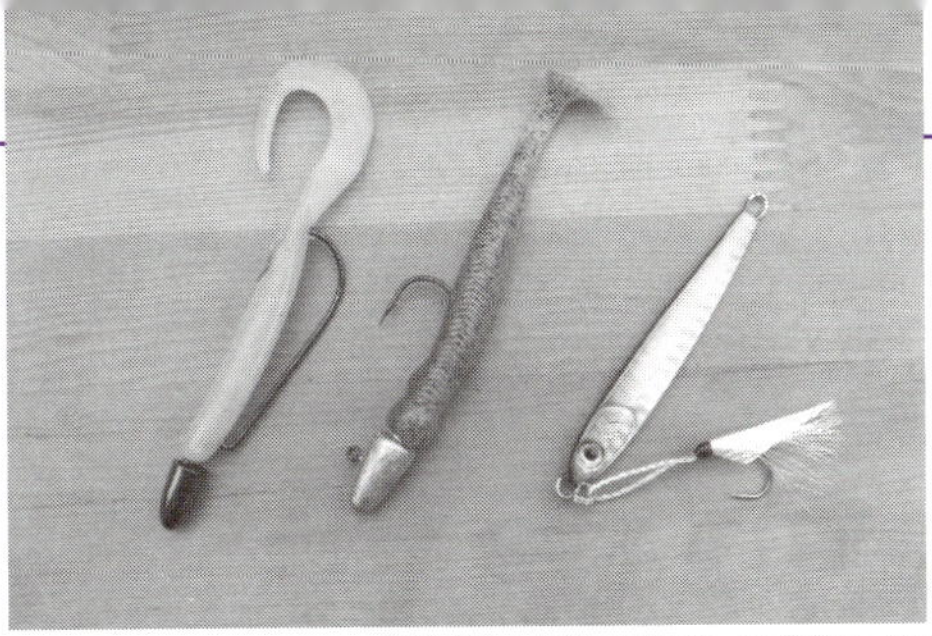

▲アイナメ狙いの鉄板ルアーといえばワーム。左からテキサスリグ、ジグヘッドリグ。右のメタルジグは大型狙いに

▶アイナメはエビやカニなどの小型甲殻類が大好物。ワームのアクションが有効だ

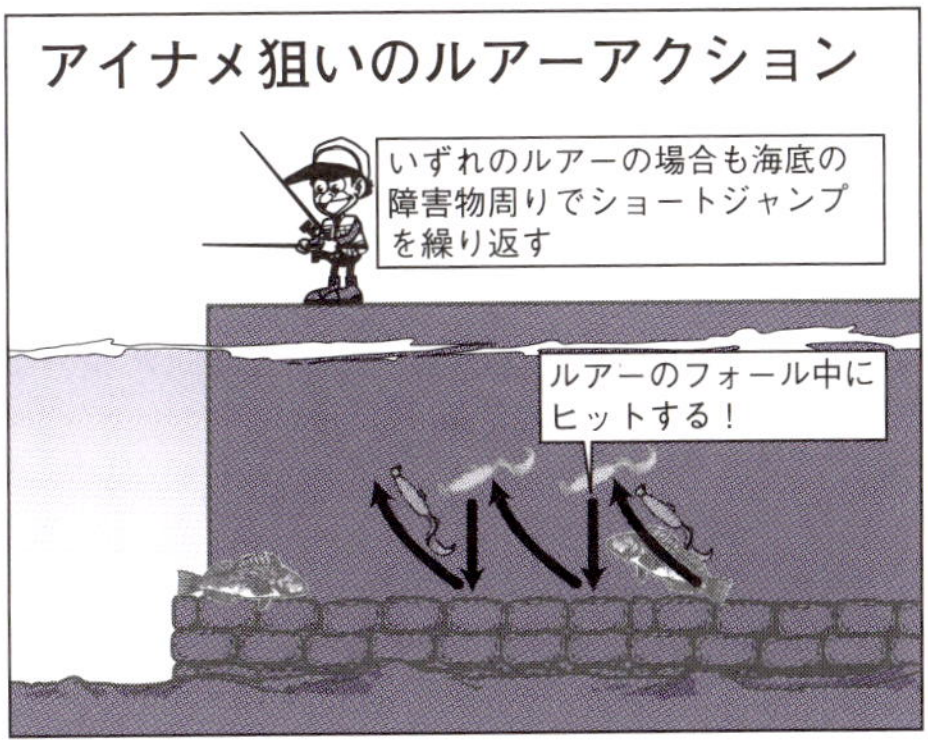
アイナメ狙いのルアーアクション
いずれのルアーの場合も海底の障害物周りでショートジャンプを繰り返す
ルアーのフォール中にヒットする！

垂直護岸は直下釣りで攻める

沖の沈み根周りをワームで狙うなら、ズル引きで広く探りアイナメが身を寄せているであろう障害物周りでルアーを跳ねさせて存在をアピールするとよい。

ただ堤防や垂直護岸の足下狙いでは、ルアーを沖にキャストするより、直下に落としてアクションさせるほうが効率的だ。これはテキサスリグやジグヘッドリグ、メタルジグの場合も同様である。

具体的に釣り方を説明すると、一度、海底にルアーを着底させて、ロッドを1〜2回シャクり、再び海底まで落とし込む。横に釣り歩きながら、これを捨て石の上で行うとよい。

コツは、同じ所で何度も跳ねさせないことだ。アイナメが興味を持つのは最初だけで、遅いルアーの動きは見切ってしまう。速い動きとストップを組み合わせて、メリハリのある動きで誘うことが肝心だ。より多くのポイントをテンポよく探って歩くのが釣果をのばすコツだ。

【04】

クジメ

**アイナメにそっくりの近縁種だが、
暖かい海を好み、
魚影も濃く釣りやすい**

磯　ゴロタ浜　漁港　港湾

▼このように尾ビレが扇状になっているのがクジメだ

▲堤防では捨て石周りがポイントになる

アイナメそっくりだが、浅い海域に多い

クジメはアイナメにそっくりの近縁種で、25センチ以下の小型の場合はなかなか見分けがつきにくい。ただ、アイナメは50センチ以上に育つが、クジメはせいぜい30センチほどにしかならないので、30センチ以上ならアイナメであることが多い。

小型サイズを見分ける外見上の違いは、尾ビレが扇状になっているのがクジメであり、側線がアイナメは5本あるのに対し、クジメは1本しかない。

習性は、アイナメよりも暖かい海域を好み、浅海の岩礁帯や藻場に多く生息する。条件が合うポイントは魚影も濃いので、意外に数釣りも楽しめる。

釣期はアイナメなどの根魚たちと大体同じで、初冬のころから春先にかけて。カサゴのナイトゲームで交じってくるが、好奇心旺盛で、日中でも活発にルアーを追う。

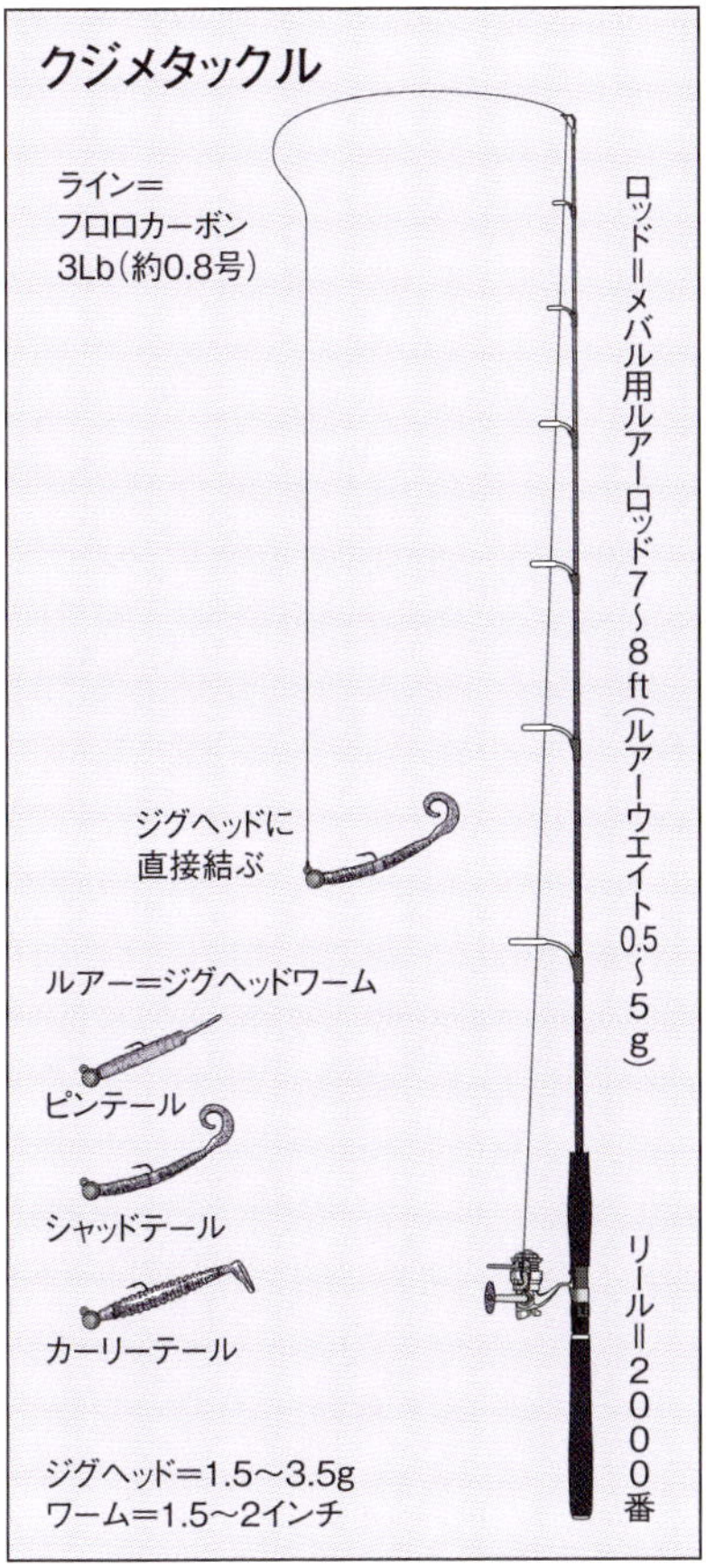
クジメタックル
ライン＝
フロロカーボン
3Lb（約0.8号）
ロッド＝メバル用ルアーロッド7～8ft（ルアーウエイト0.5～5g）
ジグヘッドに
直接結ぶ
ルアー＝ジグヘッドワーム
ピンテール
シャッドテール
カーリーテール
リール＝2000番
ジグヘッド＝1.5～3.5g
ワーム＝1.5～2インチ

▲沖が砂地なら、足下を中心に探っていくとよい

◀石積み堤防では、こういった石の隙間にワームを落とし込む穴釣りも有効だ

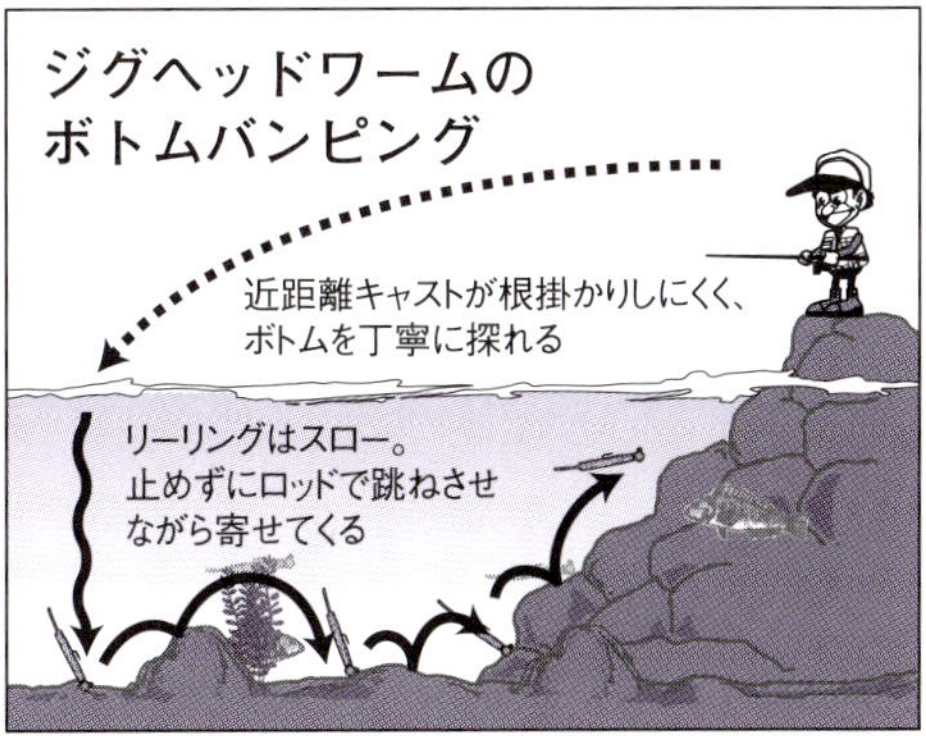
ジグヘッドワームの
ボトムバンピング
近距離キャストが根掛かりしにくく、
ボトムを丁寧に探れる
リーリングはスロー。
止めずにロッドで跳ねさせ
ながら寄せてくる

小型ジグヘッドリグで ボトムバンピング

クジメは口が小さいから、メバル用のタックルとワームが流用できる。ワームは2インチ、ジグヘッドは3.5グラムまででいいだろう。

ワームの種類は何でもよいが、ピンクや白などの目立つカラーが効果的。ラインは3～4ポンドなら、引き抜く場合でも強度的には十分だ。

テクニックとしては、堤防の捨て石周りや浅場の岩礁帯、藻場においてのボトムバンピングが定番。カサゴ狙いのようにストップさせる必要はなく、スローにリーリングしながら、時どきロッドでシャクってやればよい。ただし、決してルアーをボトムから離さないことだ。

ナイトゲームのみならず、日中でも活発にルアーを追ってくるから、浅い所ならチェイスする姿が見えるはず。アタリが出たときは、大体、ワームをくわえているから即座に合わせよう。

SALTWATER

TARGET

【05】

キジハタ

全長60センチに達する
ハタ科の高級魚。
岸からのワームゲームでヒットする！

磯　ゴロタ浜　漁港　港湾

磯なら日中でもヒットする

キジハタのシーズンは初夏から秋。真夏でも狙えるくらい、根魚にしては高水温に強い魚である。逆に冬はほとんど実績がないのが実情で、たまに内湾のメバル釣りの外道に小型が顔を見せるだけ。35センチ以上の良型を狙うなら、暖期に狙うべきだろう。

キジハタのおもなポイントは、磯や漁港の堤防周りなど。磯なら、めいっぱいの岩礁帯よりも、砂地底に沈み根が点在するようなロケーションがよい。固め釣りは難しいから、沖から足下まで、くまなくチェックして1尾を大事に釣っていきたい。沖の砂地底（岩礁帯の際なのだろうが）でヒットすることもあれば、足下の岩陰から飛び出てくることもある。

一方、堤防の場合は完全に足下の捨て石周りにポイントを絞り込んで狙ってみるとよい。捨て石のエッジに着いていることもあれば、捨て石の上に上がり込んでいることもある。

なおキジハタの時合は基本的には夜なのだが、磯などのようにエサが豊富な所では日中でも活発にエサを追っている。だからルアーでも、十分狙って釣ることが可能なのだ。

▲身を潜める場所が多い磯なら、日中でもヒットが望める

▲漁港の堤防も意外に魚影は濃い。夜になってからが本番だ

▶キジハタ

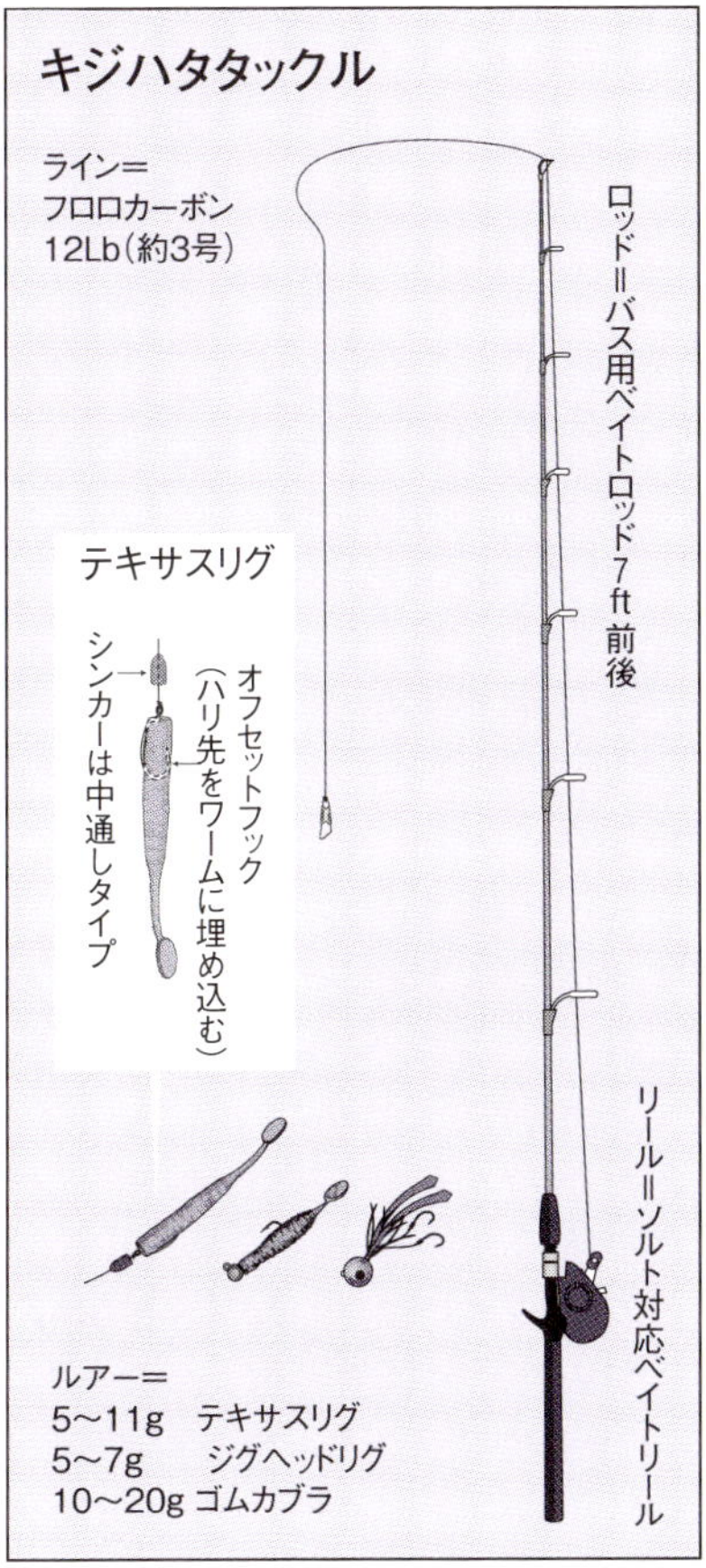
キジハタタックル
ライン＝
フロロカーボン
12Lb（約3号）
ロッド＝バス用ベイトロッド7ft前後
テキサスリグ
シンカーは中通しタイプ
オフセットフック
（ハリ先をワームに埋め込む）
リール＝ソルト対応ベイトリール
ルアー＝
5～11g　テキサスリグ
5～7g　ジグヘッドリグ
10～20g ゴムカブラ

▲キジハタのヒットルアー。左から、ホッグワーム3インチのテキサスリグ（7グラム）、4インチグラブのジグヘッドリグ（5グラム）、ゴムカブラ（20グラム）

▶キジハタには、パワーに優れたソルト用のベイトタックルがマッチする

キジハタ狙いのルアーアクション
平坦な海底ではズル引きで誘い
石畳みの上などは跳ねるようにアクションさせる
ジャンプ
ズル引き

基本アクションは、ズル引きとジャンプ

ソフトルアーの中で、フッキングがよいのはジグヘッドリグなのだが、これだと海藻を拾ったり、根掛かりしやすくなるので、少しでも釣りにくいようならテキサスリグにチェンジするとよい。

使い方は、ワームリグやゴムカブラも同様で、海底が平坦なポイントでは海底をゆっくりとズル引き。ここぞと思われる障害物近くのポイントではロッドを大きくあおって、ジャンプのアクションを織り交ぜる。

ジャンプさせるのは、根掛かりを軽減させるためと、キジハタにルアーを強くアピールするため。キジハタは海底近くにいることが多いのだが、ときに堤防の側壁にへばりついていたり、中層に浮いていることがあるので、ルアーを宙に浮かすことも重要だ。アタリはゴツンと明確に伝わるので、ジグヘッドリグ、テキサスリグともに、ひと呼吸おいてから大きく強めに合わせるとよい。

SALTWATER

TARGET 【06】

カサゴ

夜行性の根魚ながら、
漁港の堤防など身近なポイントで
数多くのアタリを楽しめる

磯　ゴロタ浜　漁港　港湾

▲潮が通るスリットがあれば、まずは奥から狙ってみたい

▼石積み護岸はカサゴの絶好の棲み家。足下のエッジが好ポイントになる

▲手つかずの磯なら、日中でも良型が姿を見せる

身を潜める隠れ家周辺がポイントだ

カサゴは冬に産卵（卵胎生なので仔魚を産み放つ）するため、初冬のころから、浅場の岩礁帯周りや藻場へと接岸してくる。具体的には、漁港周りや磯の岩礁帯、埠頭の捨て石などだ。

いずれも共通しているのは、自分の身を隠す穴や凹みなどがあること。隠れ家として落ち着いたカサゴは、そこをテリトリーとして、産卵が終わるまで定着する。昼は動かず、夜になると周辺を徘徊して、小魚や甲殻類などのエサを取る。もちろん、日中でも目の前にエサがあれば飛びつくほど貪欲だ。

だから、凍てつくような真冬の漁港内でアタリが続く。カサゴが産卵を控えて活発にエサを取るからだ。釣れれば20～25センチと型もよい。産卵期に入ると食いは渋るが、春になって沖に出ていくまでは、浅場の岩礁帯や藻場で手堅く狙うことができる。

▶カサゴ

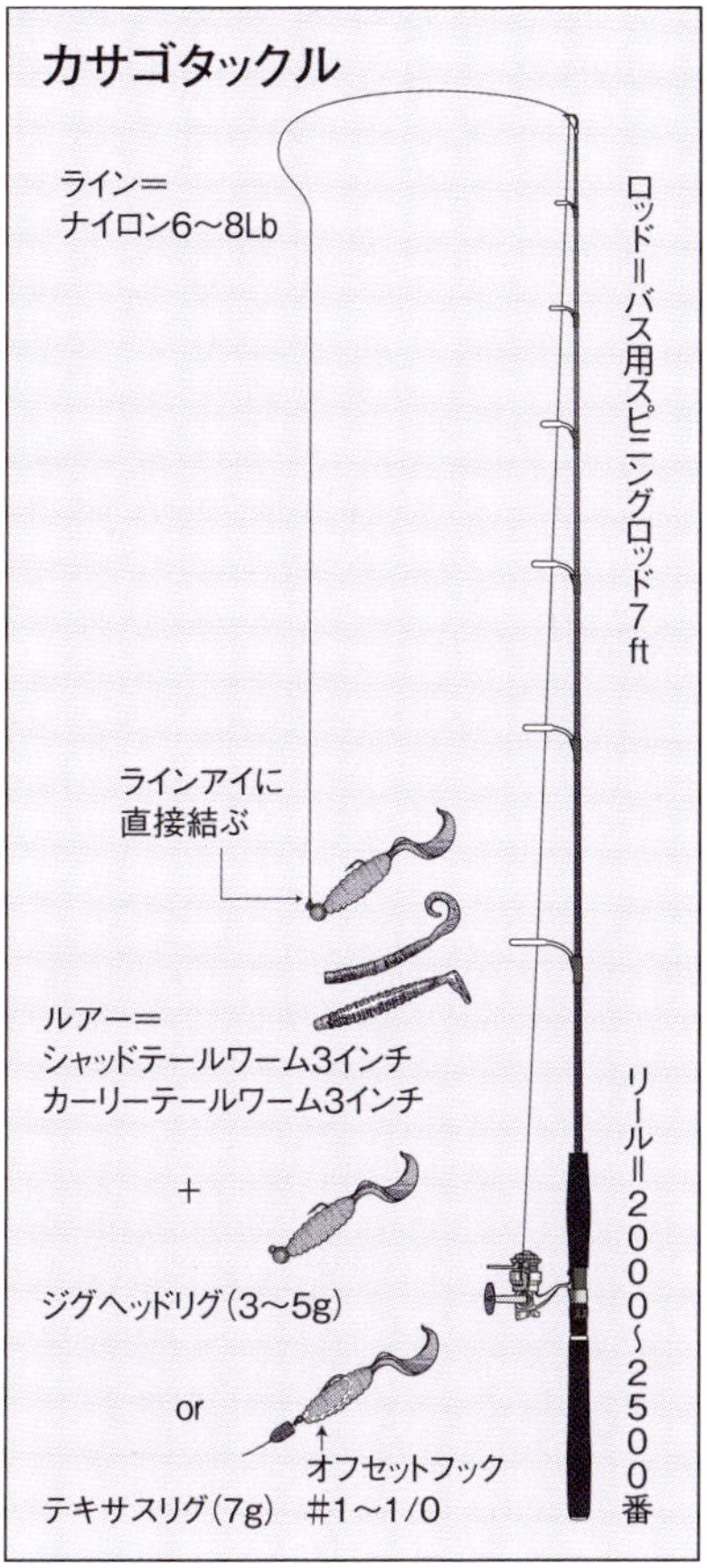
カサゴタックル
ライン＝
ナイロン6〜8Lb
ロッド＝バス用スピニングロッド7ft
ラインアイに
直接結ぶ
ルアー＝
シャッドテールワーム3インチ
カーリーテールワーム3インチ
＋
ジグヘッドリグ（3〜5g）
or
テキサスリグ（7g）
オフセットフック
#1〜1/0
リール＝2000〜2500番

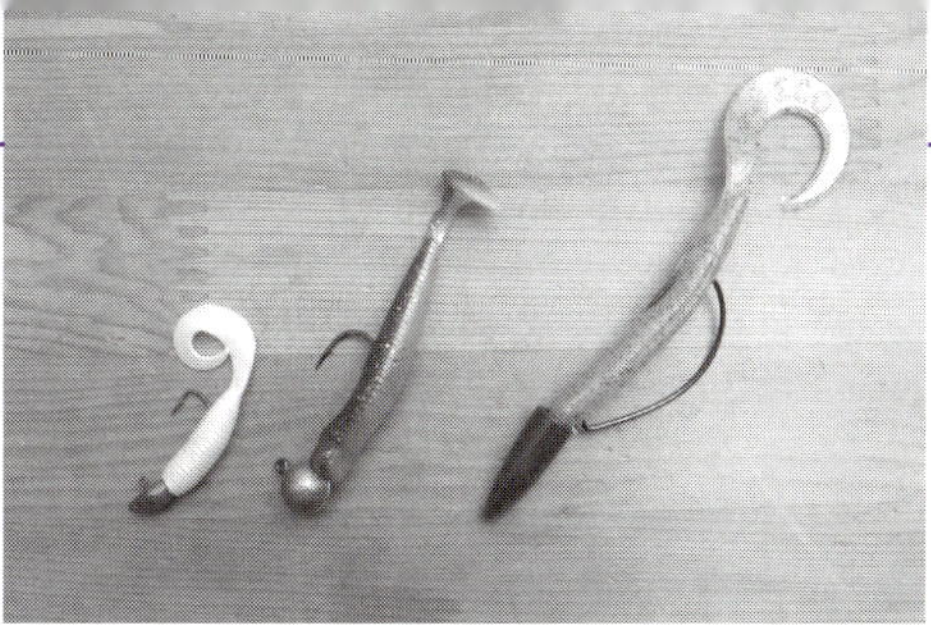

▲カサゴのヒットルアー。左から、ジグヘッドリグ2種と4インチグラブのテキサスリグ

▶カサゴは大口。フックはオフセットの＃1〜1/0が適している

ジグヘッドの
ズル引きアクション
キャスト後、着底させてからスローにボトムを引きずってくる。障害物絡みのところでジャンプさせてアピール。時どきストップさせて食い付かせる間を与えてやろう
STOP!
STOP!

海底を這うようにアクションさせることが重要だ！

カサゴは基本的に海底の岩礁帯に身を潜めている魚だから、ルアーにアクションをつける場合でも海底からルアーを離さないことが肝心だ。

おもなアクションは海底でのズル引きと、ピョンピョンと跳ねさせるジャンプ。障害物のない所では、ズルズルと引きずって海底の岩や岩礁帯を探し、何かに引っ掛かりそうな場所では、カサゴの注意を引くようにジャンプさせるのだ（根掛かりしそうな所にカサゴは多いもの）。

ただ、注意したいのはジャンプさせたら1回1回確実に着底させて、3秒ほど食いつかせる〝間〟を作ること。アタリもこのときに出ることが多く、ゴツゴツッと竿先にアタリが出たらすかさず大合わせして、素早く取り込みにかかることだ。近くの根に潜られたら、キャッチ率は大幅にダウンしてしまう。

ソイ

ソイは岩礁帯に溶け込む
保護色をしながらも、
カサゴよりも大胆にエサを取る

磯　ゴロタ浜　漁港　港湾

▼クロソイやムラソイが、岸から釣れるソイの仲間だ

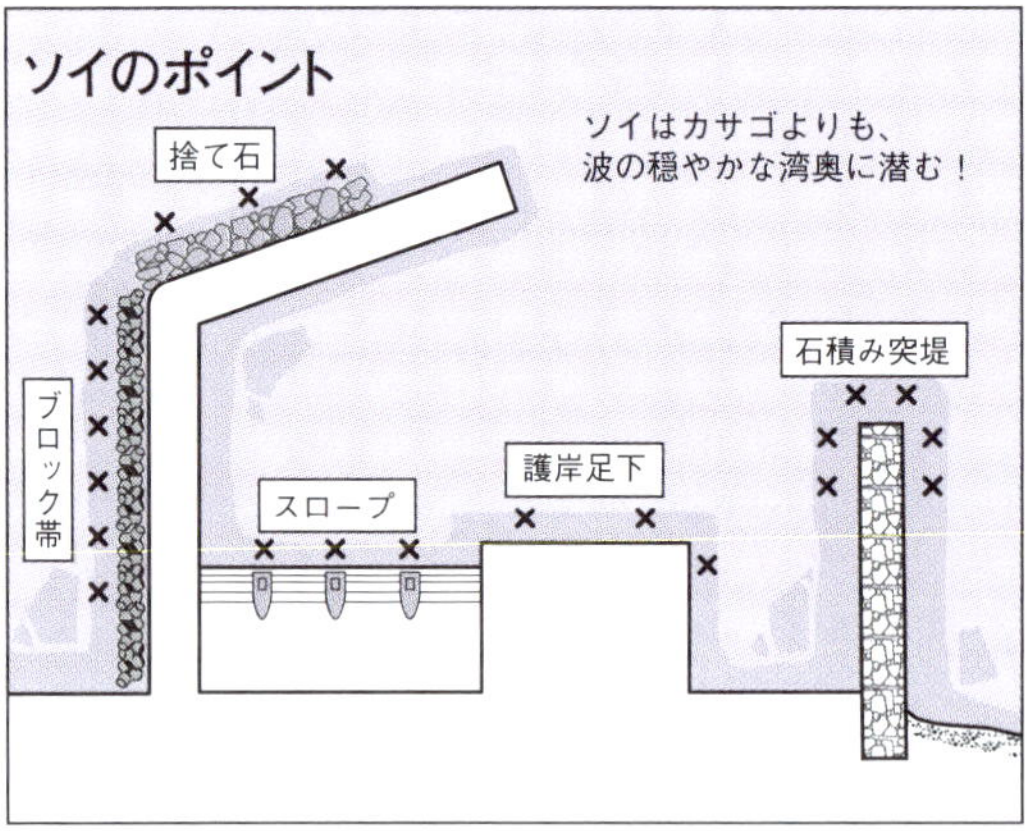
ソイのポイント
捨て石
ソイはカサゴよりも、
波の穏やかな湾奥に潜む！
ブロック帯
石積み突堤
護岸足下
スロープ

障害物の陰がポイントになる

ソイはカサゴとよく似た風貌で、生態的にも近似種といっていいだろう。ただカサゴが比較的潮通しのよい岩礁帯、藻場を好むのに対し、ソイの場合は水深の浅い内湾の砂泥地にある岩礁帯に生息する。

ソイもまた、カサゴやメバルと同様に卵胎生である。産卵のために12月ごろに接岸、受精後、お腹の中で孵化をさせ、翌年の5月ごろに仔魚を産み放つ。

仔魚は浅場の岩礁帯にとどまって成長することになるのだが、親魚は産卵後、深場へと落ちてしまう。したがって岸から狙うシーズンは12〜4月といったところだろう。

時合は、巣穴を直撃すれば、日中でも釣れることが多いが、夜ならさらに多くのアタリを得ることができる。カサゴやメバルと同様、ソイもまた夜に活発にエサを取る魚なのだ。

▶ソイ

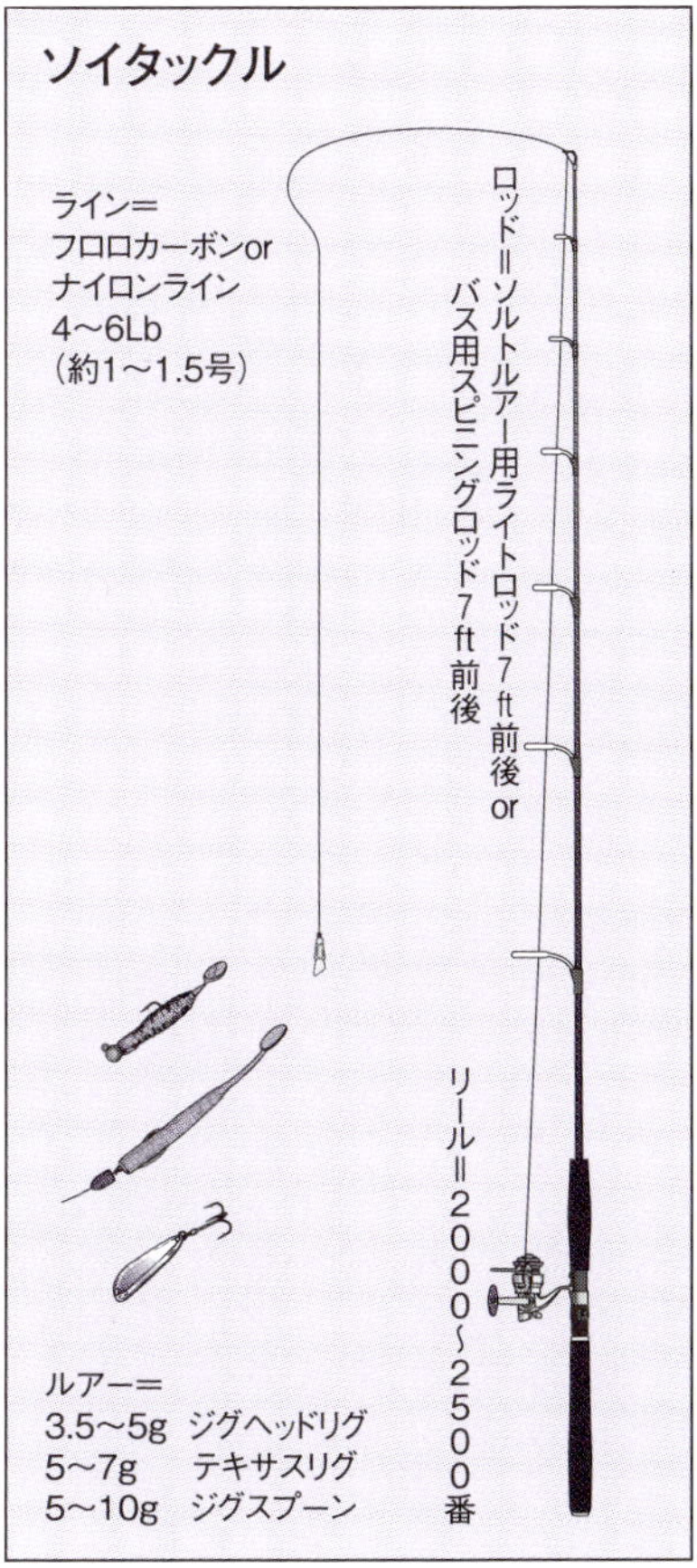
ソイタックル
ライン＝
フロロカーボンor
ナイロンライン
4～6Lb
（約1～1.5号）
ロッド＝ソルトルアー用ライトロッド7ft前後or
バス用スピニングロッド7ft前後
リール＝2000～2500番
ルアー＝
3.5～5g ジグヘッドリグ
5～7g テキサスリグ
5～10g ジグスプーン

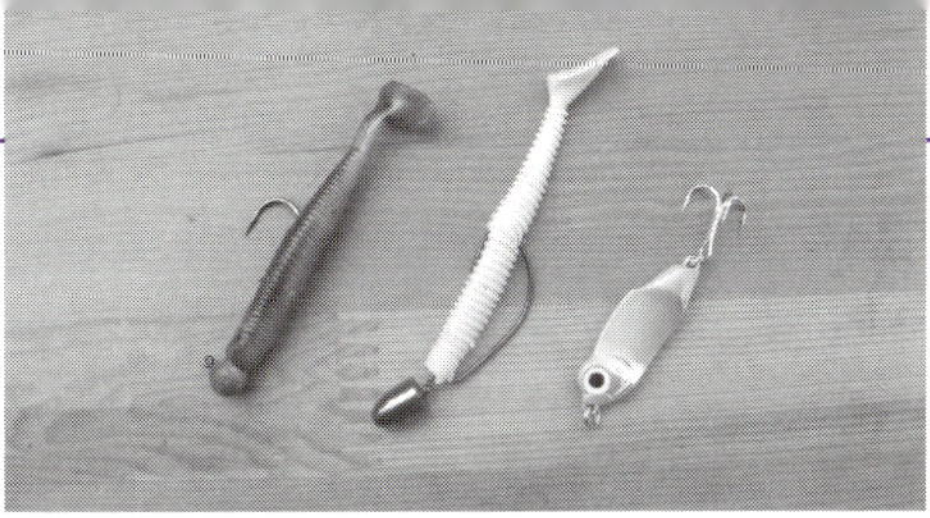

▲左からソイの定番ルアーであるジグヘッドワームと、ワームのテキサスリグ。ジグスプーンは遠投してボトムで踊らせる

◀ソイは夜になると活発にエサを取るようになる

▼日中に狙うなら、隠れ家を直撃するようにルアーを通すこと

ソイは海底の障害物に張り着いている

ワームアクションの基本は、海底をズルズルとスローに引いてくるズル引きと、海底でルアーを軽く跳ねさせるジャンプ（リフト&フォールともいう）の2種類だ。いずれのアクションの場合も、ソイがワームに飛びつく〝間（ま）〟を作ってやることが重要で、ズル引きの場合も50センチほど引きずってはストップ。ジャンプの場合もチョンチョンと2回ほどシャクったら、一度海底で静止させてやるとよい。

ソイの目の前にルアーを通すに越したことはないけれど、海底の障害物の感触を確かめながらルアーを引くことで、障害物に着いているソイに十分アピールできている。

ジグスプーンの場合は、海底付近でのリフト&フォールで海底のソイに飛びつかせるようにする。ただ、ワーム以上に根掛かりが多いので注意すること。

SALTWATER TARGET

【08】

タケノコメバル

**別名ベッコウゾイ。
和名はタケノコメバルだが、
外見や習性はソイに近い**

磯　ゴロタ浜　漁港　港湾

▼日中なら穴釣りという手もある

▲内海でも30センチ超えが姿を見せる

夜に大型が姿を見せる

タケノコメバルのシーズンは、その名のとおりタケノコが出てくる5月ごろといわれるが、実際には普通のソイやカサゴと同様に12月ごろから本格的シーズンに突入。翌年の5月ごろまで狙うことができる。

ポイントは、基本的にソイと同じようなものと考えればよい。具体的には内湾にある漁港などの、さらに港内の障害物周りがよく、ブロック帯や捨て石、石積み突堤、スロープ、護岸の足下などが狙い目だ。

タケノコメバルもまた夜に活発に行動する魚で、日中は釣れても小型が多いが、夜になると25～30センチといった良型も姿を見せる。ソイもタケノコメバルも基本的にはカサゴと同様に夜が時合と考えればよく、日中に狙うとするなら、穴釣りや障害物の際をたんねんに狙うしか方法はないだろう。

▶タケノコメバル

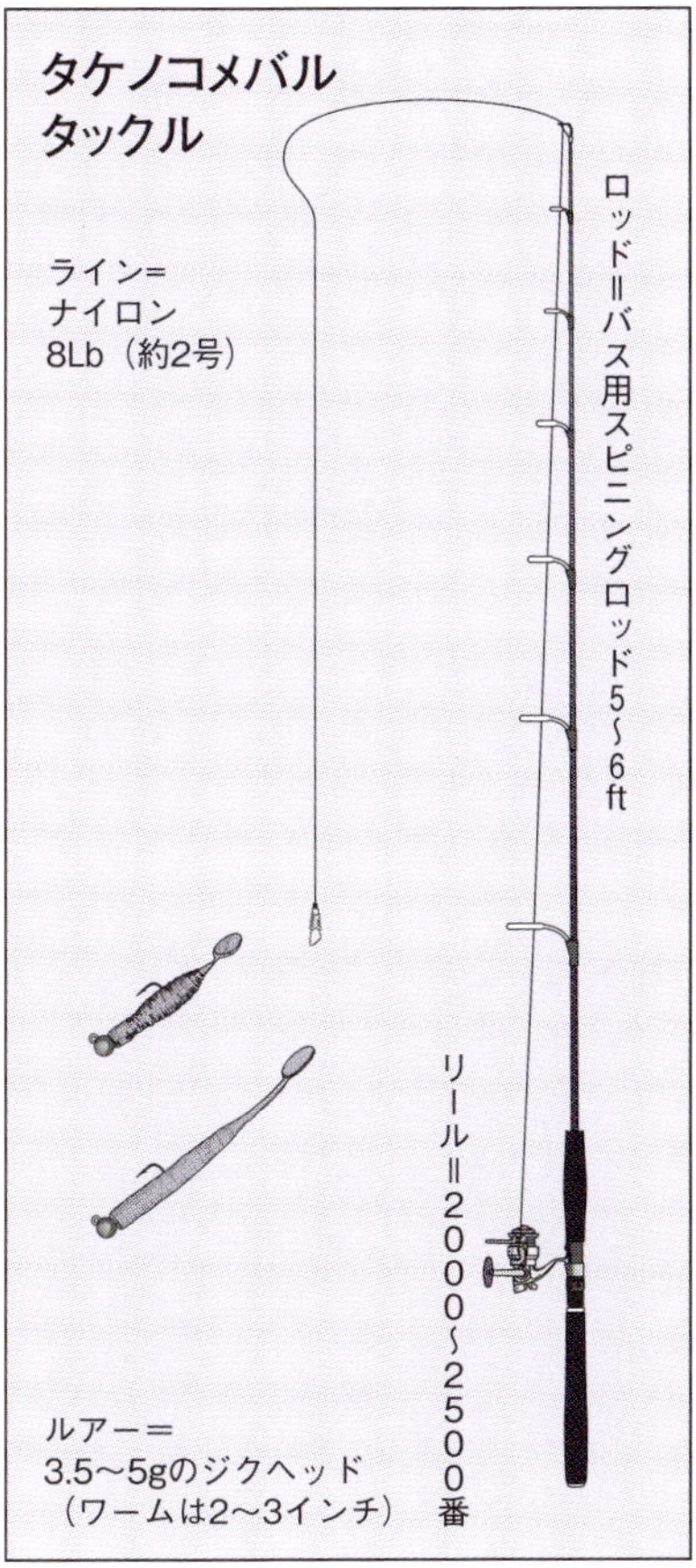
タケノコメバル
タックル
ライン＝
ナイロン
8Lb（約2号）
ロッド＝バス用スピニングロッド5～6ft
リール＝2000～2500番
ルアー＝
3.5～5gのジクヘッド
（ワームは2～3インチ）

穴釣りのアクション
根掛かりも多いので
気をつけて！
ブロックや石積みの隙間に
ワームを落とし込み、竿先
で20～30cmほど上下にア
クションさせる！
堤防

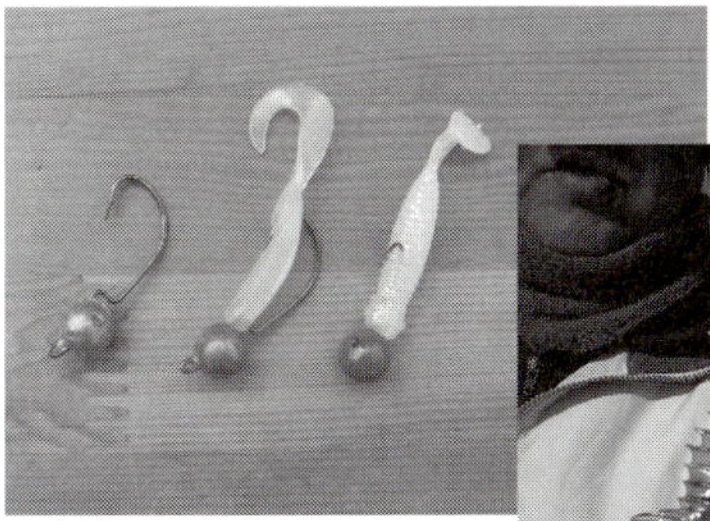

▲穴釣りのヒットルアー
左からオフセットタイプのジグヘッド、2インチカーリーテール＋オフセットジグヘッド、シャッドテール＋ジグヘッド

▶オフセットタイプのジグヘッドなら根掛かりが激減。穴釣りにもってこいのアイテムだ

日中に強い穴釣りテクニック

ナイトゲームのテクニックはソイやカサゴと同様なので、ここでは日中に手堅い穴釣りテクニックについて。

穴釣りは非常にシンプルだ。ワームを穴の中に落とし込み、底付近で20センチほど軽く上下させるだけでよい。一つの穴でチョンチョンとシャクったら、すぐに次の穴へ移っていこう。魚がいれば一発で食ってくるので、同じポイントで粘る必要はない。

最も重要なことはロッドアクションよりも、魚が棲みついている穴（隙間）を探すこと。これはもう上から見ただけでは分からないので、できればすべての穴をチェックするのが理想的。そのうえで少しでも深い穴を探したい。

アタリはワームを落とし込む途中に出ることが多いが、アタったらすぐに手首を返して合わせること。モタモタしていると、穴の奥に潜られてしまう。潜られてしまうと取り込むことは難しい。

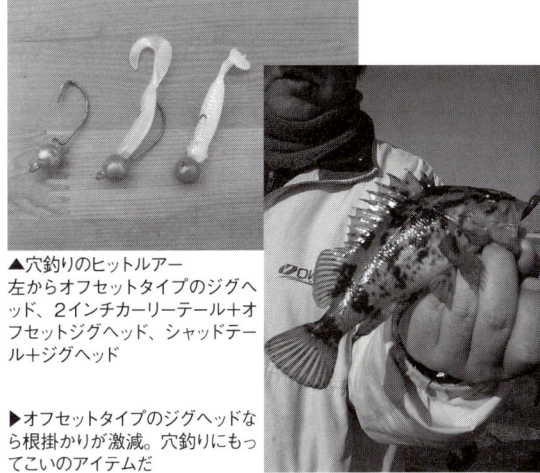

【09】

オニオコゼ

**船からでもまれにしか釣れない
高級珍魚のオニオコゼ。
チャンスがあれば狙ってみたい**

磯　ゴロタ浜　サーフ　漁港

▼30センチ超えの良型オニオコゼ。背ビレのトゲに毒があるから要注意だ

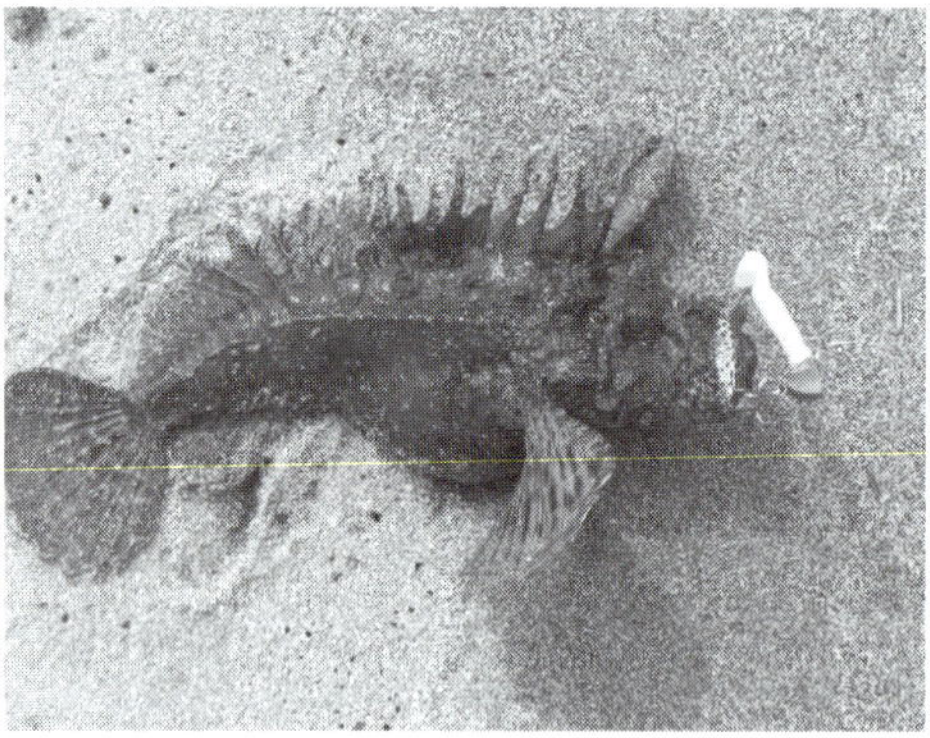

▲岸から20メートルほどのサーフの藻場でヒットしたオニオコゼ

狙って釣れる魚ではないけれど…

オニオコゼは、瀬戸内海や中部以南の海域に生息するカサゴ目の底棲魚。カサゴ目だけあって夜行性であり、日中は海底でおとなしくしているようだ。

内湾から水深200メートルまでの砂泥地底に生息しているのだが、その希少性から狙って釣るのは不可能といってもいいだろう。ふだんは沖の深場にいるけれど、船からだって狙って釣ることは非常に難しいとされている。

ただ、チャンスがないわけではない。産卵期の6～7月ごろに、まれに浅場に入り込んでくるものがいる。写真のオニオコゼは、6月に鳥取県のサーフで釣れたもの。シロギス釣りで賑わうサーフの藻場でワームにヒットしたものだ。

ちなみに左ページの小型のオニオコゼは、冬に和歌山県の漁港内でカサゴを狙って、小型ワームでボトムを探っているときに釣れたものである。

▶オニオコゼ

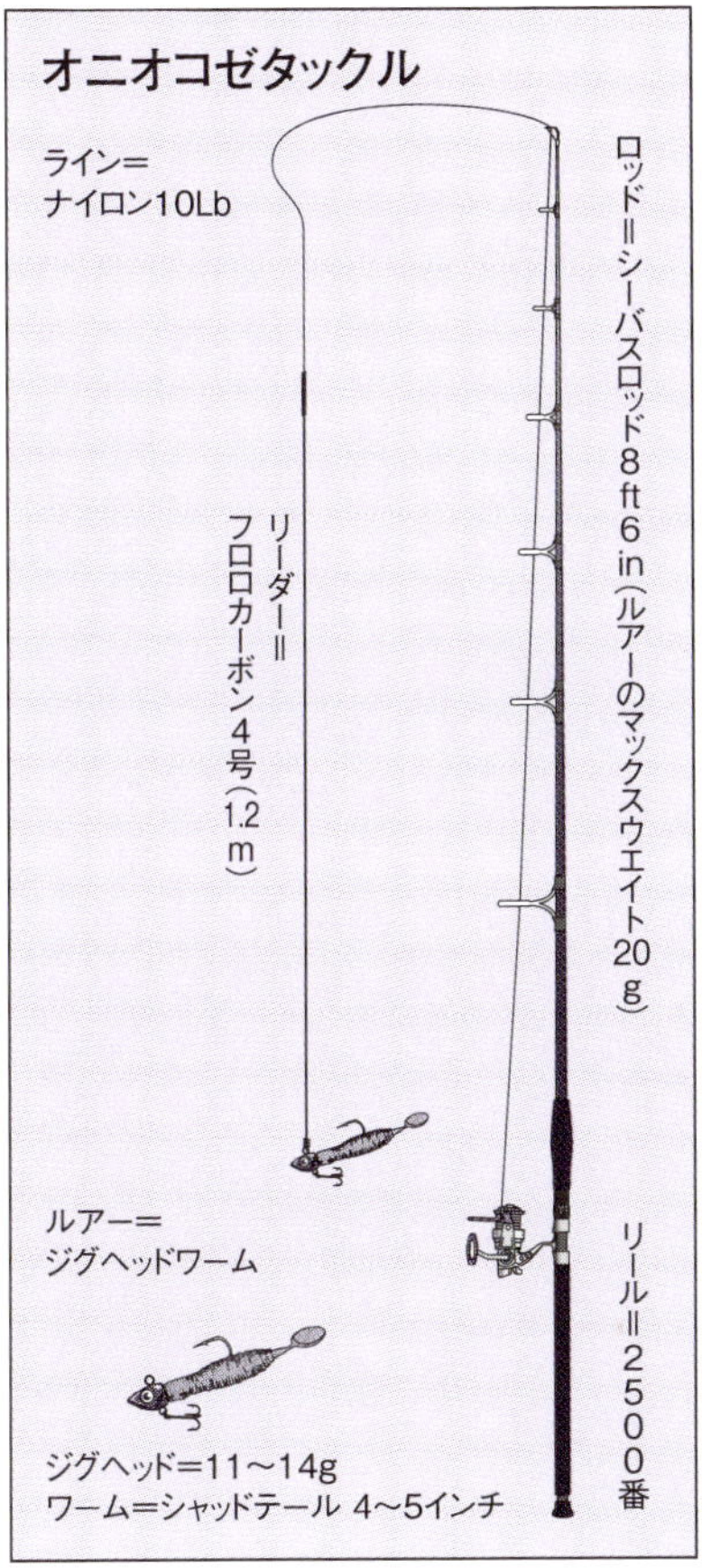
オニオコゼタックル
ライン＝
ナイロン10Lb
ロッド＝シーバスロッド8ft6in（ルアーのマックスウエイト20g）
リーダー＝
フロロカーボン4号（1.2m）
リール＝2500番
ルアー＝
ジグヘッドワーム
ジグヘッド＝11〜14g
ワーム＝シャッドテール 4〜5インチ

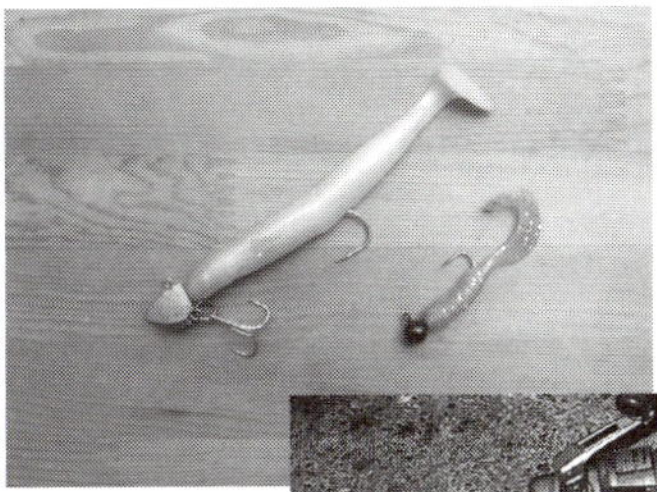

◀左から外海用の11グラムジグヘッドリグ、内湾用の3.5グラムジグヘッドリグ

▶小型なら漁港内で釣れてくることもある

ボトムレンジの
スローリトリーブ
海藻を
拾わない
ように!
ボトムを引きずらない程度に
ボトムスレスレをスローリトリーブ
（海底に障害物が多い場合の狙い方）

スローリトリーブのボトムトレースが有効だと思われる

さてテクニックに関してだが、これと言い切れるものがないのが正直なところ。オニオコゼは底棲魚だから、ボトムを釣るのが正解であるのは間違いないが、俊敏な魚ではないので、できるだけスローに誘うのがよいだろう。

具体的には、デッドスローリトリーブでボトムスレスレを引いてくる。藻場の位置が特定できるなら、エッジ部分を引くようにする。決して海藻を引っ掛けてこないこと。海藻が掛かっているルアーには魚は見向きもしないからだ。

サーフならヒラメ、マゴチを狙いながらのシーバスタックルでよく、漁港内ならカサゴを狙うようなバス用スピニングタックルがよいだろう。ジグヘッドも3グラムくらいに落とせば、カサゴを本命で狙うことができる。

いずれにしても、オニオコゼだけを狙うのは得策ではないと思う。

【10】

クロダイ

警戒心の強いクロダイが、水深50センチの干潟でもルアーには高反応を示す

磯　河口　ゴロタ浜　サーフ　漁港　港湾

▶干潮時に干上がる干潟であっても、夜の満潮時刻にはクロダイが入ってくる

▼これがアナジャコ。ベイトが少ない早春の御馳走だ

▲乗っ込みシーズンの春は、日中でも十分に釣りになる

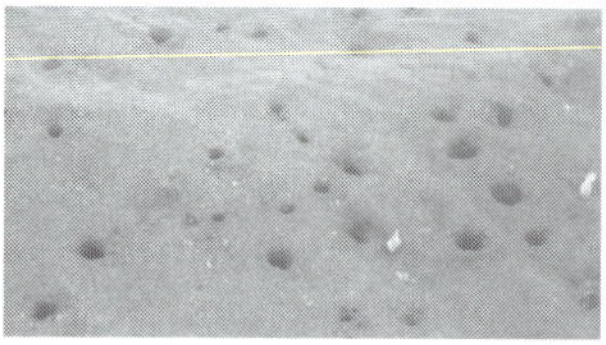

◀干潟の好ポイントの目安となるのが、アナジャコの巣穴だ

春と秋が好シーズン

クロダイは、産卵のために浅場に乗っ込んでくる春と、越冬準備のために荒食いする秋が好シーズンとなる。

具体的には、春のベストシーズンは4～6月。産卵絡みの大型クロダイが狙えるシーズンだ。梅雨明けまでは期待が持てる。秋は10～11月がベストシーズンで、良型も交じるが数が釣れるのが何よりもうれしいところ。

基本的に時合は夜だが、ベイトが多くクロダイが群れで入っているときには、ポイントさえ外さなければ日中でもアタリは出る。

ちなみに、クロダイがルアーで釣りやすいエリアというのは、ボトム（海底）でルアーを引くことができる浅場に限られる。つまり狙って釣れるエリアというのは、干潟や河口エリアのサーフであり、ここにクロダイが回遊してくるのが春と秋ということなのだ。

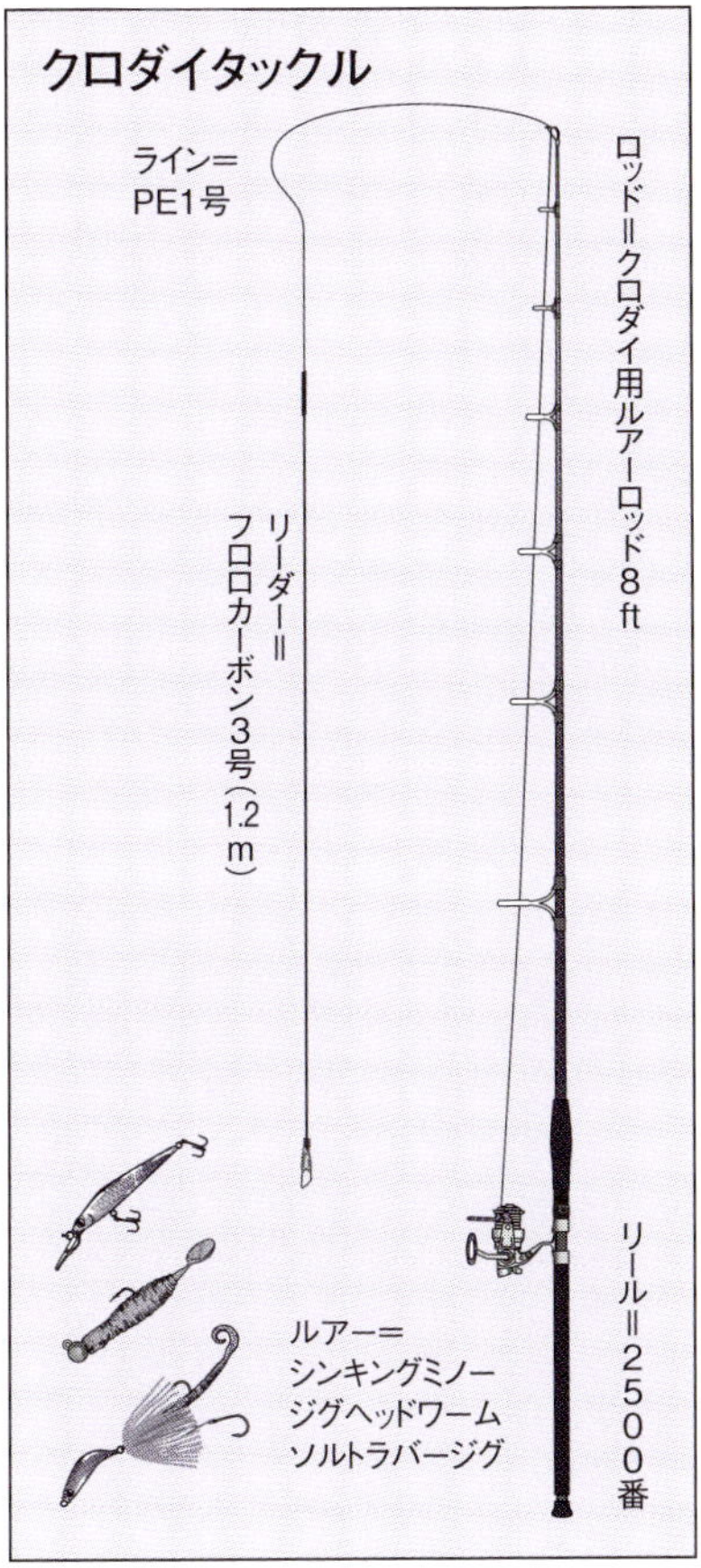
クロダイタックル
ライン＝PE1号
ロッド＝クロダイ用ルアーロッド8ft
リーダー＝フロロカーボン3号（1.2m）
リール＝2500番
ルアー＝シンキングミノー
ジグヘッドワーム
ソルトラバージグ

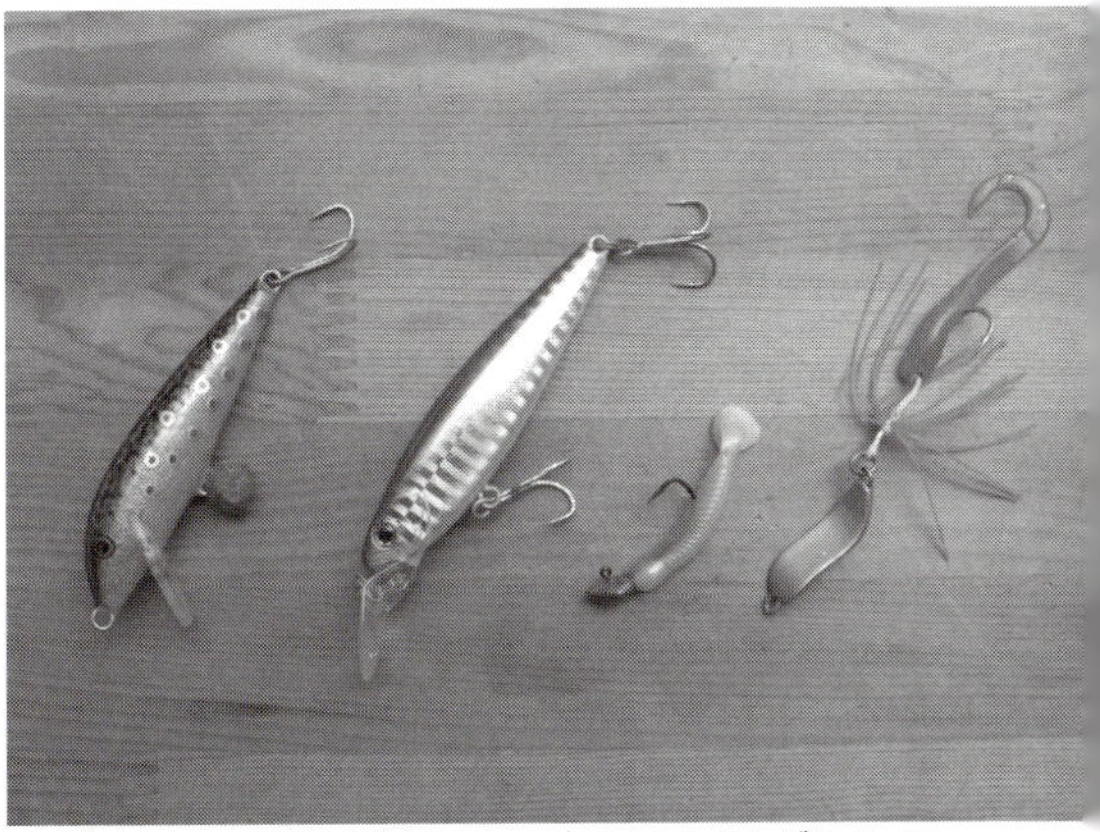

▲ボトムトレース用クロダイルアー。左からシンキングミノー2種と小型ジグヘッドワーム、ソルトラバージグ

クロダイの
ボトムトレースメソッド
ルアーが着底するのを待って
スロースピードの一定速度で
引き始める。ルアーが海底か
ら離れないように抵抗を感じ
ながら引き続ける

ボトムでのズル引きが基本

サーフエリアで狙う場合、ボトムを引きずる釣り方がクロダイのヒット率が高い。このとき、ボトムタッチの軽いシンキングルアーを使うのだが、サイズが小さいものは深場でボトムを取ることが難しく、大きいルアーはボトムを削る抵抗が大きすぎてスムーズなリーリングができなくなる。

最も釣りやすい水深が1～1.5メートルくらいで、使用ルアーはシンキングミノーの7センチくらいだろうか。もし、さらに水深が浅い所なら5センチサイズが使いやすくなるだろう。

リーリングはノンストップでのスロースピード。ボトムにルアーが当たっているのを感じながら引き続けていると、コンコンッ、ガツンッなど明確なアタリが手元まで伝わってくる。

ちなみに、日中でも釣れることがあるが、このような浅場で釣る場合は夜釣りが基本となる。

【11】

キチヌ

**クロダイの近縁種だが、
さらに好奇心が強い。
ヒレが黄色いのでキビレチヌとも。**

河口　ゴロタ浜　サーフ　港湾

▼濁りが入っていれば日中でも活発にルアーを追うようだ

▲最盛期は梅雨の最中と秋口のころ。水深が浅い干潟サーフに入り込んでくる

梅雨時期から一気に食いが本格化

キチヌはヒレが黄色い以外、外見上はクロダイとウリふたつ。けれど習性には若干の違いが見られる。

クロダイの産卵期は春だが、キチヌの産卵期は秋。そのため乗っ込みはクロダイよりも大きくずれ込み、梅雨のころとなる。これはキチヌが汽水域を好む傾向があるからで、梅雨の雨水の流入がキチヌの接岸を促す。

ポイントそのものもクロダイが好む沖合の磯や沖堤防などではなく、河川河口部や河口に隣接するゴロタ浜や干潟サーフ、流入河川や運河を抱える港湾部となっている。

梅雨時期に好期に入ったキチヌは、盛夏には一服状態に入るが秋口から再び活性が高くなる。産卵を控えたものも、そうでない個体もいっせいに食いが立つ。表層でのハードプラッギングが有効になるのもこのころだ。

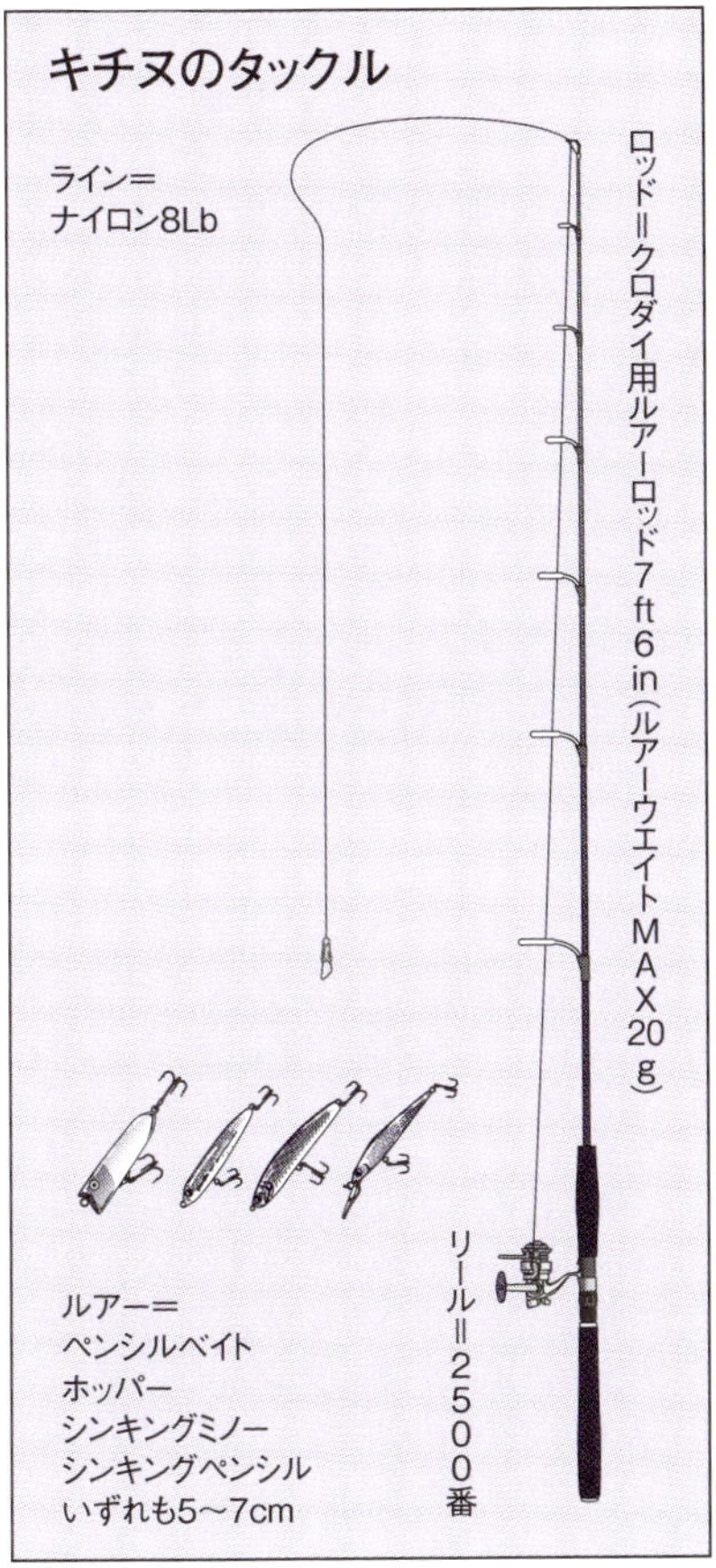
キチヌのタックル
ライン＝
ナイロン8Lb
ロッド＝クロダイ用ルアーロッド7ft6in（ルアーウエイトMAX20g）
リール＝2500番
ルアー＝
ペンシルベイト
ポッパー
シンキングミノー
シンキングペンシル
いずれも5～7cm

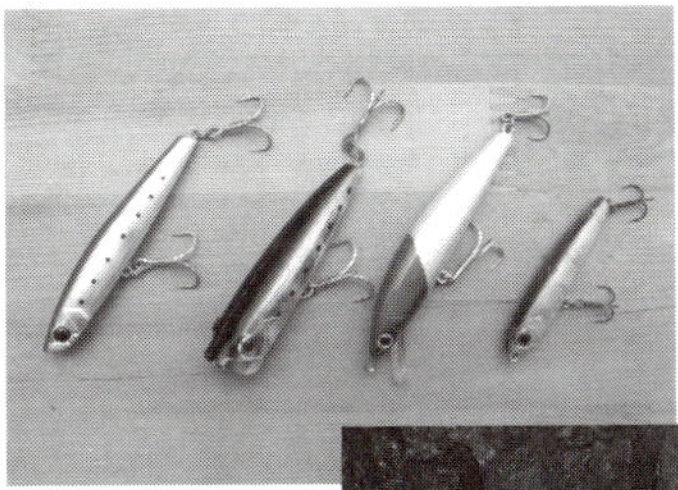
◀キチヌ用のハードルアー。左からペンシルベイト、ポッパー、シンキングミノー、シンキングペンシル

▶クロダイ用ルアータックルなら、小型のハードルアーでも繊細に操作できる

表層&中層のスモールルアーメソッド
日中、マヅメの場合
ペンシルベイト、ポッパー
連続ショートトゥイッチで水面上でアクションさせる
ナイトゲームの場合
シンキングミノー、シンキングペンシル
中層をスローのストレートリトル
リーブ。一定速度をキープする

マヅメならトップゲームも楽しめる

キチヌは好奇心が旺盛だから、ハードルアーへの反応もすこぶるよい。朝夕マヅメや日中でも非常に活性が高いときは、トップゲームが成立する。

使用ルアーは5～7センチのペンシルベイトやポッパー。連続ショートトゥイッチで、水面上でアクションさせてみる。ペンシルベイトなら首振りダートで、ポッパーなら連続のスプラッシュ。ポーズ（静止）を入れずに追い食いさせるのがコツだ。

ただし基本的に日中は釣りづらい。やはりキチヌもまた夜行性だから、本来はナイトゲームが常道だ。透明度が高くても、潮位が低くても魚さえ入っていれば反応は出る。

5～7センチのシンキングミノーやシンキングペンシルが実績のあるところで、中層（水面下50センチから1メートル）のスローリトリーブのみでも、多くのバイトを稼げることだろう。

SALTWATER

TARGET 【12】 マダイ

ルアーに高反応を見せるマダイ。
今や一番人気の
プレミアムフィッシュだ！

磯　ゴロタ浜　サーフ　漁港

◀メタルジグにヒットした70センチ級のマダイ。岸から釣り上げられる最大クラスだ

▼潮通しのよいエリアなら漁港の堤防からでも狙うことは可能だ

マダイには一定の回遊コースが存在する

マダイがルアーに高反応を示すことは昔からいわれていた。なのに、なかなか実績が上がらなかったのは、岸から狙えるポイントが極端に少なかったから。情報を聞いたからといって、初めての釣り場でマダイを手にするのは難しい。マダイには就餌回遊するコースがある程度決まっており、そこを知り尽くしたものだけが、マダイと勝負できるのだ。

これはもう釣り場に通い詰めて自分で探すしか方法はないのだが、岸からのルアー釣りで好ポイントとなる場所には共通点がある。それは潮通しがよいことと、砂地底のサーフに沈み根や海藻帯が点在していること。水深が5メートル以上あり、なおかつ、その沖にさらなる深場が隣接しているということだ。

シーズンとしては5〜7月の乗っ込み期と、9〜11月の越冬前の荒食いの時期が有望だ。

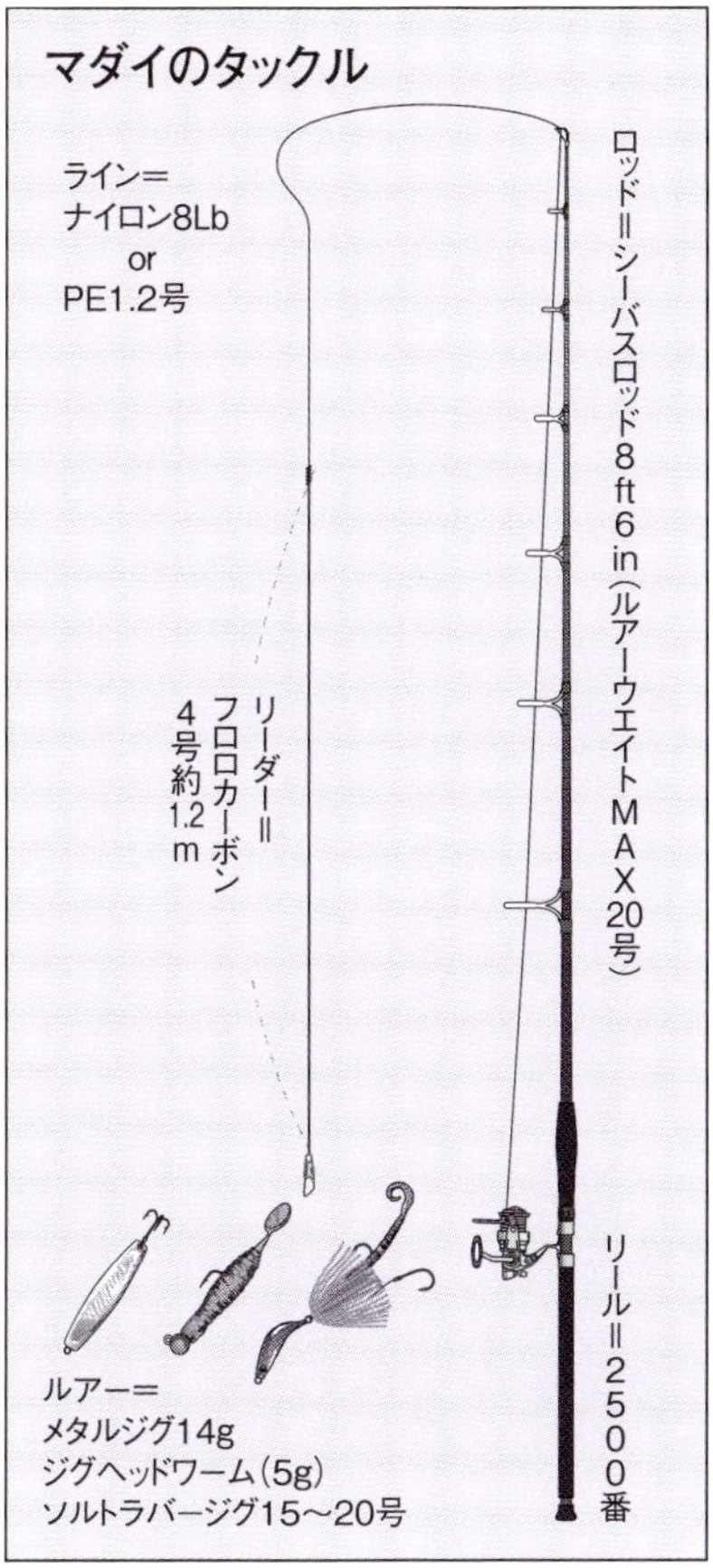
マダイのタックル
ライン＝
ナイロン8Lb
or
PE1.2号
ロッド＝シーバスロッド8ft6in（ルアーウエイトMAX20号）
リーダー＝フロロカーボン4号約1.2m
リール＝2500番
ルアー＝
メタルジグ14g
ジグヘッドワーム（5g）
ソルトラバージグ15～20号

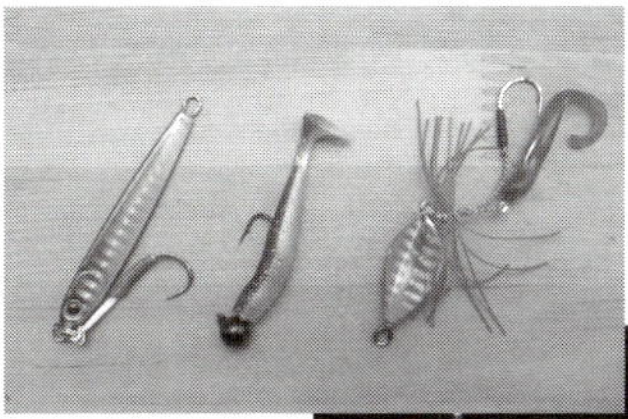

◀マダイのヒットルアー。左から、メタルジグ、ジグヘッドワーム、ソルトラバージグ

▶35センチほどならメバルワームにヒットすることもある

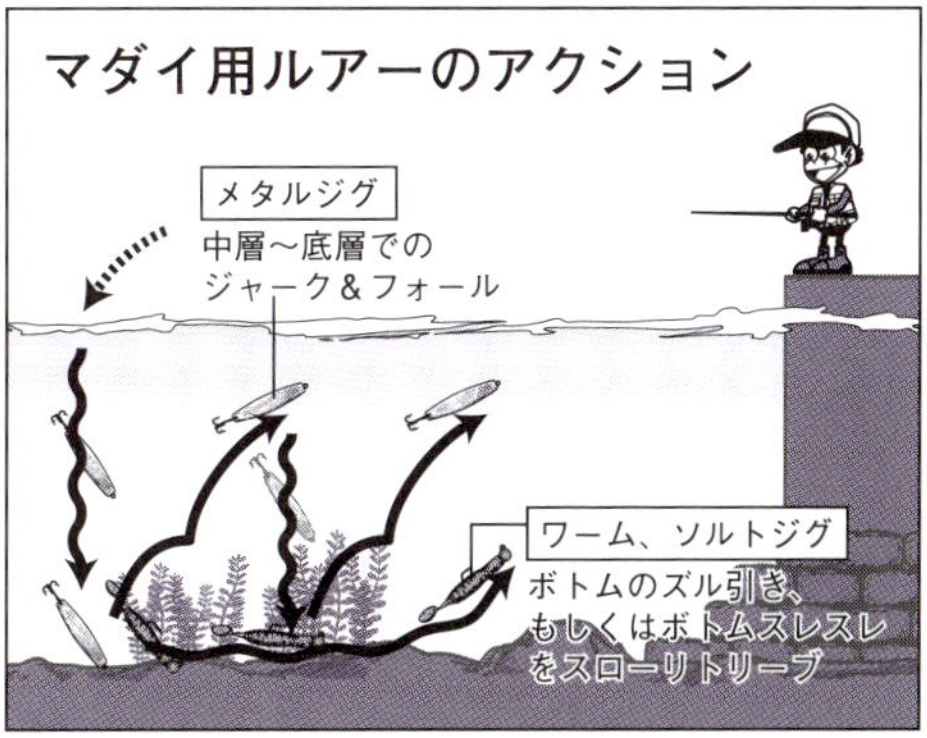
マダイ用ルアーのアクション
メタルジグ
中層～底層でのジャーク＆フォール
ワーム、ソルトジグ
ボトムのズル引き、もしくはボトムスレスレをスローリトリーブ

まずは40～50センチ級を狙ってみよう

マダイは岸からでも70～80センチクラスの実績があるが、実際は個体数そのものが多い魚ではないから、ある程度の魚影が見込める40～50センチクラスに照準を絞るとよいだろう。

このクラスなら一般的なシーバスロッドを流用できるし、タックルをライトにすることでシログチ、ヒラメ、マゴチ、中型青物といったうれしい外道がヒットする確率も高くなる。

マダイの反応がとくによいルアーはメタルジグ（14グラム～）、ソルトラバージグ（20グラム～）、ジグヘッドワーム（5グラム～）である。メタルジグはマダイの活性が高く、日中に泳層が浮き気味のときに広く探る方法として有効。

ソルトラバージグとジグヘッドワームは、通常マダイの活動圏であるボトムでのズル引きに使用する。これは日中も夜も実績がある。

【13】

ワカシ・イナダ

**今ではポピュラーとなった
ショアからの青物ジギング。
まずはイナダからスタートだ！**

磯　ゴロタ浜　サーフ　漁港

▼潮目の接近が見込まれる所がイナダの回遊コースとなる

▲シーバスタックルならこのクラスが限界か。ワラサクラスには、専用のショアジグタックルがおすすめだ

秋は青物の好シーズン！

イナダとはブリの若魚のことで、関西ではハマチ、中国四国方面ではヤズと呼ばれる40〜50センチ級のものを指す。秋になるとカタクチイワシやサヨリを捕食するために、大きな群れとなって沿岸部に接近。漁港やサーフ、小磯などからルアーで狙って釣ることが可能だ。こういった釣り場の中でも、とくに潮通しのよい場所が青物の回遊ルートになっており、早朝や夕方の時合には小魚を水面で追い回す姿が見られることもある。

本格シーズンは10〜11月に入ってからで、このころには50センチ級がメインとなるため、釣ってよし食べてよしの人気ターゲットとして多くのルアーファンが手ぐすね引いて待っている。

またこのころには、外海のポイントで60〜80センチ級のワラサ、ブリクラスが釣れることもあるのだが、この大きさになると引きも強烈なため、専用のタックルが必要になる。

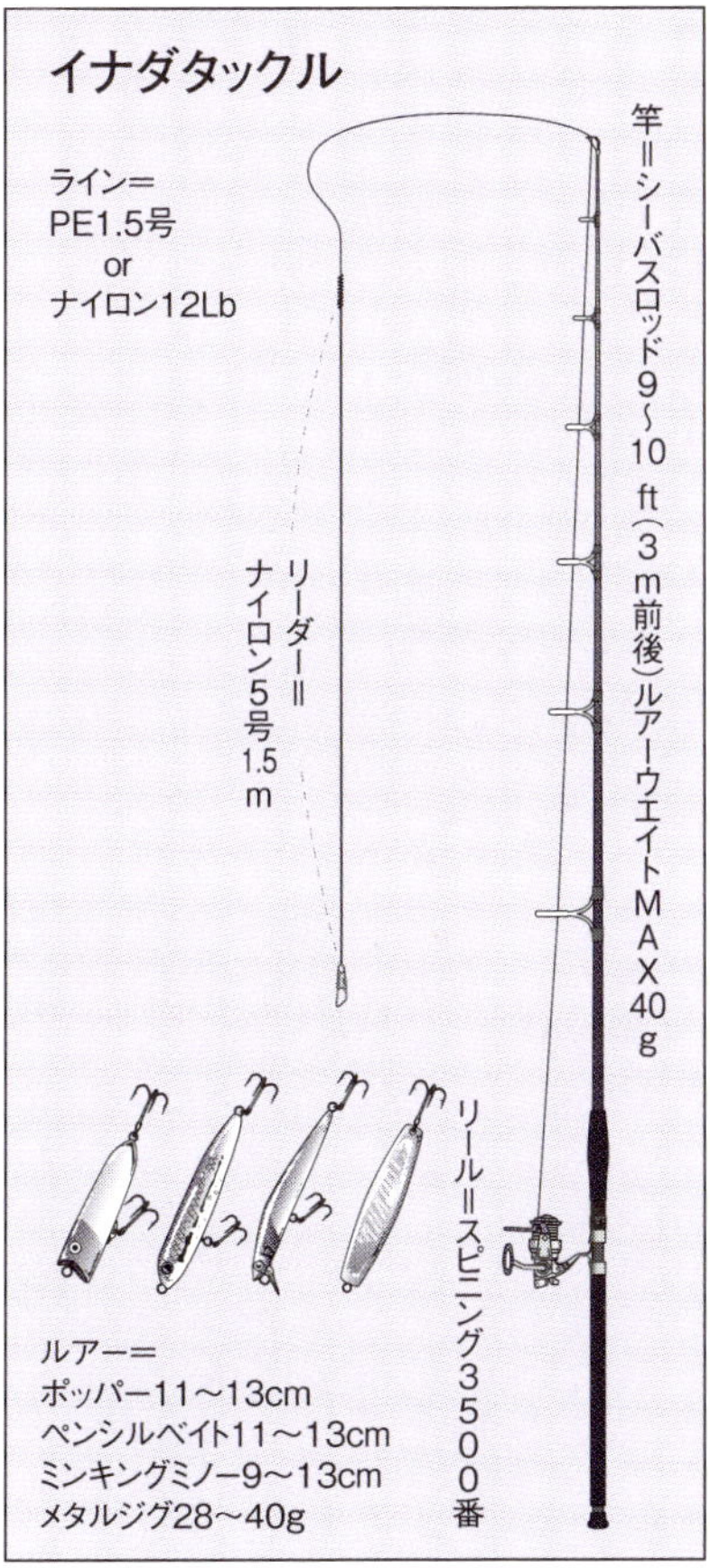
イナダタックル
ライン＝
PE1.5号
or
ナイロン12Lb
竿＝シーバスロッド9～10ft（3m前後）ルアーウエイトMAX40g
リーダー＝ナイロン5号1.5m
リール＝スピニング3500番
ルアー＝
ポッパー11～13cm
ペンシルベイト11～13cm
ミンキングミノー9～13cm
メタルジグ28～40g

◀イナダのヒットルアー。左から、ポッパー、ペンシルベイト、シンキングミノー、メタルジグ

▶食いが渋いときには、シルエットがコンパクトなメタルジグが強い

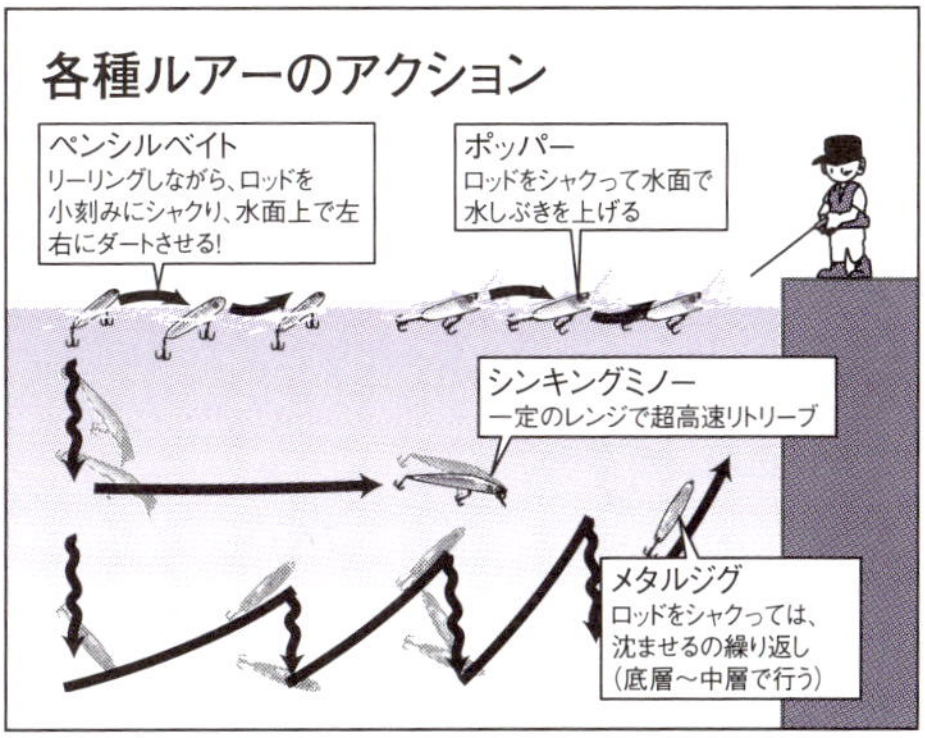
各種ルアーのアクション
ペンシルベイト
リーリングしながら、ロッドを小刻みにシャクり、水面上で左右にダートさせる!
ポッパー
ロッドをシャクって水面で水しぶきを上げる
シンキングミノー
一定のレンジで超高速リトリーブ
メタルジグ
ロッドをシャクっては、沈ませるの繰り返し（底層～中層で行う）

動体視力に優れた青物には高速アクションが有効だ

青物と呼ばれる高速回遊魚は基本的に動体視力に優れており、どのような種類のルアーを使う場合でも速い動きのアクションで誘う必要がある。

ポッパーの場合は、ロッドアクションで水しぶきを上げながら引いてくる。ペンシルベイトの場合も、連続ショートトウイッチで水面上で首を左右に振るアクションを見せてくれるはず。いずれもアクションを止めないことが肝心で、アクションが崩れない範囲で最も速いスピードで引いてみる。

シンキングミノーの場合は、ロッドを動かさずに高速リーリングのみでよい。追ってくるのにヒットに結びつかない場合はロッドをシャクってトリッキーな動きで誘ってみるのもよいだろう。

メタルジグの場合は、水面上を高速で走らせるもよし、ボトムまで沈めて中層をシャクリ上げてくるのもいい。

【14】

シオ（ショゴ）

シオ（ショゴ）は、カンパチの若魚。30センチまでならサーフや堤防でもヒットする

磯　河口　ゴロタ浜　サーフ　漁港

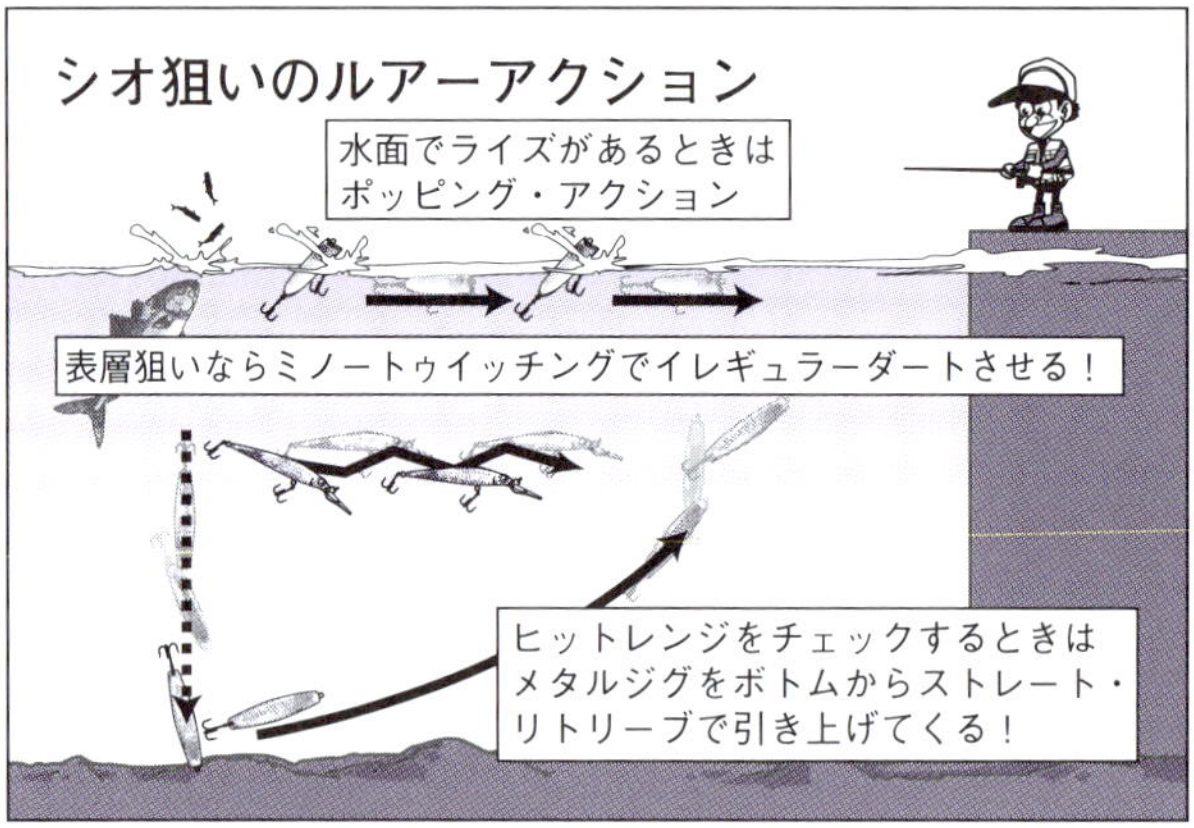
シオ狙いのルアーアクション
水面でライズがあるときはポッピング・アクション
表層狙いならミノートゥイッチングでイレギュラーダートさせる！
ヒットレンジをチェックするときはメタルジグをボトムからストレート・リトリーブで引き上げてくる！

▲岸から狙えるアベレージサイズ。ただしその引きは強烈極まりない

小型サイズならポイントはさらに広がる

カンパチは成長すると1メートルを超える大型回遊魚で、大きいものは沖合の深場に生息しているから船からでないと狙うことさえ難しいターゲット。だが、そんなカンパチといえども、若魚の時代は岸近くの浅場にも姿を見せることがあり、20～45センチクラスなら陸っぱりのルアー釣りでも釣ることができる。

20～25センチ級なら、夏の終わりごろからサーフやサーフにある突堤からでも簡単に釣れる。ところが30センチ以上のサイズになると、潮通しのよい磯場や沖合に突き出している突堤などから、しかも、秋の好期にカタクチイワシなどが接岸しているようなタイミングでしか狙えない。

岸から手軽に釣りたいのなら、小型をターゲットにするのが得策だ。小型狙いならサーフや漁港、磯場まで、多くのポイントでシオを狙うことができる。

シオタックル

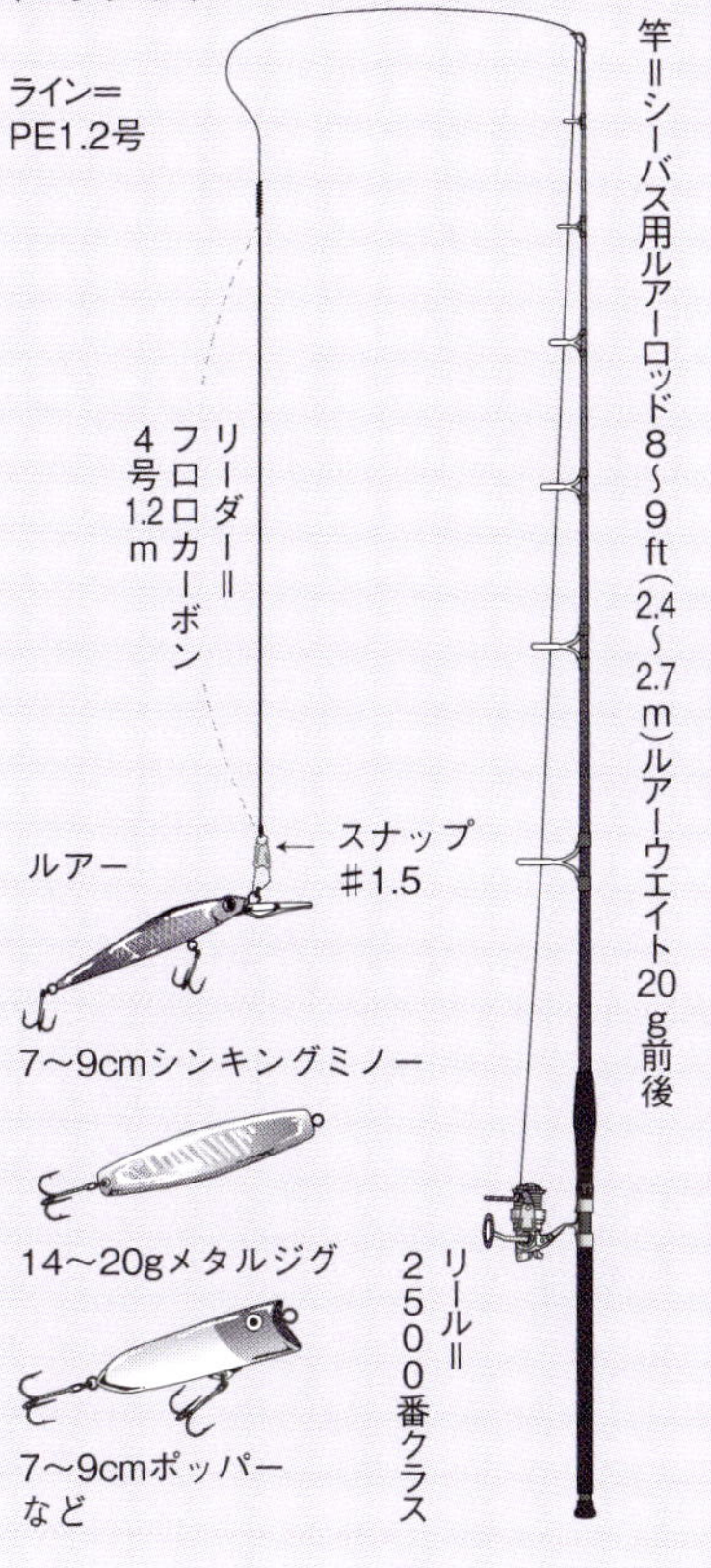
ライン＝PE1.2号
リーダー＝フロロカーボン4号1.2m
竿＝シーバス用ルアーロッド8～9ft（2.4～2.7m）ルアーウエイト20g前後
スナップ#1.5
ルアー
7～9cmシンキングミノー
14～20gメタルジグ
リール＝2500番クラス
7～9cmポッパーなど

▲外海に面した河口堤防は、小型回遊魚の好ポイント。シオ以外にワカシやメッキ、サゴシなども狙える

▲テトラが積まれたサーフは潮当たりがよい証拠。隣接する砂浜からでもシオが狙える

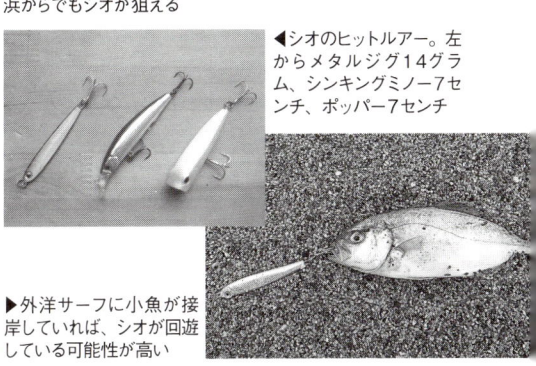

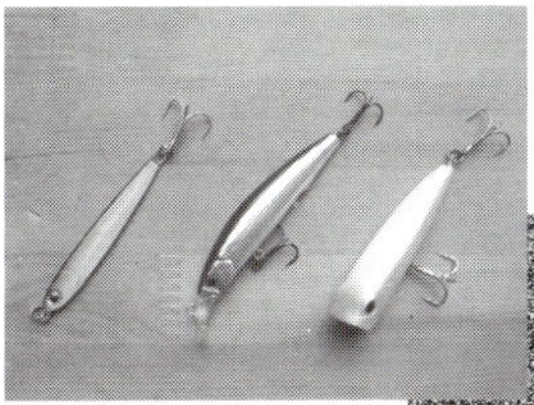
◀シオのヒットルアー。左からメタルジグ14グラム、シンキングミノー7センチ、ポッパー7センチ

▶外洋サーフに小魚が接岸していれば、シオが回遊している可能性が高い

刻々と変化するヒットレンジを探し出そう

シオは一日のうちでも刻々と泳層を変化させるため、その泳層を探し出すことがまず先決だ。そのうえで最も効果的なルアーを選び出す必要がある。

基本的には、水面でライズが見られればポッパーやペンシルベイトなどのトップウォータープラグが有効。

また海底に沈み根があれば、メタルジグなどで海底付近のタナから探っていくといいだろう。メタルジグの場合は、ロッドをシャクるアクションもよいが、ストレートリトリーブ（ただ巻き）でも好結果が得られることがある。広範囲を探る場合はストレートリトリーブのみで魚の反応を見るのもよい。

魚の気配（チェイス）があるのにヒットに至らない場合は、ミノーをトゥイッチさせるとヒットさせやすい。活性が高いのにポッパーに出ない魚は、ミノーの表層引きが効果的となる。

【15】

アジ

手軽に狙えて、
食べてもおいしいアジは、
ライトゲームの人気者！

磯　漁港

▲専用タックルも充実しているが、メバルタックルでも流用できる

▼群れが大きいと漁港内もポイントになる

▲漁港の常夜灯周りは、シーズンを通して一級ポイントだ

常夜灯下は一級ポイント 長時間釣れ続く

アジが狙えるシーズンは、秋から初冬のころだけでなく、初夏にも大きな群れが回遊してくることがある。回遊時期も毎年多少のズレがあるから、そういった点では、シーズン突入のタイミングが計算しづらいターゲットかもしれない。地域的なズレを承知でいうなら、6～7月と10～12月がアジの好シーズンだ。

サイズは沿岸部の堤防などでは20～25センチサイズが主体だが、潮通しのよい所や外海向きの釣り場では30センチを超える大型アジも姿を見せる。

おもなポイントは、潮通しのよいエリアにある足下から水深がある堤防などで、常夜灯が設置されているような漁港などはナイトゲームの一級ポイントだ。アジの時合は、基本的には朝夕マヅメと夜。夜は常夜灯周りがいいポイントになる。マヅメ時合よりも効率がよく、長時間釣れ続くことがある。

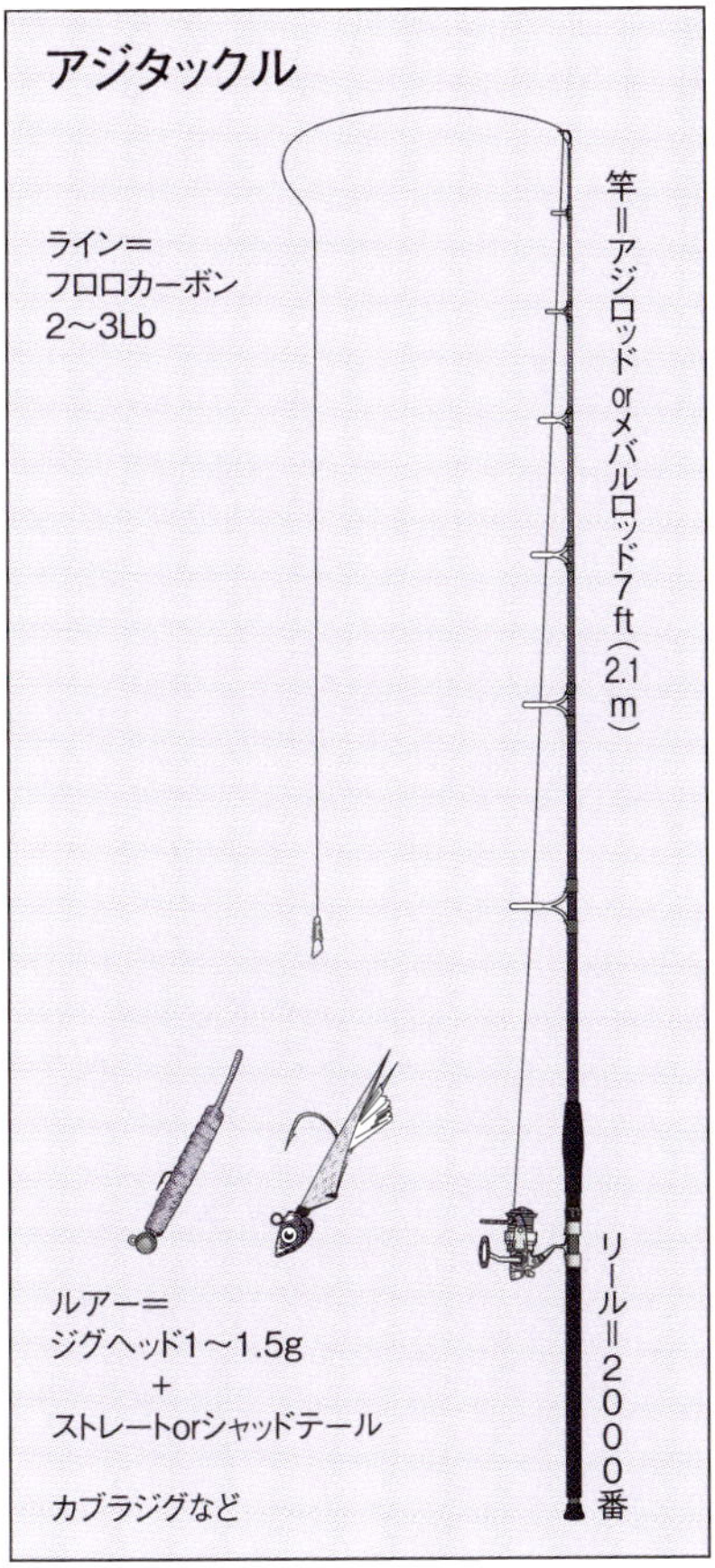
アジタックル
ライン＝
フロロカーボン
2～3Lb
竿＝アジロッドorメバルロッド7ft（2.1m）
リール＝2000番
ルアー＝
ジグヘッド1～1.5g
＋
ストレートorシャッドテール
カブラジグなど

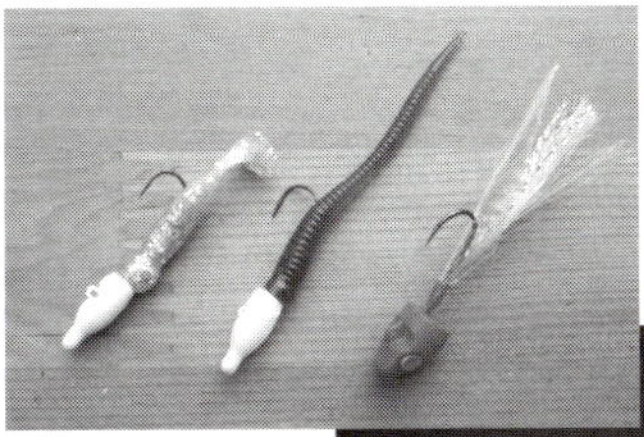
◀アジに高い実績があるのは、シャッドテールとピンテールワーム、カブラジグ（写真右）などだ

▶アジは傷みが早い魚だから、キープするならクーラーボックスを用意しておこう

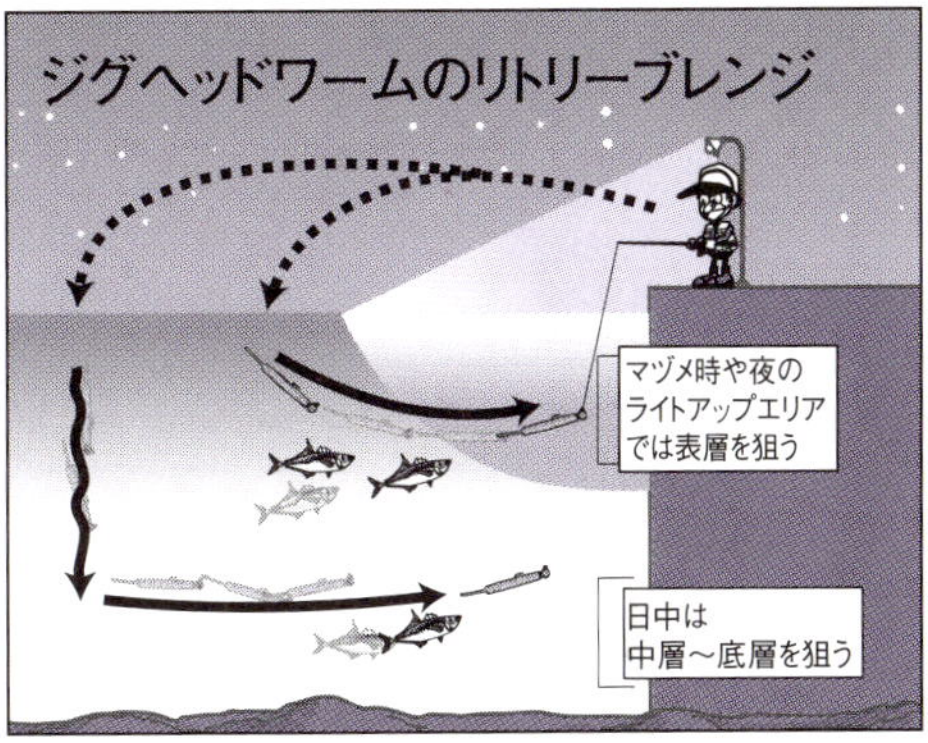
ジグヘッドワームのリトリーブレンジ
マヅメ時や夜の
ライトアップエリア
では表層を狙う
日中は
中層～底層を狙う

ワームのジグヘッドリグが最強だ!

ワームのジグヘッドリグ（ジグヘッド＝1.5～3グラム、ワーム＝1.5～2インチ）を使用するアジゲームでは、好時合ならスローのストレートリトリーブが効果的だ。肝心なことは、ワームを引く泳層。このアジの泳層を見つけることが、最も重要なことなのだ。泳層さえ見つけてしまえば、群れで回遊する魚だから連続ヒットも夢ではない。

一般的には、朝夕のマヅメ時や夜の好時合にはアジの泳層は上昇し、おもに水面下1～2メートルといったあたりでヒットする。食い渋ったときや日中に狙う場合（つまり好時合以外）は、深めの中層から底層が狙い目となるだろう。

とはいえ、実際には好時合においてもアジの泳層は刻々と変化する。たった今、水面下1メートルでヒットしていても、その群れをいくらか釣ったら、ヒットレンジが下がってしまったなんてことは、往々にして起きることなのだ。

SALTWATER

TARGET

【16】

サバ

サバは高速回遊魚。スピード感あふれるバイト＆ファイトが病みつきになる！

磯　ゴロタ浜　漁港　港湾

▲潮通しのよい漁港は、秋になると高確率でサバが回遊してくる

▼水面でエサを追う気配があるなら、ライズを待ってからキャストするのもよい

▲小型なら入れ食いになることも

マヅメに時合がやってくる

ルアーで釣れるサバのサイズは25〜50センチといったところだが、40センチ以上の大サバに関しては、岸からの釣りではなかなかタイミングを合わせるのが難しい。一般的に釣りやすいシーズンといえばやはり秋だが、サイズは25〜35センチがアベレージサイズとなる。この秋のサバはカタクチイワシを捕食するために、9〜10月ころに大挙して接岸するもので、漁港や小磯、サーフなどで誰にでも簡単にルアーで釣れるのが特徴だ。

サバの時合は日中。夜釣りでは灯りの下で釣れることもあるけれど、基本的には夜明けから日没までの日中に狙いたい。さらに、その中でも早朝と夕方が好時合。カタクチイワシなどが遊泳層を浅くするため、表層を泳ぐルアーへの反応がよくなるのだ。

もし、日中に狙うとするなら、表層のみならず中層から底層まで幅広く狙ってみよう。

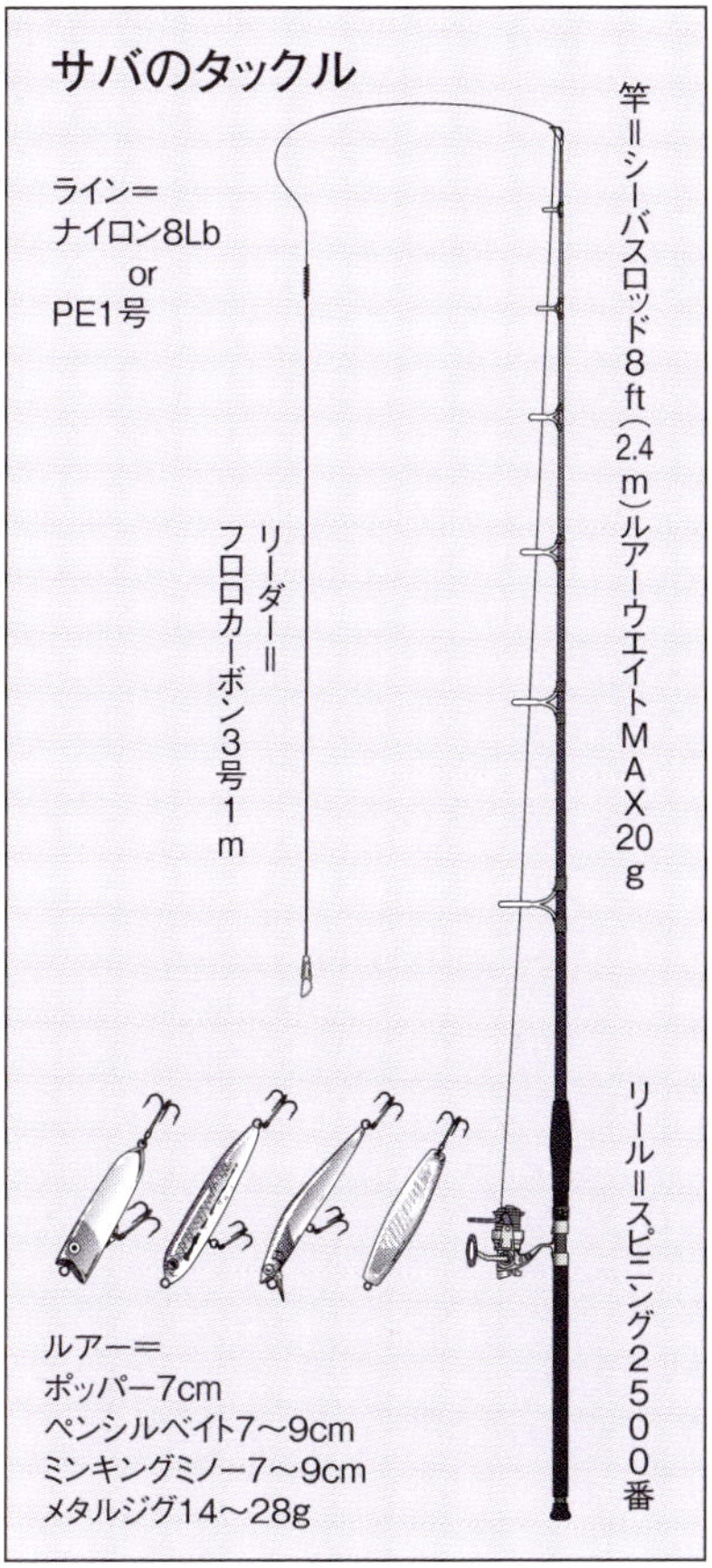
サバのタックル
ライン＝
ナイロン8Lb
or
PE1号
竿＝シーバスロッド8ft（2.4m）ルアーウエイトMAX20g
リーダー＝フロロカーボン3号1m
リール＝スピニング2500番
ルアー＝
ポッパー7cm
ペンシルベイト7～9cm
ミンキングミノー7～9cm
メタルジグ14～28g

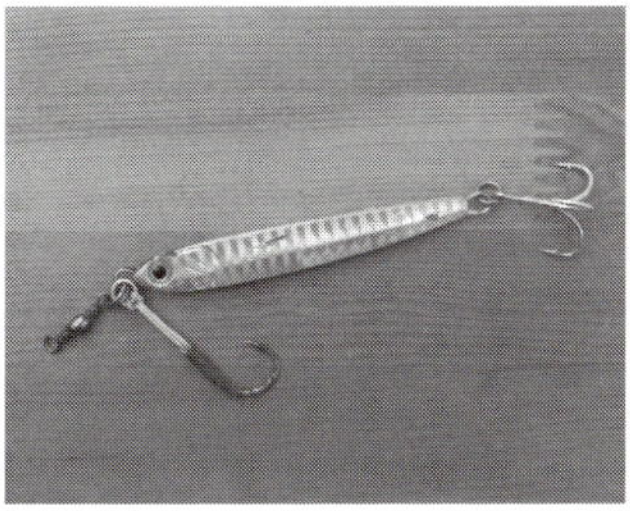
◀あらゆる状況に適応するのがメタルジグの14～28グラム。フックシステムをTPOに合わせれば、快適なゲームが約束される

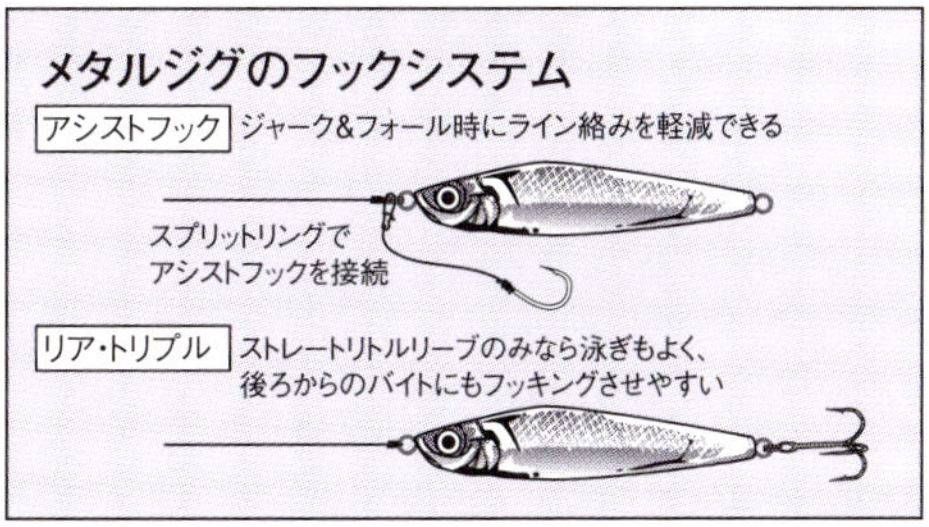
メタルジグのフックシステム
アシストフック
ジャーク&フォール時にライン絡みを軽減できる
スプリットリングで
アシストフックを接続
リア・トリプル
ストレートリトルリーブのみなら泳ぎもよく、
後ろからのバイトにもフッキングさせやすい

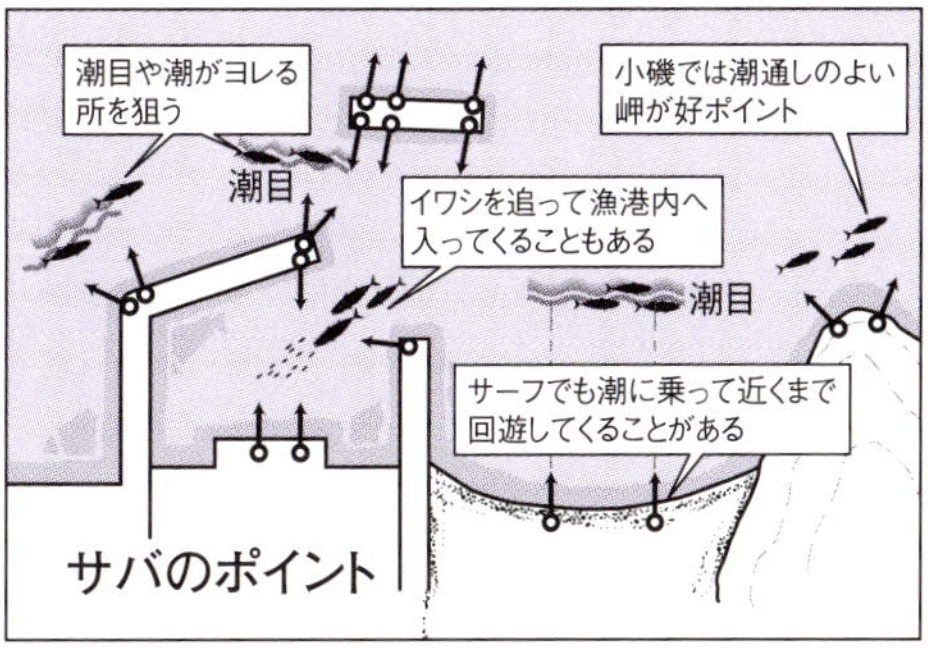
潮目や潮がヨレる
所を狙う
潮目
イワシを追って漁港内へ
入ってくることもある
小磯では潮通しのよい
岬が好ポイント
潮目
サーフでも潮に乗って近くまで
回遊してくることがある
サバのポイント

表層をハイスピードアクションで攻める

大型のサバはボトム近辺を回遊するが、中～小型のサバの場合は、基本的に表層付近を回遊していることが多い。表層用のルアーとしては、ポッパーやペンシルベイトの7～9センチが有効で、高速の連続ショートトゥイッチで攻める。

サバが表層付近を回遊しているにも関わらず、トッププラグへの反応が悪い場合はシンキングミノーの出番となる。この場合も、極力、表層をハイスピードアクションで攻めることを心がけるべきだろう。

メタルジグの場合は泳層を問わず、リフト&フォール以外に、ハイスピードのストレートリトリーブに徹するのも効果的だし、連続ショートトゥイッチも非常に有効だ。ジグに大きなシャクリを入れる場合は、フックシステムをフロントのアシストフックのみにしておくと、糸絡みが軽減される。

【17】

タチウオ

鋭い歯を持つどうもうなフィッシュイーター。小魚を追って水面から飛び出すことも

磯　ゴロタ浜　サーフ　漁港　港湾

▼朝夕マヅメにピタリと時合がやってくる。タマヅメは、日没直後から1時間が勝負だ

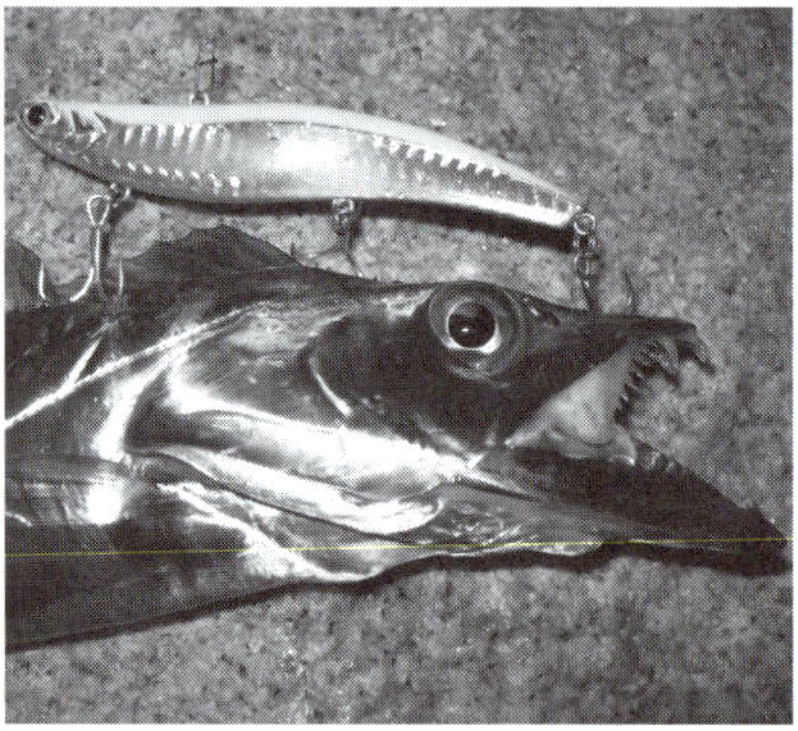

▲タチウオの歯はカミソリのように鋭い。フックを外すときは注意しよう

▼晩秋のころには1メートル近いサイズも姿を見せる

初冬のころには大型が狙える

タチウオの一般的な釣期は10月下旬から12月下旬ごろまで。シーズン突入のタイミングは、基本的にエサとなるカタクチイワシなど回遊系小魚の接岸次第なのだが、例年同じような時期に同じエリアに入ってくる。群れの大きさの違いこそあれ、回遊性の強い魚にしては計算できるターゲットだといえるだろう。

しかも、晩秋には良型がそろうのもうれしいところ。平均すると80～85センチ前後だが、シーズン後半になると90センチから1メートル級の大型が姿を見せることもある。

おもなポイントは、堤防や埠頭など足下から水深がある所で、なおかつ潮通しがよくカタクチイワシやサヨリなどの回遊が頻繁に見られる所だ。

時合は朝夕のマヅメ時のみ。ただし、常夜灯の灯りが水面を照らしている場所なら夜釣りも可能だ。なお、日中は手が届かない沖の深場に落ちる。

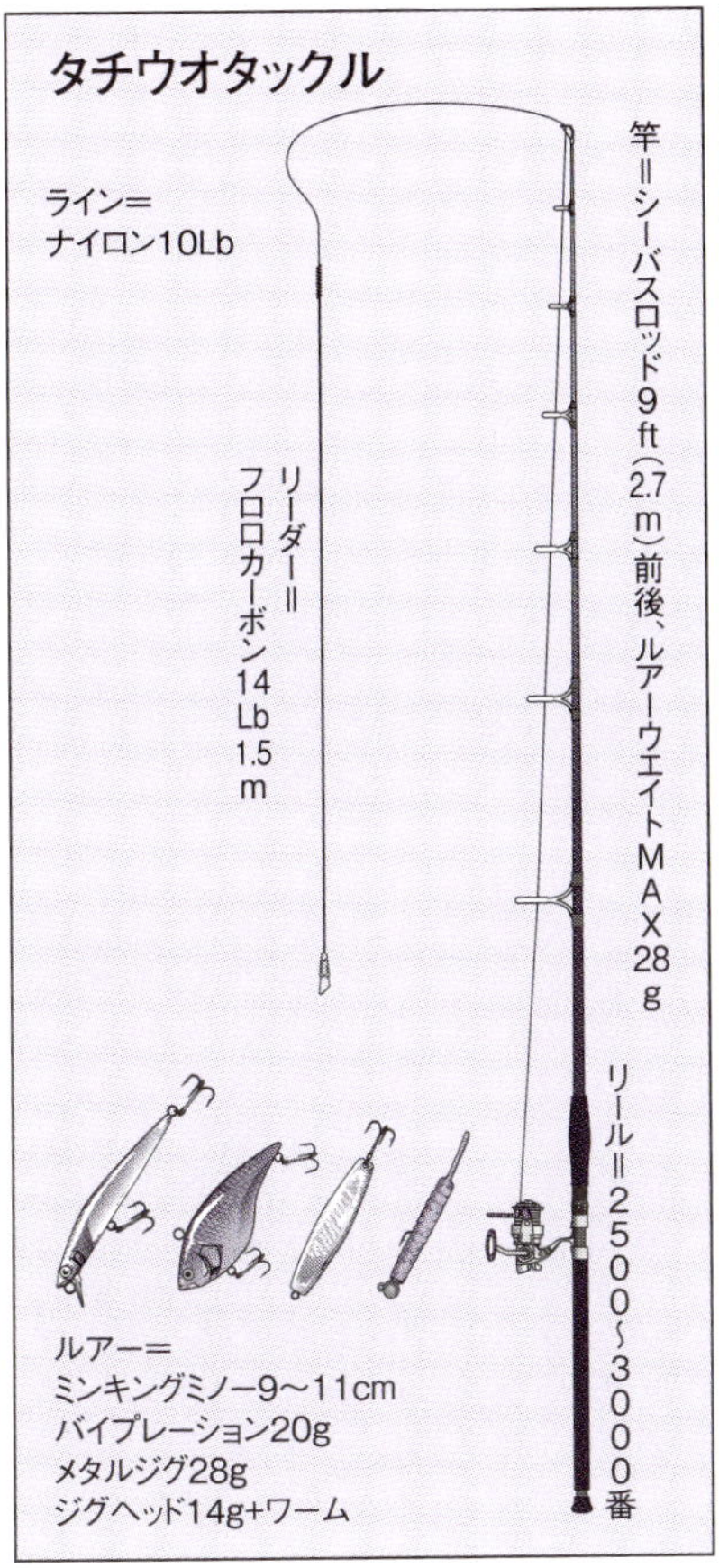
タチウオタックル
ライン＝
ナイロン10Lb
竿＝シーバスロッド9ft（2.7m）前後、ルアーウエイトMAX28g
リーダー＝フロロカーボン14Lb1.5m
リール＝2500〜3000番
ルアー＝
ミンキングミノー9〜11cm
バイブレーション20g
メタルジグ28g
ジグヘッド14g+ワーム

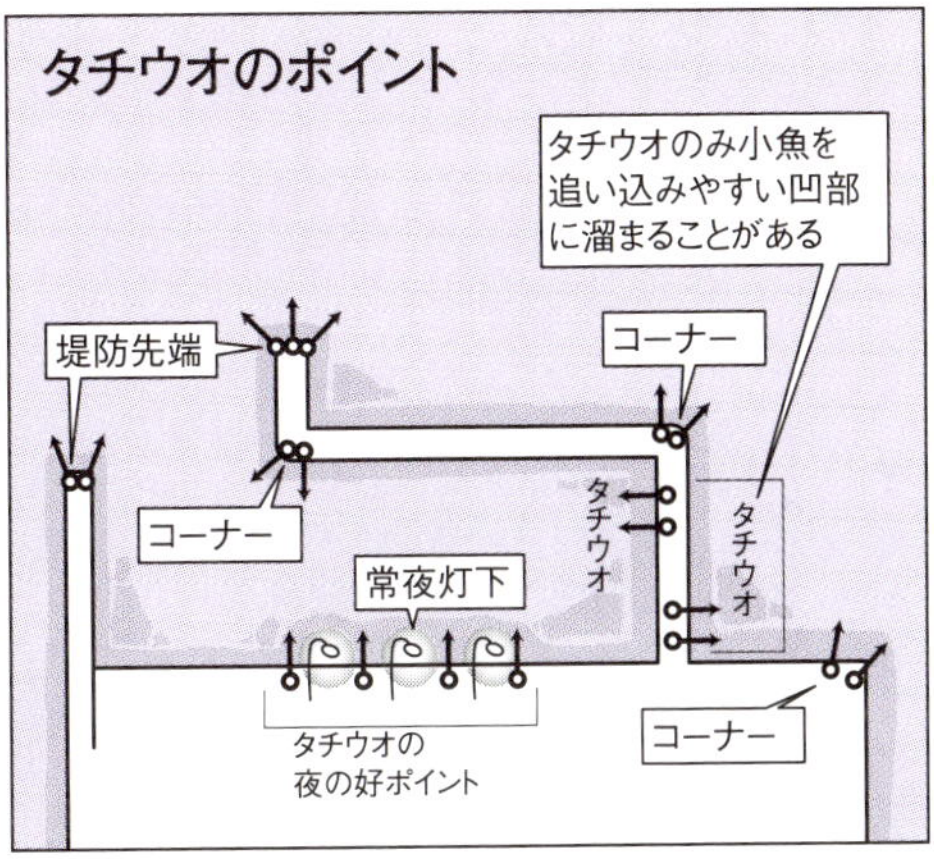
タチウオのポイント
タチウオのみ小魚を
追い込みやすい凹部
に溜まることがある
堤防先端
コーナー
コーナー
タチウオ
タチウオ
常夜灯下
コーナー
タチウオの
夜の好ポイント

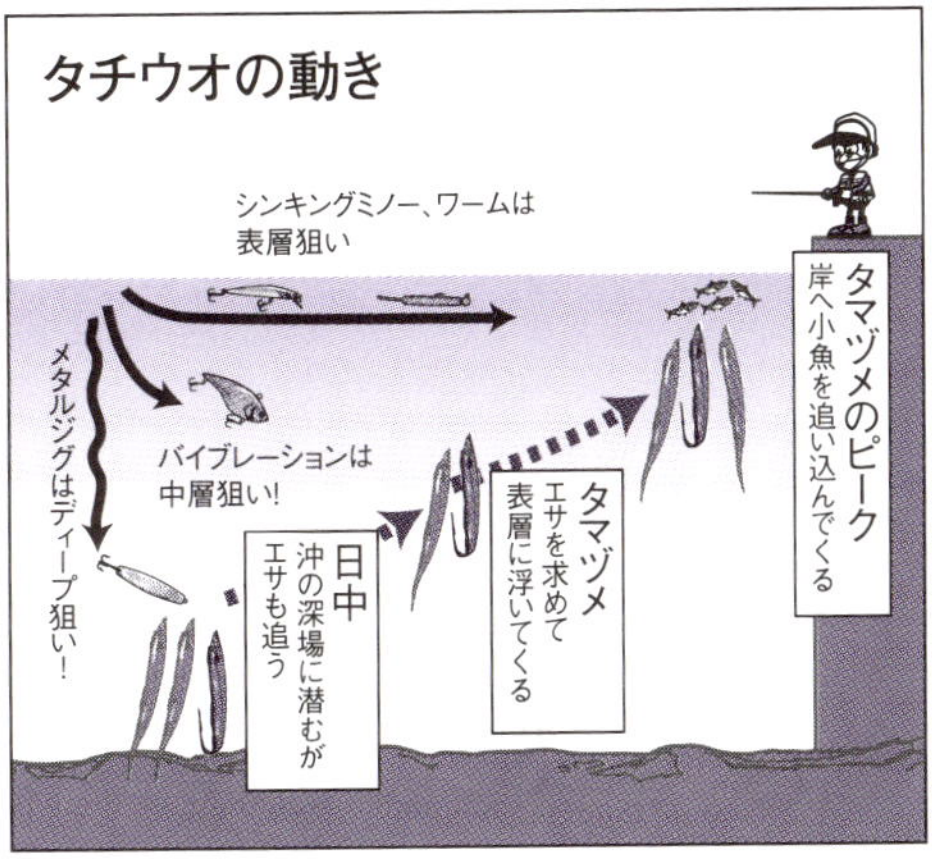
タチウオの動き
シンキングミノー、ワームは
表層狙い
メタルジグはディープ狙い！
バイブレーションは
中層狙い！
日中
沖の深場に潜むが
エサも追う
タマヅメ
エサを求めて
表層に浮いてくる
タマヅメのピーク
岸へ小魚を追い込んでくる

マヅメの時合には表層まで浮いてくる

タチウオは夜行性である。日中は深場にいるが、夕方からマヅメの時合になると一気に泳層を上げてくる。とくに活性の高い日は、小魚を水面まで追い詰めて自ら水面上に飛び出してしまうほど。

使用ルアーは、この状況によって変化するタチウオの泳層に合わせることが大切。タマヅメ前の、まだ日が残る時間帯なら、沖の深場狙いでメタルジグを遠投しボトム付近から引き上げる。

タマヅメに入るとタチウオは徐々に泳層を上げてくるので、上下の層を探る意味でもバイブレーションなどが有効だ。タマヅメに食いがピークになるのは、水面下1〜2メートルに定位し、水面に小魚を追い詰める体勢に入っているとき。こうなればシンキングミノーやジグヘッドワームなどがベストだ。

なおいずれのルアーも、スローのストレートリトリーブに最もアタリが多い。

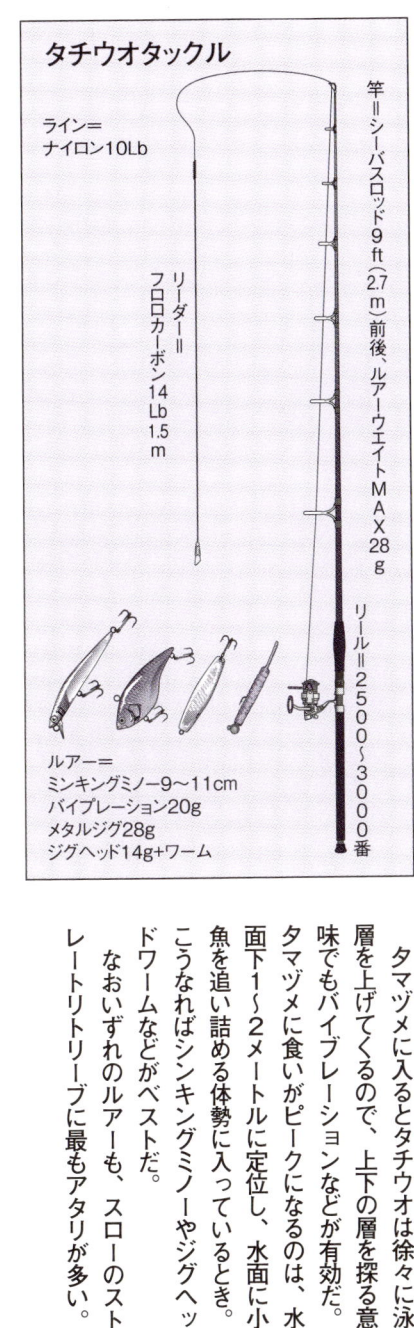

【18】サゴシ（サワラ）

サワラの若魚がサゴシ。50センチクラスなら岸からでも十分に攻略可能だ

磯　ゴロタ浜　サーフ　漁港

▼日本海のサーフはサワラの好釣り場が多い

▲外洋サーフも好ポイントのひとつ。ベイトフィッシュが回遊していれば、水面で捕食する光景も見られる

サゴシとはサワラの若魚。50センチ前後のものだ。サワラは1メートルにも達するサバ科の大型魚だが、このクラスは漁でもめったに獲れない希少な魚。けれど、サゴシクラスなら群れにさえ当たれば岸からのルアー釣りでいとも簡単に釣れてくる。

サゴシは春から沿岸部に姿を見せるが、春はカタクチイワシやイカナゴなどのベイトフィッシュの群れ次第ということもあり、実際は回遊コースにもけっこうムラがある。

したがって狙いやすいのは秋から初冬にかけて。このころにはベイトフィッシュの回遊も安定しているから、サゴシが岸近くを回遊している率は高い。

おもなポイントは磯、サーフ、漁港堤防とロケーションは問わない。そこにベイトフィッシュが回遊しているかどうかなのだ。

▶サゴシ（サワラ）

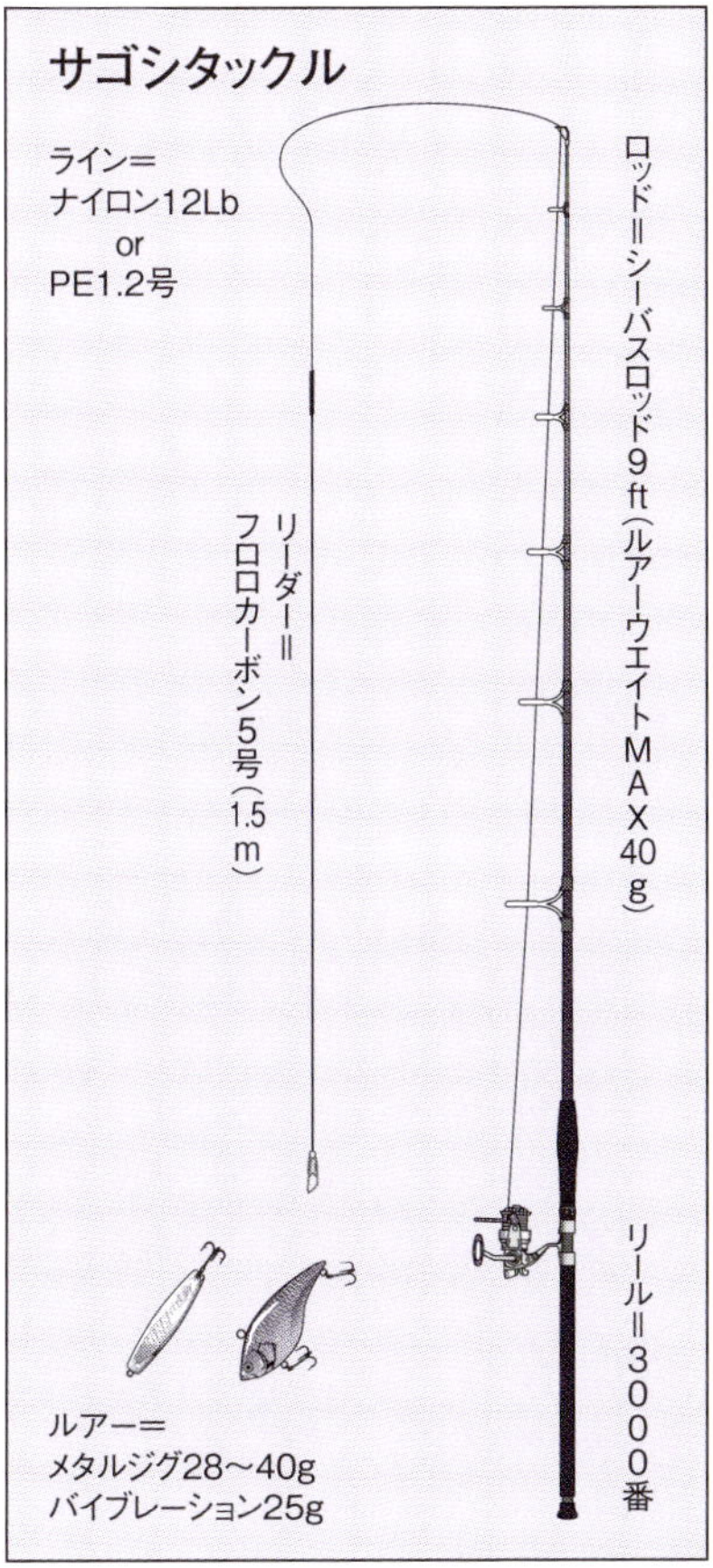
サゴシタックル
ライン＝
ナイロン12Lb
or
PE1.2号
ロッド＝シーバスロッド９ft（ルアーウエイトＭＡＸ40ｇ）
リーダー＝フロロカーボン５号（1.5ｍ）
リール＝３０００番
ルアー＝
メタルジグ28〜40g
バイブレーション25g

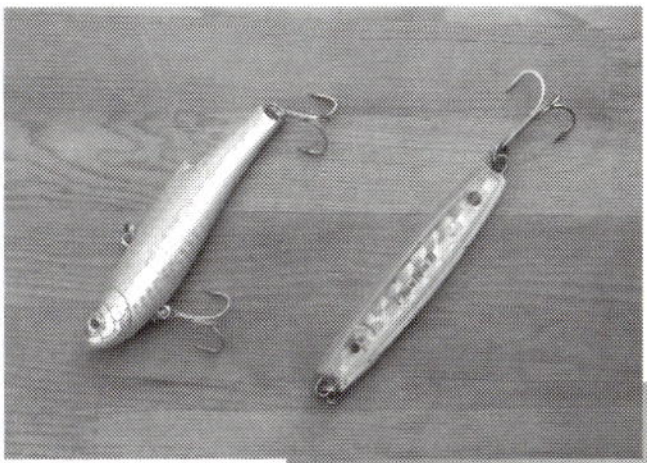

◀サゴシのヒットルアー。左がバイブレーション９センチで、右がメタルジグ40グラム

▶メタルジグにヒットしたサゴシ。回遊があれば高確率でヒットする

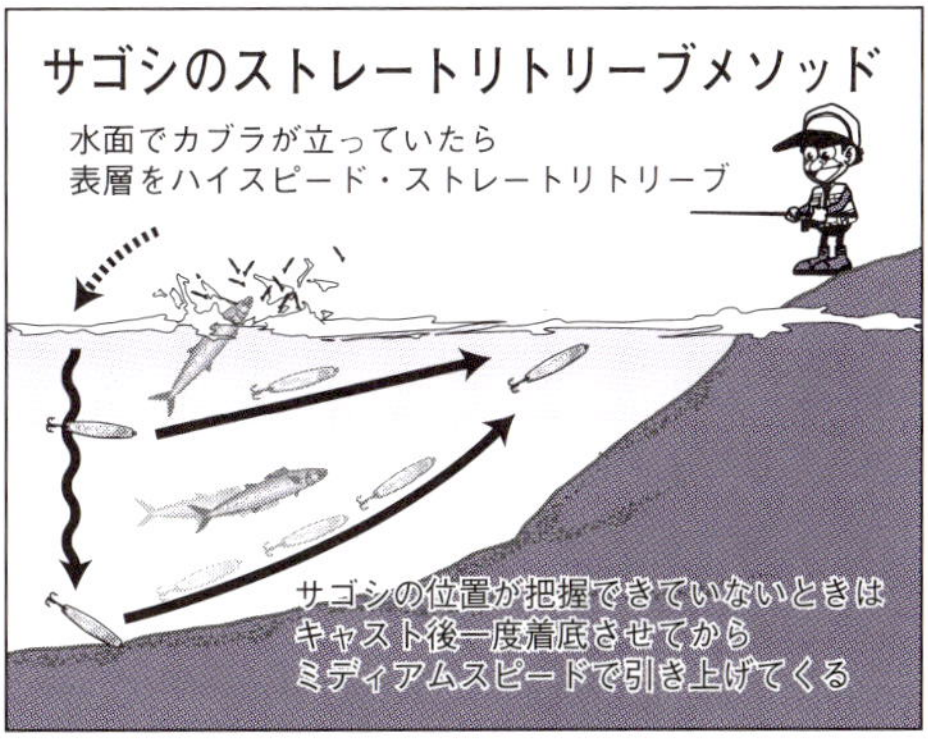
サゴシのストレートリトリーブメソッド
水面でカブラが立っていたら
表層をハイスピード・ストレートリトリーブ
サゴシの位置が把握できていないときは
キャスト後一度着底させてから
ミディアムスピードで引き上げてくる

ストレートリトリーブで噛み切られないように

サゴシが表層でエサの小魚を追っているときは、基本的に活性が高い。水面で捕食シーンが見られるから、ルアーも表層をハイスピードのストレートリトリーブで引いてくる。ハイスピードがよい理由は、ルアーの後ろから追わせることで、リーダー部分を噛み切られないようにするためだ。

リフト&フォールのアクションにも高反応を示すが、フォール中のルアーにアタックされた場合は、カミソリのような鋭い歯でラインブレイクしてしまう。

また表層に魚の気配がない場合は、キャスト後に一度着底させてから、今度はミディアムスピードのストレートリトリーブで引いてくる。こうすれば、ボトムから表層まで、広い層をチェックできるというわけだ。

なおルアーはメタルジグとバイブレーションに実績がある。

【19】

メッキ

メッキとは、大型ヒラアジ類の幼魚の総称。日本には黒潮に乗ってやってくる

河口　ゴロタ浜　サーフ　漁港

▲河口に隣接する堤防やサーフがポイントになる

▼これは最も よく姿を見るギンガメアジ（※ タイトル写真はロウニンアジ）

▲このクラスでも引きは強烈。さすがにヒラアジの仲間だ

河川河口部に好釣り場が多い

メッキとはロウニンアジ、カスミアジ、ギンガメアジなど南洋に生息するヒラアジ類の幼魚の俗称である。体が銀ピカであることから、メッキアジと呼ばれるようになった。

もともと九州以北～本州付近にはいない魚であるが、黒潮に乗ってたどりついた「はぐれ幼魚」が、黒潮の影響がある九州から四国、本州の太平洋岸に定着。エサを取りながら成長を続けるのだ。ただし日本の冬の海水温の低さに耐えられずに死んでしまうことから「死滅回遊魚」と呼ばれ、本州で見られるメッキは夏の終わりから初冬のころまでと限定されている。

サイズとしては、シーズン当初は15センチくらいだったものが、シーズン終盤には25センチくらいまで成長する。

おもなポイントは河口エリアや、河口に隣接する漁港、サーフなど。淡水が流入するエリアを好む。

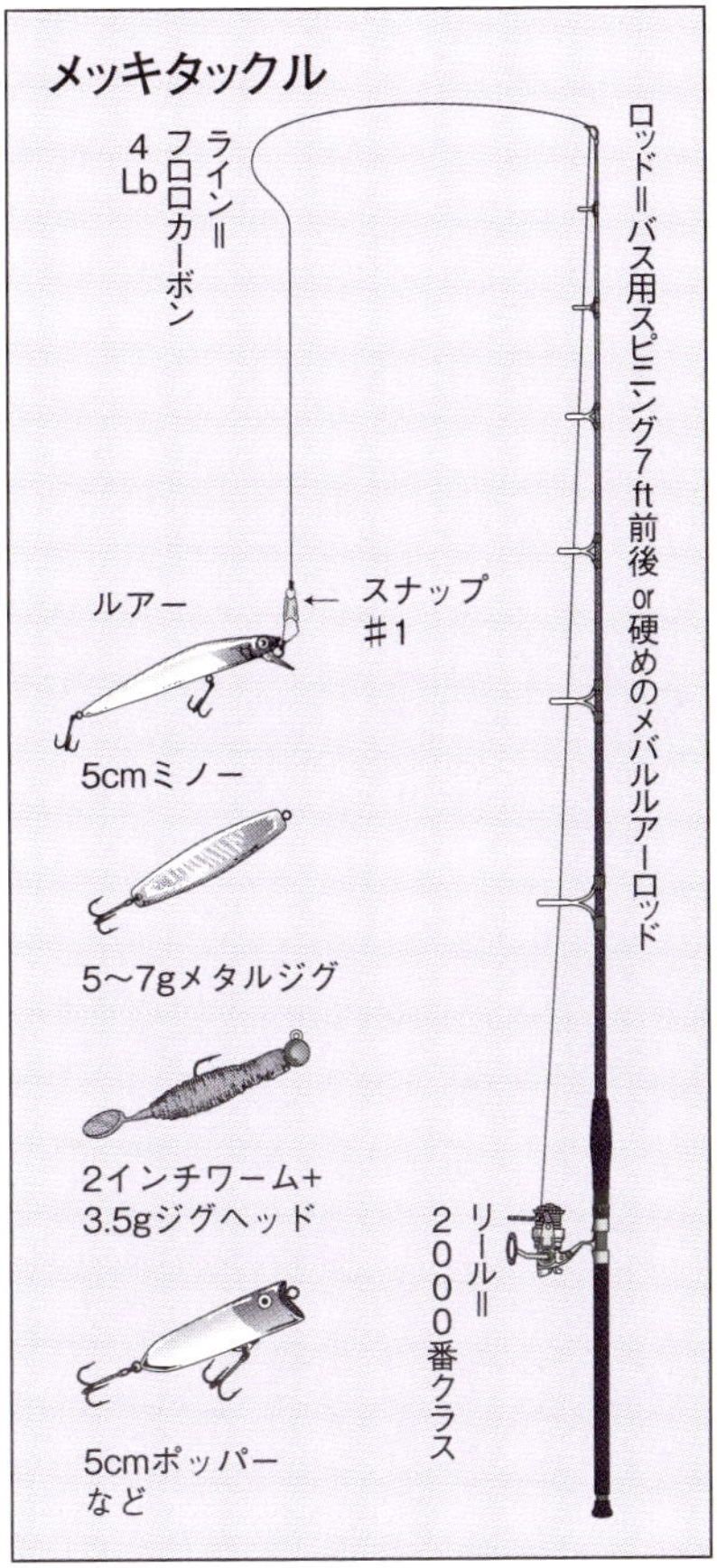
メッキタックル
ライン＝フロロカーボン4Lb
ロッド＝バス用スピニング7ft前後 or 硬めのメバルルアーロッド
ルアー
スナップ ＃1
5cmミノー
5～7gメタルジグ
2インチワーム+3.5gジグヘッド
5cmポッパーなど
リール＝2000番クラス

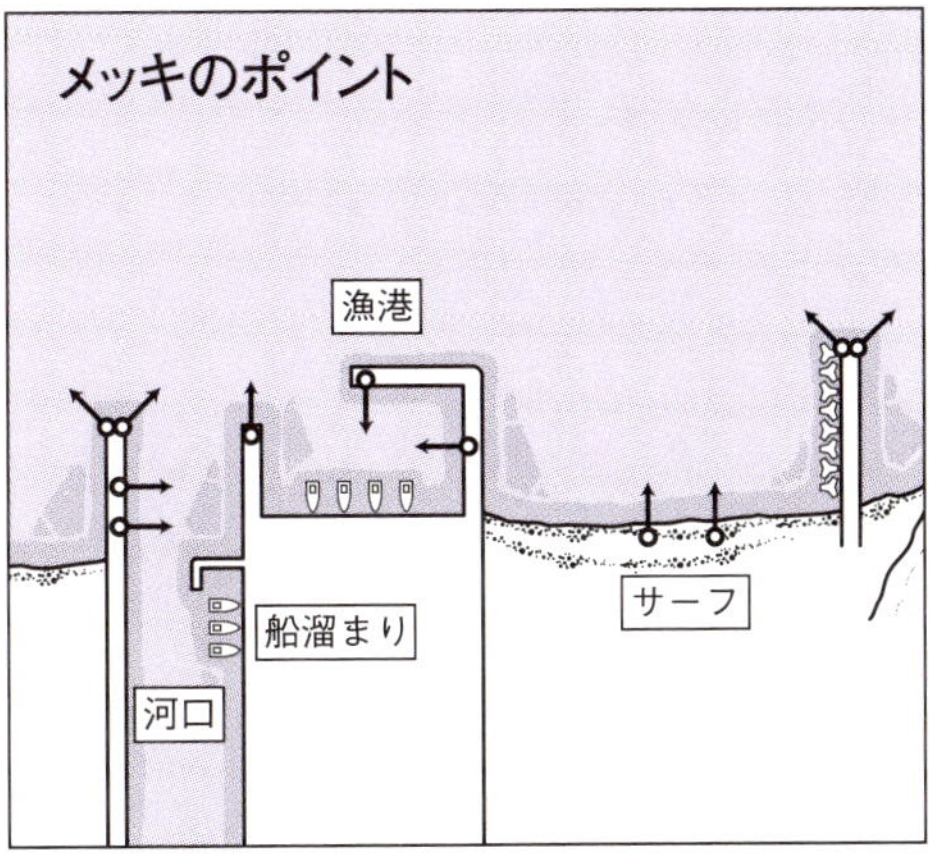
メッキのポイント
漁港
船溜まり
サーフ
河口

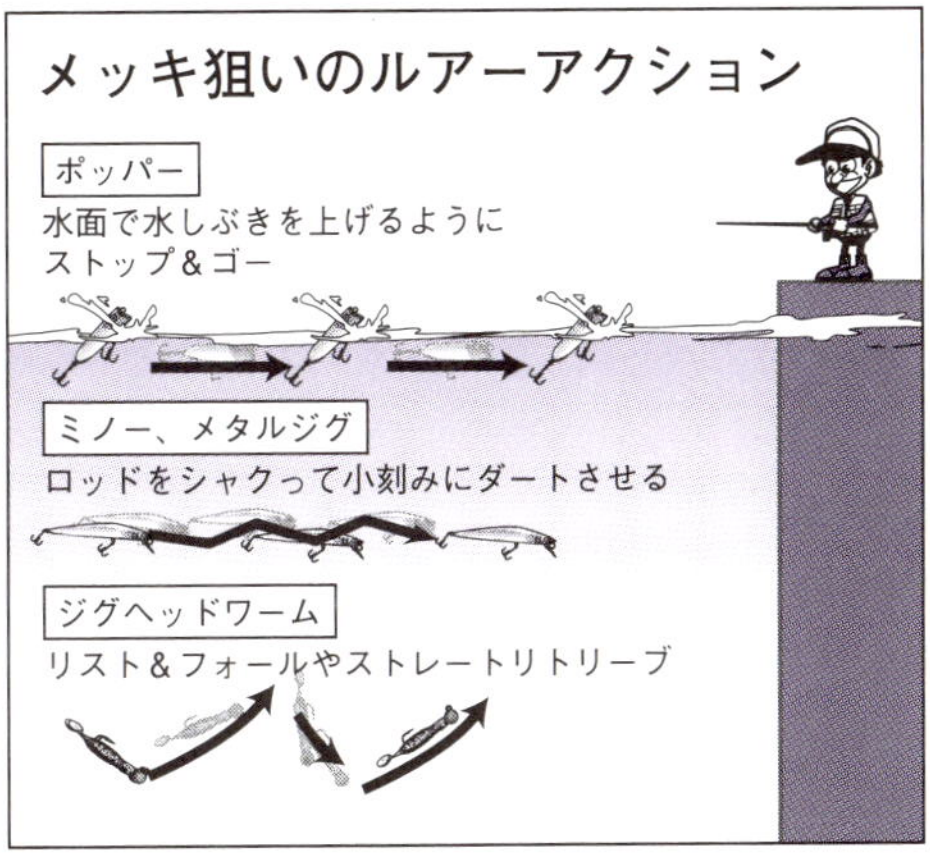
メッキ狙いのルアーアクション
ポッパー
水面で水しぶきを上げるように
ストップ＆ゴー
ミノー、メタルジグ
ロッドをシャクって小刻みにダートさせる
ジグヘッドワーム
リスト＆フォールやストレートリトリーブ

基本アクションは連続トゥイッチ

メッキは高速で泳ぎ回ってエサを取るため、ルアーアクションも速い動きが有効だ。しかも動態視力に優れているため、単調なルアーアクションではルアーをニセモノと見切ってしまう。

そこで、トゥイッチングアクションを多用する。このアクションを用いると、ポッパーの場合は小刻みにヘッドを振りながら水しぶきを上げるし、ミノーやメタルジグの場合は左右に不規則なダートを見せる。

ワームを使う場合にしても、巻き取りスピードに緩急がつくことで、メッキにルアーがニセモノと見切られにくい。

なお、トゥイッチングで意識しておきたいのは、アクションとアクションの合間にルアーを長く静止させないこと。ルアーを常に動かし続けることがメッキ釣りのキモとなる。

ヒットレンジは水面直下からボトムまでと全層である。

【20】

カマス

小型魚ながら、群れで小魚を追いかけるどうもうな肉食魚。マヅメに時合がやってくる

磯　漁港　港湾

▼アベレージサイズは25～30センチ。最大で35センチを超える

▲群れに当たれば数釣りも楽しめるターゲットだ

▼マヅメが時合になることが多いが、群れが大きいと日中でも好釣果が望める

マヅメに、小魚を群れで追い込む

カマスは全長20～35センチの小型魚だが、カタクチイワシなどをメインに捕食するどうもうなフィッシュイーターだ。

一般的なシーズンは夏の終わりから秋にかけてだが、地域によって多少のズレがある。それは、カタクチイワシの回遊がカマスの接岸に大きく左右するため、地域によっては6～7月にもカマスの大きな回遊が見られることがあるのだ。

おもなポイントは、カタクチイワシの回遊が見られる堤防や護岸、小磯など。日中は沖の深場にいるが、マヅメのころに沿岸部へ一気に接岸してくる。カマスは群れで小魚を追い込む習性があるので、小魚を追い込んでいれば、水面が広い範囲で波立つほどのボイルを見せる。

ちなみに、日本で釣れるおもなカマスはアカカマスとヤマトカマスだが、太平洋岸の一部では、メッキと一緒にオニカマスの幼魚も流れ着いている。

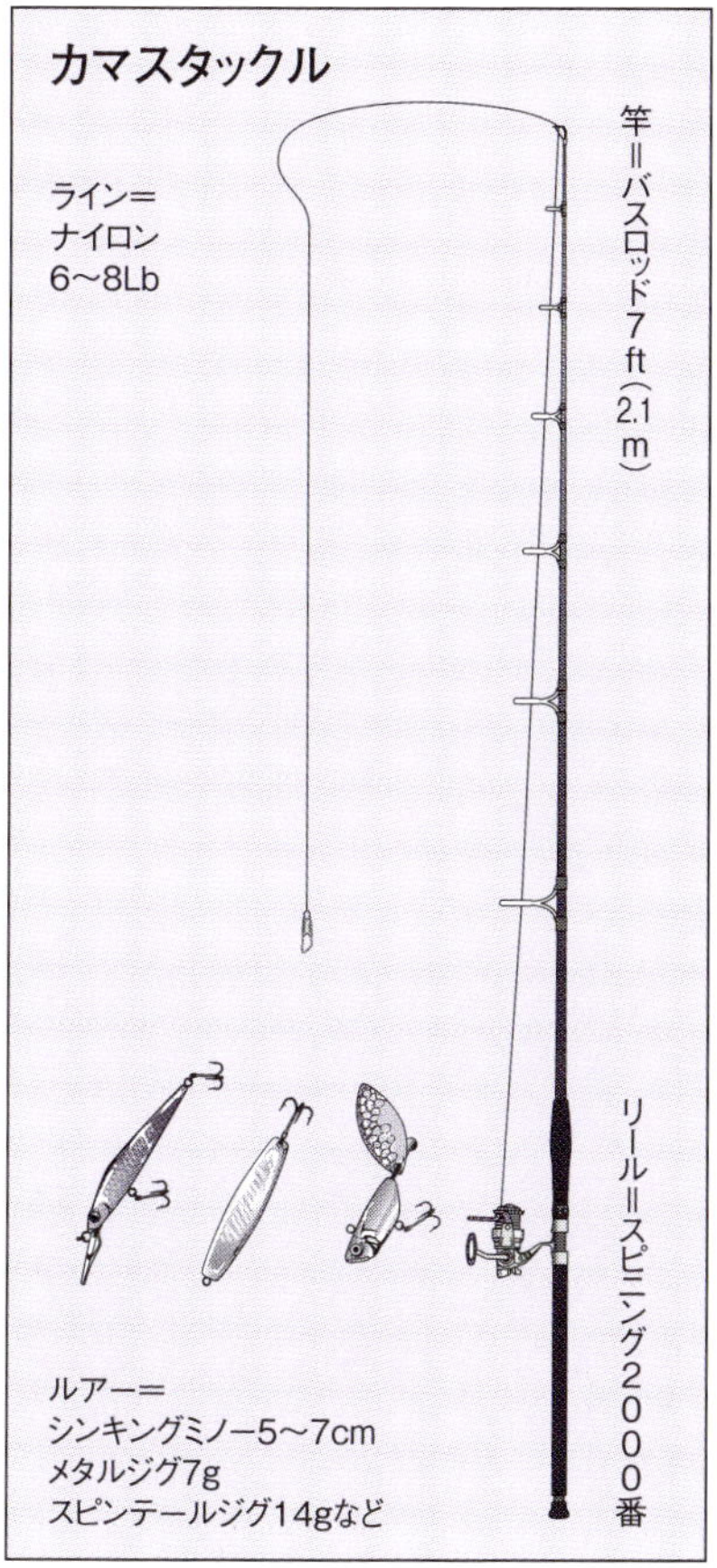
カマスタックル
竿＝バスロッド7ft（2.1m）
ライン＝
ナイロン
6〜8Lb
リール＝スピニング2000番
ルアー＝
シンキングミノー5〜7cm
メタルジグ7g
スピンテールジグ14gなど

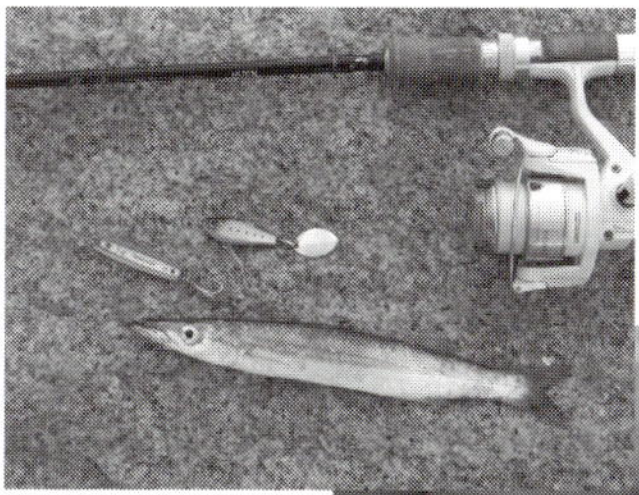

◀日中はメタル系のルアーでボトム狙いに徹するとよい

▶カマスの口は小さく硬い。小型のルアーが有効だ

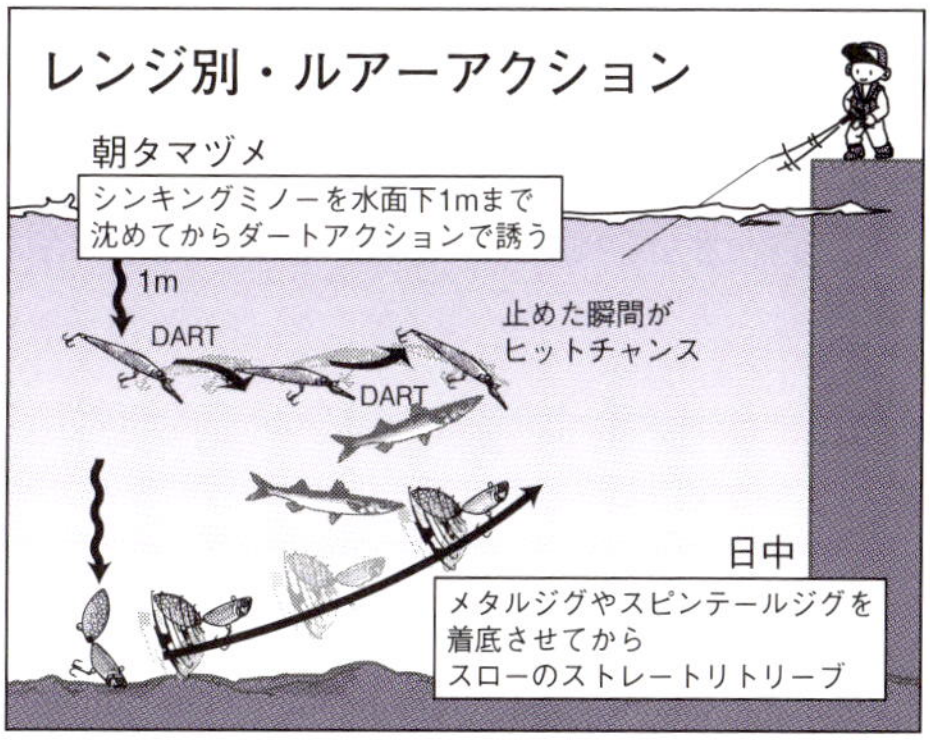
レンジ別・ルアーアクション
朝夕マヅメ
シンキングミノーを水面下1mまで
沈めてからダートアクションで誘う
1m
DART
DART
止めた瞬間が
ヒットチャンス
日中
メタルジグやスピンテールジグを
着底させてから
スローのストレートリトリーブ

食い渋ればダートアクションが有効だ

朝夕マヅメに表層をミノーで狙う場合、非常に活性が高いときはストレートリトリーブでもよいのだが、カマスがすぐにルアーの動きに慣れてしまってアタリが出ないことがある。

こうなると、トゥイッチングによるダートアクションが有効だ。ロッドを小刻みにシャクってルアーを激しく動かし、ピタッと止める。この瞬間にカツンとアタリが出ることが多い。

メタルジグやスピンテールジグで海底付近を探る場合は少し異なる。日中、海底付近にいるカマスは基本的に群れていることが多いから、ストレートリトリーブでも十分反応してくれるのだ。

方法は、一度ルアーを着底させてから、おもむろにゆっくりと引き上げてくる。このとき、ボトム近くでアタリが出ることが多く、大きな群れに当たれば数釣りも可能となる。

【21】

ダツ

**エサを探しながら
水面直下を回遊。
細長いクチバシで小魚を捕食する**

磯　河口　ゴロタ浜　サーフ　漁港　港湾

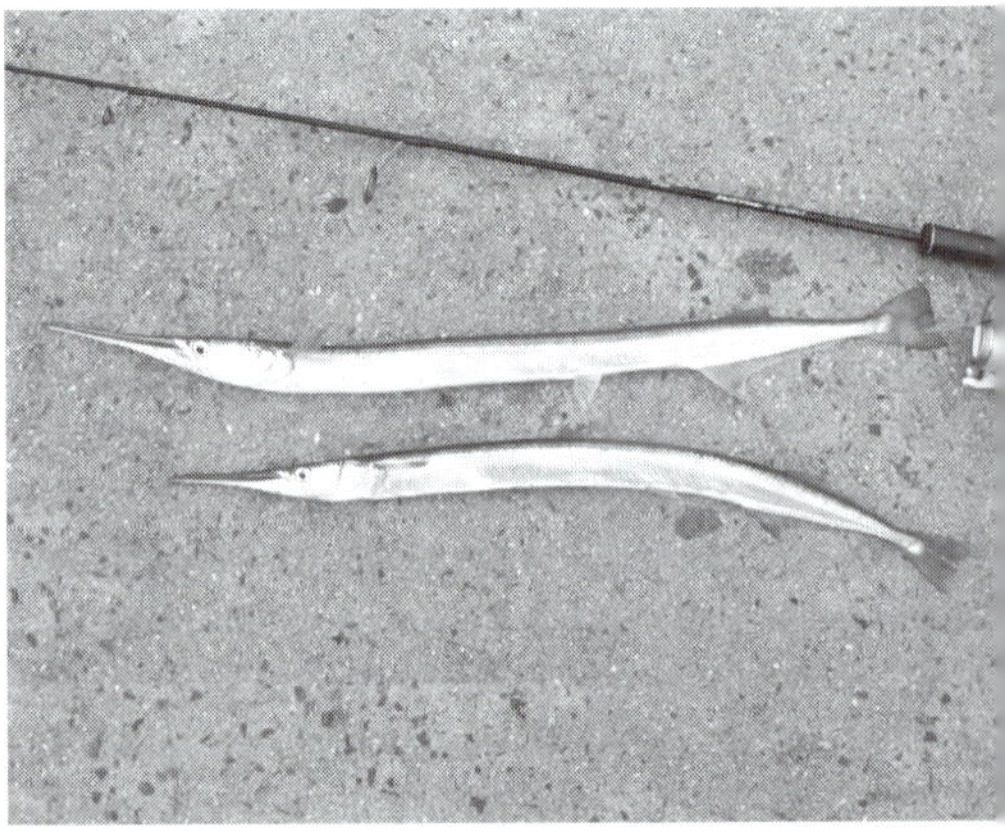

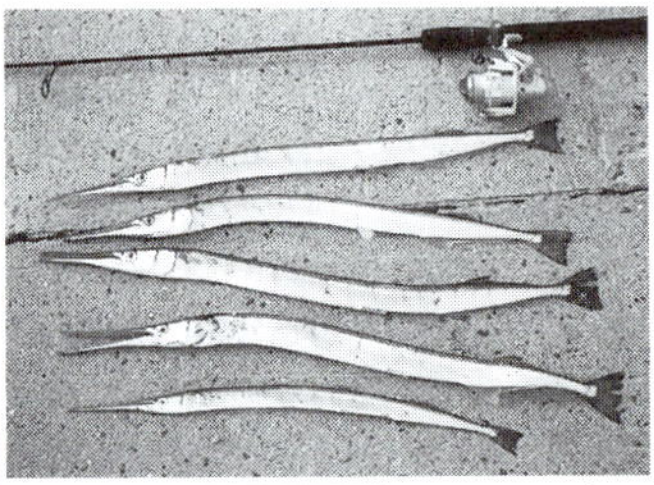

▲釣れれば60～80センチの良型がそろう

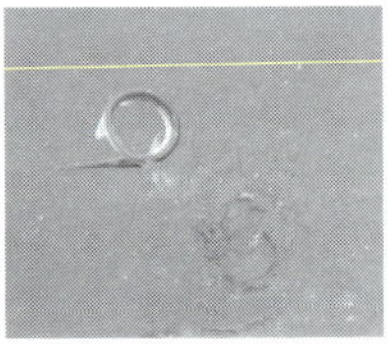

◀ファイトは派手。水面上でテールウォークを見せてくれる

▼水深が浅い干潟サーフにも入り込んでくる

超小型のベイトフィッシュを追っている

ダツは、平均サイズが50～80センチと内湾で釣れるターゲットにしては大型の部類に入るフィッシュイーターだ。初夏のころ、産卵のために内湾の藻場に接岸し、夏の終わりころまでエサを取りながらそのまま居続ける。

釣りシーズンは、5月から9月上旬といったところで、体長2～3センチのイナッ子やツナシ（コノシロの稚魚）などを水面直下で追っている。

また、ベイトフィッシュが見られなくても、ダツは潮の流れが強い所やヨレている所が大好きなので、そういったポイントを重点的に釣り歩いてもよいだろう。具体的には、河口付近や桟橋や護岸のコーナーが作り出すヨレには高確率でダツが着いている場合が多い。また、湾内でも石積み護岸に藻が着いているような所は、ダツが奥まで入り込んでいる場合があるようだ。

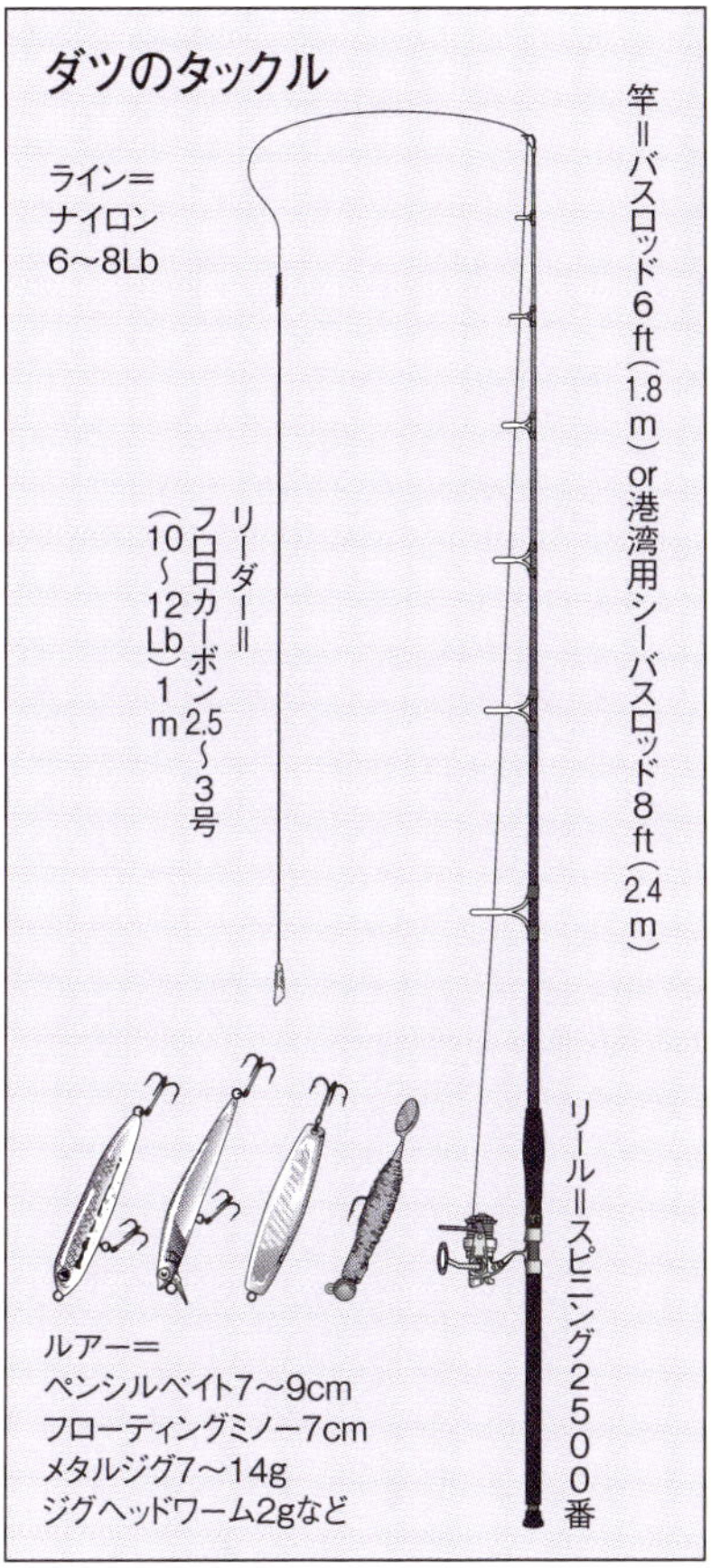
ダツのタックル
竿＝バスロッド6ft（1.8m）or港湾用シーバスロッド8ft（2.4m）
ライン＝
ナイロン
6～8Lb
リーダー＝フロロカーボン2.5～3号（10～12Lb）1m
リール＝スピニング2500番
ルアー＝
ペンシルベイト7～9cm
フローティングミノー7cm
メタルジグ7～14g
ジグヘッドワーム2gなど

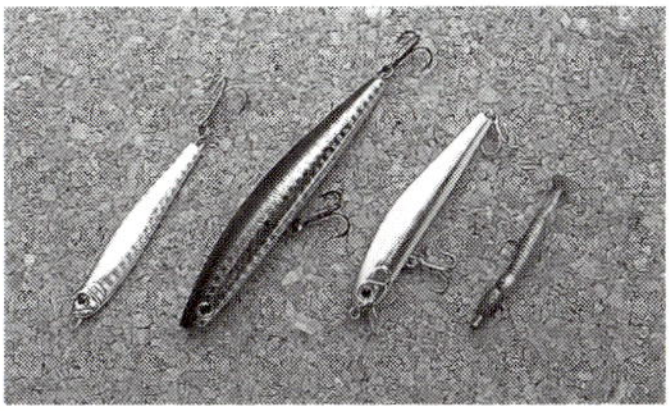

◀ダツのヒットルアー。左から、メタルジグ、ペンシルベイト、フローティングミノー、ジグヘッドワーム

▶ダツの口は細長く、非常に硬い。ハリが立てばラッキーくらいに考えよう（アタックしてくれても、なかなかハリ掛かりしないのだ）

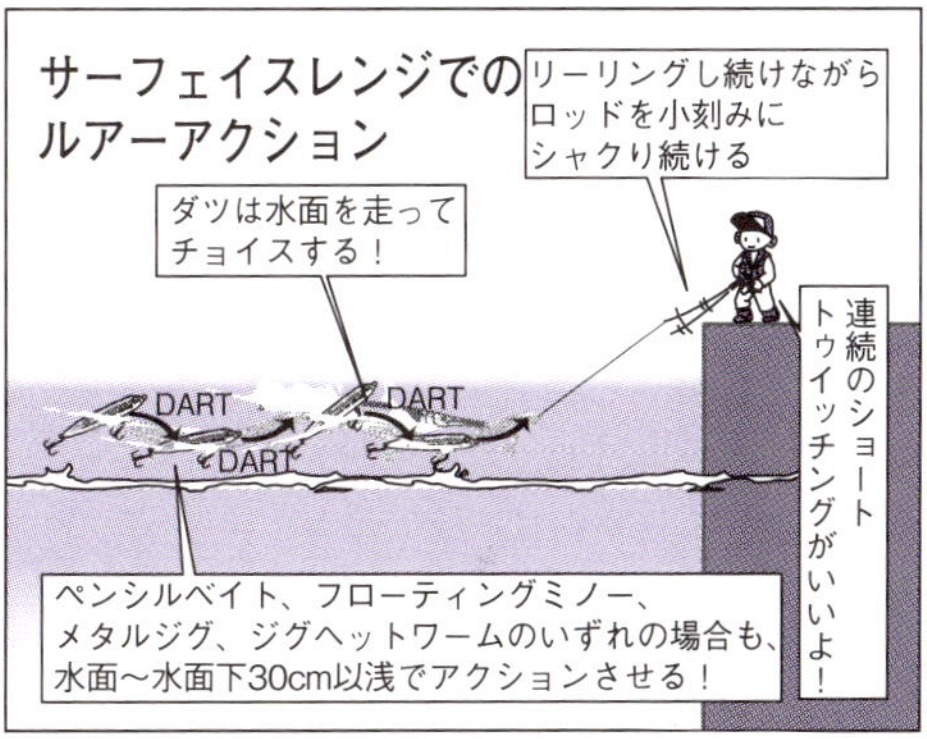
サーフェイスレンジでの
ルアーアクション
リーリングし続けながら
ロッドを小刻みに
シャクり続ける
ダツは水面を走って
チョイスする！
DART
DART
DART
連続のショートトゥイッチがいいよ！
ペンシルベイト、フローティングミノー、
メタルジグ、ジグヘッドワームのいずれの場合も、
水面～水面下30cm以浅でアクションさせる！

水面から水面直下でアクションさせることが重要だ

写真には4種類のルアーを紹介しているが、いずれのルアーも水面から水面直下でアクションさせることが重要で、それよりも深い層までダツが追ってくることはない。

基本的なアクションとしては、連続のショートトゥイッチがいい。ペンシルベイトやフローティングミノーはリーリングを止めても水面上にとどまってはいるけれど、ルアーを止めた瞬間にダツはルアーに対する興味を失ってしまうようなので、アクションそのものは決してストップさせないことが重要だ。

ただ、派手なアクションを続けているとダツがスレてしまいやすいので、最初はダツの進行方向にキャストしてからのストレートリトリーブのみでもよい。水面上に引き波を立てるだけでも、活性の高いダツはルアーを追いかけてくれるものである。

【22】

サヨリ

プランクトンイーターながら、引き波で寄せて、ワームで食わせる方法もある

磯 河口 サーフ 漁港 港湾

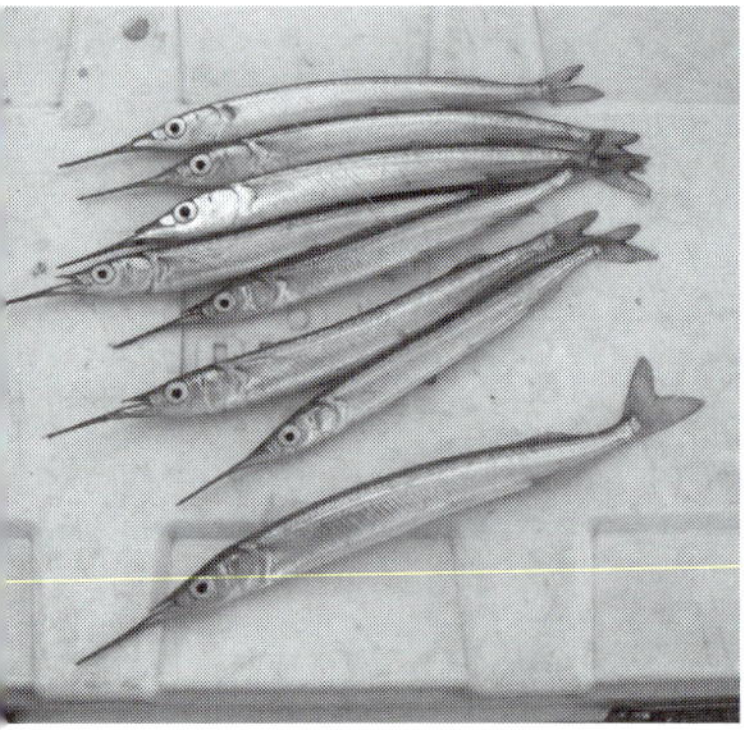

▲通称エンピツサヨリは南蛮漬けでおいしくいただける

▼最初からサヨリの群れが見える所に入釣しよう

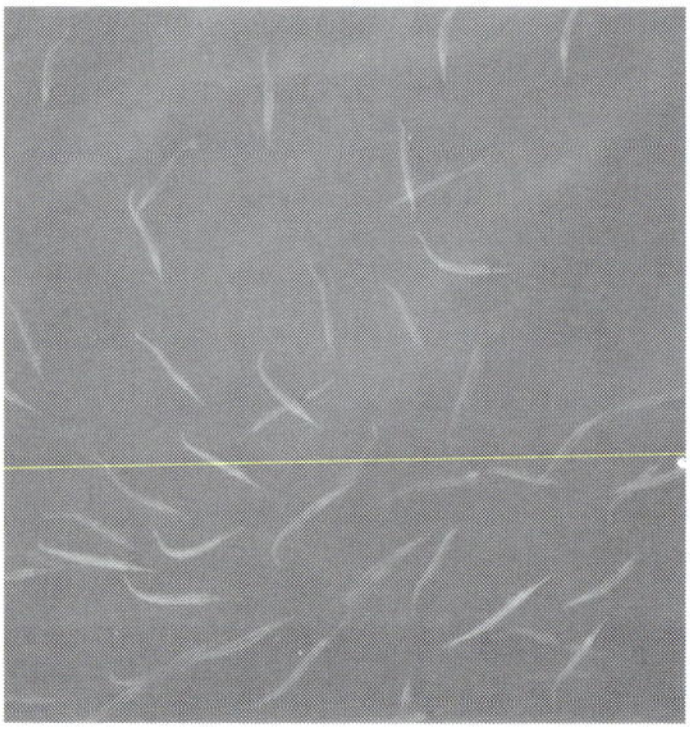

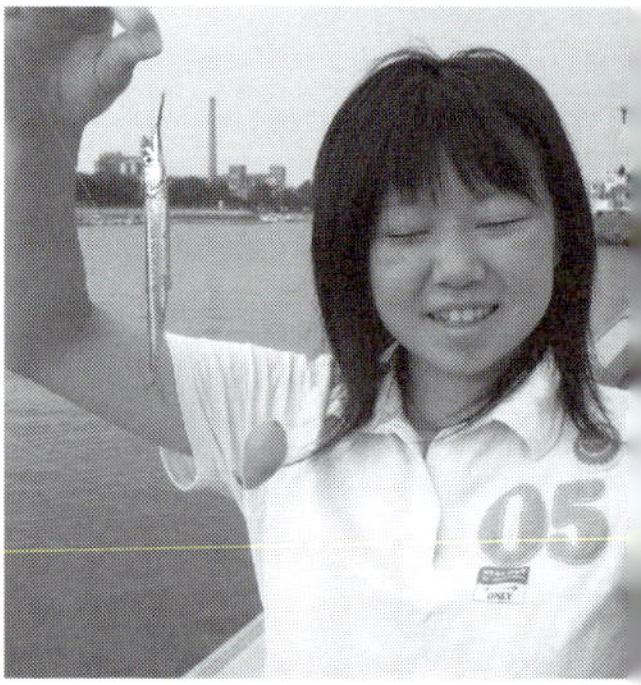

▲メバルフロートの出現がサヨリのルアー釣りを可能にしてくれた

夏から秋にかけて岸近くにやってくる

サヨリは春が産卵期。エサ釣りでは30～35センチクラスがヒットするが、この時期は泳層が若干深くて、ルアーでは釣りにくい。ルアーで狙いやすいのは、水面にその姿が見られるときで、夏の終わりから秋にかけて。全長が20～27センチくらいのときである。

おもな釣り場はエサ釣りの場合と変わらない。漁港や港湾部にその姿が見られれば、ルアーによる見釣りが可能だ。また、エサ釣り師が入らない干潟サーフや河口域にも入ってくるから、サヨリの気配があれば狙ってみるとよいだろう。

ただしコマセを使わないルアー釣りでは、最初からサヨリが湧いているような所に入る必要がある。そういった意味では、漁港の常夜灯下を夜に狙うのも効果的。サヨリは灯りに集まったエサを追い回しているので、ルアーそのものへの反応もよい。

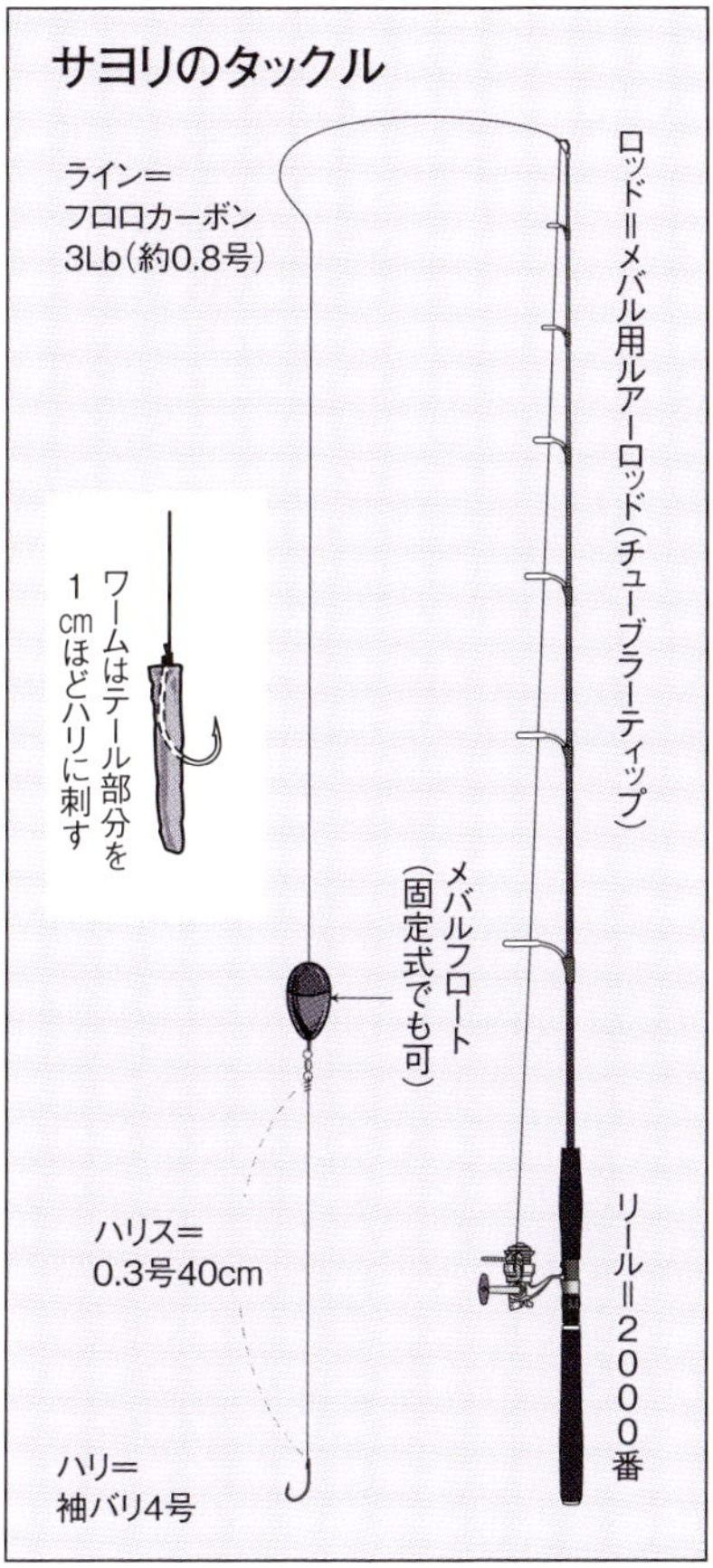
サヨリのタックル
ライン＝
フロロカーボン
3Lb（約0.8号）
ロッド＝メバル用ルアーロッド（チューブラーティップ）
ワームはテール部分を1cmほどハリに刺す
メバルフロート（固定式でも可）
ハリス＝
0.3号40cm
リール＝2000番
ハリ＝
袖バリ4号

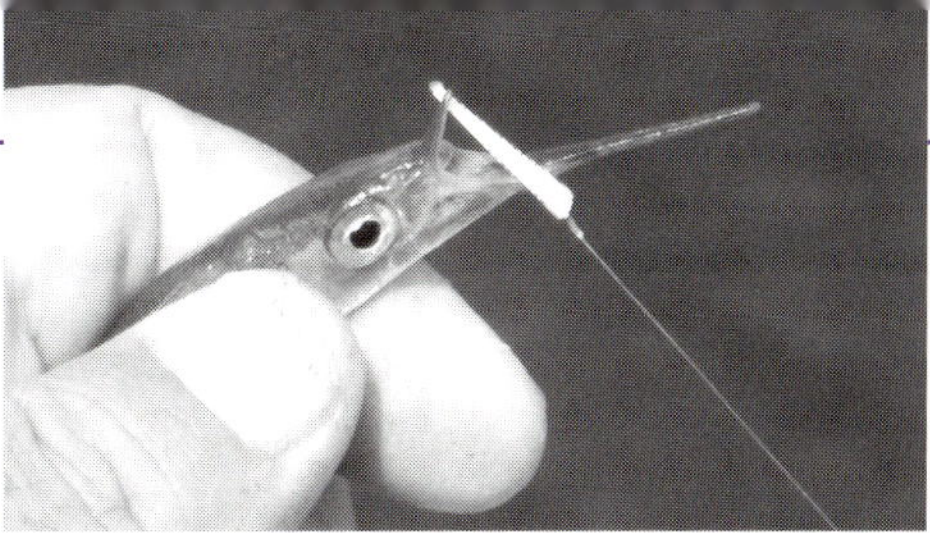

▲白の極小ワーム（通称はんぺんワーム）がヒットルアーだ

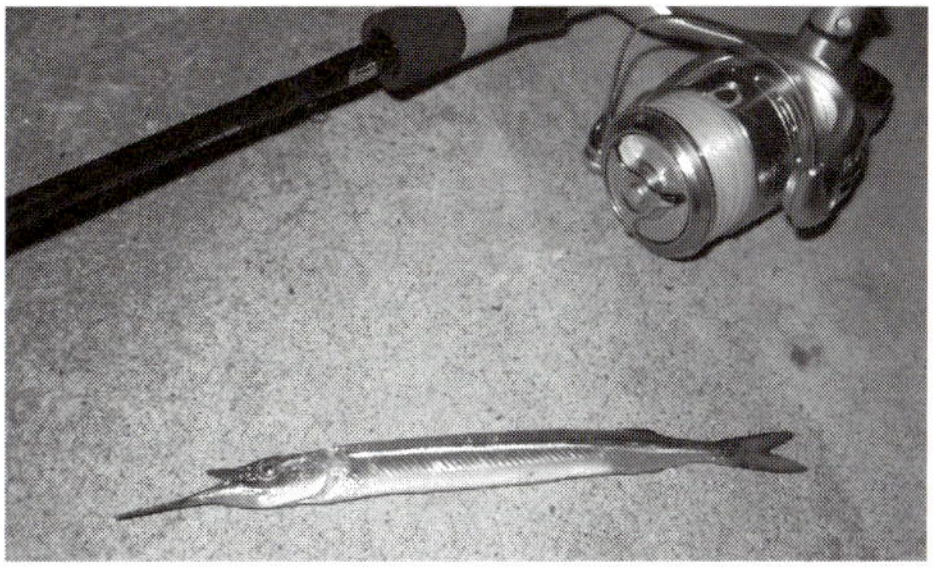

▲フロートリグを使用するので、タックルはメバルロッドが最適だ

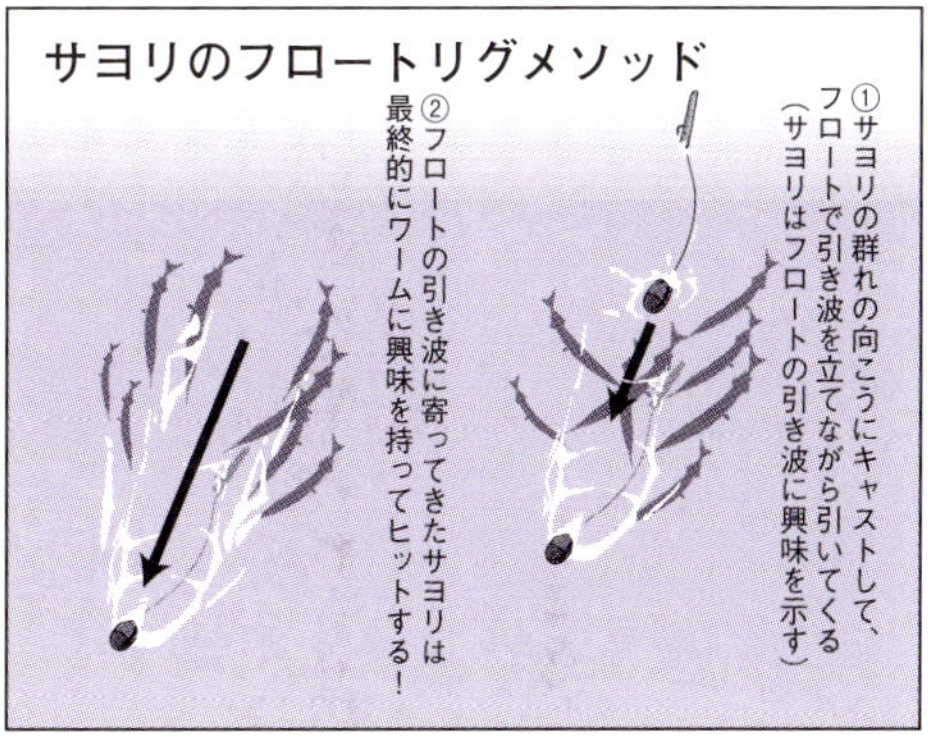
サヨリのフロートリグメソッド
①サヨリの群れの向こうにキャストして、フロートで引き波を立てながら引いてくる（サヨリはフロートの引き波に興味を示す）
②フロートの引き波に寄ってきたサヨリは最終的にワームに興味を持ってヒットする！

はんぺんワームのフロートリグで狙う

サヨリは水面直下で小さなプランクトン系のエサを食べている。ただ、非常に好奇心が旺盛な魚で、引き波に異常なほど興奮するところがある。この習性を利用するのだ。使用するのはメバル用のフロートリグ。これなら、水面上をゆっくり引くことで、サヨリがその引き波に興味を持って追いかけてきてくれる。

また、エサ釣りで使う極小のハリを使うことができるから、ワームの先っちょを1センチほどにカットした、はんぺんワーム（通称）の使用が可能だ。フロートの引き波でサヨリを引き寄せて、目の前の極小ワームを食わそうというイメージである

なおワームは白い色がベスト。アタリが手に伝わることはないから、この水中に白く見えるワームがフッと消えたらサヨリの口の中に入ったと考え、合わせればよい。

SALTWATER

TARGET

【23】

ヒラメ

**ハードルアーに
果敢にアタックしてくる
サーフの人気ターゲット！**

河口　ゴロタ浜　サーフ　漁港

▲ヒラメのヒットルアー。左から、フローティングミノー、バイブレーション、メタルジグ

◀基本的にヒラメは昼行性だが、夜でも常夜灯の下でヒットすることがある

▼ヒラメは外洋の砂浜で魚影が濃い

砂地底のサーフが定番ポイントだ

ヒラメは、一般的なイメージ以上に活発に回遊する魚であり、シロギスなどの底棲小型魚以外にイワシやイカナゴなどの小型回遊魚までもエサにする。そのためシーズンインはマゴチよりも若干早く、基本的には4～11月ごろまでが釣期で、とくに4～6月と9～11月はベストシーズンといっていい。

おもなポイントは日本海や太平洋岸外洋向きの砂地底のサーフだが、内海でも潮通しがよく地形的変化に富んでいれば釣果は期待できる。具体的には、砂地サーフのカケ上がり部分や河口のサンドバー、港湾部なら周辺より深くなっているミオ筋など。もちろん潮目や離岸流ができる所も狙い目だ。

また、きれいな砂浜以外に若干のゴロタ石や沈み根など地形的な変化があったりしたほうがベイトフィッシュの着きがよく、良型のヒラメも着きやすい。

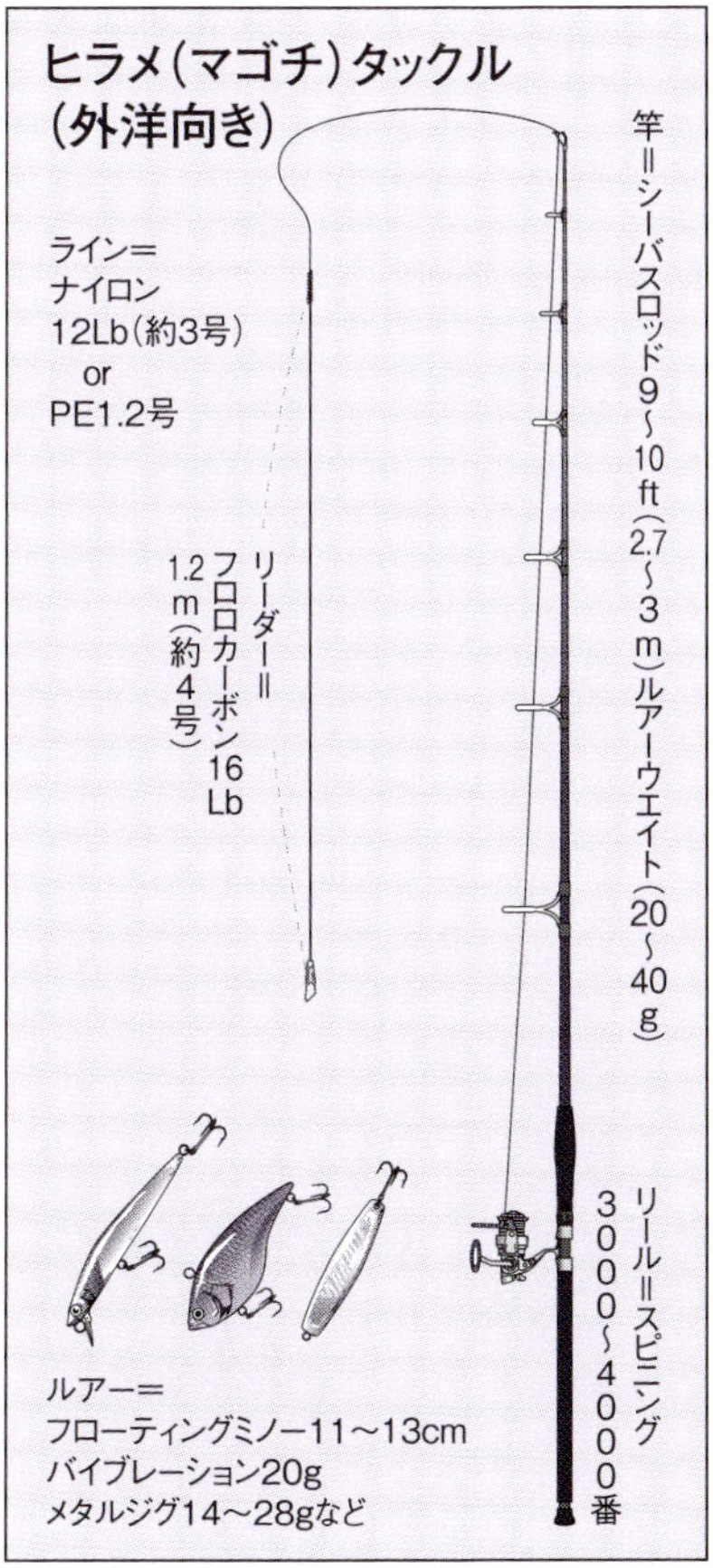
ヒラメ（マゴチ）タックル
（外洋向き）
ライン＝
ナイロン
12Lb（約3号）
or
PE1.2号
リーダー＝
フロロカーボン16Lb
1.2m（約4号）
竿＝シーバスロッド9〜10ft（2.7〜3m）ルアーウエイト（20〜40g）
リール＝スピニング3000〜4000番
ルアー＝
フローティングミノー11〜13cm
バイブレーション20g
メタルジグ14〜28gなど

▲メタルジグにヒットした70センチのヒラメ。このサイズになると強烈な締め込みを見せる

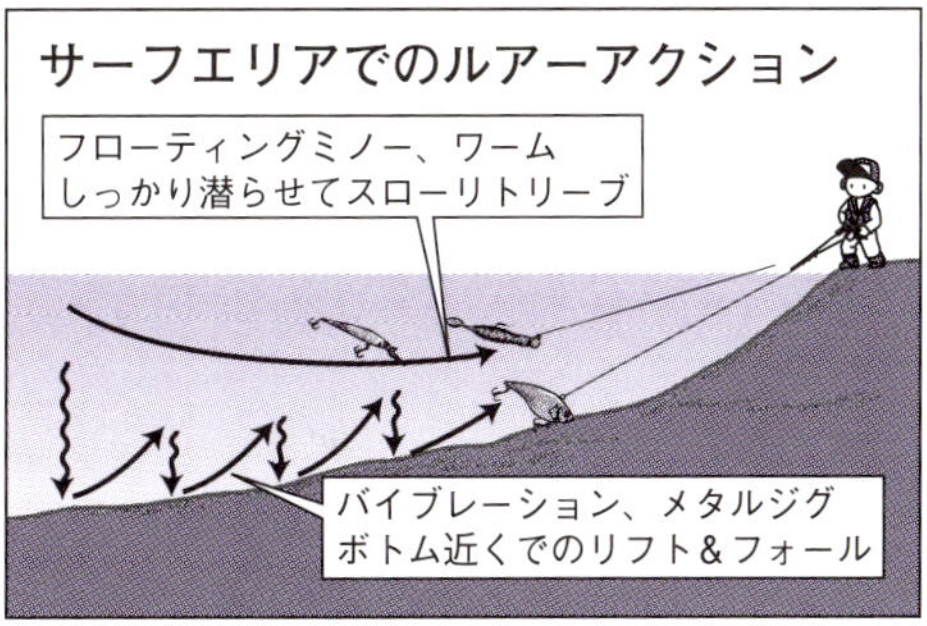
サーフエリアでのルアーアクション
フローティングミノー、ワーム
しっかり潜らせてスローリトリーブ
バイブレーション、メタルジグ
ボトム近くでのリフト＆フォール

ルアーは、海底近くでアクションさせよう

ルアー別のアクションについてだが、フローティングミノーはスローからミディアムスピードでリーリングするのみだ。ただし深く潜るルアーではないから、遠浅サーフでなければ非常に釣りづらい。

ほどほどに水深があるサーフでは、バイブレーションやメタルジグなどをチョイスする。これらも基本的には海底近くをゆっくりとノーアクションで泳がせてくるだけでよいのだが、バイブレーションとメタルジグに関しては、リフト&フォールも有効だ。

ヒラメは常に上方向を見ているから、アクションは若干上のほうに向かわせるくらいでちょうどよい。ヒラメはふだんから海底にへばりついているけれど、エサを捕食するときは1〜2メートルなら普通に垂直ジャンプするから、ルアーをわざわざ海底に着けて泳がせる必要はない。

SALTWATER

TARGET

【24】

マゴチ

照りゴチという言葉があるくらい、夏の高水温にも強いサーフの底棲魚

河口 ゴロタ浜 サーフ 漁港 港湾

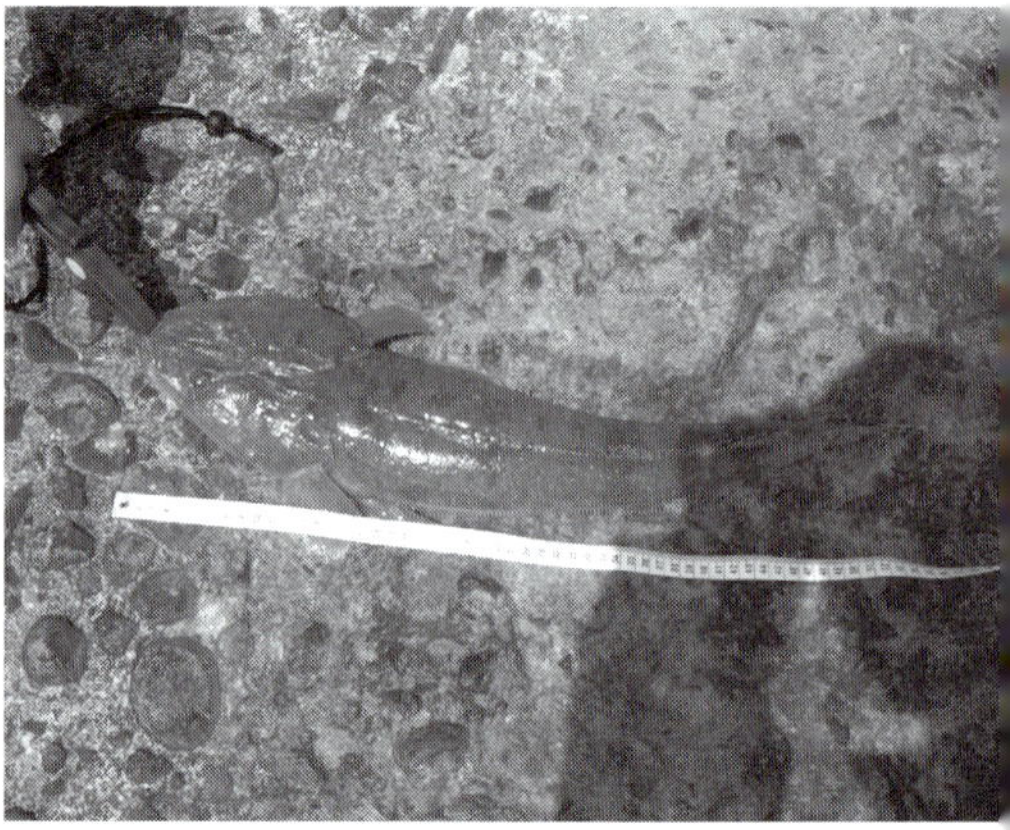

▲漁港の堤防からでも、海底の状態を把握すればヒット率もアップする

◀内海の漁港でも、このサイズがくるからたまらない

定着性が強く、釣期も安定している

マゴチはシロギスやハゼなどの底棲小型魚をおもに捕食しているから、イワシが回遊してきたからといって、一気に釣れ盛ることはない。一般的なマゴチのシーズンは5～10月といったところで、その中でシロギスの接岸が見られる6～7月と9～10月にベストシーズンを迎える。

おもなポイントはヒラメとほぼ同様で、外洋向きのサーフエリアが中心だ。砂地サーフのカケ上がりや河口エリア、漁港のミオ筋などが狙い目。マゴチはヒラメほど潮通しのよい所に固執することはないようで、ベイトさえいれば、砂泥底の内湾の港湾エリアでも姿を見ることができる。

時合は、早朝と夕方に食いが立つとよくいわれるが、これはベイトフィッシュが岸近くの浅場に接岸してくるからであり、潮通しのよいポイントなら日中でも十分に釣果は望めるはずだ。

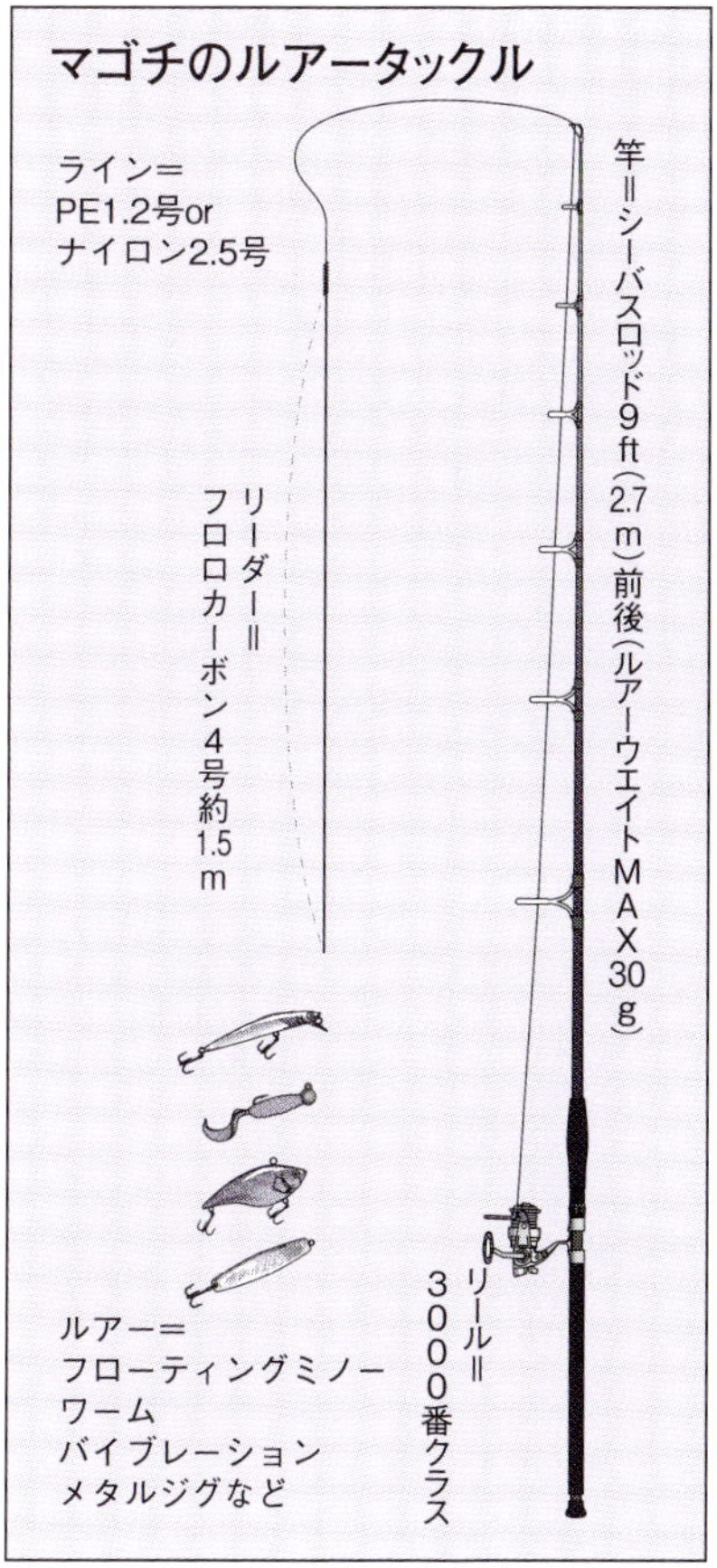
マゴチのルアータックル
ライン＝
PE1.2号or
ナイロン2.5号
竿＝シーバスロッド9ft（2.7m）前後（ルアーウエイトMAX30g）
リーダー＝フロロカーボン4号約1.5m
リール＝3000番クラス
ルアー＝
フローティングミノー
ワーム
バイブレーション
メタルジグなど

▲マゴチのヒットルアー。左から、フローティングミノー、ジグヘッドワーム、バイブレーション、メタルジグ

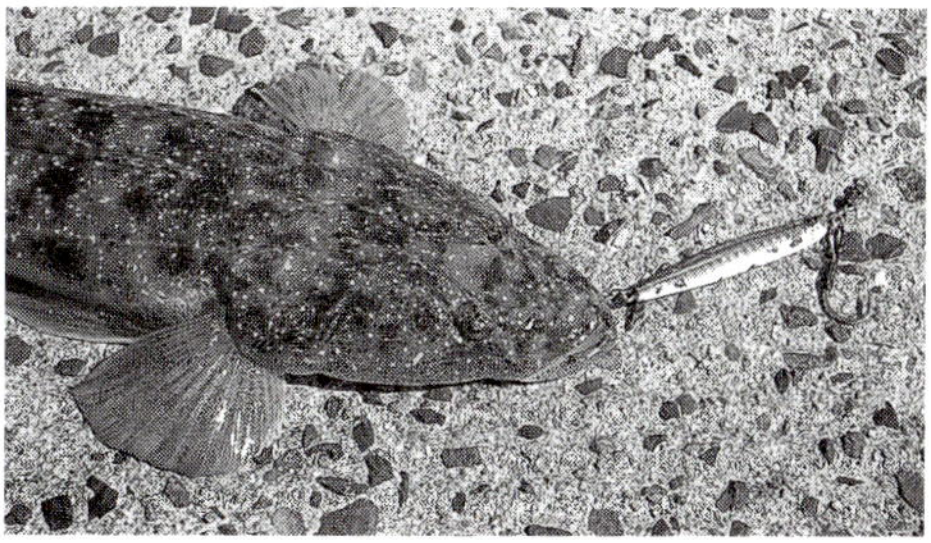
▲マゴチは口周りが硬いので、力強いフッキングを心がけよう

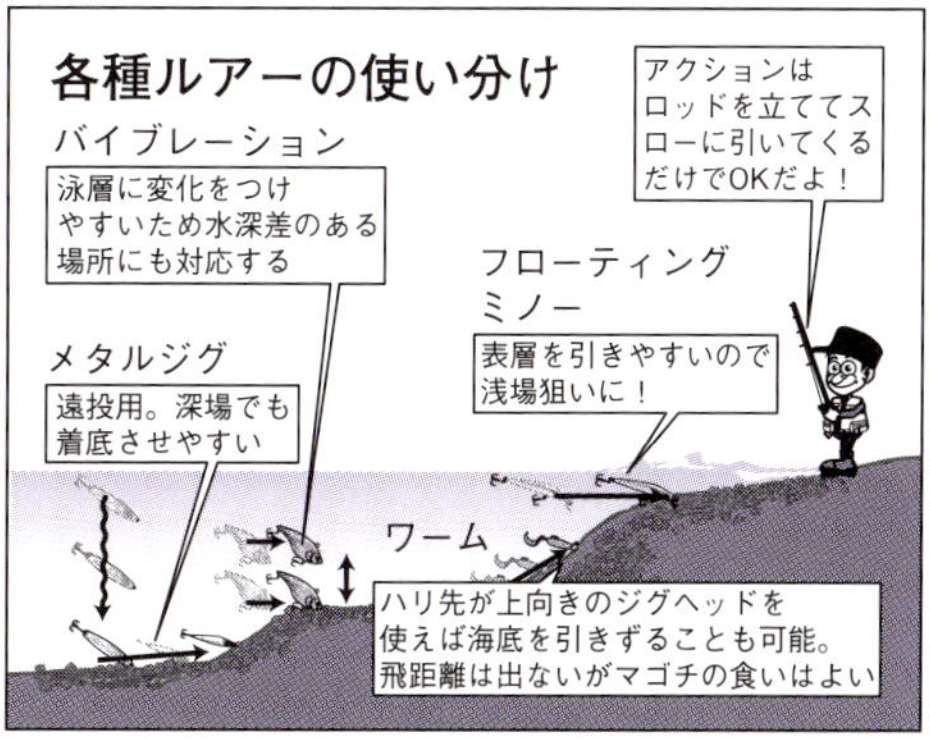
各種ルアーの使い分け
アクションはロッドを立ててスローに引いてくるだけでOKだよ！
バイブレーション
泳層に変化をつけやすいため水深差のある場所にも対応する
フローティングミノー
表層を引きやすいので浅場狙いに！
メタルジグ
遠投用。深場でも着底させやすい
ワーム
ハリ先が上向きのジグヘッドを使えば海底を引きずることも可能。飛距離は出ないがマゴチの食いはよい

しっかりと海底を感じながらアクションさせること

マゴチとヒラメを誘うルアーアクションは、基本的に同じものと考えてよいだろう。フローティングミノーやワームは海底近くをゆっくり引くだけでよく、メタルジグやバイブレーションの場合は、ストレートリトリーブ以外に、リフト&フォールという縦シャクリのアクションが効果的である。

ただし、マゴチはヒラメほど活発に動かないということを意識しておきたい。フローティングミノーやワームを引く場合も極力海底に近づけることが大切で、バイブレーションやメタルジグでリフト&フォールする場合も、1回1回確実にボトムに着底させながらアクションさせることが重要だ。

また、ヒラメは少々速い動きにもついてこられるが、マゴチはそういうわけにはいかないので、スローアクションを心がけたい。

SALTWATER
TARGET

【25】

シログチ

サーフを回遊するソルトルアーののニューターゲット！

磯　河口　サーフ　漁港　港湾

▲ハゼを吐き出した25センチのシログチ。魚食性が強い魚でもあるのだ

▶7グラムのメタルジグにヒット！

▼タイラバにヒットした良型のシログチ

梅雨時期なら日中に狙える

シログチは最大でも40センチほど。アベレージサイズは20～30センチといったところか。元来は夜行性で、投げ釣りのターゲットとして有名だ。だが魚食性も備えた魚であるから、当然、ルアーで狙うことも可能である。

おもなポイントは砂地や砂泥底のサーフ。もちろん、海底が砂地であれば、磯や港湾部でも釣れてくる。

シーズンは投げ釣りで狙う場合と同じに考えればよく、初夏のころと秋口に食いが立つ。とくに初夏の梅雨時期は、河口近くのサーフに濁りが入れば日中でも果敢にルアーを追ってくる。

秋口は、ベイトフィッシュが豊富になるからだろう、魚食性が強まるようだ。

ただし全国的に見ると、どこでも釣れる魚ではなく、生息地域が限定される。瀬戸内海のような内海の干潟エリアに好ポイントが多い。

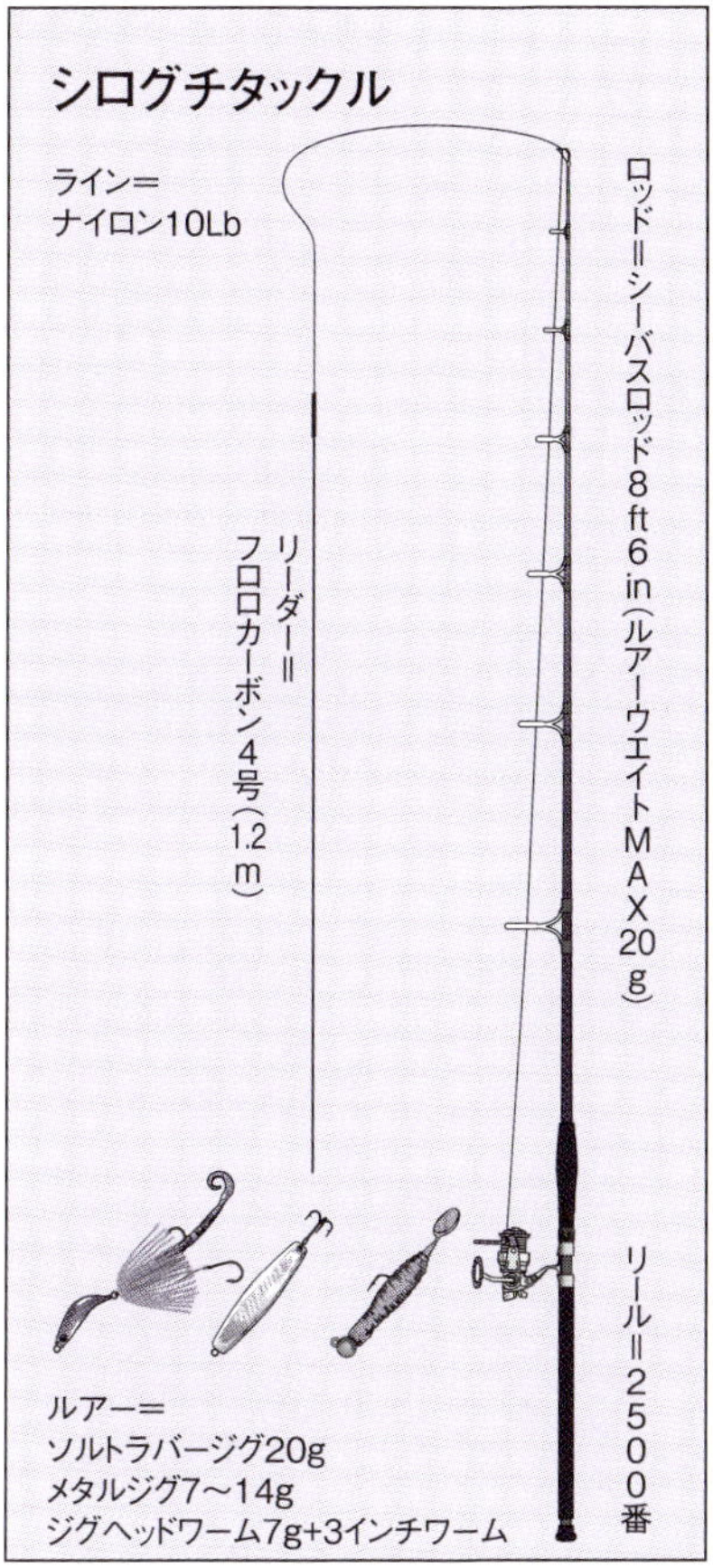
シログチタックル
ライン＝
ナイロン10Lb
ロッド＝シーバスロッド8ft6in（ルアーウエイトMAX20g）
リーダー＝フロロカーボン4号（1.2m）
リール＝2500番
ルアー＝
ソルトラバージグ20g
メタルジグ7〜14g
ジグヘッドワーム7g+3インチワーム

▲ロッドティップを高く保持すると、ボトムトレースでの引き抵抗を軽減できる

シログチのルアーアクション
メタルジグ
ボトムから離さずに
リフト＆フォール
ソルトラバージグ
ボトムスレスレを
スローに引いてくる

ボトムをスローにトレースしよう

テクニックとしては、ナチュラルにアピールできるルアーでボトム付近をトレースするのがいい。

この手の釣りに適したルアーは、タイラバを含むソルトラバージグ（20グラム）、メタルジグ（7〜14グラム）、3インチワームのジグヘッドリグ（7グラム前後）といったところ。

ソルトラバージグやジグヘッドワームの場合は、ベイエリア用のシーバスロッド、もしくはエギングロッドなどでキャストして、一度着底させてからスロースピードでボトムをノーアクション、ノンストップでズルズルと引いてくる。

メタルジグの場合は、ボトムからのリフト&フォールでボトム付近で縦にアクションさせてやるといい。この場合も、止めて食わせるわけではないので、夜釣りには不向きだ。日中のテクニックと考えよう。

ニベ・コイチ

沖合を回遊する投げ釣りのターゲットだが、梅雨にはルアーで狙うことができる

磯　河口　サーフ

シログチ・ニベ・コイチの外見上の違い

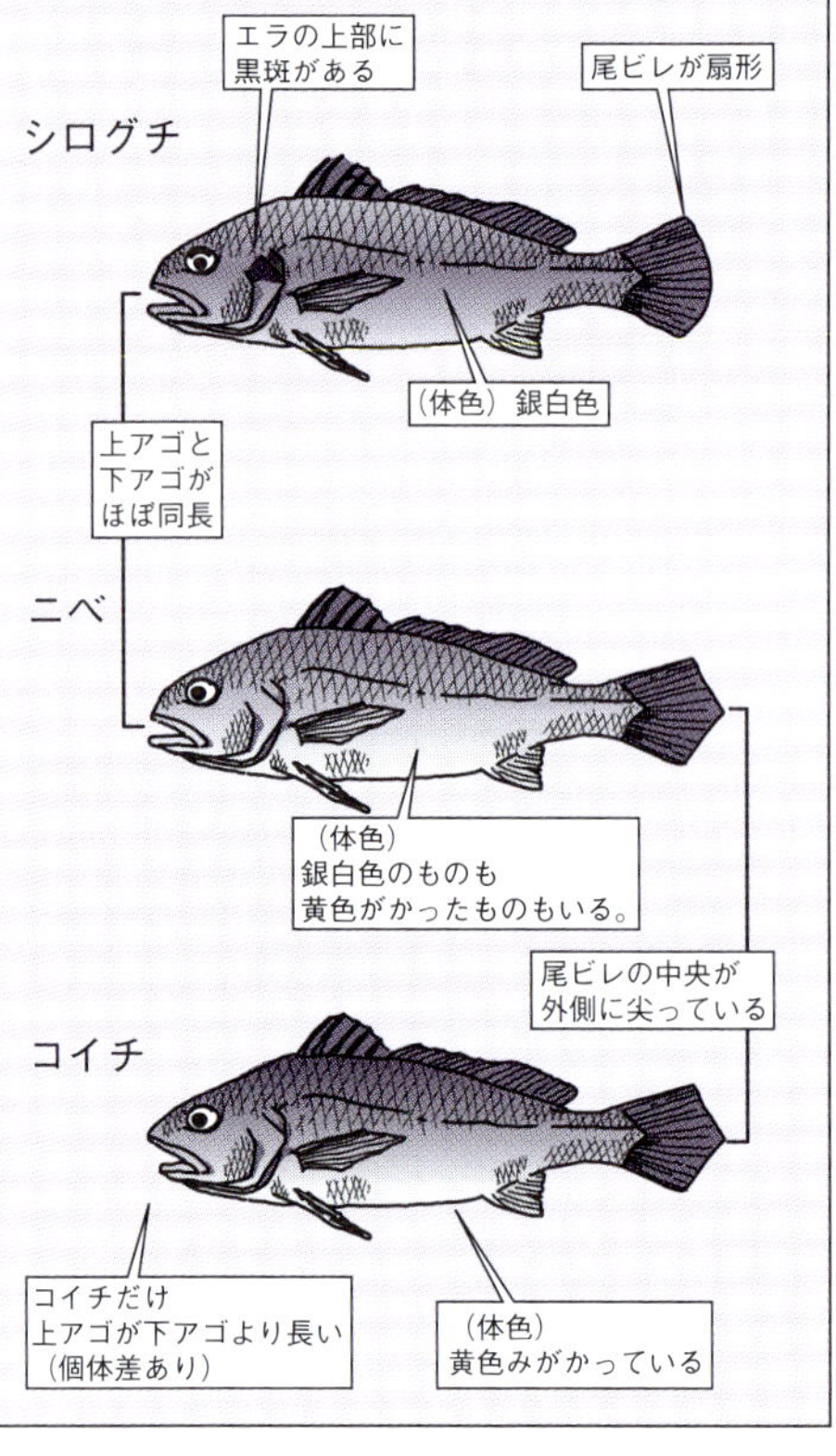
エラの上部に黒斑がある
尾ビレが扇形
シログチ
（体色）銀白色
上アゴと下アゴがほぼ同長
ニベ
（体色）銀白色のものも黄色がかったものもいる。
尾ビレの中央が外側に尖っている
コイチ
コイチだけ上アゴが下アゴより長い（個体差あり）
（体色）黄色みがかっている

河川増水時に数少ないチャンスがやってくる

一般にイシモチとはシログチ、ニベ、コイチの総称である。前項のシログチに関しては、見た目にも判別がたやすいが、ニベとコイチは専門家でも判別は難しいので、ここではニベと統一して説明しよう（※タイトル写真はコイチ）。

ニベは最大で50センチを超える大型回遊魚。潮通しのよい島しょ部を群れで回遊しているから、群れに当たれば複数ヒットも夢ではない。ニベはイカナゴやカタクチイワシも捕食する魚食魚でもあるのだ。ただし島しょ部での回遊コースはルアー釣りで届く範囲ではないため、実際には島しょ部での実績はあまりない。

唯一、狙えるチャンスがやってくるのが、梅雨の河川増水時。濁りを伴った流れが沖からニベを呼び込み、まれにシーバスの外道として連続ヒットすることがある。

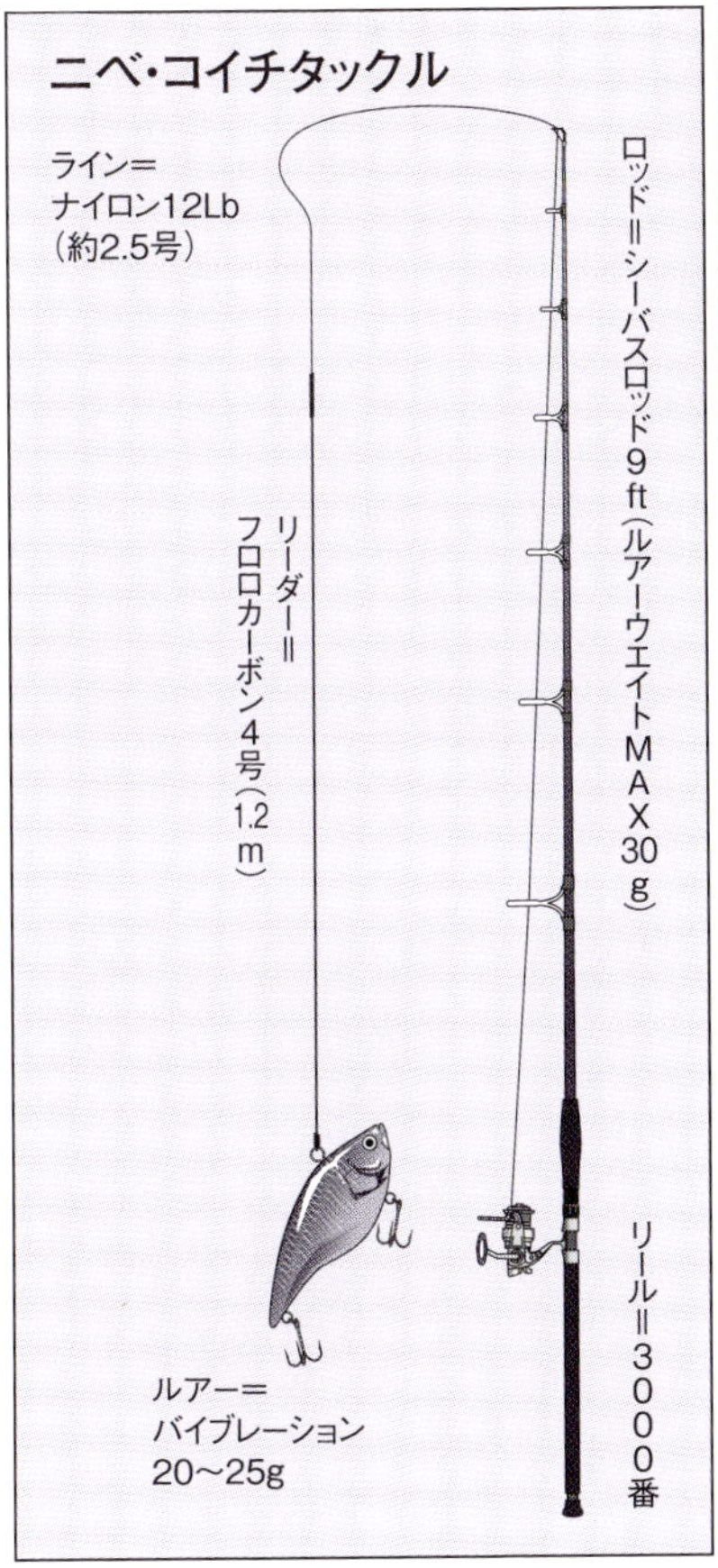
ニベ・コイチタックル
ライン＝
ナイロン12Lb
（約2.5号）
ロッド＝シーバスロッド9ft（ルアーウエイトMAX30g）
リーダー＝
フロロカーボン4号（1.2m）
ルアー＝
バイブレーション
20～25g
リール＝3000番

◀時合は、朝夕のマヅメ時。真っ暗になるとルアーを追いきれなくなるようだ

▶流れ川では濁りを伴った増水時がチャンスだ（安全には注意すること）

流れ川におけるバイレーションメソッド
リトリーブレンジはボトム寄り。
流芯から手前でヒットすることが多い
流芯
基本はスローの
ストレートリトリーブ！

河川ではバイブレーションが有効だ

タックルはシーバスタックルがそのまま流用できる。実績のあるルアーは、11センチ前後のフローティングミノーやシンキングミノー、20～25グラムのバイブレーションといったところだが、その中でも圧倒的にバイブレーションのヒット率が高い。

バイブレーションの使い方としては、ボトム付近まで沈ませてから、スロースピードでのストレートリトリーブを心がける。

必ずしも着底させる必要はなく、どちらかといえば底から少し上の層をキープするのがよい。

狙うポイントは、流芯より手前の反転流やヨレができる弛みの部分。ルアーそのものは流芯くらいまでキャストしておきたいが、ボトム付近まで沈み込ませてからリトリーブを始めると、流芯を抜けたあたりでヒットすることが多い。

SALTWATER

TARGET

【27】

シロギス

エサ釣り感覚のルアー釣りなら、あの「ブルルンッ」というアタリも楽しめる

ゴロタ浜　サーフ　漁港

▼おもなポイントは、きれいな砂地底のサーフ。広範囲を釣り歩こう

▲エサ釣り感覚で楽しめるのが、シロギス・ワーミングのよいところ

時合は早朝。接近戦で楽しもう

シロギスがルアーで狙って釣れるのは初夏～秋口がベストシーズンで、波打ち際のカケ上がりなど、近距離の浅場に接岸しているタイミングで狙うことが重要である。

ルアー釣りにおけるおもなポイントは、投げ釣りと同様に砂地底のサーフで、できれば近距離で狙える所を探したい。ルアーで釣るときは、少しでも違和感を与えないように極小のオモリを使用するため、足下のカケ上がりを含めて20メートル以内が射程距離になる。

ちなみに、ルアーで釣れてくるサイズは13センチ以上から。小型のものより少しでも型がよいほうがルアーへの反応もよい。できれば良型がそろうポイントで竿を出したいものである。

なお、時合は早朝。日中はフグのアタリが多くなり、ソフトルアーがすぐにズタズタにされてしまうのだ。

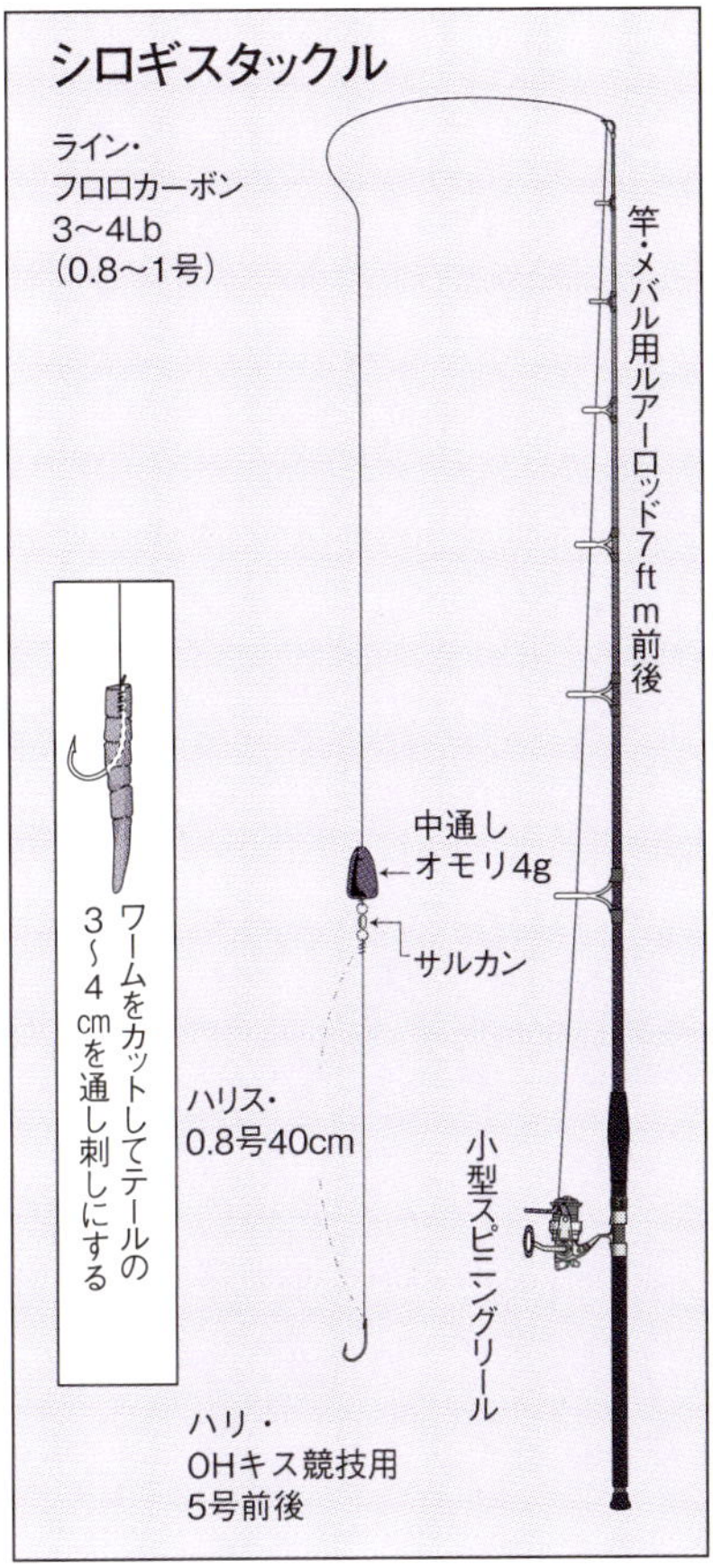
シロギスタックル
ライン・
フロロカーボン
3～4Lb
（0.8～1号）
竿・メバル用ルアーロッド7ft m前後
ワームをカットしてテールの3～4cmを通し刺しにする
中通し
オモリ4g
サルカン
ハリス・
0.8号40cm
小型スピニングリール
ハリ・
OHキス競技用
5号前後

▲シロギス釣りには、メバルタックルがおもしろい

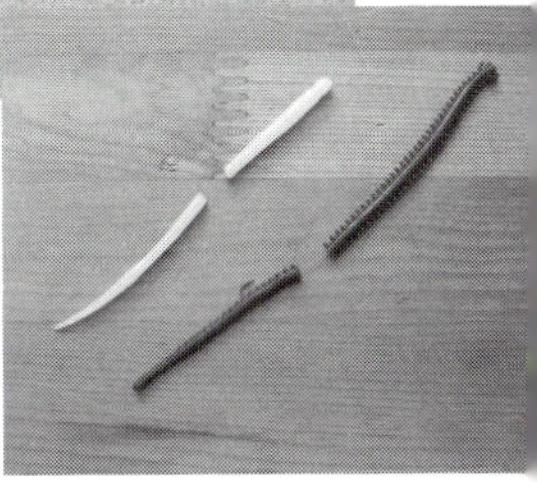
▶ワームは細身のピンテール。下半分を3～4センチにカットして使用する

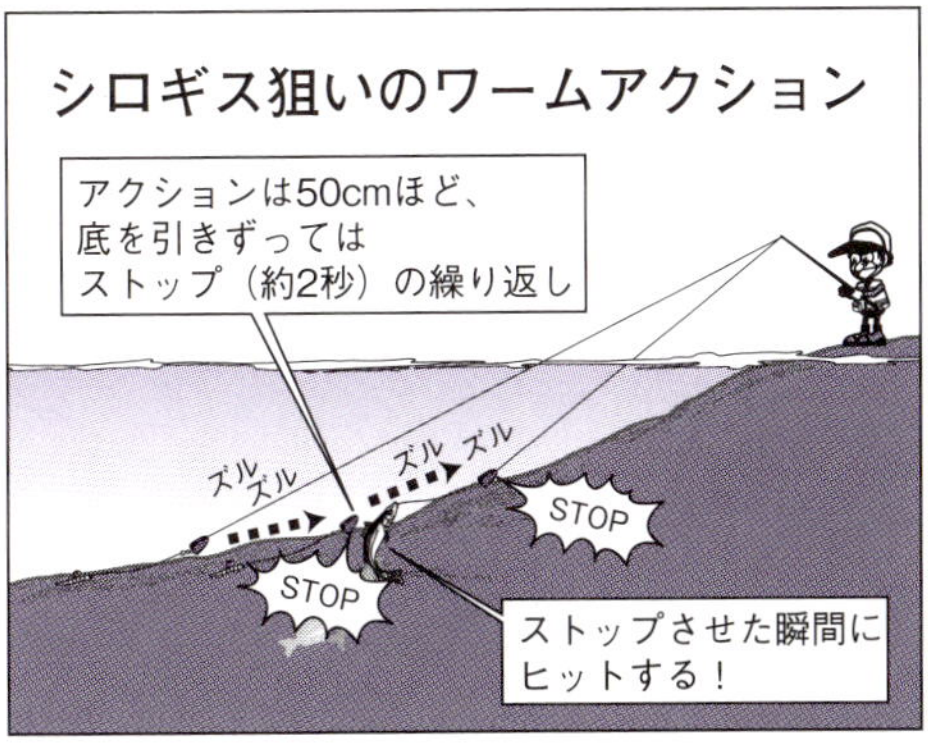
シロギス狙いのワームアクション
アクションは50cmほど、
底を引きずっては
ストップ（約2秒）の繰り返し
ズル
ズル
ズル
ズル
STOP
STOP
ストップさせた瞬間に
ヒットする！

基本アクションはズル引き&ストップ

釣り方は、軽く20メートルほどキャスト。仕掛けを着底させたら、軽く竿先をサビいて、海底で50センチほど仕掛けを引きずってみる。そして、ストップ。ストップさせる時間は2～3秒。

エサ釣り風の釣り方ながら、エサがニセモノなので、基本的に待ち釣りは不可。仕掛けをスピーディーに動かしながら、こまめにストップさせて、アタリが出やすいタイミング（間）を作り出すことが重要である。

これを延々と繰り返し、足下までていねいに引いてくる。アタリはワームを動かしたあとの、ストップさせた瞬間に出ることが多い。エサ釣り同様にブルルンッと竿先がひったくられるから、そのときにすぐさま竿先を起こして合わせる。本物のエサのように飲み込むことはないから、空振り覚悟で早めに合わせることが肝心だ。

【28】

マハゼ

ウソかホントか、ハゼがミノーにヒットする。激しいアタリに酔いしれよう

河口 サーフ 漁港

▼メバル用のワームを使えば数釣りだって楽しめる

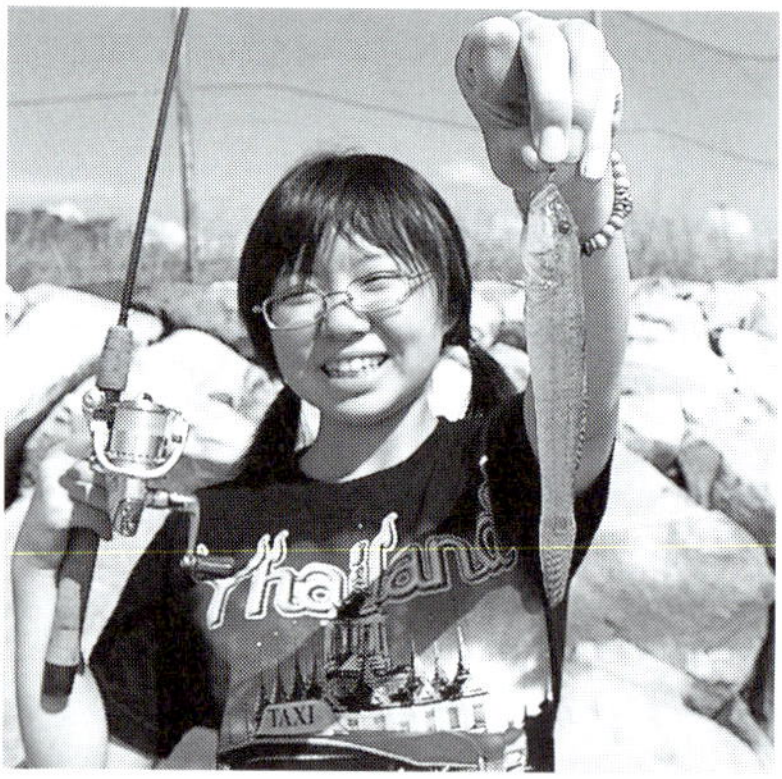

▲好奇心旺盛なハゼはルアーへの反応も良好だ

ワームをくわえられる大きさに育つ秋口からが狙い目！

一年魚のハゼは春に産卵し、孵化した稚魚は、その年の夏ごろに体長5～7センチほどになって、浅場に現れる。いわゆるデキハゼというやつである。

しかし、いくら好奇心旺盛なハゼとはいえ、くわえきれないワームを飲み込むことはないから、最低でも13センチほどにならないとハリ掛かりしてくれない。

となるとシーズンはやはり初秋のころからだ。9～10月といったところがベストシーズンになるだろう。秋の終わりころには、23センチを超える大型がヒットすることもある。

おもなポイントは、河川河口域や河口近くの漁港内など。きれいな砂地底のサーフよりも砂泥地底の河口や干潟に好ポイントが多い。ハゼは、込み潮に乗って浅場に接岸してくるから、エサ釣りの場合と同様に、時合は上げ潮の五分くらいから満潮にかけてとなる。

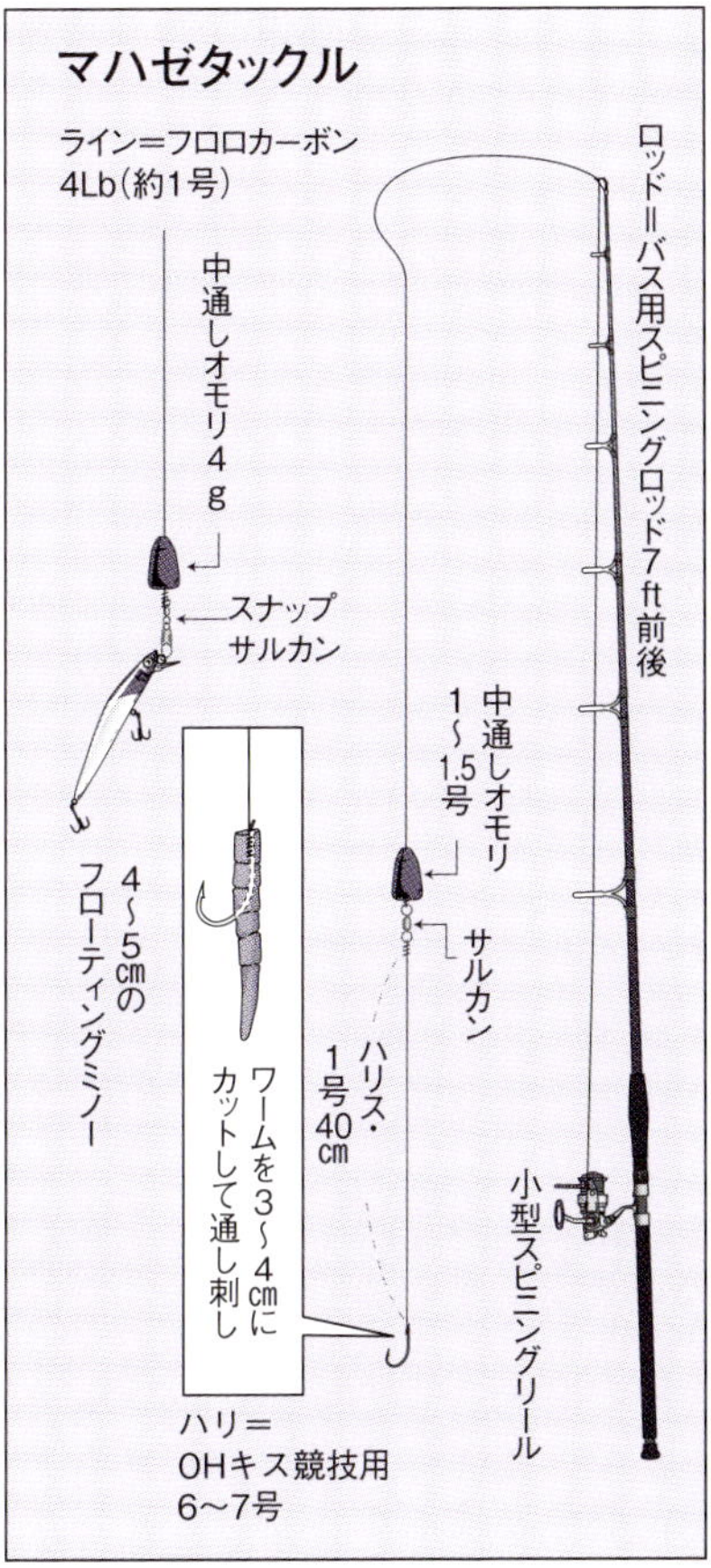
マハゼタックル
ライン＝フロロカーボン
4Lb（約1号）
中通しオモリ4g
スナップサルカン
4～5cmのフローティングミノー
ワームを3～4cmにカットして通し刺し
ハリ＝OHキス競技用6～7号
ロッド＝バス用スピニングロッド7ft前後
中通しオモリ1～1.5号
サルカン
ハリス・1号40cm
小型スピニングリール

▲ハゼ釣りにはバス用スピニングロッドが最適だ。ミノーイングにも使える

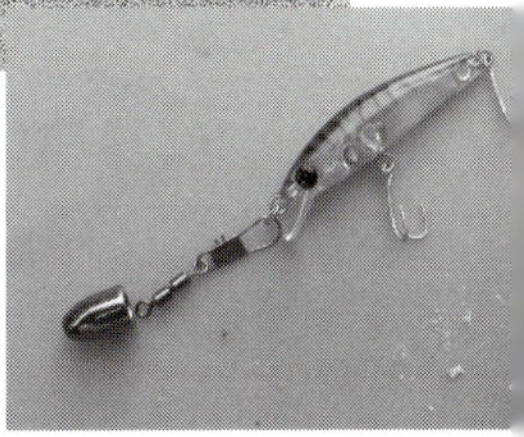

▶ハゼには、メバル用の4センチのフローティングミノーが有効だ。フックをダブルフックに交換するとハリ先が傷みにくい

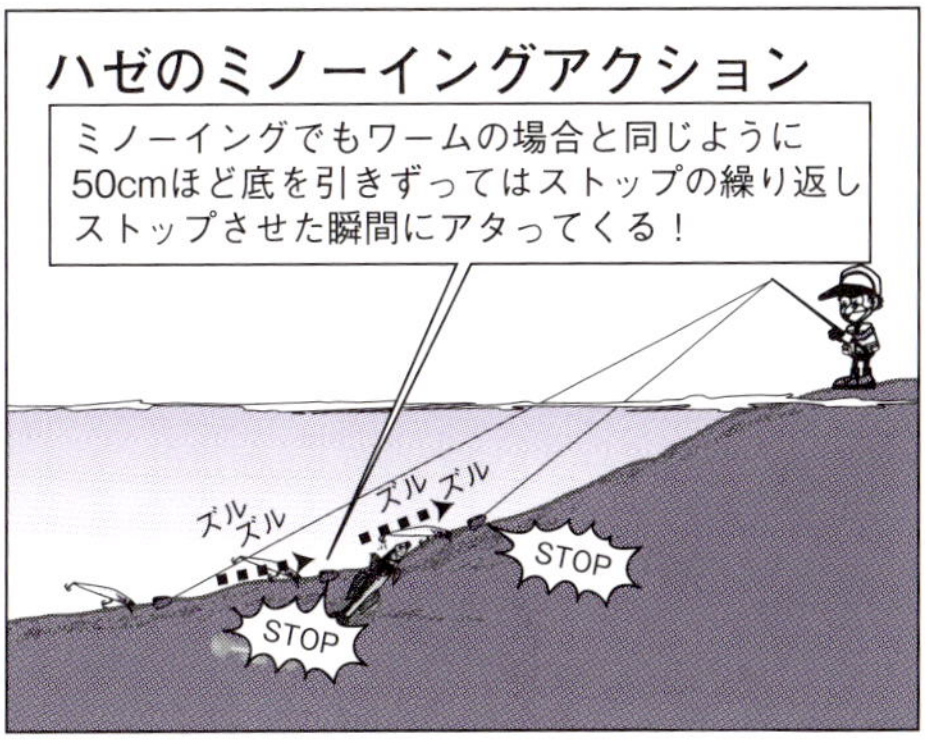
ハゼのミノーイングアクション
ミノーイングでもワームの場合と同じように
50cmほど底を引きずってはストップの繰り返し
ストップさせた瞬間にアタってくる！
ズルズル
ズルズル
STOP
STOP

大型になるとミノーにも高反応！

ハゼの釣り方もまたシロギスの場合と同様に、海底にルアーを這わせることが重要だ。とくにワーム釣りの場合は、シロギスの釣り方とまったく同じで、海底を引きずってはストップさせるの繰り返し。釣れるハゼのサイズに合わせてワームをカットすれば、13～23センチ級のハゼの数釣りが楽しめる。

さらに、ミノーを使うと魚食性が芽生えた大型ハゼの反応がよくなる。ミノーで釣れるサイズは平均して17センチ以上の良型だ。

ミノーの釣り方もまた、ワーム釣りと変わらない。4グラムくらいの中通しオモリの先に、小型のスナップサルカンを介してミノーをセットするだけだ。

海底をブリブリと尻を振りながらミノーを泳がせ、ときに1～2秒ほどストップさせると、大型のハゼが、ゴンッと勢いよくアタってくれるだろう。

SALTWATER TARGET

【29】

アナハゼ

外道扱いされているが、ルアーターゲットとしては十分に楽しませてくれる

ゴロタ浜　漁港　港湾

▲ブロック帯では、足下の捨て石の際を狙ってみよう

▼潮通しがよく、堤防近くに海藻が生えている所が好ポイントだ

アナハゼは冬が好シーズン

アナハゼのポイントは、潮通しのよい砂地底、砂礫底エリアにある漁港など。冬に海藻などが繁茂するエリアで釣れてくる。

多くの人は、メバル釣りやカサゴ釣りの外道で釣っているから、ベストシーズンはやはり冬だといえるだろう。

ただし、残念なことにアナハゼを狙って釣る人はまずいない。大きくても25センチほどだし、アベレージサイズは15～20センチといったところ。ハゼの体に、カサゴの頭を付けたような風貌があまりおいしく思えないのかもしれない。

しかしルアーターゲットとしては、けっこう楽しませてくれる魚である。好奇心旺盛で、海底付近から水面までルアーを追いかけてきてくれるし、背の高い海藻帯には、中層付近で忍者のごとく隠れている。本気で狙ってみると、意外に熱くなれるターゲットなのだ。

アナハゼタックル

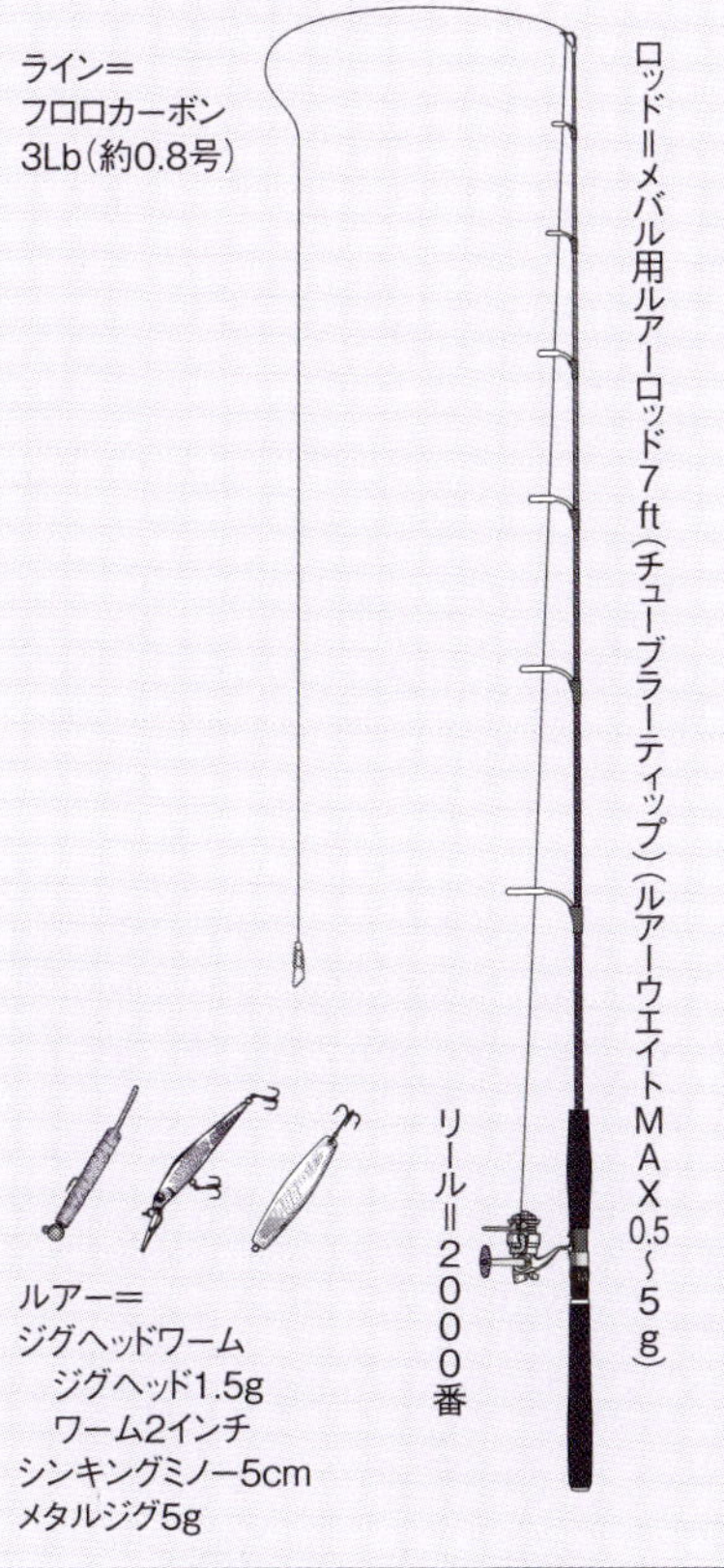
ライン＝
フロロカーボン
3Lb（約0.8号）
ロッド＝メバル用ルアーロッド7ft（チューブラーティップ）（ルアーウエイトＭＡＸ0.5～5ｇ）
リール＝２０００番
ルアー＝
ジグヘッドワーム
ジグヘッド1.5g
ワーム2インチ
シンキングミノー5cm
メタルジグ5g

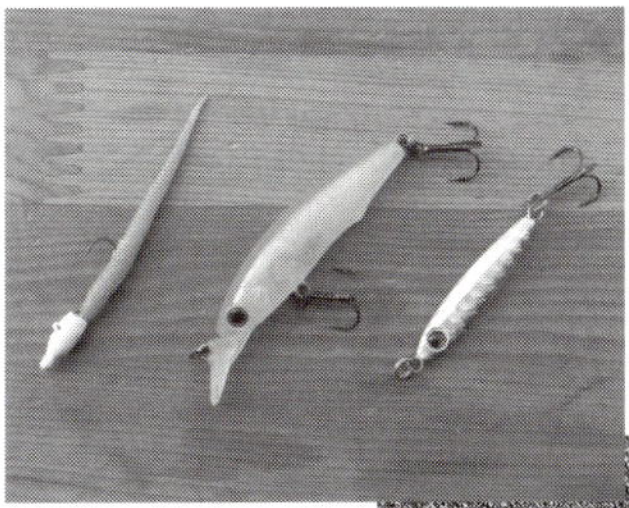

◀アナハゼのヒットルアー。左から、2インチのジグヘッドワーム、シンキングミノー5センチ、メタルジグ5グラム

▶体の半分ほどもあるミノーにもヒットする

アナハゼのポイント

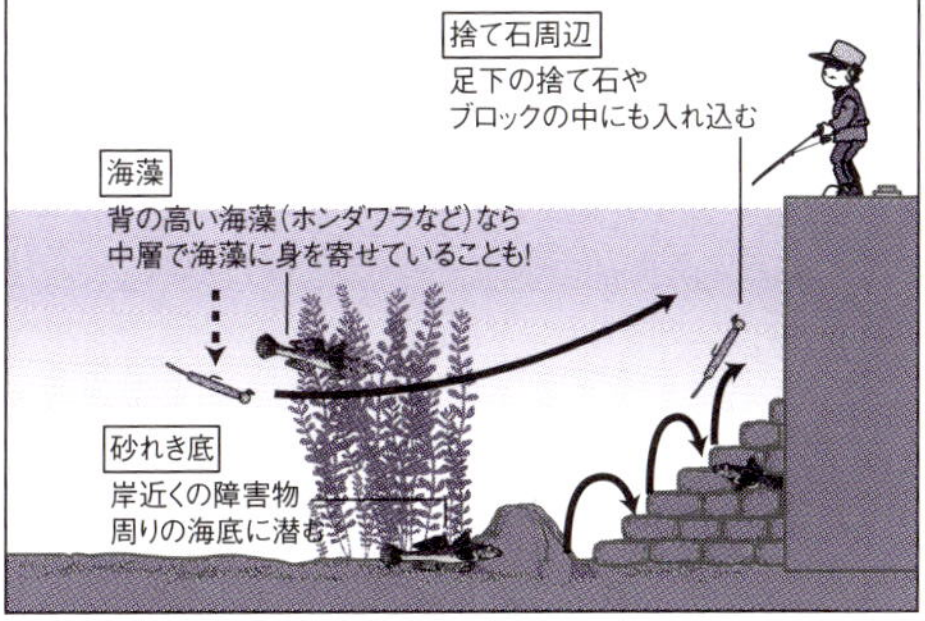
捨て石周辺
足下の捨て石や
ブロックの中にも入れ込む
海藻
背の高い海藻（ホンダワラなど）なら
中層で海藻に身を寄せていることも!
砂れき底
岸近くの障害物
周りの海底に潜む

海底の障害物や海藻周りを探ろう！

アナハゼは非常に貪欲な魚のようで、虫エサやエビエサ、小魚も好むし、ルアーにも好奇心旺盛にアタックしてくる。中層を泳ぐワームやミノーにもしつこく追いかけて、最後にはルアーに飛びついてくる。

基本的には海底の障害物や海藻の周辺に身を寄せているのだが、堤防など海底から垂直に延びている障害物や海藻帯では、若干浮いている所でエサを探しているようだ。

ワームやメタルジグの場合なら、障害物周りの中層をゆっくり引いてくるか、海底付近で跳ねさせるようなアクションが効果的である。ミノーなら中層リトリーブのみでもよいだろう。

メバルのように群れている魚ではないから、数を釣ろうと思ったら同じ条件のポイントを少しでも広く、釣り歩くことが肝心である。

【30】

キュウセン

関西では、投げ釣りでベラといえばキュウセンを指すくらいの人気ターゲット

磯　ゴロタ浜　サーフ　漁港

▲上が青ベラ（オス）、下が赤ベラ（メス）

◀キュウセンのおちょぼ口に合わせてワームを小さくすると、シロギスやメゴチも交じってくる

▼体高があるので、青ベラになると引きも強烈だ

夜は砂に潜って眠る

キュウセンは、メスからオスに性転換することでも知られている。最初のメスのころは体表が白っぽく「赤ベラ」と呼ばれ、17～18センチくらいに育つと体表が緑っぽいオスになって「青ベラ」と呼ばれるようになる。

大きなものになると30センチを超えるが、アベレージサイズは15～25センチ。きれいな砂地底に生息し、夜は砂に潜って就寝。日の出とともに活動を始めるから、時合は日中のみとなる。

シーズンは5月から10月ごろまで。人気の釣り場は小磯のサーフ。砂地底のサーフでも、沈み根や藻場が点在するとなおよい。エサはゴカイや小型の甲殻類などだが、好奇心が旺盛でワームなどにも果敢にアタックしてくれる。

ただおちょぼ口なので、アタリがある割にはハリに乗らないのが玉に傷。まあ、そこがまたおもしろいのだけれど。

▶キュウセン

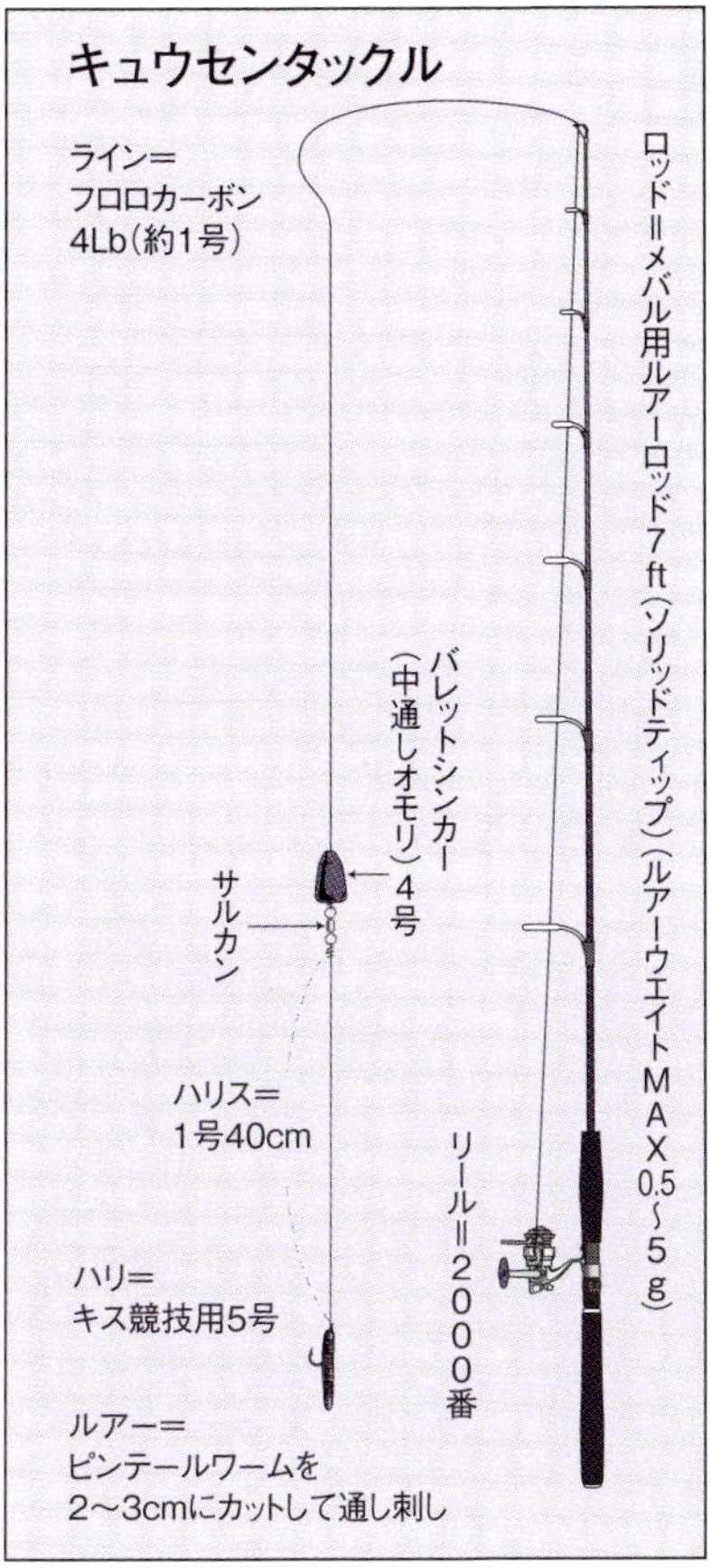
キュウセンタックル
ライン＝
フロロカーボン
4Lb（約1号）
ロッド＝メバル用ルアーロッド7ft（ソリッドティップ）（ルアーウエイトMAX0.5〜5g）
バレットシンカー（中通しオモリ）4号
サルカン
ハリス＝
1号40cm
リール＝2000番
ハリ＝
キス競技用5号
ルアー＝
ピンテールワームを
2〜3cmにカットして通し刺し

◀ソリッドティップのメバルロッドを使えば、小さなアタリも明確に捉えられる

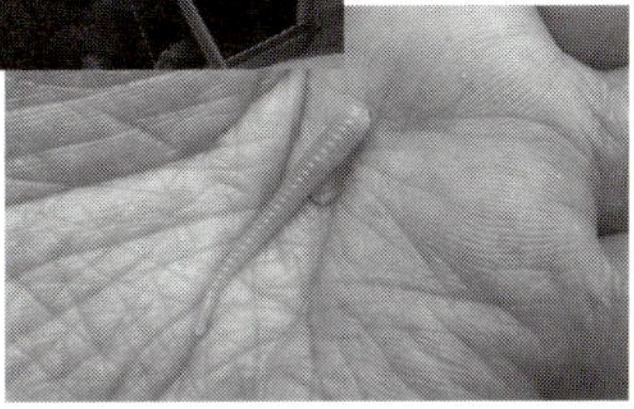
▶ワームは、小さく一直線にセットすることが肝心だ

▲沈み根が点在するような砂地底のサーフが好ポイントだ

シロギス同様に引き釣りで狙う

キュウセンの仕掛けは基本的にシロギスの場合と同じである。メバル用のタックルに、中通し仕掛け風のキャロライナリグをセットする。ハゼやシロギスとの違いは、口の大きさによるハリとワームの大きさだ。

キュウセンは口が小さいので、ハリはキス競技用なら5号。ピンテールワームのテール部分を2〜3センチにカットして通し刺しにする。このとき注意したいのは、ワームは必ず一直線になるようにハリに刺すこと。ワームが曲がっていると、海底を引きずる際、ハリが回転してしまうからだ。

釣り方は仕掛けを着底させたら、50センチから1メートルほど、海底を引きずっては1〜2秒のストップ（食いつかせる〝間〟）を入れる。

空振りも多いが、食いつくと「ゴツゴツッ」と重量感のあるアタリが出るので即座に合わせること。

SALTWATER TARGET

【31】

ササノハベラ

磯ベラと呼ばれる類の中でも、最も身近で親しみがあるターゲット

磯　ゴロタ浜　漁港

▲水深が浅いゴロタ海岸も好ポイントだ

▶岩盤があれば、沖に沈み根あり。狙ってみたいポイントだ

▲アタリは強烈。このクラスでもけっこう引きは強い

強烈なアタリにびっくりさせられる

夏近く、日中に岩礁帯のポイントでメバルを狙っていると、不意に「ゴンッ」と強烈なアタリにでくわす。メバルでもないし、ワームに噛み跡がないからフグでもない。

実はこれ、ササノハベラの仕業であることが多い。一般的には、これらの近縁種も含めて磯ベラと呼ばれているが、岸近くの岩礁帯に生息しているベラの中ではササノハベラがポピュラーだ。

ベラの仲間であるから、活動するのはおもに日中。炎天下でもガツガツとアタってくるから、時合らしきものもないかもしれない。

釣期は初夏から秋のころまでで、ほかのベラの仲間と同様に夏場に元気になるターゲットだ。

おもなポイントは潮通しのよい小磯やゴロタ海岸などで、海底の岩礁が密であるほど魚影が濃い。

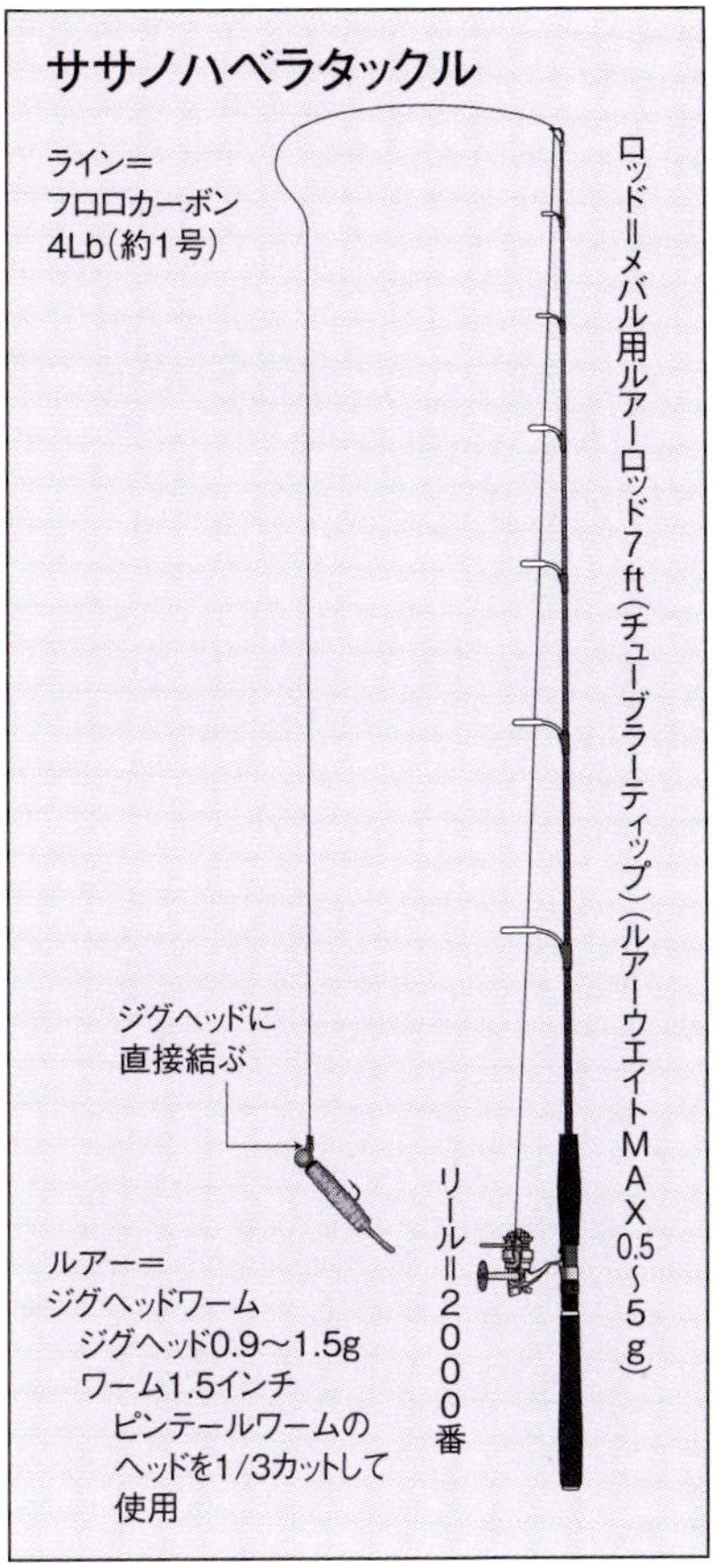
ササノハベラタックル
ライン＝
フロロカーボン
4Lb（約1号）
ロッド＝メバル用ルアーロッド7ft（チューブラーティップ）（ルアーウエイトMAX0.5～5g）
リール＝2000番
ジグヘッドに
直接結ぶ
ルアー＝
ジグヘッドワーム
ジグヘッド0.9～1.5g
ワーム1.5インチ
ピンテールワームの
ヘッドを1/3カットして
使用

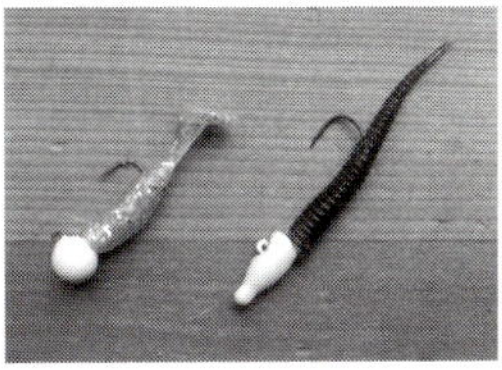

▲ロッドはチューブラーティップのメバルロッドが、硬い口元へのフッキングを容易にしてくれる
▶ワームは1インチサイズの極小を使用。ジグヘッドはフックも小さめのものを探そう

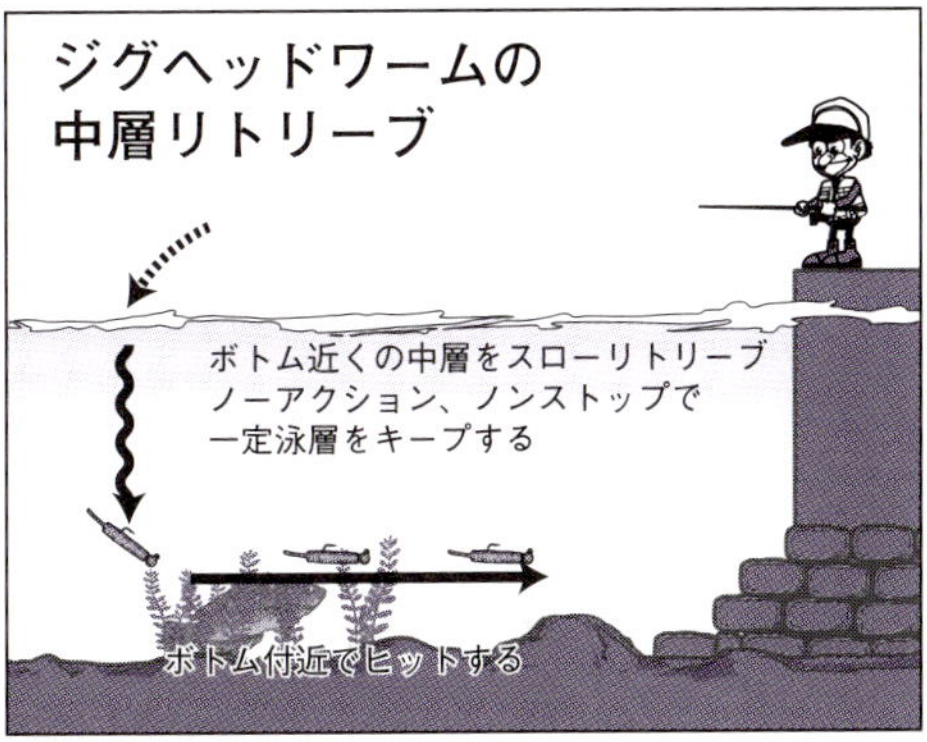
ジグヘッドワームの
中層リトリーブ
ボトム近くの中層をスローリトリーブ
ノーアクション、ノンストップで
一定泳層をキープする
ボトム付近でヒットする

ジグヘッドワームの中層引きで狙う

ササノハベラのポイントは、海底が岩礁帯やゴロタ石であることから、ルアーでボトムを引きずっては根掛かりが頻発する。

そこで方法としては、ワームで中層をスローリトリーブするのがおすすめ。ササノハベラは海底付近で甲殻類などのエサを取っているので、中層といっても底近くが有利なのはいうまでもない。

中層を引き続けるので、ワームはジグヘッドリグがよい。リトリーブ中にワームが回転しないので食いがよいのだ。なおジグヘッドは、ウエイトよりもフックの大きさに注意。ササノハベラもまたおちょぼ口なので、できる限りフックが小さなジグヘッドを使用する。

リトリーブアクションのコツは、ノーアクションのノンストップ。リトリーブ中に非常に強烈なゴンッというアタリが出るから、ここですかさず合わせる。

SALTWATER

TARGET

【32】

エソ

エソは一般に外道扱いされるが、ショアジギング入門のいい練習相手だ

ゴロタ浜　サーフ　漁港　港湾

▼漁港などでは、堤防突端から船道を狙うとよいだろう

▲アベレージサイズは35〜40センチ。引き味は十分に楽しめる

シロギスなどを捕食する魚食性の強い底棲魚だ

サーフからの投げ釣りでシロギスを狙っていると、ヒットしたシロギスに何ものかが襲いかかり、胴体から食いちぎられることがある。犯人はヒラメかマゴチ、もしくはエソであることが多い。

エソはスリムな体型ながら、ワニのように大きく開く口をしているので、小魚を捕食するのに非常に都合がよい構造になっている。

エソはシロギスなどが生息する砂地や砂泥地底のサーフに生息する底棲魚であるが、魚食性が非常に強く、カタクチイワシなどの回遊があろうものなら、水面上にジャンプするくらいの捕食を見せる。当然ルアーにも反応がよく、目の前を通せば、大体ヒットを得ることができるだろう。

釣期は初夏から秋のころまでで、シロギスのほか、カタクチイワシなどの回遊時にさらに食いが活発になる。

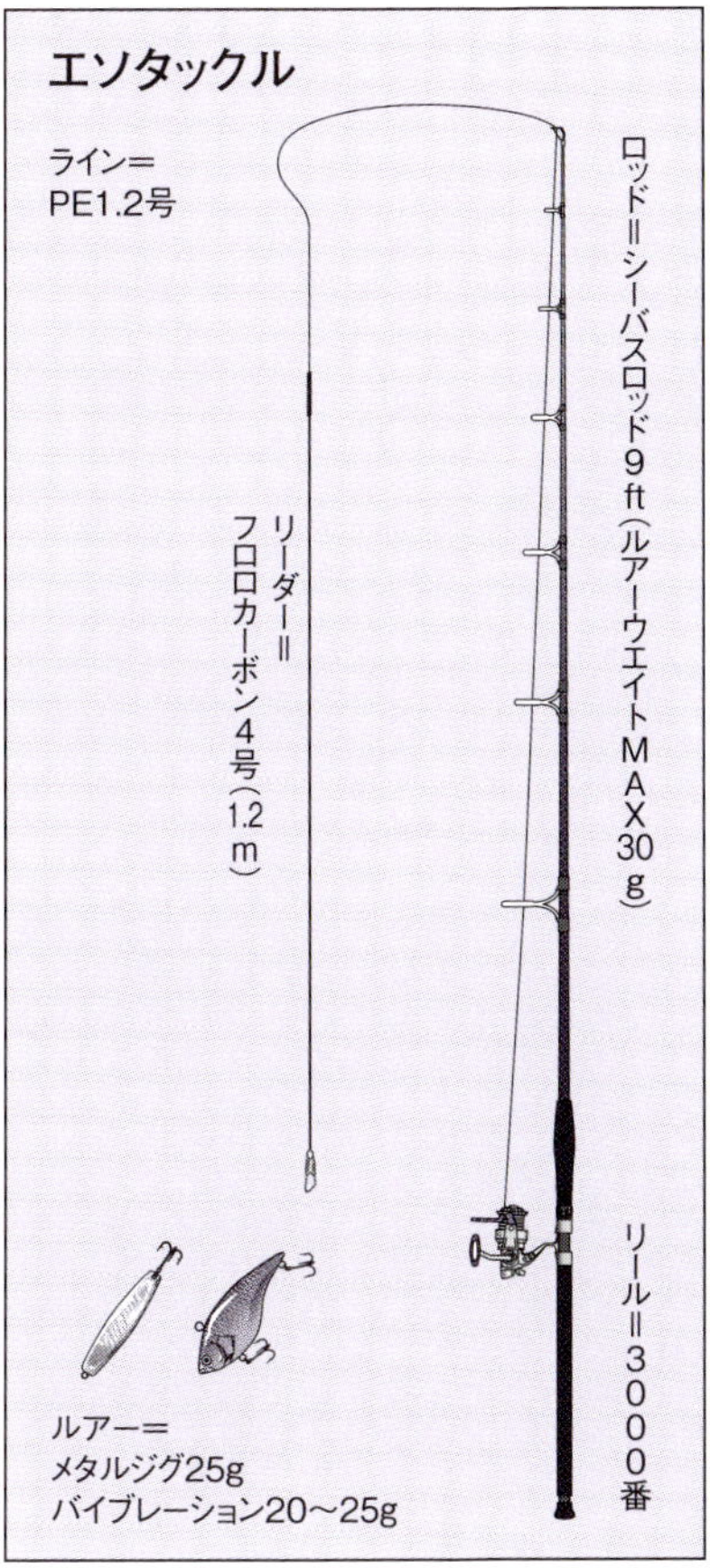
エソタックル
ライン＝PE1.2号
ロッド＝シーバスロッド9ft（ルアーウエイトMAX30g）
リーダー＝フロロカーボン4号（1.2m）
リール＝3000番
ルアー＝
メタルジグ25g
バイブレーション20～25g

◀左がバイブレーションで、右がメタルジグ（28グラム）。メタルジグはフロントフックにするとシャクったときに糸絡みが少ない

▶バイブレーションにヒットしたエソ

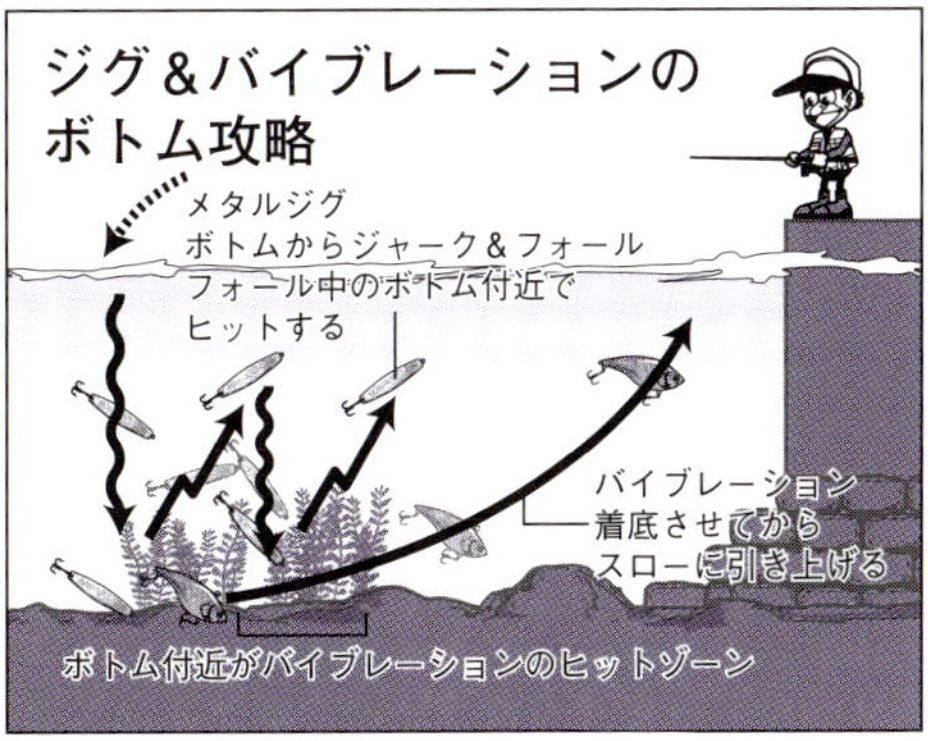
ジグ＆バイブレーションのボトム攻略
メタルジグ
ボトムからジャーク＆フォール
フォール中のボトム付近でヒットする
バイブレーション
着底させてから
スローに引き上げる
ボトム付近がバイブレーションのヒットゾーン

ボトム狙いが有効だ

エソは水面まで小魚を追いかけるが、基本は底棲魚なので狙いはボトム近辺だ。使用ルアーは、メタルジグやバイブレーションに実績がある。これらをボトム付近で操作してヒットに持ち込む。

メタルジグの場合は、キャスト後、一度着底させてからのジャーク&フォール。リフト時に少し強めにロッドをあおり、ルアーのキラメキでエソを誘う。海底から少し跳ね上げたら再びボトムまで落とし込み、再着底ののちすぐにロッドをあおって跳ね上げる。ヒットするのはフォール中で、ガツンと衝撃が手元に伝わるはずだ。

バイブレーションの場合は、キャスト後、着底させてからスローのストレートリトリーブで引き上げてくるだけでよい。ヒットチャンスは海底付近を泳がせているときで、底近くをキープしているとリトリーブ中にヒットがある。

SALTWATER
TARGET
【33】
ボラ

一般的にはシーバス釣りの外道だが、狙えば簡単にド迫力のファイトが味わえる

河口　港湾

▼アベレージサイズは50センチ以上。相応のタックルが必要だ

▶バチ抜け。ゴカイが水面近くで漂う光景が見られる

▲春の運河はバチ抜けのポイント。夜の満潮時にボラが大挙して集結する

バチ抜けのタイミングが手堅い

ボラは成長するにしたがって「イナ→ボラ→トド」と名を変える出世魚。イナのうちはシーバスなどのエサになっているのだが、50センチ以上になるとルアーにもヒットするようになる。

都会の港湾部でも60～70センチクラスが普通に泳いでいるから、ある意味、手軽にド迫力のファイトが味わえるターゲットといえるかもしれない。ポイントは河川や運河など汽水が交じる所で魚影が濃い。温排水がある所では、一年中その姿を見ることができる。

ただ問題は、ボラのエサがプランクトンや浮遊性有機物であること。小魚を食べないからルアーでは釣りにくいものなのだが、一年で唯一、春の大潮にチャンスがやってくる。ゴカイが産卵のために土中から抜け出るバチ抜けのときだ。このときばかりは、ボラもルアーに反応してくれる。

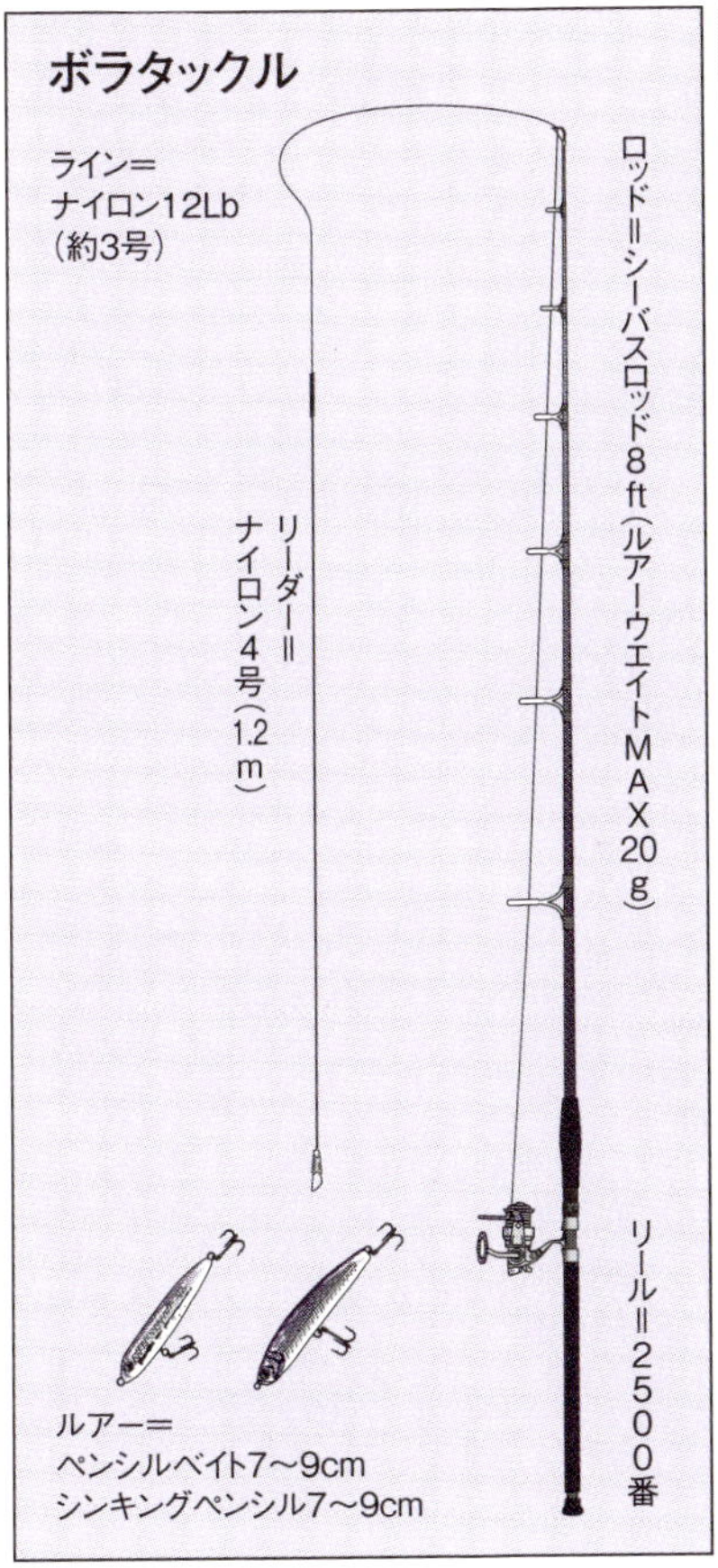
ボラタックル
ライン＝
ナイロン12Lb
（約3号）
ロッド＝シーバスロッド8ft（ルアーウエイトMAX20g）
リーダー＝ナイロン4号（1.2m）
リール＝2500番
ルアー＝
ペンシルベイト7〜9cm
シンキングペンシル7〜9cm

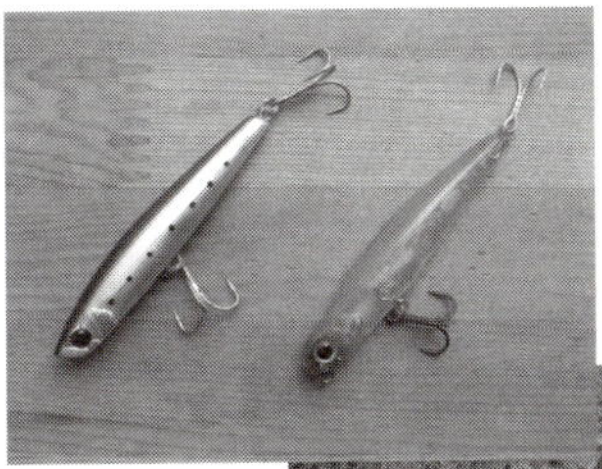

◀バチ抜けパターンのヒットルアー。左がペンシルベイト、右がシンキングペンシル

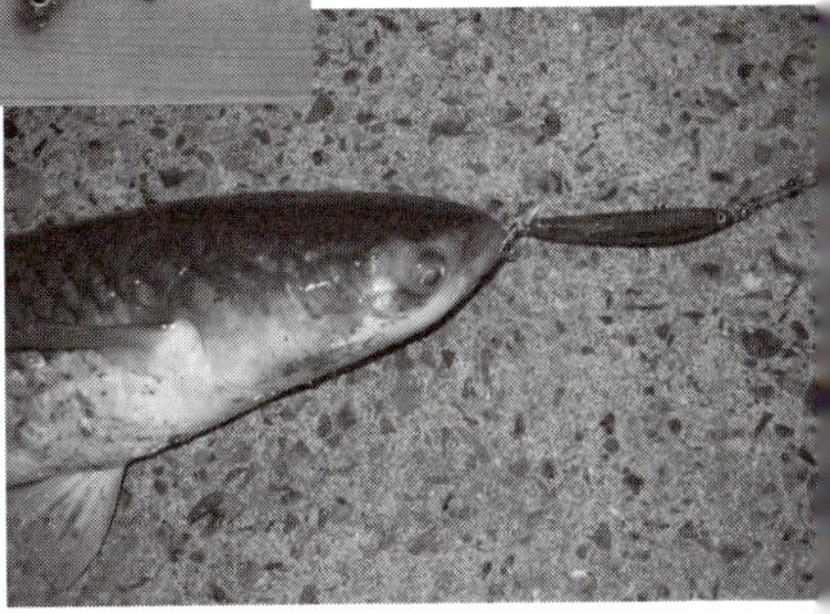

▶シンキングペンシルは、水面下20センチ以内を引くのがコツ

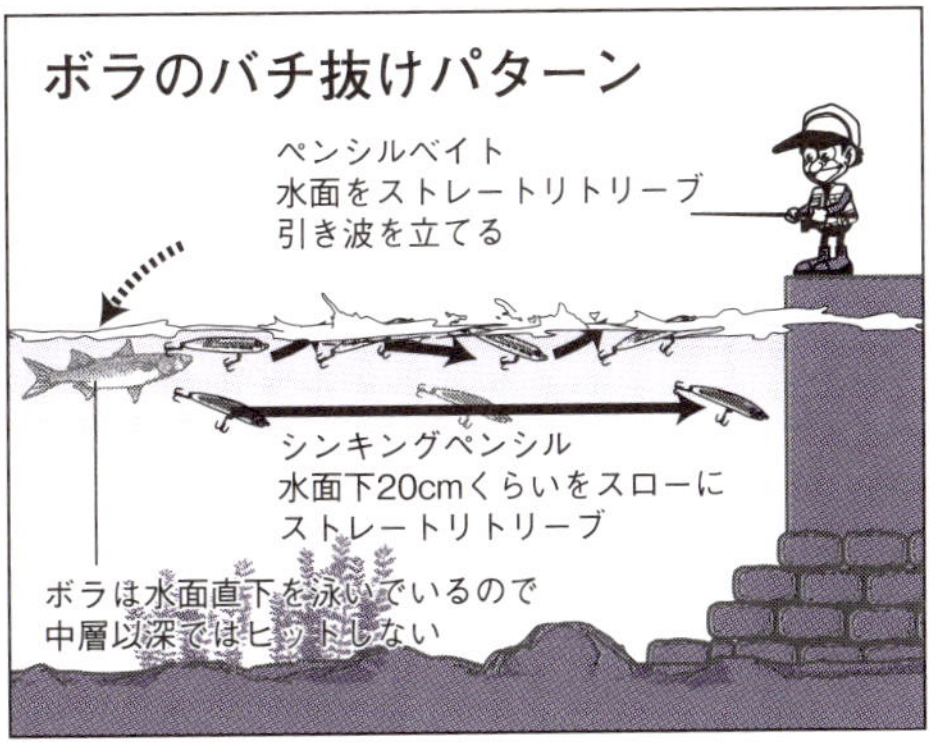
ボラのバチ抜けパターン
ペンシルベイト
水面をストレートリトリーブ
引き波を立てる
シンキングペンシル
水面下20cmくらいをスローに
ストレートリトリーブ
ボラは水面直下を泳いでいるので
中層以深ではヒットしない

引き波アクションで食わせる

バチ抜け時は、シーバスも活発にゴカイを食べている。このとき用いられるのがバチ抜けパターンと呼ばれる、水面近くでゴカイが起こす微振動をイミテートするルアーアクション。

これは当然、ボラにも有効だ。ボラの場合は水面上でゴカイを食べているのが見えるから、ボラの姿を確認してからルアーをキャストしても間に合う。

バチ抜け時の手堅いテクニックとしては2つある。ひとつはペンシルベイトによる水面上での引き波アクション。バチ抜け時のボラは何かの物体の引き波に異常に反応するから、それをペンシルベイトで演出してみる。

もうひとつは、シンキングペンシルという水面下でゆらゆらと泳ぐルアーを、水面直下で引いてみる。アクションがゴカイのくねるような動きに酷似しているため違和感なく口にするようだ。

【34】

アオリイカ

**高級食材のアオリイカは、
実は意外に簡単に釣れるもの。
岸からだって1キロアップも夢じゃない**

磯　ゴロタ浜　漁港

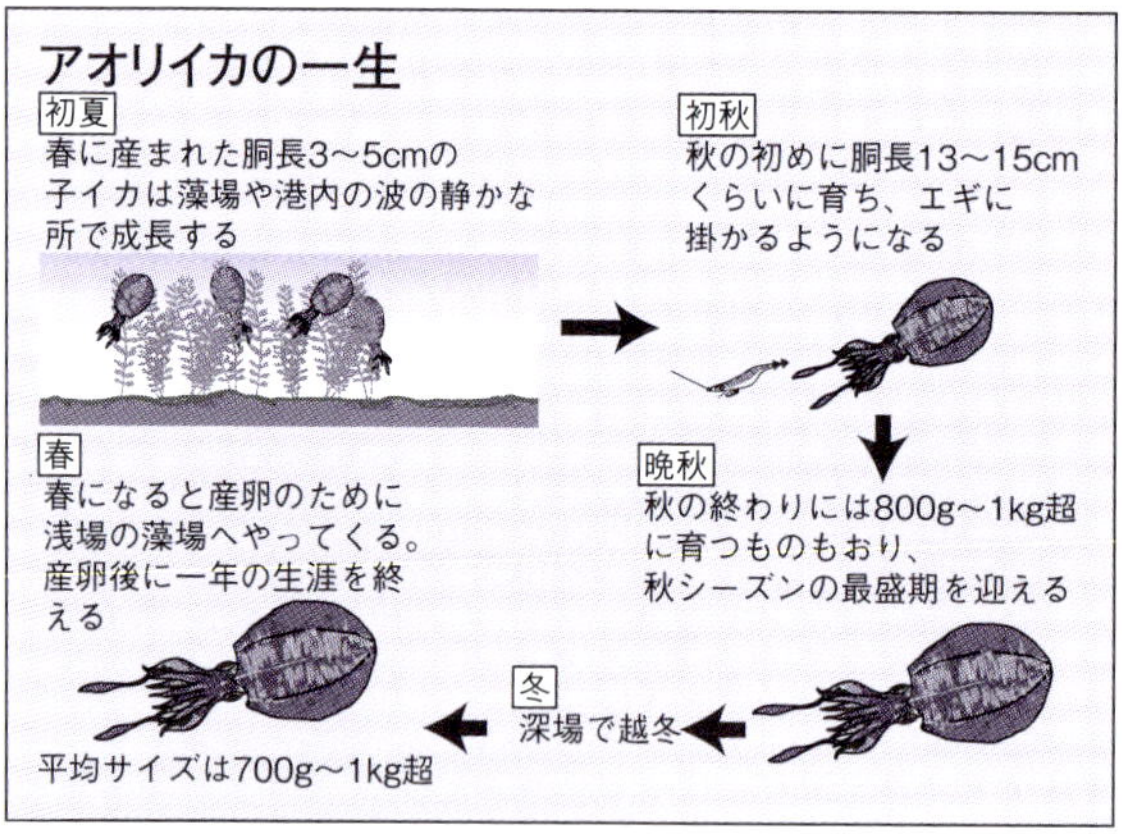
アオリイカの一生
初夏
春に産まれた胴長3～5cmの子イカは藻場や港内の波の静かな所で成長する
初秋
秋の初めに胴長13～15cmくらいに育ち、エギに掛かるようになる
晩秋
秋の終わりには800g～1kg超に育つものもおり、秋シーズンの最盛期を迎える
冬
深場で越冬
春
春になると産卵のために浅場の藻場へやってくる。産卵後に一年の生涯を終える
平均サイズは700g～1kg超

アオリイカシーズンは、春秋限定だ

アオリイカの一生は一年で幕を閉じる。春に孵化した幼生は、藻場や漁港内で成長を続け、9月ころには胴長13センチ以上となってようやくエギに掛かりだす。これから秋の好シーズンが始まり、12月前半まで、アオリイカの成長とともに数釣りが楽しめる。秋の後半には700グラムから1キロクラスに成長し、ポイントも波の穏やかな漁港内などから、潮通しのよい外海へと移っていくようになる。

水温が15度を切るようになると、越冬のために沖の深場へ落ちていくのだが、翌春、水温が16～17度を超えるようになると、産卵のために再び浅場の藻場へとやってくる。これが、春の親イカ狙いのシーズンだ。このときにはアベレージで700グラムから1キロクラスとなり、大きなものでは、2キロを超えるアオリイカが狙えるようになる。

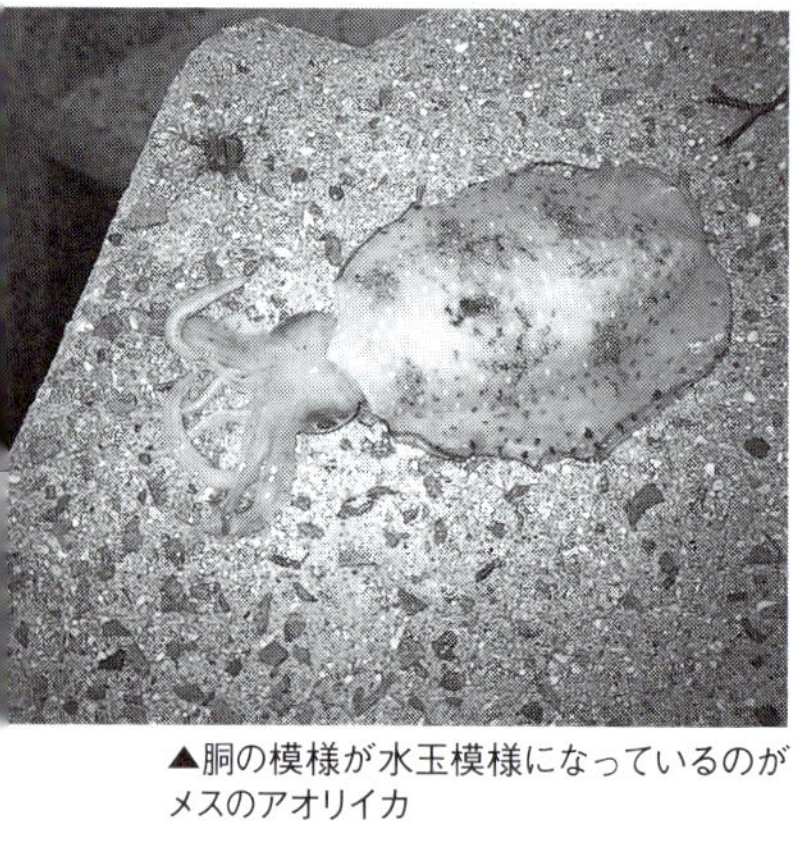

▲胴の模様が水玉模様になっているのがメスのアオリイカ

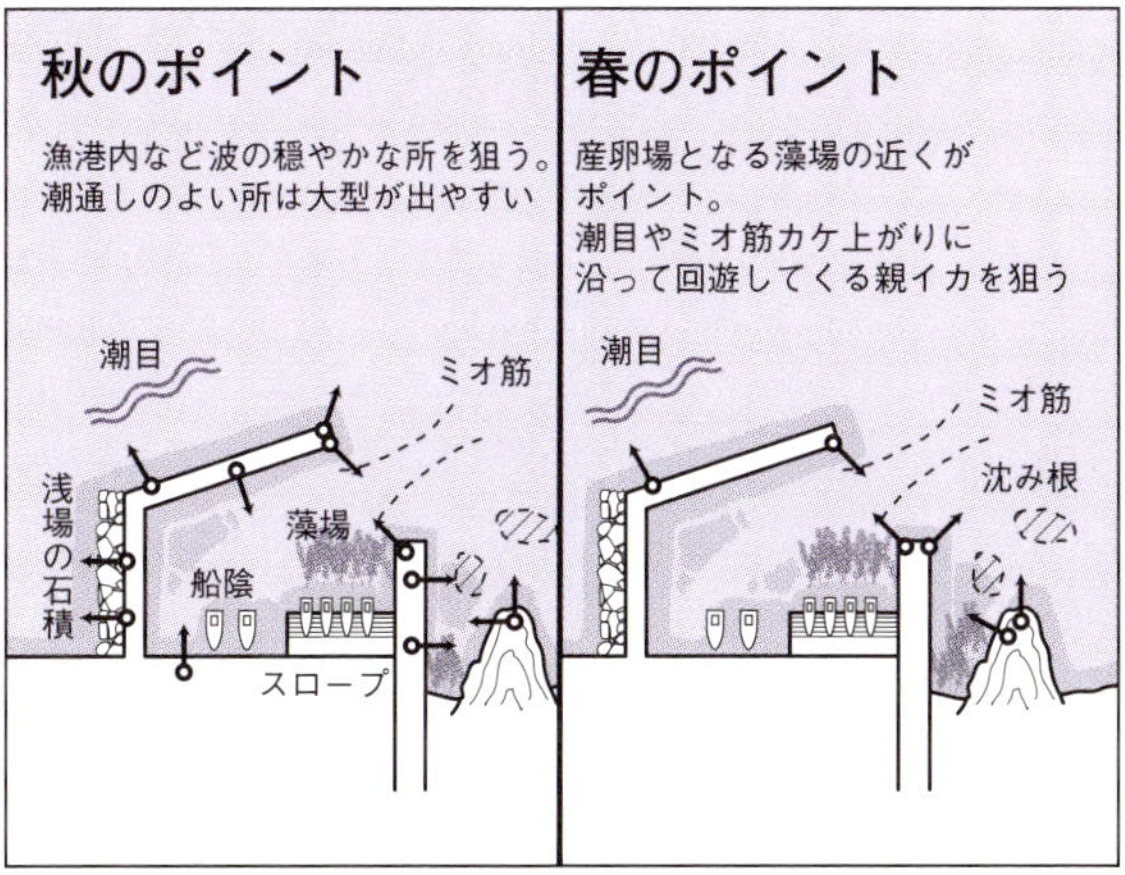
秋のポイント
漁港内など波の穏やかな所を狙う。潮通しのよい所は大型が出やすい
潮目
ミオ筋
浅場の石積
藻場
船陰
スロープ
春のポイント
産卵場となる藻場の近くがポイント。
潮目やミオ筋カケ上がりに沿って回遊してくる親イカを狙う
潮目
ミオ筋
沈み根

▲胴の模様が横縞になっているのがオスのアオリイカで、オスのほうが最終的には大型に成長する

▲秋は数釣りシーズン。好奇心旺盛な若いアオリイカが活発にエギを追う

▼春は良型狙いのチャンスだ

春イカと秋イカのポイント

春の親イカは、アマモやホンダワラなどの海藻に卵を産み付けにくるから、産卵場となる海藻帯の近辺がポイントになる。ただし、完全に産卵行動に入ってしまうと、オスもメスも釣れなくなるから、その直前までが狙い目だ。

産卵直前ならば、藻場をダイレクトに狙えばよいが、春シーズンの初めはまだ活発に小魚を追いかけているから、藻場に固執する必要はなく、沖のカケ上がりなど親イカの回遊コースを狙ってみるとよい。

秋シーズン前半は磯の沈み根周りや漁港の内外など、波の穏やかなエリアにある障害物周りが狙い目だ。

漁港内では、スロープや船着き場、ミオ筋、藻場などに浮いている小イカの姿を見ることもできる。

そして秋も深まってくると、アオリイカは徐々に潮通しのよい外海向きの海底付近でエサを取るようになる。

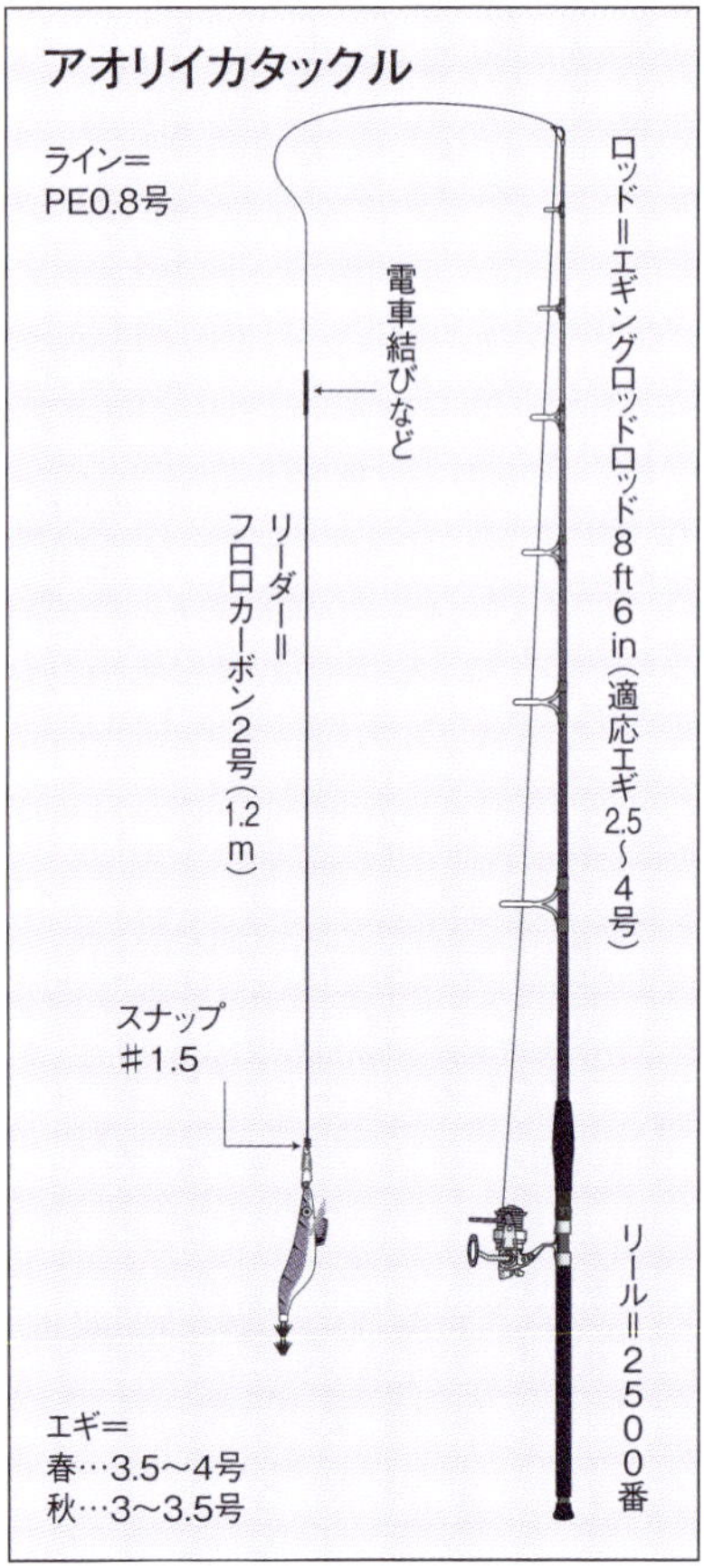
アオリイカタックル
ライン＝
PE0.8号
電車結びなど
リーダー＝フロロカーボン2号（1.2m）
ロッド＝エギングロッドロッド8ft6in（適応エギ2.5～4号）
スナップ
＃1.5
リール＝2500番
エギ＝
春…3.5～4号
秋…3～3.5号

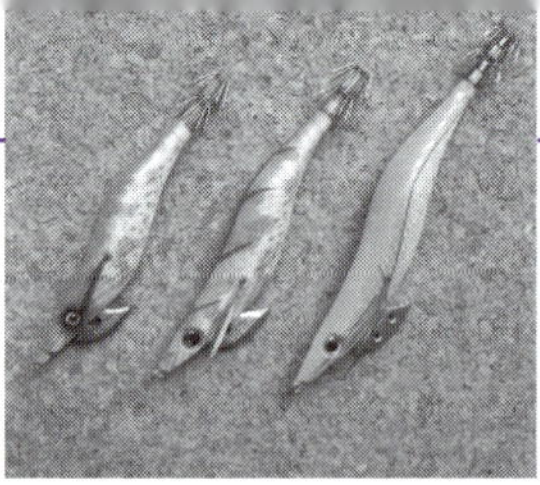

◀アオリイカ用のノーマルタイプのエギ。秋用に3～3.5号、春用に3.5～4号をそろえておくとよい

◀タックル以外に必要な小物類。左から、ラインを巻いたスペアスプール、リーダー、糸オモリ（エギに巻いてウエイトアップする）、偏光グラス、イカ締め具

▲取り込みは、玉網かギャフ。玉網なら、磯釣り用のものを流用する

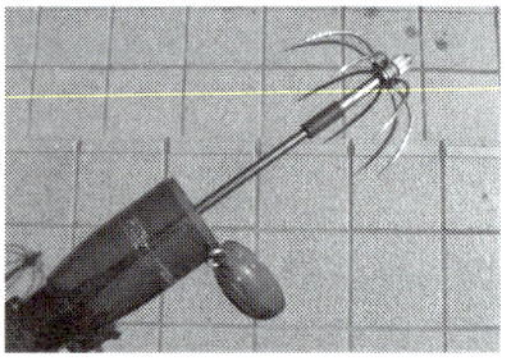

◀エギングのみの釣行ならイカ用ギャフがコンパクトで携帯に便利だ

アオリイカのエギングタックル

アオリイカのエギングでは、専用タックルがトラブルもなく、スムーズにシャクれて使いやすい。

エギングロッドは、使用するエギのサイズに合わせて選ぶこと。ほとんどのエギングロッドに適応エギの号数が表記されているから、それを参考にする。

エギは、秋なら3～3.5号、春なら3.5～4号がメインに使用されるので、それぞれに春用と秋用にそろえるのもよいが、適応号数が3～4号なら、1本のロッドでオールシーズン対応できる。

リールは2500番クラスがちょうどいい。ラインはPEライン0.8号が標準。最低でも100メートル前後は巻いておきたい。リーダーには、根ズレに強いフロロカーボンラインの2号クラスを約1.2メートルほど結びつけておく。

エギの装着は、＃1.5のスナップを介すと、夜でも交換が楽になる。

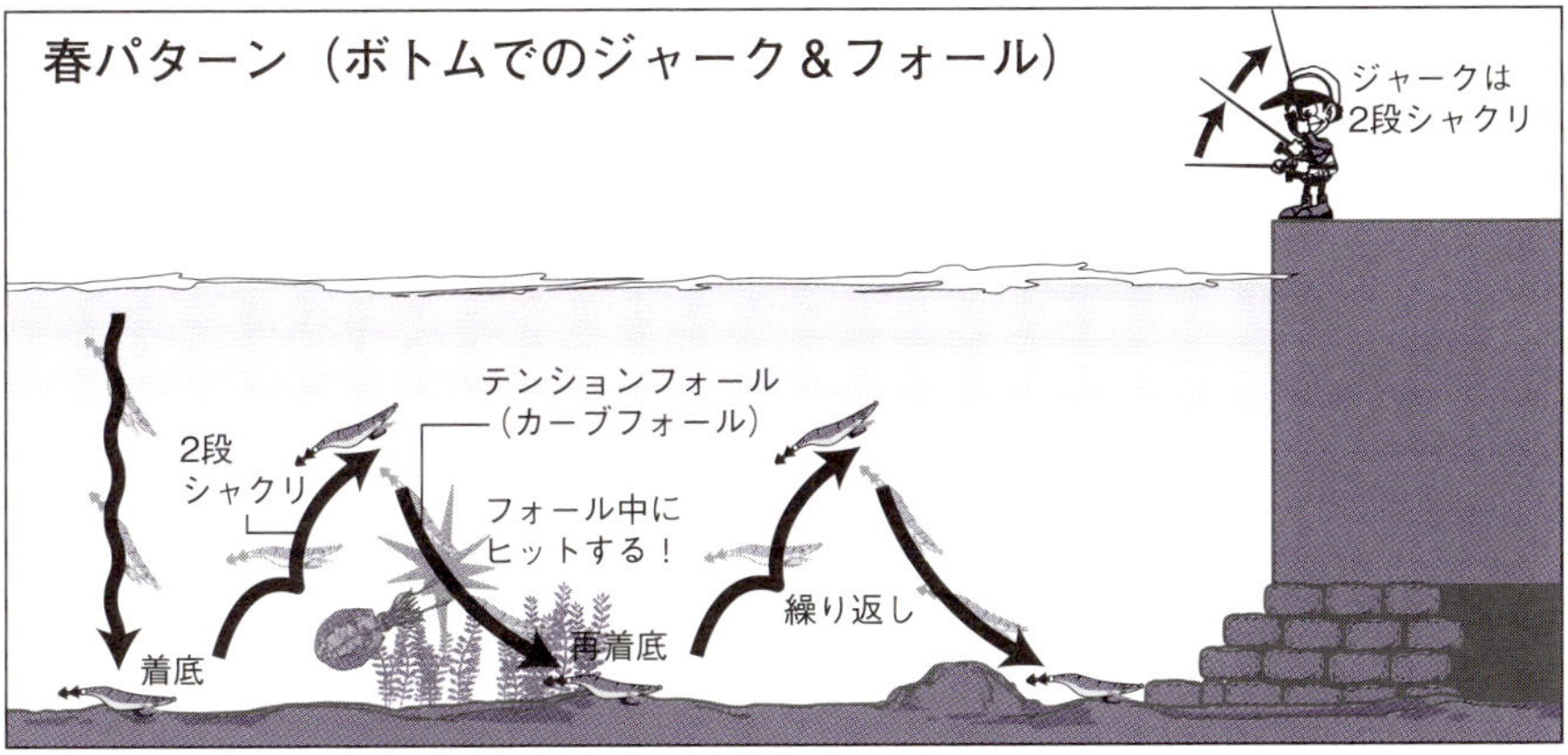
春パターン（ボトムでのジャーク＆フォール）
ジャークは
2段シャクリ
テンションフォール
（カーブフォール）
2段
シャクリ
フォール中に
ヒットする！
繰り返し
着底
再着底

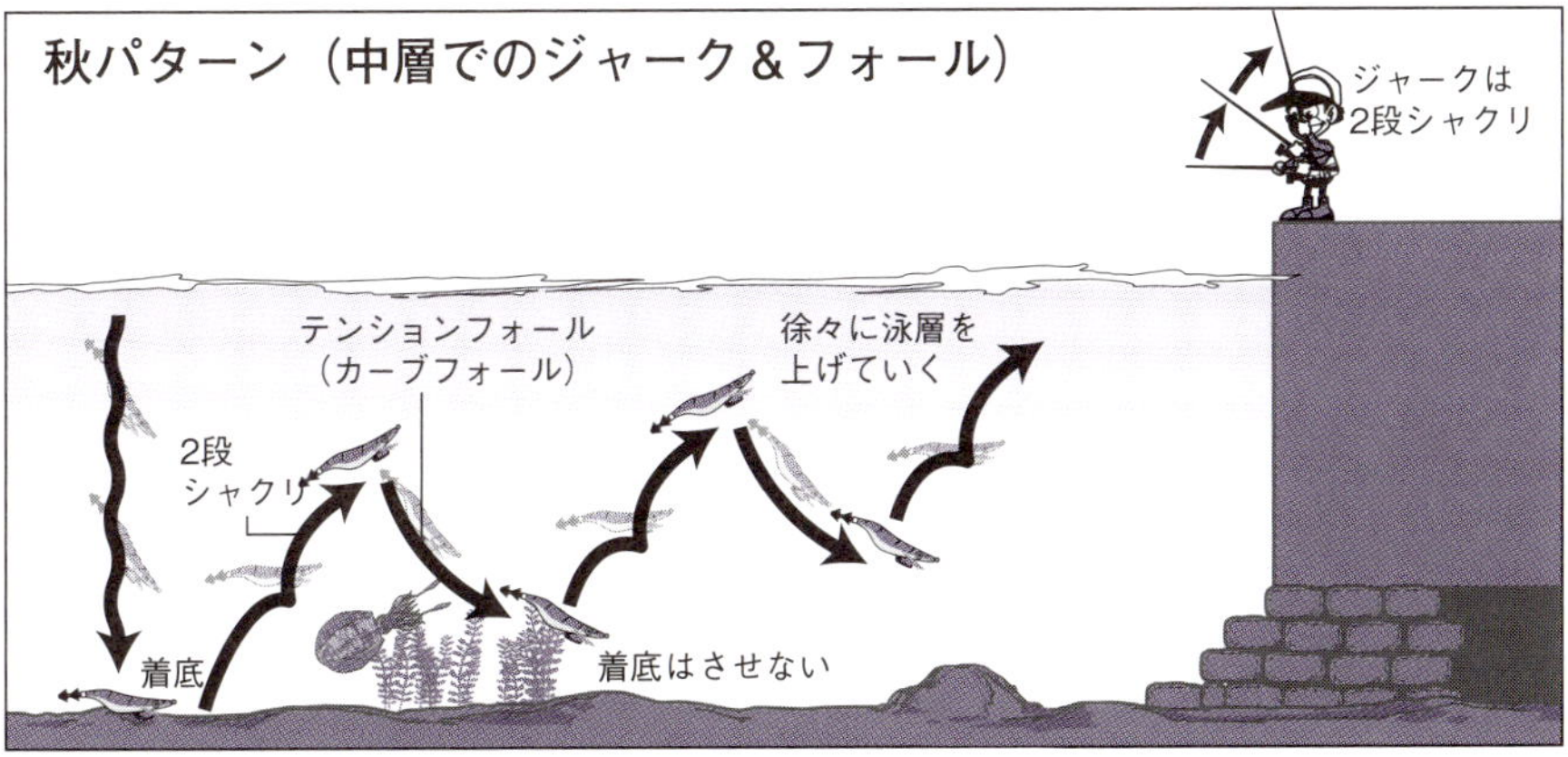
秋パターン（中層でのジャーク＆フォール）
ジャークは
2段シャクリ
テンションフォール
（カーブフォール）
徐々に泳層を
上げていく
2段
シャクリ
着底
着底はさせない

春イカと秋イカのアクション

春の親イカは警戒心が強く、基本的に底を狙う。最初に着底させたら、ジャーク&フォールのアクションをつける。ジャークとは強く引くという意味で、ロッドをあおってエギを跳ね上げる。このとき、一度にあおるより、2回に分けて続けてあおる（二段シャクリ）ほうが、エギは高く跳ね上がりやすい。

エギをシャクり上げたら、今度はラインを止めて再着底するまで沈ませてやる。このエギのフォール中にイカはエギを抱きにくる。ラインを張って沈ませると、エギの沈下速度がゆっくりになり抱きやすくなるのだ。

秋はイカの活性が高く、この二段シャクリによるジャーク&フォールを中層で行う。ボトム中心でもよいのだが、中層をシャクりながら引き上げてくることで、広範囲のイカにアピールすることができる。

【35】

コウイカ類

コウイカのほか、モンゴウイカ、シリヤケイカなども甲を持つコウイカの仲間だ

磯　サーフ　漁港　港湾

【コウイカ】甲の先端が尖っているのがコウイカだ

◀【モンゴウイカ】興奮すると、体表にコーヒー豆のような紋様が浮き出てくる

▼【シリヤケイカ】体表に白い斑点があり、足の間が白くなっている

エギングで狙えるコウイカの仲間たち

日本で釣れるコウイカ科の仲間には、本種のコウイカのほかにモンゴウイカ、シリヤケイカがいる。奄美大島などには巨大なコブシメもいるが、これは残念ながら九州以北では狙えない。

コウイカは、別名スミイカともハリイカとも呼ばれる。イカの中では最も濃縮されたスミを吐くためスミイカと呼ばれるが、イカスミを使う料理には、このスミイカのスミが使われることが多い。

ハリイカと呼ばれるのは、甲の先端がハリのように尖っているからだ。これは、コウイカ類の中でもコウイカ独特の特徴なので、見分ける際の材料になる。

モンゴウイカの標準和名はカミナリイカ。コウイカ類の中でも最も大きくなり、食味もよいことから、居酒屋ではそのお造りが定番メニューとなっている。

モンゴウイカは、興奮すると体表にコーヒー豆のような斑紋が浮き出てくる。だから紋甲（モンゴウ）イカと呼ばれるのだが、斑紋が浮き出ないとコウイカと間違えやすい。ただし甲の先端が尖っていないので、そこで見分けるとよいだろう。

シリヤケイカは、漏斗とは逆方向の胴の先端から茶褐色の液体を吐く。このときお尻が焼けたように見えるからシリヤケイカという名が付いた。

見た目は体表に白色の斑点と、足の間が白くなっているので、ほかのコウイカ類とは見分けが付きやすい。

▶コウイカ類

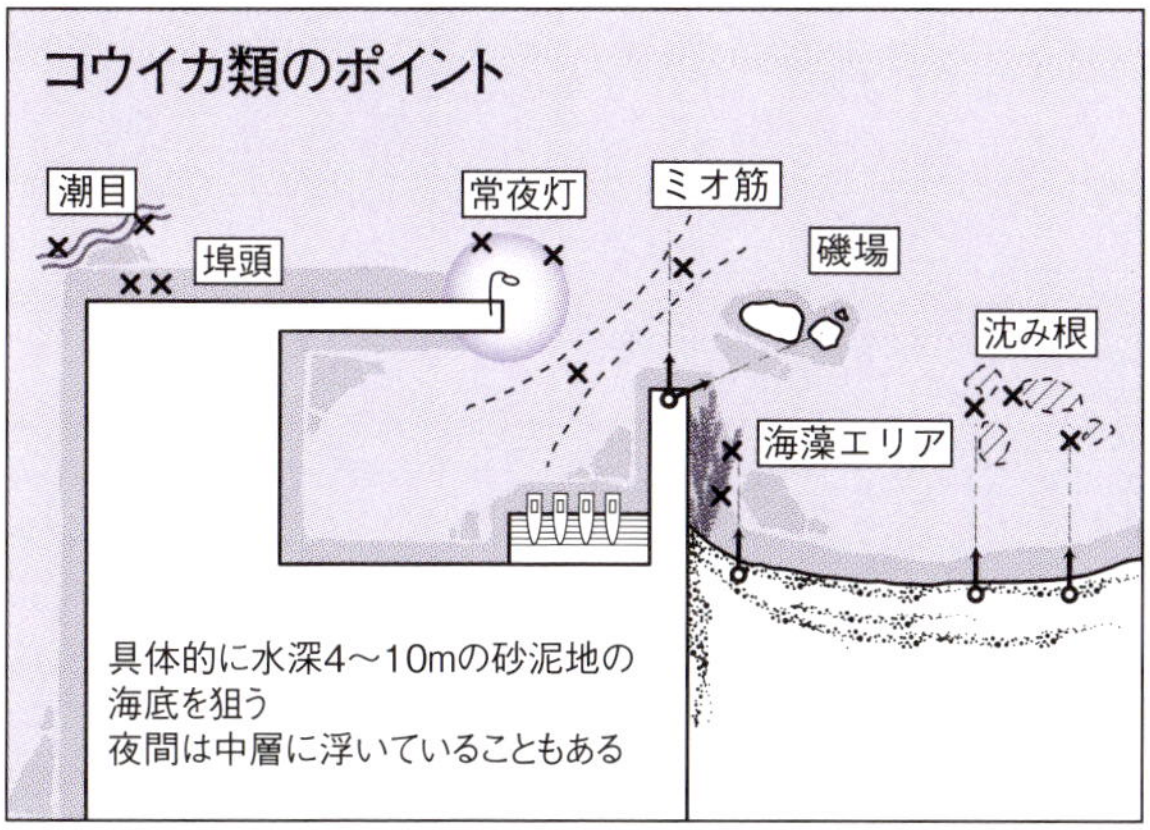
コウイカ類のポイント
潮目
埠頭
常夜灯
ミオ筋
磯場
沈み根
海藻エリア
具体的に水深4～10mの砂泥地の
海底を狙う
夜間は中層に浮いていることもある

▼春に釣れるモンゴウイカは大型ぞろいだ

GRENADA

▲埠頭の垂直護岸は足下狙いが鉄則。捨て石に付く海藻帯が狙い目だ

▼島しょ部の水道筋は、潮通しがよく好ポイントのひとつ

乗っ込み期は、砂泥底の海藻帯を狙う

コウイカ類はいずれも5～6月に産卵のために浅場へ入り込んでくる。したがって、このタイミングに狙うのがベストだが、新子が成長した秋口にも狙うことができる。

また、コウイカやシリヤケイカは低水温に強く、エリアによっては冬季でも狙って釣れることがある。

おもなポイントとしては、潮通しのよい水深4～10メートルの砂泥底の海底を狙う。ここで甲殻類や小魚などのエサを取っている。夜間はエサを取るために中層に浮いていることもあるけれど、それでも海底を狙うほうが率はよい。

また産卵期に乗っ込んできたタイミングを狙うなら、砂泥地の中でも海藻のある所を狙うこと。これは海藻に卵を産みつけにくるためで、5～6月ころにはメスだけでなく、オスの数も多くなるようだ。

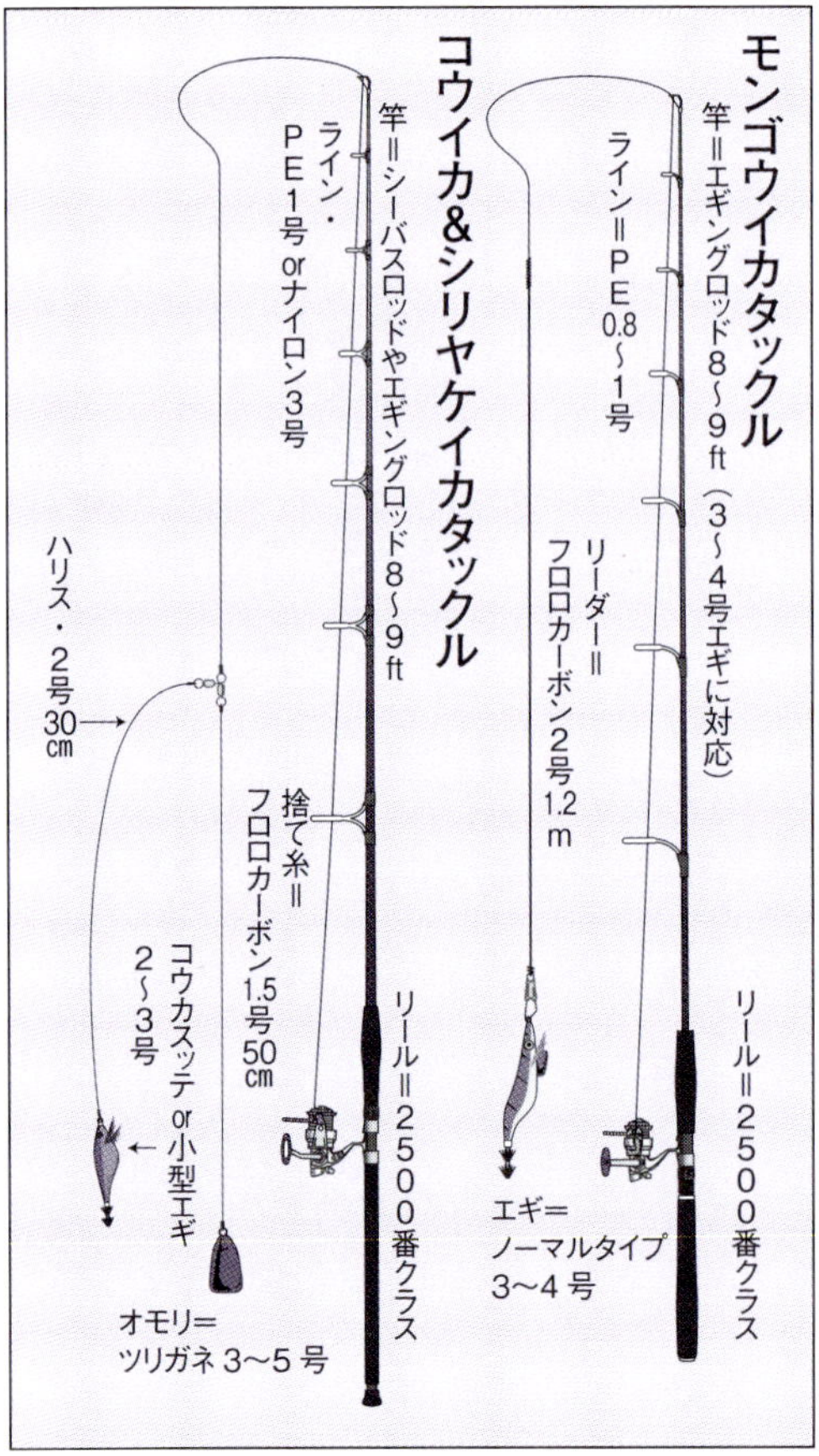
モンゴウイカタックル
竿＝エギングロッド8〜9ft（3〜4号エギに対応）
ライン＝PE0.8〜1号
リーダー＝フロロカーボン2号1.2m
リール＝2500番クラス
エギ＝ノーマルタイプ3〜4号
コウイカ&シリヤケイカタックル
竿＝シーバスロッドやエギングロッド8〜9ft
ライン・PE1号orナイロン3号
捨て糸＝フロロカーボン1.5号50cm
リール＝2500番クラス
ハリス・2号30cm
コウカスッテor小型エギ2〜3号
オモリ＝ツリガネ3〜5号

▲通常のエギングならノーマルエギの3〜4号を使用するが、糸オモリを巻き付けて浮きづらくするのもよい。右はコウイカ用のエギ

▲胴つき仕掛け用のコウイカスッテ。オモリが内蔵されて、中層で漂う比重に設定されている

▲大型のコウイカ類にはギャフは効かない。取り込みには玉網が必要だ

モンゴウイカはノーマルエギングで

モンゴウイカは、3種の中でもとくに潮通しのよいエリアを好む。そのためアオリイカと同様に、通常のエギングで沖目を狙えばよい。タックルもアオリイカ用のものが流用できるが、コウイカの類はギャフが効かないので、玉網を用意するか、タックルを少しパワーアップして抜き上げるようにするとよい。エギは、ボトム主体に狙うので3〜4号を使用するが、3号でボトムが取りにくければ糸オモリを巻き付ける。

テクニックとしては春イカ狙いと同じで、海底でのジャーク&フォール。二段シャクリで高く跳ね上げて、海底までカーブフォールさせる。再び、シャクリ上げては沈めるの繰り返し。

このとき注意したいのは、エギを跳ね上げたら必ず再着底させること。中層のみでアクションさせても、モンゴウイカは追いきれないからだ。

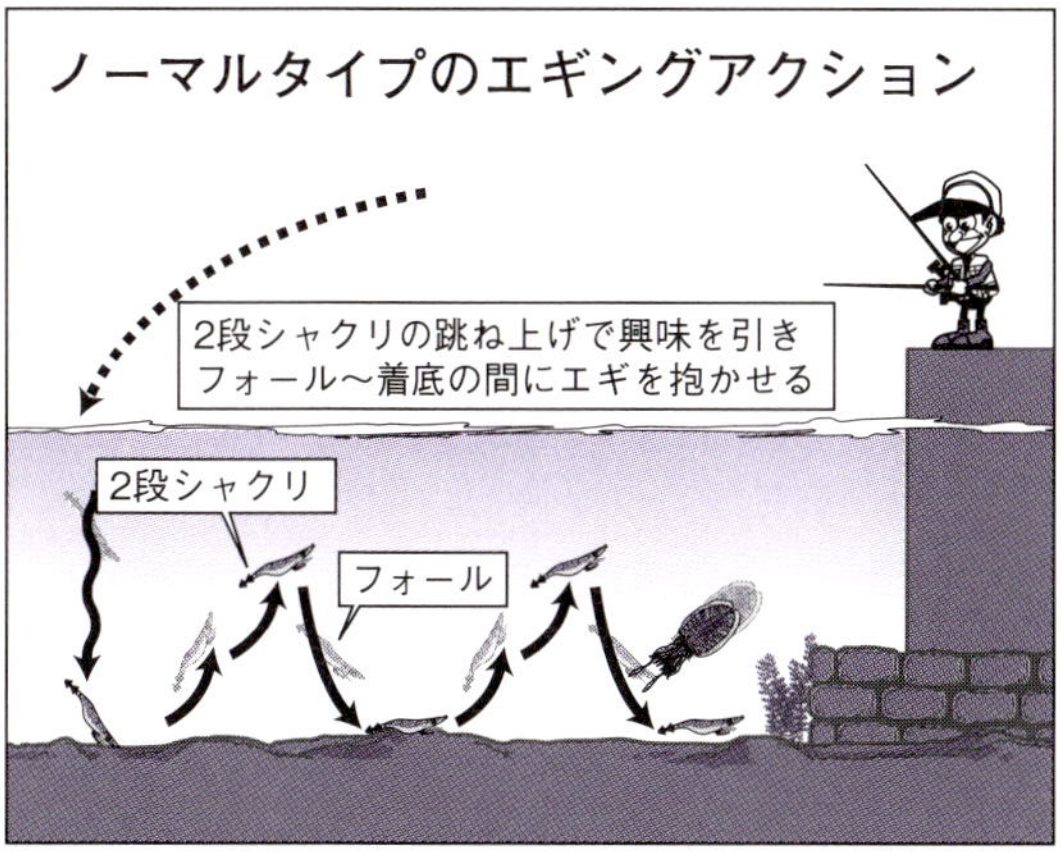
ノーマルタイプのエギングアクション
2段シャクリの跳ね上げで興味を引き
フォール〜着底の間にエギを抱かせる
2段シャクリ
フォール

▲沖目のボトムを釣るなら、しっかりとエギが動くようにアクションさせよう

胴つきスッテのアクション
基本は足下の捨て石狙いだが
ちょい投げのズル引きもあり！
スッテが上下に
動いてイカを誘う！
オモリで海底を小づくように上下させる（50㎝〜1ｍくらい）
ズル
ズル

▲直下釣りでは、時どき強くシャクってアピールさせよう

コウイカ、シリヤケイカは胴つきスッテもおもしろい

コウイカやシリヤケイカも、通常のエギングで狙うことは可能だ。習性もモンゴウイカと似ているから、ボトムでのジャーク&フォールで狙えばよい。

ただ、これらのイカは埠頭や堤防の垂直護岸に着くこともあるから、胴つきスッテ（エギでも構わない）を用いた直下釣りも楽しめる。

タックルもエギング用のものでよく、ラインの先に三つ又サルカンをセットし、下にツリガネオモリ、エダスに胴つき用のスッテをセットする。

釣り方としては、一度オモリを海底に着底させたなら、ラインを張ってオモリで海底を小づくように50センチから1メートルくらい竿先を上下させる。5〜6回シャクったら、横に2〜3メートル移動して、再び上下のシャクリを繰り返す。また広く探るときは、キャストしてからズルズルと引きずるのもよい。

【36】

スルメイカ

夏の風物詩、ムギイカは沖で釣るスルメイカ。春なら岸からのエギングにヒットする

漁港 港湾

▼胴長 15 ～ 20 センチのスルメイカ

▲漁港の常夜灯下が最も狙いやすいポイントとなるだろう

内湾で過ごす5～7月が釣りシーズン

スルメイカは、夏以降、成体になると沖の深場に移動していく。したがって一般的には、船からのスッテ釣りで狙うターゲットだ。このころには、もう沿岸部で姿を見ることは不可能となる。

だが成体になるまでは、潮通しのよい島しょ部の漁港や港湾部などの灯りの下で、小魚などを追いながら成長を続けており、そんな所で釣りをしているとその姿を確認できる。

2月ごろには漁港の灯りの下などで胴長3センチほどの小イカの姿が見られ、それが4～5月には胴長20センチと成長を続けて、6～7月には胴長25センチ以上にもなっている。

したがってスルメイカのエギングシーズンは、5月から7月上旬ごろまで。胴長30センチ以上になる夏以降は、梅雨明けがきっかけとなって、内湾から外海へと出ていってしまうのだ。

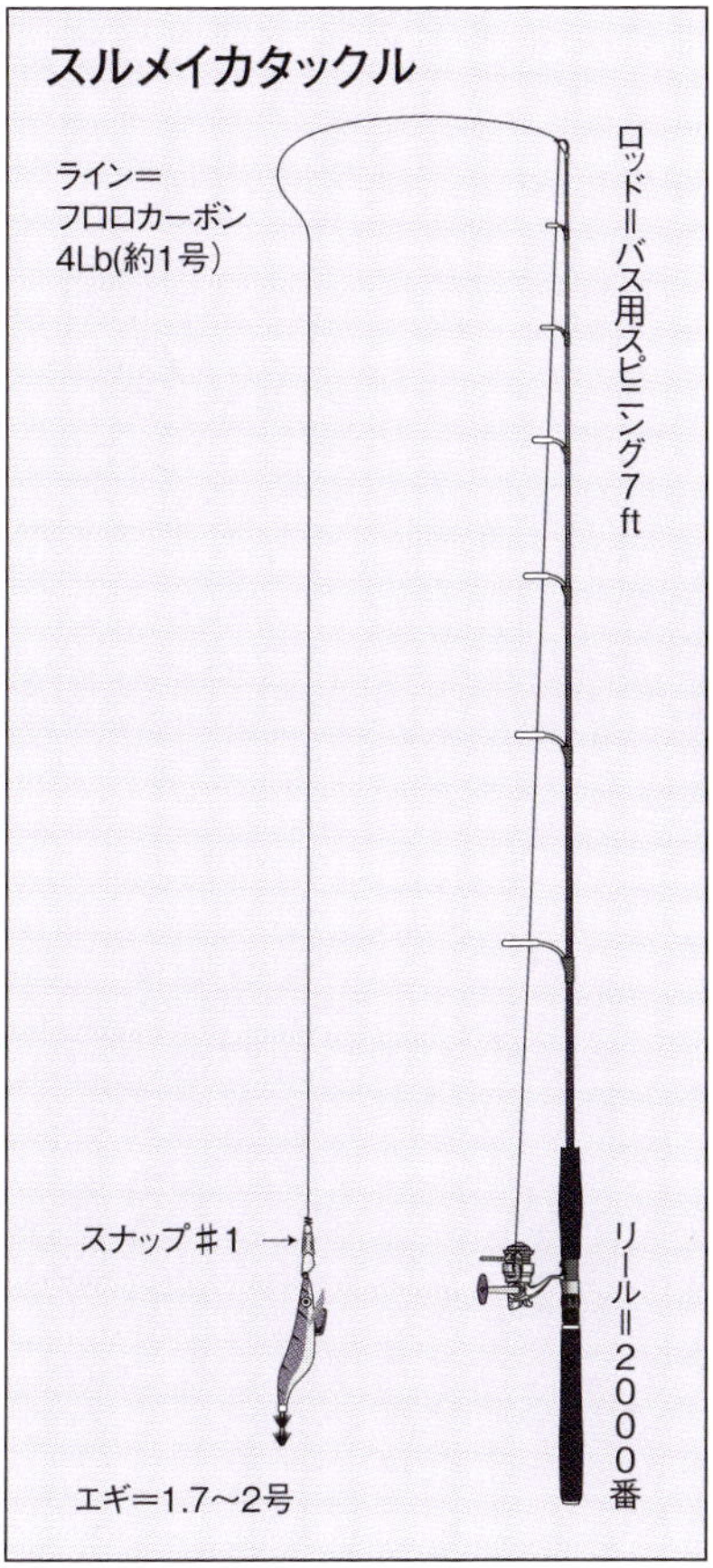
スルメイカタックル
ライン＝
フロロカーボン
4Lb(約1号)
ロッド＝バス用スピニング7ft
スナップ＃1
リール＝2000番
エギ＝1.7〜2号

▶春のメバル狙いのついでに、エギをキャストしてみるのもよいだろう

◀イカのサイズが小さいときは、1.7号のエギが有効なこともある

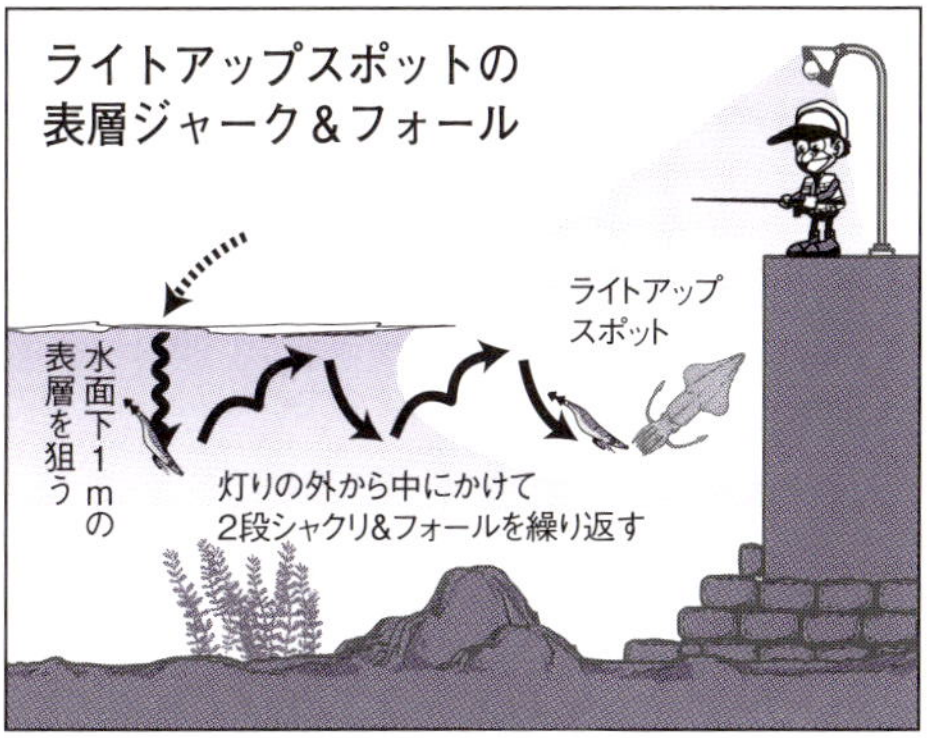
ライトアップスポットの
表層ジャーク&フォール
ライトアップ
スポット
水面下1mの表層を狙う
灯りの外から中にかけて
2段シャクリ&フォールを繰り返す

表層の見えイカ狙いが手堅い

スルメイカもまた群れで回遊しているのだが、サイズが大きくなるほどに群れの個体数は少なくなり、警戒心の高さから簡単にはエギに抱きつかなくなる。

対策は小型のエギを使うことだ。胴長25センチクラスであっても2号のエギが最適であり、それ以下のサイズを持っているなら1.7号のエギも使用したい。小型のエギは何よりも着水音が小さく沈みが遅いから、表層を回遊しているスルメイカに非常に有効なのだ。

メソッドとしては、常夜灯の灯りの下に回遊してくるものを見釣りで狙うのが簡単だ。

スルメイカはエサを取りに灯りの中に入ってくるから、エギを少し離れた位置にキャストして、ジャーク&フォールのアクションを加えながらイカにエギを近づけるのだ。リトリーブレンジは水面下1メートル以内。フォール中に抱くのはほかのイカと同様である。

【37】

ベイカ

胴長8センチほどで成体の干潟固有の小型種。これをミニミニエギングで狙うのだ

漁港　港湾

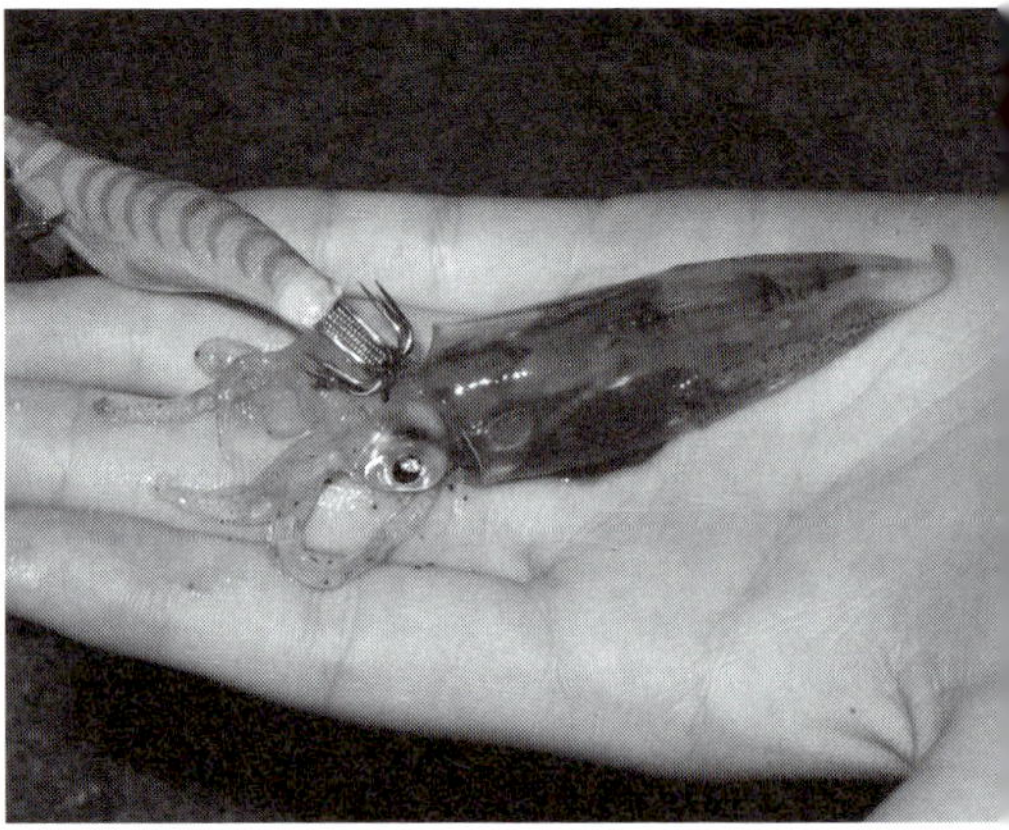

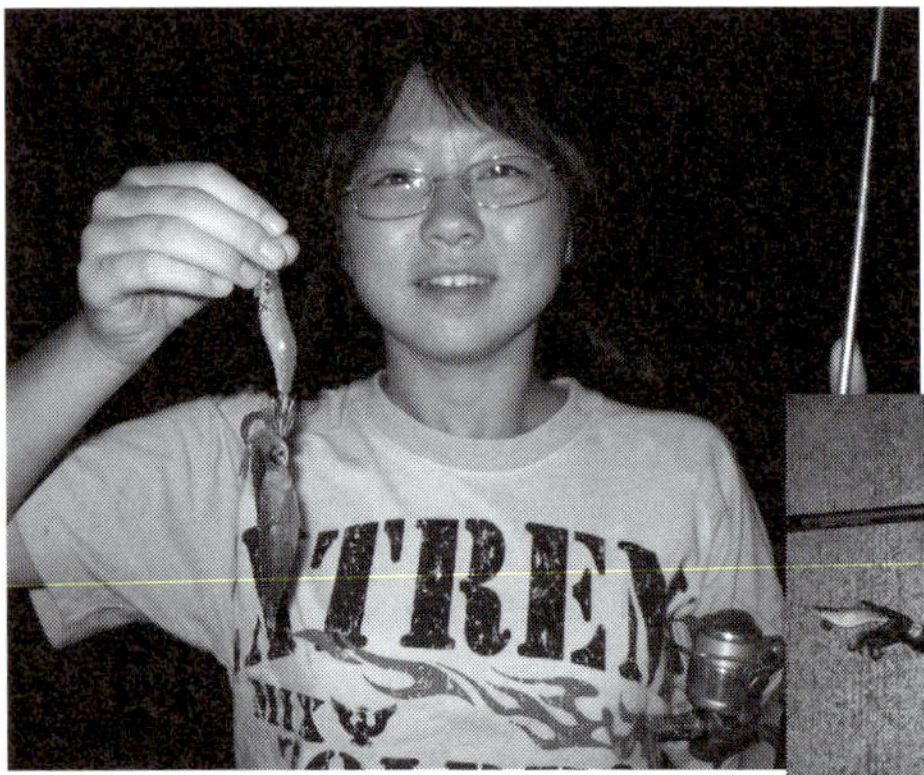

▲夏の夕涼みにのんびり楽しめるのがうれしい

▶ポイントは常夜灯の下。真っ暗になってからが時合となる

▼タックルは、メバルロッドに小型のエギをセットするだけだ

ターゲットとなる小イカたち

ベイカとは、瀬戸内海や有明海などの干潟エリアに生息する固有種である。ヒイカとはケンサキイカの子供のこと。その他、ジンドウイカなどがエギングで狙える小イカたちだ。

今回紹介するのはベイカのエギングに関してだが、釣り方やタックルはほかの小イカたちとも同じである。

ちなみに、ベイカは胴長8センチで大型の部類に入る小型種のイカである。春の産卵期には胴に卵を持っており、そのサイズでも成体であることが分かる。

ベイカの釣期は、7～8月の真夏と12月の真冬のころ。干潟にある漁港内を回遊し、常夜灯の灯りの下にその姿を見せる。基本的に群れは大きく、ほどよい群れに当たると、一晩で20～30杯もの数釣りも可能だ。ミニミニエギングなら、従来のエギングスタイルで楽しめる。

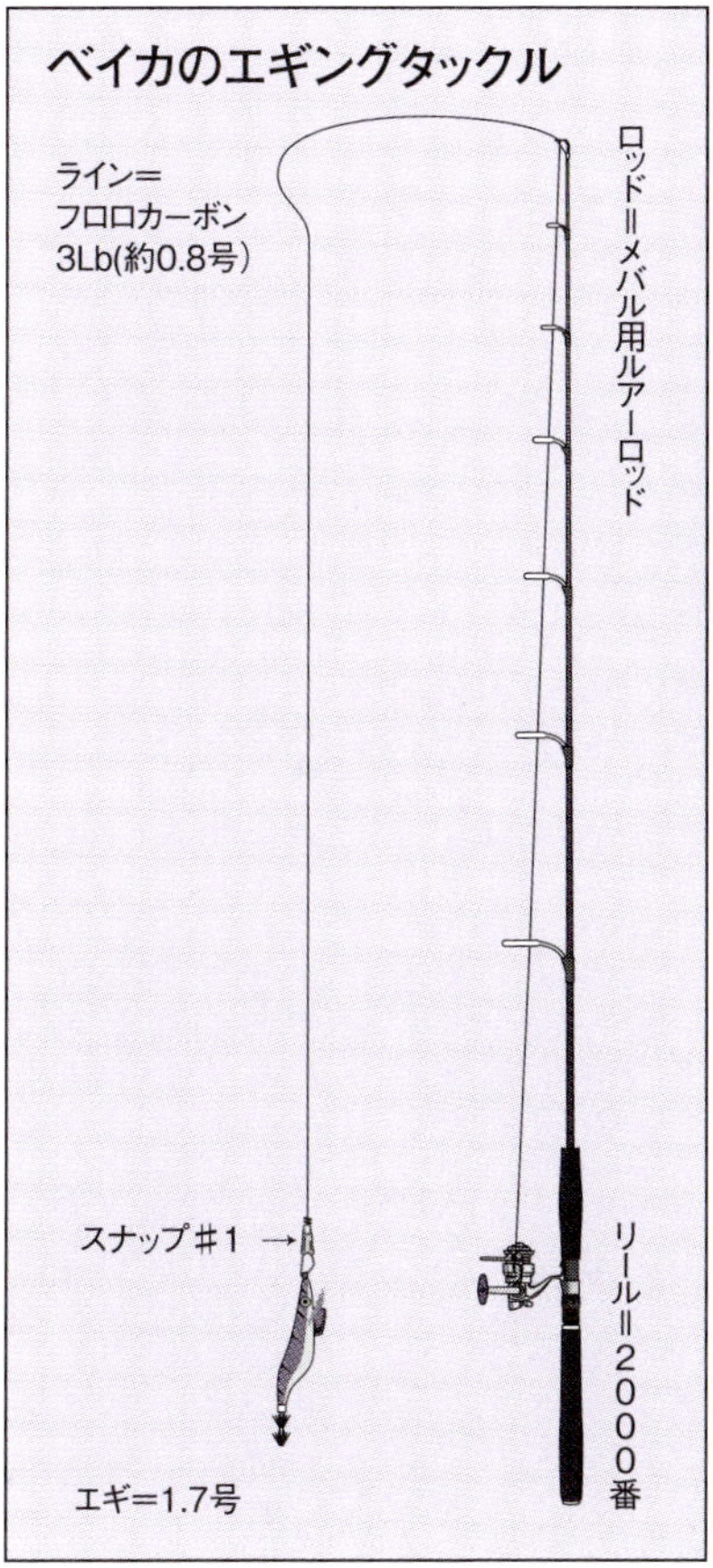
ベイカのエギングタックル
ライン＝
フロロカーボン
3Lb(約0.8号)
ロッド＝メバル用ルアーロッド
スナップ＃1
リール＝2000番
エギ＝1.7号

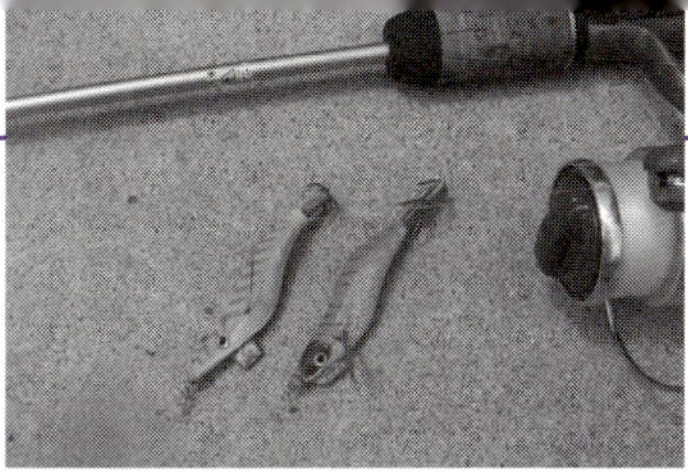
◀エギは、1.7号が標準。さらに小さいものでも構わない

▲ベイカが表層に浮くほど活性が高ければ、お土産程度は確保できる

ライトアップスポットの
ジャーク＆フォール
パターン1
灯りの中にイカが見えるときは
表層でシャーク&フォール。見釣りをする
パターン2
イカの気配がないときはキャスト後一度着底
させてからジャーク&フォールで引き上げてくる
ライトアップ
スポット
見釣りが
できる
広範囲を
探れる

常夜灯下でのジャーク&フォールが基本

ベイカもまたスルメイカ同様に、常夜灯下に回遊してきたところを見釣りで狙うのが基本だ。群れの近くにキャストすれば、好奇心が強いベイカは着水音のほうに寄ってくる。ここが警戒心の強いスルメイカと異なるところで、姿さえ確認できれば、まずお土産程度は確保できるはずだ。

釣り方は水面下1~2メートルでのソフトなジャーク&フォール。ジャークで誘って、フォールで抱かせる。見釣りの場合はエギに抱きつくところが見えるので、エギがスッと逆方向に進んだら、そっと手首を返して合わせればよい。

なお表層にベイカの姿が見えないときは、泳層が下がっていることがある。この場合、一度着底させてからジャーク&フォールで徐々にアクションレンジを引き上げてくる。広範囲にヒットレンジを探ると群れが見つかることがある。

SALTWATER
TARGET 【38】

マダコ

昔からテンヤ釣りが人気だったが、今はタコエギで狙うのがブームとなっている

磯　ゴロタ浜　漁港　港湾

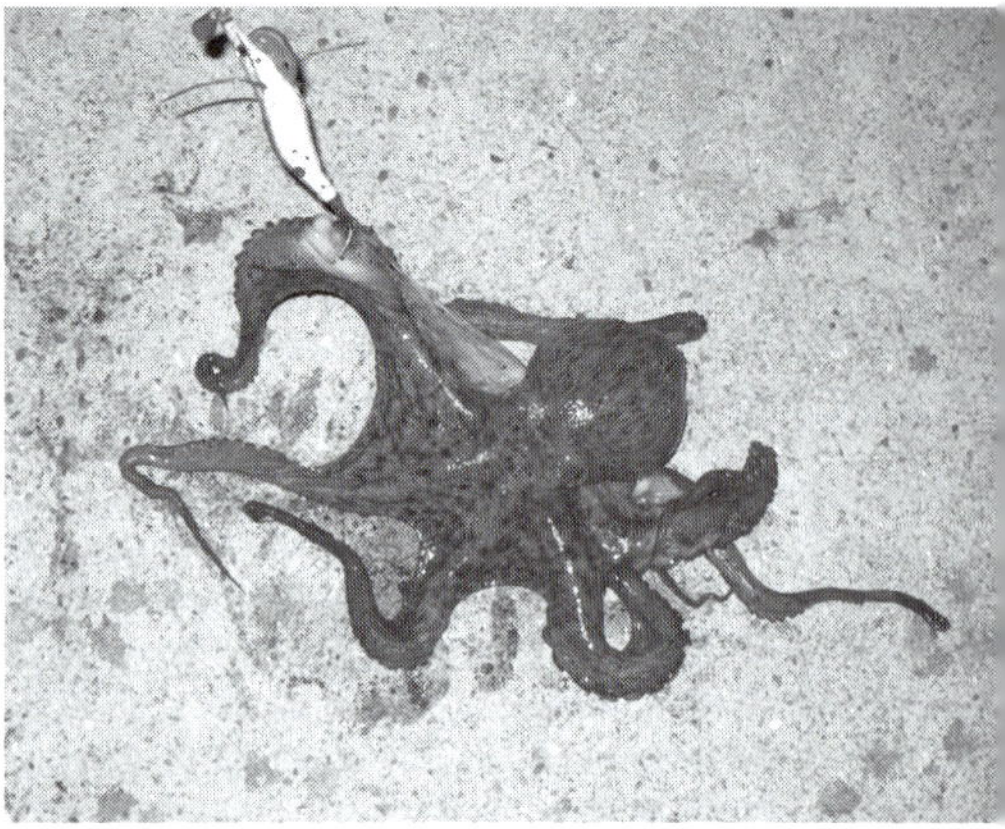

▼タックルを強化すれば、良型のマダコでもキャッチ率はアップする（写真はショアジグタックルを使用）

▲ナイトゲームなら、まずまずの良型がそろうだろう

手軽に入門できるマダコ・エギング

アオリイカブームの影響か、近年はエギングでマダコを狙う人が多くなってきた。タコは海底で動くものに強く興味を示すが、とくにエギの場合はエビなどの甲殻類の動きを模しており、重量のあるタコジグよりもフワリフワリとアクションさせることも可能でマダコの反応もすこぶるよい。さらにラインを少し強くすれば、エギングタックルをそのまま流用することができるため、体力がない女性でも手軽に入門することが可能だ。

　マダコのおもなポイントは、沖の岩礁帯周り、足下の捨て石、さらに堤防の壁面など、いわゆる海底の障害物周りだ。サイズは300グラムから1キロアップといったところがアベレージ。

　シーズンは基本的に夏～晩秋にかけてがよいのだが、実際は地域によってまちまちで、春がよかったり真冬がよかったりする所もある。

▶マダコ

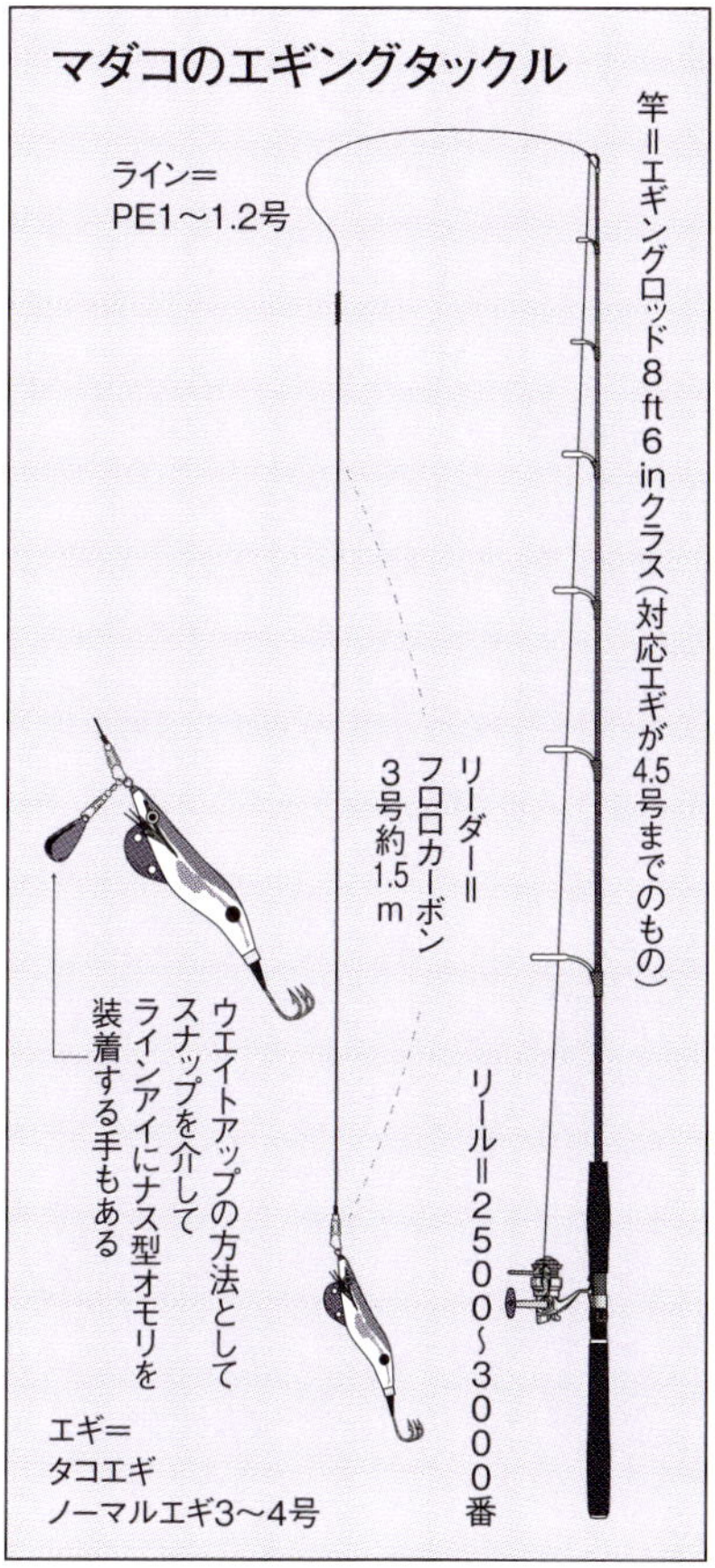
マダコのエギングタックル
ライン＝
PE1～1.2号
竿＝エギングロッド8ft6inクラス（対応エギが4.5号までのもの）
リーダー＝
フロロカーボン
3号約1.5m
リール＝2500～3000番
ウエイトアップの方法として
スナップを介して
ラインアイにナス型オモリを
装着する手もある
エギ＝
タコエギ
ノーマルエギ3～4号

▲堤防では、足下や壁面でアタリが出ることが多い

▼左がタコエギ。底を取るためのウエイトアップには、スナップを用いてオモリをぶら下げる方法がある（右のノーマルエギセット）

▲堤防際の捨て石周りも好ポイント。タコが捨て石の上に見えることがある

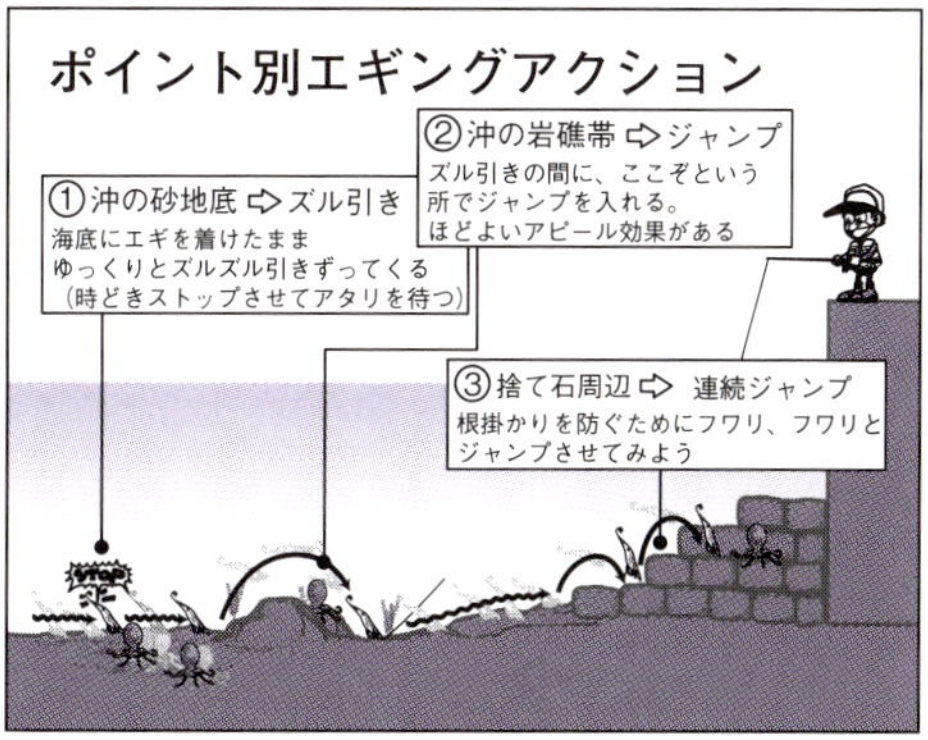
ポイント別エギングアクション
①沖の砂地底 ⇨ ズル引き
海底にエギを着けたまま
ゆっくりとズルズル引きずってくる
（時どきストップさせてアタリを待つ）
②沖の岩礁帯 ⇨ ジャンプ
ズル引きの間に、ここぞという
所でジャンプを入れる。
ほどよいアピール効果がある
③捨て石周辺 ⇨ 連続ジャンプ
根掛かりを防ぐためにフワリ、フワリと
ジャンプさせてみよう

アタリは根掛かりのような感触だ

初めての釣り場でポイントが分からない場合は、まずは沖に遠投して海底の状態をチェックしながら、ズルズルと引きずってくる。タコエギのアクションは、このズル引きとジャンプの2種類だ。

エギが岩礁帯に差しかかれば、根掛かり回避とここ一番のポイントでアピールさせる意味で、竿をあおってジャンプさせるとよい。とくに捨て石の上など、ズル引きでは根掛かりする所では、フワリフワリと連続ジャンプで根掛かりを回避しよう。

ただし、ズル引きの途中やジャンプの直後に数秒間エギを静止させること。エギを動かしっぱなしにするより、抱きつかせる“間”を作ってやることが肝心だ。タコがエギに抱きついたら、ジンワリした重みを感じるので、即座に大合わせして底から離すこと。底石に張り付かれたら引きはがすのがやっかいで、とくに大型だと取り込めなくなってしまう。

【39】

イイダコ

初冬の干潟は、エギングで入れ食いモードのイイダコと遊ぶ

ゴロタ浜　サーフ　漁港

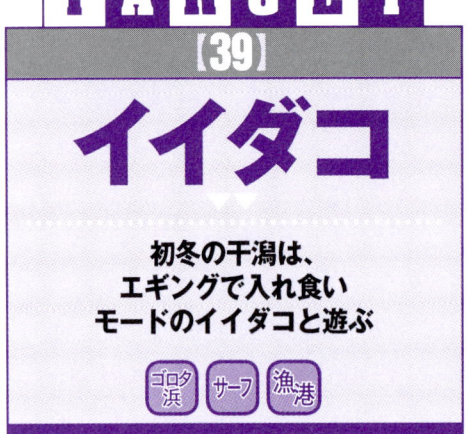

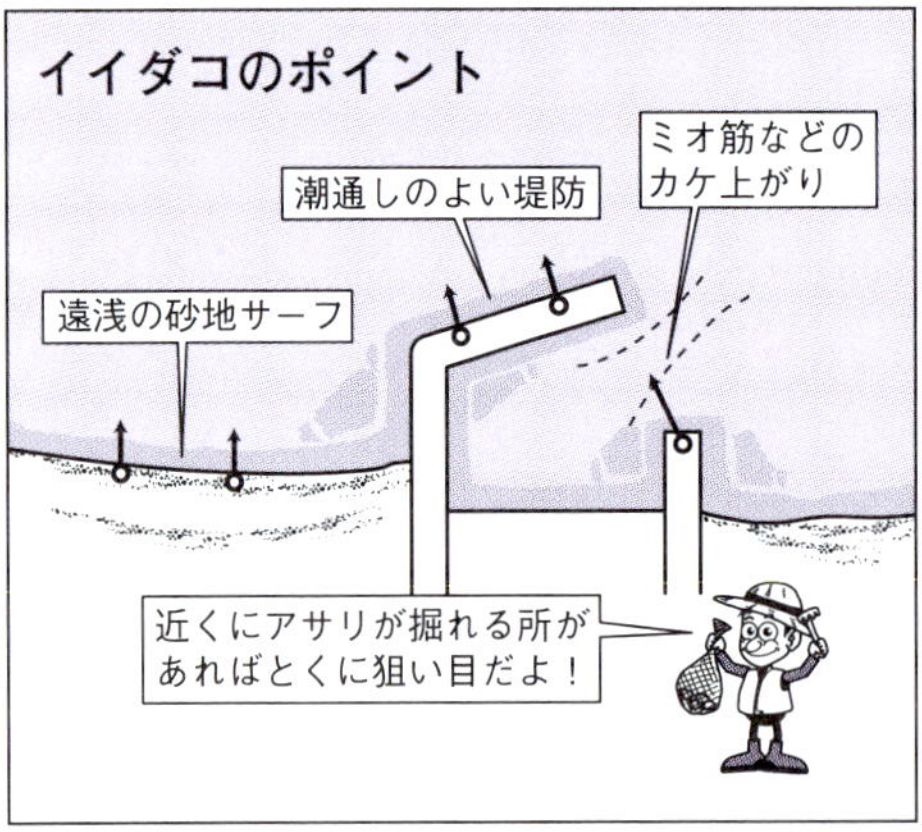
イイダコのポイント
ミオ筋などのカケ上がり
潮通しのよい堤防
遠浅の砂地サーフ
近くにアサリが掘れる所があればとくに狙い目だよ！

イイダコには 2.5 〜3号のタコエギがベストマッチ。アオリイカ用のエギングタックルが使いやすい

二枚貝が生息する干潟を狙う

イイダコは、冬の産卵を控えて秋口から冬場に干潟サーフなどの浅場へと接岸してくる小型種のタコである。釣期としては9月〜12月中旬といったところで、暖冬の年はまれに年を越しても釣れ続くこともある。

おもなポイントは遠浅の砂泥地底で、しっかりと潮が動く所。20〜30メートル沖の水深が3メートルもあれば十分だ。いわゆる干潟サーフという所だが、ここにはアサリなどの二枚貝が多く生息しており、イイダコはこの二枚貝をおもに捕食している。

ただ、潮が飛ぶような所ではエギが海底に落ち着かないから、潮止まりの2〜3時間しか釣りにならない。逆に潮があまり動かないエリアでは、潮が走る時間帯を狙うのも手だ。また、ゆっくり一日釣りたいのならば、小潮など潮の動きのゆるい日を選べばよい。

イイダコのエギングタックル

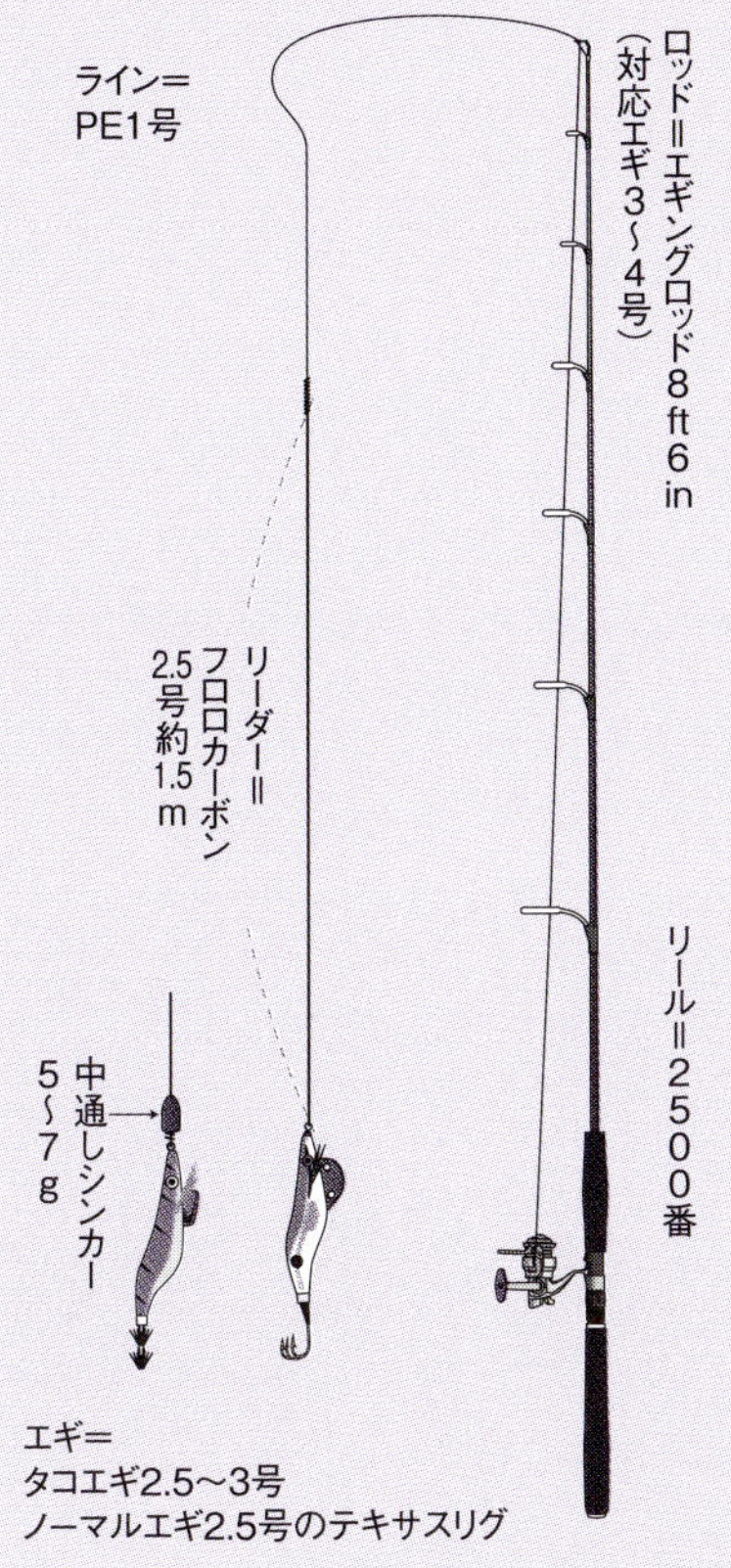
ライン＝
PE1号
ロッド＝エギングロッド8ft6in
（対応エギ3〜4号）
リーダー＝
フロロカーボン
2.5号約1.5m
リール＝2500番
中通しシンカー
5〜7g
エギ＝
タコエギ2.5〜3号
ノーマルエギ2.5号のテキサスリグ

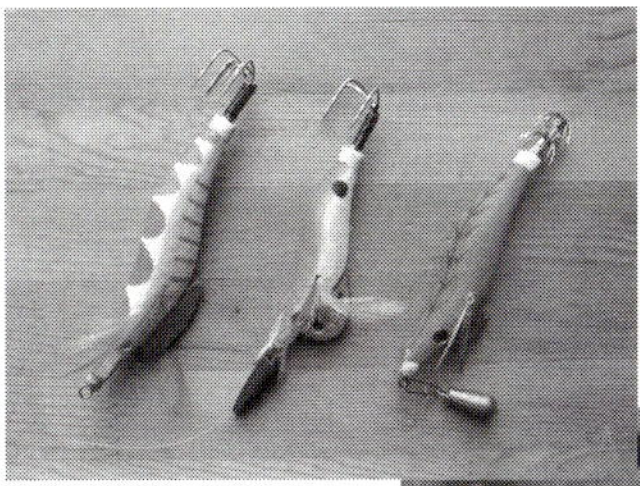

◀イイダコ用のタコエギは2.5〜3号が標準。遠投用に中通しオモリを通したり、スナップでオモリをぶら下げるのもいい

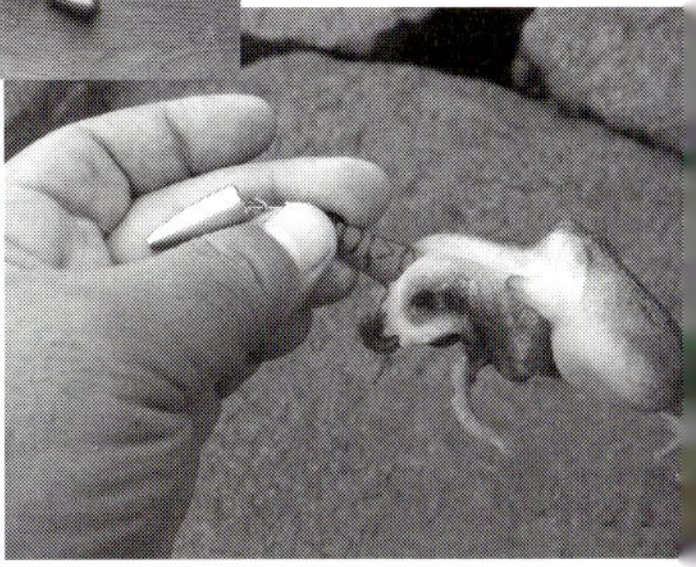

▶イイダコにはタコジグもよいが、活性が低いときはエギが強い

海底でのイイダコの動き（イメージ）

① 海底でゆっくりとエギを引きずることによりイイダコに興味を抱かせる

② 50cm〜1mほど引きずったなら2〜3秒動きを止めてみる（このときにイイダコがエギに抱きついてくる）

③ リーリング開始時に重みが乗っていたら大合わせして掛け合わせる!（あとは一定のスピードで巻き上げる）

遠投力とリーリングスピードが大事

イイダコは回遊性が強いから、刻々と変化するポイントを探る意味でも遠投力は必要だ。ライトなタコエギを使うなら、PEラインを用いたエギングタックルが使いやすい。

釣り方は、遠投してボトムまで沈めたら、できる限りスローにボトムを引きずってくる。基本的にはズル引きだけでもよいのだが、このとき50センチから1メートルほど引きずったら、2〜3秒ほど静止させてみる。エギは動かしっぱなしよりも、少しだけ抱きつく〝間〟を与えてやるほうが乗りがいい。

アタリはじんわり動くような根掛かり風だが、まれに竿先がモアモアッと揺さぶられることもある。アタリを感じたら、即座に大合わせしてハリに乗せる。ハリ掛かりしたなら、あとは速すぎず遅すぎず、一定のスピードでリーリング。水面で跳ねさせるとバレやすい。

【40】

テナガダコ

食べておいしいテナガダコを
狙って釣るなら、
エギングで決まり！

ゴロタ浜　漁港　港湾

▲夜は、常夜灯があるポイントに多くの実績がある

▼潮位が上がると、こういった石積み護岸も好ポイントになる（海藻があればなおいい）

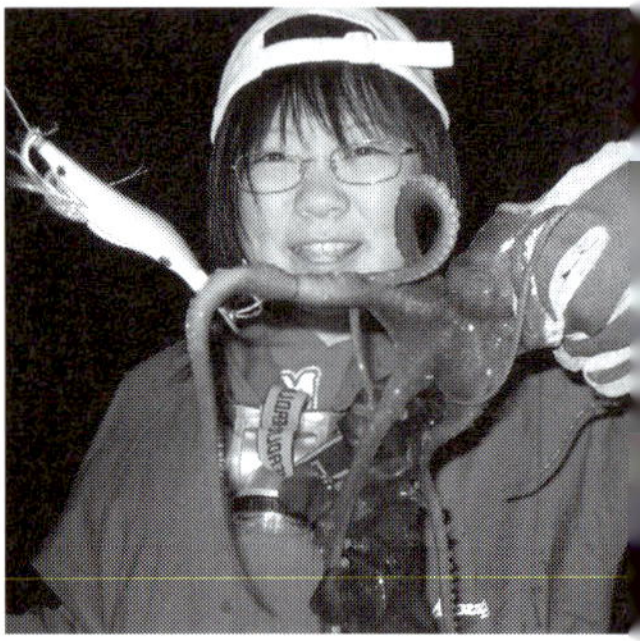

▲タコエギにヒットしたテナガダコ。手が細いので、タコエギは小型のほうがハリ掛かりしやすい

初夏から夏にかけてが好シーズン

テナガダコとは、小型のマダコくらいの大きさでありながら、同じサイズのマダコに比べ手の長さが2～3倍もある一見グロテスクなタコである。だが身が軟らかくておいしいことから、最近は狙って釣る人も増えてきた。

好シーズンは5月以降7月くらいまで。このころになると常夜灯下の石畳の上であぐらをかいているのが見えるほどで、こういった灯りが届く石積み護岸や堤防周りの砂泥地底のサーフ、もしくは埠頭の足下にある捨て石などが、おもなポイントとなる。

イイダコも砂泥底を好むが、テナガダコはさらに泥っ気が強い所を好む傾向がある。漁港などでも外側よりも内側でヒットすることが多い。

時合としては基本的に夜のほうが釣れるものだが、日中でも岩礁帯や捨て石の際を釣ればけっこうアタリがもらえる。

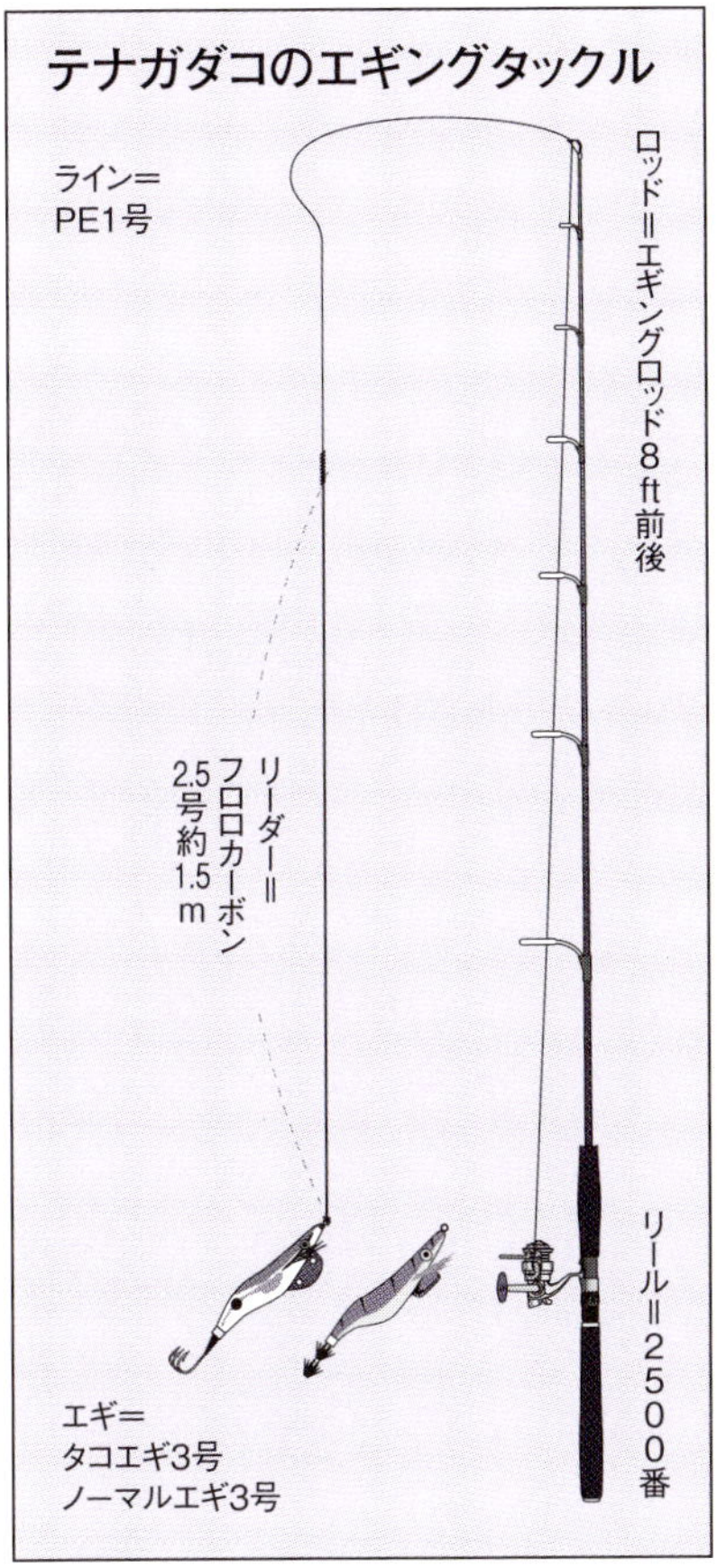
テナガダコのエギングタックル
ライン＝PE1号
ロッド＝エギングロッド8ft前後
リーダー＝フロロカーボン2.5号約1.5m
リール＝2500番
エギ＝
タコエギ3号
ノーマルエギ3号

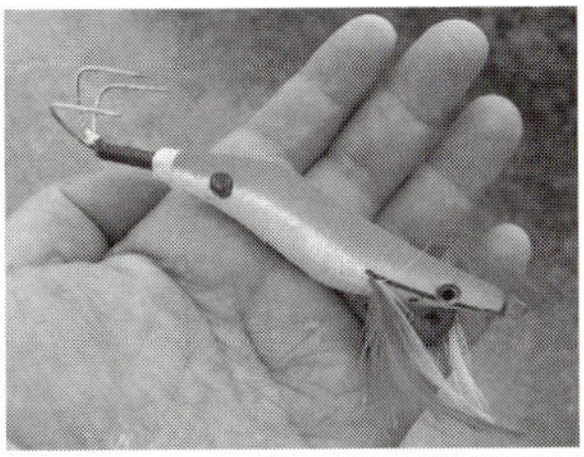

◀タコエギの特徴はハリが上向き。根掛かりが少ないので安心して捨て石の上でもアクションさせられる

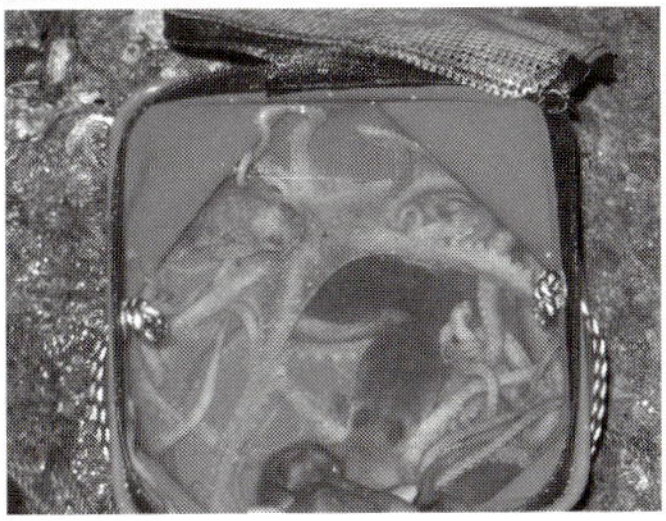

▶テナガダコは探り歩く釣り。フタ付きのバケツにキープしておくと逃げられない

テナガダコのポイント
タコエギを揺らしながらゆっくり引いてくる！
見釣りならタコの目の前でタコエギを揺らすだけ！

砂泥地底はズル引き、石積み護岸は止めて待つ

釣り方としては、まずキャストしたならボトムまで沈ませる。変化の少ない海底ではズル引きでスタート。時どきストップして抱きつく〝間〟を作る。

石積み護岸や捨て石周りでは、軽くジャンプさせるようにして穴の中に潜むテナガダコにアピール。こういった所では、ジャンプさせたら10秒くらい止めて待つのも効果的だ。これは日中でも夜でも変わらない。

また夜に常夜灯の下にテナガダコが見えている場合は、そっと目の前にエギを落として上下に踊らせる。

テナガダコの特徴としては、好奇心旺盛でエギへの反応はすこぶるよいのだが、エギを抱き終えるまでに時間がかかる傾向がある。そのため、アタリがあっても少し待つくらいでちょうどよい。手は長いが腕力がないため、石に張りついてもすぐに引きはがせる。

海のルアーフィッシングのルールとマナー

海は常に危険と隣合わせのフィールドだ。自分を含め、周囲の人の安全のために守るのがルール。周囲の人に迷惑をかけない、そしてお互いが楽しめるように気を遣うことがマナーだ

第一に考えるべきは身の安全

釣りに出かけるときは、海に限らず、身の安全を常に考えておくべきだ。それは、自分を含めて同行者、周囲の人にケガを負わせないこと。さらにケガをさせられないようにすること。

もちろん、自分の身が守れないようでは周囲の人を気遣うこともできないから、まずは自分の安全性を常日ごろから意識した行動を取りたい。

たとえばスタイル。磯に行くのにライフジャケットや磯グツ（スパイクブーツなど）なしの釣りは自殺行為だ。

ライフジャケットは、今では安全性の高いものがそろっているから問題ないが、堤防、サーフ、磯、濡れた岩、敷石など、釣り場の足下は非常に変化に富んでいる。足回りがそれらに対応していなければ、危険度はさらに高まる。

ちょっとしたゴロタ浜であっても、海水で濡れている所だと磯用ブーツでなければ常に転倒の危険にさらされる。岩場での転倒は、そのまま大ケガにつながることを認識しておきたい。

さらに帽子を被る、偏光グラスを着用することも大事。頭部と目をフックから保護するだけでなく、熱射病や眼精疲労からも身を守る。自分がケガをしないようにするのは当然のことながら、加害者を作らないようにすることも大切なことである。

また、これは当然のことと考えてほしいのだが、使う使わないは別にして上級者はさりげなく玉網やロープ付きバケツを車に常時積んでいるものだ。水面まで届く何かがあるだけで、かなり落ち着く。落水者が出ても、これだけのことで少しは救助率がアップするはずだ。

迷惑駐車、ゴミ放置、騒音について

釣りは、海という公共の場で楽しむものだからといって、何をしてもいいというものではない。

海の近くで生活している人、海での仕事に携わっている人は多くいるわけだし、こういった地元の人たちの静かな生活を脅かす権利はだれにもない。

まずそこを理解していれば、迷惑駐車、ゴミの放置、騒音などの問題が起こることはないはずだ。

迷惑駐車は、海沿いだから大丈夫なんて考えているから、地元の人の怒りを買ってしまう。一般的に大丈夫な場所であっても、地元の人にあいさつしてから「ここに車を置いても大丈夫ですか？」と尋ねるのが筋だろう。

またゴミを放置して帰るのは言語道断。これはもう、釣り人としてというよりも人間としてのモラルが問われる。マナーというよりも、ゴミを持ち帰ることはルールと考えよう。

自治体が釣り場にゴミ箱を設置している所もあるけれど、自分が持ち込んだゴミは自分で持ち帰るのが常識である。

騒音に関しても、このくらいの話し声なら大丈夫と考えるから問題になる。車のドアの開け閉めや話し声は、静かな街には異常に響く。とくに夜間や早朝は、肝に銘じておくべきだろう。

マナーがあれば、一日を楽しく過ごせる

最後にマナーについて。たとえば釣り場でのあいさつ。これは決して押し付けるものではないだろうけれど、一日の最初にあいさつできる人は、その日一日を楽しく過ごせることだろう。

いくら人と話すのが苦手であっても、もし、自分があとから釣り場に着いたのなら、隣人に「おはようございます。隣に入らせてください」くらいのあいさつはしておこう。そうすれば、お互いが気持ちよく一日を過ごせるはずだ。

そのくらいのコミュニケーションが取れていれば、割り込みをした、されたでツンケンすることもなくなるはず。ほかの釣り人と並ぶときは、まずはあいさつから始めよう。

◆

一人で魚と対話するのもよいが、見知らぬ隣人と仲よくなるのも、釣りを通してこそできることだから。

これだけ覚えれば大丈夫

>>海のルアーフィッシング<<

用語解説

あ

【アイレット】プラグについている金属の輪。ここにスプリットリングなどを介してラインやフックを接続する。単純にアイともいう。

【青物】ブリ、ヒラマサ、サバなど、背中が青い高速回遊魚の総称。

【アキュラシーキャスト】ルアーを狙ったポイントに正確にキャストすること。

【アクション】ルアーの動き。または、ロッドの調子を表現するときにも使う。(例) ミディアムアクション。

【アゲインスト】向かい風。

【朝マヅメ】日の出前の薄明かりのころから日の出まで。マヅメは間詰めと書き、夜と日中の、間が詰まった時間のことを指す。

【アシストフック】メタルジグなどのフロントアイに接続するシングルフック。今では、アシストというよりもメインフックになっている。

【アピール・カラー】白やチャートリュースなど目立つカラー。

【アプローチ】ポイントに接近すること。ルアーをキャストすること。

【アンカー】船の錨（いかり）のこと。

【アングラー】釣り人。

【インビジブル・カバー】藻や水中の岩といった、水面上からは見えない障害物。

【ウィード】藻の総称。藻があることで、酸素の含有量が多く、水温が安定し、多くの魚やエサとなる生物にも住みやすい環境になっている。

【ウエーダー】胴長靴のこと。腰まであるタイプをウェスト・ハイ・ウエーダー、胸まであるタイプをチェスト・ハイ・ウエーダーという。どちらも水中に立ち込んで釣りをするときに着用する。こうしたスタイルの釣りをウエーディングという。

【エッジ】ウィードなどが密集している部分のフチ。あるいは急なカケ上がりのフチなど。

【オフセット・フック】アイの手前がクランク状になっているフック。フックの先をワームの中に隠し、根掛かりを防ぐ。

【オンス】ルアーフィッシングでよく使用される重さの単位。ozと表記する。1オンス=約28・3グラム。

か

【カーブ・フォール】キャストしたルアーを、着水後、ゆるやかなカーブを描いて水底に到達させること。ラインを張り気味にすると、弧を描きながらルアーが沈んでいく。

【カウント・ダウン】ルアーをキャストして水中に沈み始めたら「1、2、3……」と数え、ルアーを沈める時間を確認すること。この作業により、自分の狙ったレンジでルアーを動かし始めることができる。たとえば着底まで7秒かかったとすれば、1~2秒は表層、3~4秒は宙層、5~7秒は水底スレスレでルアーをリトリーブしている、というような判断が下せる。

【干潮】一日のうちで、潮位が最も下がったとき。通常は一日に2回ある。

【キャスト】ルアーを投げること。

【キャッチ&リリース】一度釣った魚を資源保護の観点から再び逃がしてあげること。

【キャロライナ・リグ】ソフトルアーの仕掛けの一種。中通しオモリを用いて仕掛けを遊動式にする。

【キンク】ラインになんらかの原因で折れ目がついてしまうこと。あるいはその状態。その部分は当然弱くなっている。

【グローカラー】夜光カラー。蓄光カラーのこと。

【小磯】サーフが隣接するような小規模な磯場。

【コンビネーション・ルアー】メタルジグにワームをセットしたりして、ふたつ以上のルアーを組み合わせて使用するルアーのこと。

さ

【サーフェィス】水面～水面直下のこと。

【サイト・フィッシング】いわゆる「見釣り」。水面下でターゲットやルアーの存在を肉眼で確認できるケースで、ルアーへの反応を見ながら釣りをすることをいう。

【サスペンド】魚が一定の層でじっとしている状態。サスペンド・ルアーというのは、リトリーブを止めるとその層にじっと漂っているルアーのことをいう。

【サミング】ルアーをキャストした直後、その距離を調節するために、あるいはバックラッシュを防止するために指先でラインの出を調節する動作のことをいう。ベイトリールの場合、親指でこの動作を行うのでサミング。スピニングリールの場合は、フェザーリングという。

【シーズナル・パターン】季節の変化に伴なう魚の行動パターン。あるいは、それを分析して導き出した最適な釣り方。

【シェイキング】ロッドの先端をブルブルと震わせるようにして、ワームやグラブにアクションを起こさせるテクニック。

【シェード】ストラクチャーが作り出す陰の部分。

【潮目】異なる性質の潮流がぶつかったときにできる、潮の境い目。プランクトンや小魚が集まるため好ポイントになっている。

【ジグヘッド】シンカーとフックが一体になったもの。ソフトルアーをセットして使用する。

【下巻き】リールにラインを巻く前に、あらかじめ底上げ用のラインを巻いておくこと。

【締め具】魚の生け締めに使うナイフなど。イカ用にはピック状のものが市販されている。

【ジャーク】ロッドを強く大きくあおって、ルアーを急激に動かすこと。

【シャッド】扁平な小魚に似せて作られたルアーの総称。

【シャロー】浅い場所のこと。

【シャロー・ランナー】表層近くを泳ぐリップ付きのハードルアーのこと。

【ショア】川や海、湖の岸辺のこと。海岸線や湖岸線のことはショアラインという。

【ジョイントルアー】ボディの前部と後部を金属製のパーツで連結したもの。クネクネとナチュラルなアクションをする。

【常夜灯】漁港や埠頭などにある、夜通し点いている外灯。

【ショート・バイト】小さな手応えしかないアタリのこと。魚がルアーをくわえてもすぐに口から吐き出してしまう、あるいは口先でツンツンとルアーをつつくような状態でのアタリ。

【シンカー】オモリ。

【シンキング・プラグ】キャストしたままの状態では、沈んでしまうタイプのルアー。フローティング・プラグというのは、反対に放っておいても浮いているタイプのもの。

【スイベル】ヨリモドシ、サルカンのこと。

【スウィープ】アタリを感じたら、魚がついているかどうか聞き合わせるようにして大きくロッドをあおる合わせ方。

【ストップ・アンド・ゴー】リールを巻いては止め、巻いては止めながら行うリトリーブアクション。ルアーが止まっている状態をポーズといい、このときにヒットすることがよくある。

【ストラクチャー】海藻、岩など、ポイントとなる障害物の総称。堤防やブロック帯など人工の障害物はマンメイドストラクチャーという。

【ストレート・リトリーブ】一定のスピードで（ロッドなどでアクションを加えずに）リールを巻くリトリーブアクション。

【スナップ】ワンタッチでルアーをセットできる連結器具。ラインとルアーなどを連結する。

【スナップスイベル】スナップとスイベルが合体しているもの。

【スプリット・ショットリグ】ガン玉などを使用し、フックとシンカーを離したワーム仕掛けのこと。

【スプリット・リング】ルアーとフックなどを接続する開閉可能なリング。

【スリット】堤防などの結合部の隙間。根魚のポイントになっている。

【ズル引き】海底で、ルアーをゆっくり引きずるリトリーブアクションのこと。

【スレ掛かり】ルアーのフックが口以外の所に掛かること。

【スレる】魚が警戒して、徐々にルアーに反応しなくなること。

【ソフトベイト】ソフトプラスチックを素材にして作られたルアーの総称。ソフトルアーも同様の意味。

た

【ダートアクション】ルアーを横滑りさせるアクション。

【ダートヘッド】ジグヘッドのシンカーの部分がややとがった形になっているもの。

【タイト】魚がある一定の場所から離れずにピタリと着いていること。

【高切れ】ライン（道糸）の途中から切れてしまうこと。

【タコエギ】タコ用に開発されたエギ。フックが大きく、上向きのみになっているのが特徴。

【タダ引き】ストレート・リトリーブと同義。

【タックル】魚を釣るための道具のこと。ロッドやリール、ラインなど。タックルボックスというのは、ルアーやフックなどを効率よく収納するための手持ち箱のことをいう。

【タフ・コンディション】水温の急激な変化や多くのアングラーに攻められることで、ターゲットの活性が著しく落ちている状態をいう。

【チャートリュース】蛍光色を主体にした鮮やかなルアーカラーのこと。濁った水での釣りをする場合やナイトゲームにもアピール度が高く、よく使用される。

【チューニング】ルアーやリールなどを改造、調整すること。

【ディープ】深い場所のこと。

【ティップ】ロッドの穂先部分。

【テキサス・リグ】中通しスタイルのワーム・リグ。特徴としては、底の状態が分かりやすく、しかも根掛かりしにくい。

【テレスコピック・ロッド】振出し竿のこと。

【テンヤ】和製のジグヘッド。擬似餌やエサを縛りつけてルアーのように使用する。

【トゥイッチング】ロッドの先端を小刻みにシャクり、ルアーに変則的なアクションを加えるテクニック。ミノープラグに加える代表的なアクションのひとつ。

【トップウォーター】水面上。トップウォーターゲームとは、潜らないルアーを使用して、水面上のみでターゲットを狙うこと。

【ドラグ】リールについている機構のひとつ。ある一定以上の力がラインにかかると、ハンドルを固定しているにもかかわらず、ラインを送り出す装置。この機構がついていることで、ラインが切れるトラブルを防止している。

【トレーラー】ソルトラバージグなどに装着するソフトルアーのこと。

な

【ナチュラル・カラー】ベイトフィッシュなどの、自然に近い色のルアーカラーを指す。反対はアピール・カラー。

【ナブラ】フィッシュイーターの群れが水面まで小魚を追いかけて捕食している様子。水しぶきがあがる。

【ノット】ラインの結び方。

は

【バーチカル】垂直方向という意味。バーチカル・ジギングとは、ボートの真下にジグを落とし込み、上下にシャクるようにアクションを加える。

【バーブ】フックの先端に付いている「カエシ」のこと。バーブレスというのは、カエシのないフックのことをいう。

【パーミング】ベイトリールを包み込むようにして持つこと。ハンドルがある反対側の手で行う。

【バイト】魚がルアーやエサに食い付くこと。

【パイロット・ルアー】その日のターゲットのコンディションを探るために使用されるルアー。

【バックラッシュ】ベイトリールを使ってルアーをキャストしたとき、出ていくラインの速度よりもスプールが回転する速度のほうが速くなった場合に起こる現象。スプール内でラインが絡んでしまう。

【バット】ロッドのフロントグリップのやや上あたり。胴元の部分。

【バレットシンカー】砲弾型の中通しオモリ。おもに根魚狙いのテキサスリグで使用される。

【干潟サーフ】干満の潮位差が大きいエリアで、干潮時に海岸線が大きく後退する浜。底質は砂泥地底の場合が多い。

【引き潮】満潮から徐々に下がっていく時の潮、または潮の方向。

【ピッチング】釣っている場所から近距離のピンスポットに、アンダーハンドでルアーをキャストする方法。

【ヒット】魚がルアーに掛かること。

【ファストテーパー】先端部分が曲がるロッドアクションのこと。

【ファスト・リトリーブ】リールを速く巻くこと。反対はスロー・リトリーブ。その中間はミディアム・リトリーブという。

【フィーディング・エリア】魚がエサを食べる場所。追い込む場所。

【フィッシング・プレッシャー】釣り人が魚を釣る行為によって、魚の警戒心がとても高くなり、非常に釣りにくくなっている状態。

【フォーミュラ】ソフトルアーなどに付着させる、匂いや味のついた液体。フィッシング・プレッシャーの高いフィールドで使うと、効果を発揮することが多い。粉末状のものもある。

【フォーリング】ルアーを落とし込むこと。ラインを張ったままルアーを落とすことを、カーブ・フォーリング、

用語解説

ラインをゆるめたままルアーを落とし込むことをフリー・フォーリングという。

【フォロー】 追い風。

【フッキング】 魚をフックに掛けること。合わせ。

【フック】 釣りバリのこと。

【フライ】 虫や小魚などをイミテーションした擬似毛針のこと。

【プライヤー】 ペンチ。スプリットリングプライヤーは、スプリットリングの開閉もできる。

【ブレイク・ライン】 海底のカケ上がり部分。

【フローティング】 言葉の意味は「浮く」。ルアーなどにフローティングタイプ、あるいはFと表記してある場合、そのルアーは水に浮くタイプである。

【ベイト・フィッシュ】 ルアーフィッシングにおいては、エサとなる魚のことをいう。

【ベリー】 ロッドの胴の部分。

【ボイル】 フィッシュイーターに追われて必死になって逃げているベイト・フィッシュの群れのことをいう。水面が沸騰している湯のようにゴボゴボと波立っているところから、こう表現するようになった。

【ポーズ】 ルアーをアクションさせているときに静止させること。

【ボトム】 海底。

【ボトム・トレース】 海底からルアーを離さないようにリトリーブすること。

【ボトム・バンピング】 水底でルアーが跳ねるようにアクションさせること。ソフトルアーのテクニックのひとつ。

【ポンピング】 強い引きの魚が掛かってリールが巻けないとき、ロッドを起こして魚を寄せて、その分だけロッドを倒しながら、ラインを巻き取るファイト方法。

ま

【マグネット・ブレーキ】 ベイトリールに付いている、スプールの回転スピードを制御する装置。電磁ブレーキともいい、使用するルアーの重さによって調節し、バックラッシュを起こしにくくしたり、ルアーの飛距離を延ばしたりする。

【マッチ・ザ・ベイト】 そのフィールドの魚がふだんエサとしている生物に合わせたルアーセレクトのこと。そのフィールドで魚が常食しているのがカタクチイワシであれば、イワシカラーのミノーを使うことが、すなわちマッチ・ザ・ベイト。

【満潮】 一日のうちで最も潮位が高くなるとき。通常は一日に2回やってくる。

【満ち潮】 干潮から徐々に潮位が上がっていくときの潮、または潮の方向。

【メソッド】 ターゲットに効果的な釣り方。その日のフィールドの状況に合わせた釣り方。

【メタルルアー】 メタルジグ、スプーン、スピンテールジグ、メタルバイブなど、金属製のルアーのこと。

や

【タマヅメ】 日の入り直後から、薄明かりが残っている時間帯。

ら

【ライズ】 フィッシュイーターが水面でエサを捕食する行為。

【ライン】 道糸のこと。

【ライン・スラッグ】 ラインの余分なたるみ。糸フケと同義語。

【ライン・ブレイク】 ラインが切れること。

【ラトル】 ミノープラグなどのボディに内蔵されている球。球がボディに当たったり複数の球同士が当たることでカチカチ、カタカタという音を発生させ、ターゲットにアピールする。この音のことをラトルサウンドという。ウエイトを兼ねている場合もある。

【ラメ】 ワームやグラブなどに混入されている、キラキラ光るフレーク状の反射板。

【ランカー】 大型の魚のこと。一般に、シーバスなら80センチ以上のものを指す。

【ランディング】 魚を取り込むこと。

【リーダー】 先糸のこと。根ズレや口ズレを防ぐために、ラインよりも太いものを使用する。

【リグ】 ワーム仕掛けのこと。

【リップ】 ミノープラグなどのボディ先端に付いている潜航板。これの形や大きさ、角度などによって、そのルアーのアクションが変わってくる。

【リトリーブ】 ラインを回収する意味。リーリングと同義語。

【リトリーブ・アクション】 リールを巻きながら行うルアーアクション。

【レッド・ヘッド】 ボディ先端部が赤く塗られているルアー。ソルトルアーの定番カラーのひとつ。

【レンジ】 層。泳層。

【レンジトレース】 一定泳層をキープしながらルアーを泳がせること。

【ロッドワーク】 ロッドを動かして、ルアーにアクションを加えること。

わ

【ワンド】 入り江。

supervisor 岡田 学

editor 冨田晃司

illustrator 堀口 順一郎

photographer 石川皓章

art associates TOPPAN IDEA CENTER

cover design Cycle Design

planning 株式会社つり情報社
〒101-0032
東京都千代田区岩本町2-7-11　2F
TEL.03-5839-2561
FAX.03-5829-5261

つり情報BOOKS

基礎から始める 海のルアー釣り入門

2010年8月15日　初版第1刷発行
2022年7月10日　初版第8刷発行

編者●「堤防磯投げつり情報」編集部
発行者●廣瀬和二
発行所●株式会社 日東書院本社
〒113-0033　東京都文京区本郷1-33-13　春日町ビル 5F
TEL●03-5931-5930（代表）　FAX●03-6386-3087（販売部）
URL●http://www.TG-NET.co.jp

印刷所●凸版印刷株式会社　製本所●株式会社セイコーバインダリー

 ISBN978-4-528-01201-1 C2075